U0141285

印尼歸僑的難忘歲月

甲辰年秋分

胡淑全著

博客思出版社

▲ 1968 年 10 月 1 日結婚後在廣州白雲機場新候機大樓留念。

▲ 1980 年 5 月 4 日和英國白金漢宮衛隊合影。

▲ 1980 年 5 月 7 日在英國格林威治天文台。

▲ 1980 年 5 月 5 日在倫敦白金漢宮廣場前和羅家強留影。

▲ 1982 年在倫敦希斯羅機場和諧式客機旁。

▲ 1984 年在法國里昂機場。

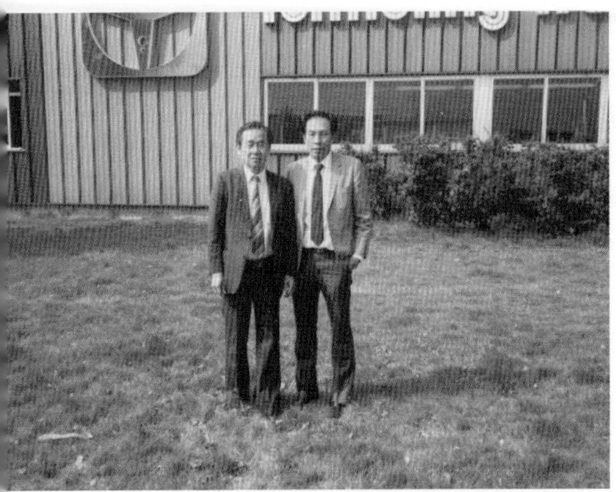

▲ 1984 年印尼老板陳振聲在法國 Formuling 汽車配件廠 (左圖)1984 年在法國里昂機場 (右圖)。

▲ 1990 年 4 月在南非首都比勒托利亞。

▲1990 年和家人在新加坡聖淘沙留念。

▲ 1990 年 8 月 22 日在馬來西亞馬六甲。

▲ 1990 年 10 月 22 日德國法蘭克福火車站。

▲ 1990 年 10 月於荷蘭阿姆斯特丹。

▲1990 年 10 月 20 日於盧森堡大公園。

▲1990 年 12 月 28 日在韓國首都漢城（今首爾）。

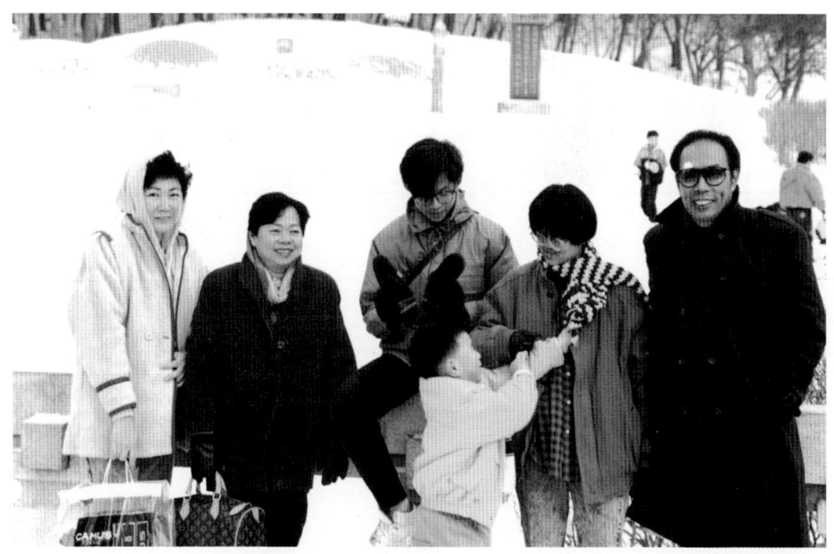

▲1990 年 12 月 29 日在韓國首都漢城與賴世田太太及子女。

▲ 1991 年 4 月 7 日 廈 大 70 週年與時任新華社副社長張浚生伉儷。

▲ 1991 年廈門大學 70 週年在建南大禮堂前與外文系領導留影（上圖左林郁如，右陳敦全）1991 年在廈門大學囊螢樓前。

▲ 1991 年在波蘭華沙與波蘭僑領吳留元先生。

▲ 1992 年在南非金柏利和南非華僑總會主席何財先生。

▲ 1992 年在南非約翰尼斯堡街頭。

▲ 1996 在澳大利亞悉尼歌劇院。

▲ 2004 年在美國舊金山市政大樓和金門大橋。

▲ 2005 年在加拿大渥太華國會山莊和加拿大大教堂。

▲ 2009 年 9 月 21 日在捷克古鎮古姆洛夫與太太合影。

▲ 2009 年 9 月於匈牙利首都布達佩斯。

▲ 2009 年 9 月於匈牙利首都布達佩斯。

▲ 2009 年 9 月在波蘭首都華沙。

▲ 2009 年 9 月在克羅地亞。

▲ 2009 年 9 月在斯洛文尼亞。

▲ 2009 年 9 月於德國柏林。

▲ 2009 年 9 月於德國前柏林圍牆。

▲ 2009 年 10 月作者英文版回憶錄新書發布會。

▲ 2009 年 9 月於德國前柏林圍牆。

▲印尼東爪哇地圖箭嘴標簽爲美里達位置（又名勿里達）。

一九八五年六月二十日　星

十四年前騎劫菲航機赴廣州

菲國顯要陪同下

劫機人獲釋返國

【本報特訊】一名在十四年前騎刧一架菲律賓航機前往廣州的菲律賓青年，昨日獲中國當局釋放，由廣州經本港返國。

該名青年洛比坦諾，現年卅六歲，昨日由菲律賓一位顯要專程從廣州陪同南下，乘菲航三一〇班次於下午四時四十六分抵港，隨即於六時四十分轉乘菲航三壹一班機返國。洛比坦諾等一行約十人一直未有在機場公開露面，相信有關方面爲他們作出特別安排。

這宗轟動本港的刧機事件發生於一九七一年三月卅日，當時洛比坦諾年僅廿一歲，是菲國大學生，與另五男女大學生欲睹中國事物及不滿菲律賓政權而持械騎刧一架菲內航機，飛往大陸。該機在香港啓德機場降落，加添燃料及釋放機上部分搭客後，再轉飛廣州，成爲本港有史以來第一架被刧航機在港降落，轟動一時。航機飛抵廣州後，其餘乘客獲釋，航機亦安全飛返本港。刧機者則留在中國境內，其後被安排發放各省工作，五人後來陸續獲釋返國，而洛比坦諾一直留在大陸。

洛比坦諾目前是北京醫學院神經學系一名醫生，日前從中國公安局獲得出境證，他表示願意返馬尼拉受審，並希望獲得馬科斯總統赦免。

促成洛比坦諾釋放的原因，相信是菲律賓總統的兒子本月上旬前往北京訪問時作出的努力。

十四年前劫機赴穗的菲國青年。

▲ 1971 年 3 月菲航劫機事件。

目錄 Content

目錄 Content

目錄 Content

序文

很多年前，我有幸讀到胡淑全的英文版回憶錄「The Unforgettable Days – From Maoist to Christian」（意譯：「難忘的歲月 – 從毛澤東主義者到基督徒」）。閱畢，深深為他兒時曲折顛沛的苦難遭遇、回國後以至移居香港後的「傳奇性」而富有戲劇性的人生和成功之路慨歎、欣慰和欽佩。

我和胡淑全相識於 2010 年代的僑友網，相知於僑友網組織的線下活動和公眾媒體平臺上的頻繁交流和線下相約的飯局或宴會中。

說起來，胡淑全撰寫回憶錄的動力，源自 2002 年 6 月被診斷患上前列腺癌之後。其時，醫生認為他只有五、六年的命，故下決心要將其一生經歷寫成回憶錄以便向後人交代。經過多年堅持不懈的筆耕，英文版回憶錄終於在 2009 年順利出版。如今，得悉中文版回憶錄亦將面世，實在可喜可賀！在回憶錄中，他鉅細無遺地撰述了他人生中每一個階段的經歷和遭遇，情節引人入勝，讀來興致盎然。

胡淑全上世紀三十年代末出生於東爪哇美里達市（Blitar）南部的洛多約鎮（Lodoyo），兒童時代的他是在苦難的戰爭歲月中渡過的。在他老實巴交的父親被生意拍檔騙走鉅款後，家庭經濟即陷絕境，加上日軍南侵後強行收繳糧食和日用必需品，家中十二個孩子中有六個因營養不良等原因而夭折。至此，我憶起父親講述四十年代時和我母親帶著七、八個孩子四處逃難、三餐不繼，致使我一位才出生幾個月的哥哥因為營養不足而死

的慘況。我想，胡淑全童年時期顛沛流離的悲慘遭遇，其實也正是那個時代廣大印尼華人苦難的寫照。

印尼獨立後不久英荷聯軍（盟軍）發起第二次警衛行動期間的 1948 年，時為印尼共產黨重鎮的茉莉芬市（Madiun）發生了震驚一時的茉莉芬事變，剛剛獨立的印尼政府中的反共領導人藉口印共發動叛變，下令印尼右翼軍人武裝鎮壓，造成大批共產黨人和親共人士被殘酷殺害，血流成河。遠離茉莉芬市的洛多約鎮也難倖免。期間，胡淑全就親眼目睹 300 名全身穿著黑色制服的印尼軍人闖入鎮裡四處搜捕和殘殺大量共產黨人及親共人士的暴行。

在胡淑全回憶錄「1969–1979」篇章中，令人饒有趣味的應該是講述他從福建廈門大學外文系英語專業畢業後獲分配到廣州中國民航從事翻譯工作期間的經歷。其中，講述林立果劫持林彪駕機叛逃前，隨著戰備的全速進行，林立果以防備蘇聯的襲擊為由在廣州白雲機場設立了一個戰備指揮中心。從那時起，白雲機場就經常有許多飛機秘密起降，飛機上載著到廣州和林立果會面的來自各地方軍種的軍事領導，這些人都是以「聯合艦隊」為代號的反毛組織成員，實行以「五七一工程紀要」作為策劃行動進行武裝起義的代號，企圖暗殺毛澤東以篡奪中共中央領導權，並準備萬一行動失敗就在廣州另立中央和乞求蘇聯的軍事支援……。這一章節寫得精彩而趣味性十足！

此外，1971 年六名嚮往中國的菲律賓左翼青年騎劫國內客機到廣州白雲機場的特發事件，相信廣大讀者知之甚少或未曾聽說過。胡淑全回憶錄中就此一事件的撰述相信會讓讀者很感興趣瞭解。更為難得的是作為英語翻譯員，胡淑全全程參與了處理此一事件的過程，甚且還輔導這些滿懷社會主義理想的年輕「劫機者」學習毛澤東思想和理論。

胡淑全中、印、英三語水準俱佳，作為一個有海外關係的歸僑，能在政治敏感性極強的中國民航部門受到重任，並全權負責處理涉及外交領域的突發事件，在當時政治掛帥、紅字當頭的年代的確是「異數」。順便一提，胡淑全 2019 年去了一趟菲律賓，特地會見了通過臉書（Facebook）聯絡到的其中一位住在菲律賓 Pagadian 的「劫機事件」當事人。相關情節在 2021 年 3 月 21 日出版的第 68 期《印尼焦點》刊出的由胡淑全撰寫的文章中有詳細介紹。

本文所述僅為胡淑全回憶錄的極小篇幅。其實，回憶錄撰述了他由入讀華校到回國升讀大學、畢業後分配工作、參加四清運動到文革以至移居香港後的詳情內容豐富，足令廣大僑友有興趣慢慢細閱！

胡淑全耄耋之年仍然精力十足，繼出版英文版回憶錄後又再接再厲出版其中文版，委實精神可嘉！他中文、印尼語和英語水準俱佳，更是僑友中難得的人才，難怪移居香港後得以獲邀加入怡中航空公司並獲重用，爾後又曾應聘任職於香港旅遊業議會至 2002 年退休，和夫人享受悠遊自在、閒遊四方、弄孫為樂的幸福生活。在此，衷心祝福他健康、幸福！

吳文根（香港印尼研究學社副社長、《印尼焦點》前主編）

寫於 2024 年 1 月 16 日

1939–1949

1. 童年回憶

1939 年 9 月正當希特勒進攻波蘭和捷克並精心策劃發動第二次世界大戰之際，我搶鬧出生，我生得真不是時候。我家原來共有十二個兄弟姐妹，我排行第十。當時我們家非常窮困，加上我的出生地洛多約（Lodoyo– 印尼東爪哇的一個小鎮）是缺糧區，所以一日三餐都吃不飽。當時即使有東西吃我們吃的也不是大米飯，而是蒸熟了的木薯乾碎片（Recehan gaplek）配木薯葉以及椰子絲和食鹽，結果我的十二位兄弟姐妹中有三男三女夭折，其中我的第三和第四位哥哥是在同一天死的。這對我媽媽是極其沉重的打擊。還好她的意志很堅強，不然她可能會想不開而自殺。

▲筆者之母郭田娘（1900 年 6 月 23 日 -1986 年 3 月）。

▲筆者之父胡瑞泰（1893 年 -1948 年）。

正當我們家處於人生的低潮，有一天我們家來了一位貴客，他是一位荷蘭人。看到我們家雖然家徒四壁，但我媽媽卻很勤勞，他就叫我媽媽幫忙銷售他開的製冰廠製造的冰塊。我媽媽二話沒說，就滿口答應了。由於該荷蘭人的製冰廠剛剛開張，他答應我媽媽在半年內給予定額免費試售。為了生活，我媽媽當時已經在家門前擺賣一些用作牲畜飼料的青草。由於收入微薄，根本沒法糊口。在製冰廠老闆給予免費冰塊後，我媽媽在經營飼料的同時就開始賣珍多冰（Es Cendol）給那些買青草的馬車伕和牛車伕。我媽媽做的珍多冰非常好吃，價錢也便宜，真是價廉物美。周圍的居民知道後都來光顧，連其他鄰近城鎮的居民都紛紛趕來品嘗。從此以後當地人就叫我媽媽「珍多冰娘惹」（Nyonya Es）（註：娘惹是當地人對僑生婦女的稱呼）。

我家賣的「珍多冰」是用斑蘭葉（印尼文：pandan）和葛粉（印尼文：Pati garut）做的，而冰水是由刨冰加椰汁、椰青和特製的椰子糖漿做的。我媽媽性格豪爽，熱情好客，所以當地人和鄰近城鎮的人都喜歡聚集在我們家吃珍多冰和聊天。洛多約雖然是窮鄉僻壤，但它有一個出名的朝聖地。這個朝聖地當地人尊稱為普拉塔長老（Mbah Pradah）。每逢聖紀節，即莫罕默德的生日（回教月 Maulud），當地人和其他鄰近城鎮的人就蜂擁來到洛多約鎮朝聖。這時我們小鎮就非常熱鬧，大人小孩和男男女女都歡天喜地地聚集在我們鎮政府前面的大廣場祈求普拉塔長老的恩賜和保佑。據稱普拉塔長老實際上是一個古代的銅鑼（印尼文叫 "Gong"）。在這個節日裡人們在回教教士的帶領下熱熱鬧鬧地抬著這個神聖的銅鑼繞著鎮政府廣場遊行。遊行完了就給這個銅鑼洗澡，洗完澡就把洗澡用的水潑到周圍的人群，被水潑到的人群無不高興萬分，因為他們相信被

水潑到的會有好運。這個傳統節日除了給當地人民帶來歡樂，也為這個窮小鎮帶來經濟上的一時繁榮。在這個時候我媽媽賣的珍多冰就格外暢銷。

自從賣珍多冰，我們家的生活就略微好轉，一日三餐基本上可以維持溫飽。但是天有不測風雲，1941 年 12 月 7 日日本發動了太平洋戰爭，1942 年 3 月 5 日日本佔領印尼首府雅加達，統治印尼三百五十年的荷蘭人被趕走了。來不及走的就被送進集中營。據統計當時大約有 17 萬荷蘭人和西方人被關進集中營裡。為了侮辱荷蘭人，日本佔領軍在抓荷蘭人時特地把他們放進豬籠裡面用軍用卡車遊街示眾。那些年輕漂亮的荷蘭少女有的就被強迫做「軍妓」，美其名曰「慰安婦」（日語：Jugun ianfu，英語：Comfort woman）。其中有一位寄養在我家叫波碧（Poppy）的荷蘭孤兒，由於她長得漂亮和亭亭玉立也無法倖免。她被抓走時頂多才十五六歲！實在很可憐！從那以後我們再也沒有她的音訊了。由於當時正值中日戰爭，所以中國人也成了日軍的迫害對象。很多僑領和愛國人士也被日軍殺害。

日本佔領印尼期間我們和其他印尼人民一樣受盡苦難和折磨。為了保證日軍有足夠的給養，日軍實施了一整套配給制。按照這套配給制老百姓收割的糧食規定要上交，然後再由日軍按照糧食定量制分配給老百姓。由於定量很少，老百姓根本吃不飽，很多人只好用香蕉莖的心或香蕉莖的根來充飢，所以很多人得了浮腫病而死！當時我們時常看到馬路上有人因飢餓不支倒地而死亡。好心人就草草了事用香蕉葉遮住，希望有好心人來收屍。為了改善生活和增加營養，我們在夜間經常用煤油燈誘捕長翅白蟻（當地人叫 Laron）。長翅白蟻在夜間喜歡繞著燈光飛來飛去，我們就把煤油燈置於用水弄濕的圓形竹簸上，當長翅白蟻飛累了就掉下來，其翅膀就黏在濕的竹簸上無法再飛走了！天剛下雨時收成特別好，有時候我們在一夜之間就可以捕獲兩三斤多。捕獲的白蟻油炸後非常美味可口！而且蛋白質很豐富！

小時候，為了改善生活和解決溫飽，我還經常和其他小朋友一起抓蟋蟀、螳螂、蜻蜓、蟬、藤莖裡的蟲、柚木的蛹和小魚小蝦，然後用火烤來吃。白白胖胖的藤莖蟲特別好吃，蛋白質很高。柚木的蛹味道也很好，但味道最好的當然是河裡抓來的蝦。日佔時期，日本的佔領軍為了解決飛機的潤滑油，叫我們每家每戶種植蓖麻，而且要包種、包活、包收成。蓖麻籽用火烤時味道特別香，很像烤花生，無數無知的小孩就用來充飢。由於飢腸轆轆，那些窮孩子吃得津津有味，結果中毒而死。真是死得可憐和冤枉！日軍還對當地人進行奴化教育，所有成年人和適齡兒童都被強迫學日語和唱日本歌。為了不讓當地人知道外面的世界，特別是第二次世界大戰的戰況，日軍還規定除了日軍允許聽的電臺外，其他電臺一律不准聽。有一次我的舅公施玉盛（Sie Giok Seng）想知道太平洋戰爭的情況，偷聽英國廣播電臺時被日軍發現，結果被日軍抓起來嚴刑拷打。日軍為了使他招供，除了拳打腳踢外，還使用了灌水逼供法和電擊私處等慘不忍睹的手法來折磨他。還好上天有眼，1945 年 8 月 6 日和 8 月 9 日，美國在日本投下兩枚原子彈後，日本不久就投降了，不然他非死在日軍的魔掌不可！

日本佔領印尼的時間雖然只有三年，但日軍的到來給印尼的政治和經濟帶來了很大的衝擊！日本的入侵不但動搖了荷蘭

殖民者 350 年的統治，也加速了印尼爭取獨立和擺脫荷蘭人的鬥爭決心。日本侵略東南亞時是打著所謂「共存共榮」和「大東亞共榮圈」的旗號，所以日軍佔領印尼後在 1942 年就扶持印尼成立臨時政府，使印尼民族第一次嘗到從政的機會。另一方面，為了鞏固自己的軍事勢力和抵抗荷軍及盟軍，日軍在 1943 年 4 月 29 日還成立了準軍事組織「警防團」，也叫「防護團」（Keibodan）來協助日軍維持地方治安。與此同時日軍還叫印尼臨時政府提供成千上萬的勞役者（時稱 "Romusha"）為日軍修築工事。據說這些勞役者有的被派到緬甸參加建設桂河橋。更多的則被派到爪哇島南部的海岸線修築工事。爪哇島南部的海岸面臨印度洋，風浪很大，勞役者要和風浪搏鬥才能把木樁打入海邊的沙灘以防守盟軍的登陸艇。飢餓和過度勞累使很多人吃不消而魂歸西天！到桂河橋去服勞役的就更慘了！他們不但要忍受沉重的體力勞動和挨餓，而且還要挨打！結果到日本投降時在 1,000 多萬服勞役者當中，據說只有 52,000 人成功遣返回國。

2. 初上小學

我很小就喜歡讀書，在上學前我就經常模仿我姐姐讀書和寫字。有一天，當我媽媽在井邊洗衣服時，我用粉筆在玻璃窗上寫了一行印尼文字 "A-R-E-R-E"。我媽媽不明所以就問我：「那是什麼字？」我回答說：「那是印尼文『小孩』之意！」。聽到我的解釋，我媽媽就哈哈大笑。她心裡明白，我要寫的應該是 "AREK-E"，"AREK" 在爪哇語是「小孩」之意，我把其中的 "K" 誤寫為 "R"。我媽媽得知我愛讀書，就決定送我去「洛多約中華學校」（Sekolah Tionghoa Lodoyo）就讀。開學前，我媽媽用熨斗把我的衣服燙得筆挺挺的，同時還特地到城裡給我買了一雙「皮鞋」，並且用舊麻袋縫了一個書包，真是用心良苦！「我可以上學了！」我見人就說。過度興奮使我在開學前整夜難眠，第二天一大早我就起床了！穿好衣服和吃過簡單的早餐後，我就在門口等我二姐帶我去上學。

在上學途中，我一路小心翼翼地保護我媽媽給我熨得筆挺挺的衣服。為了不讓衣服皺起來，我走起路來像蝴蝶在飛一樣，兩手稍微抬起，唯恐把筆挺挺的衣服弄皺。走路時我還輕輕地踮著腳走，深怕搞壞我的新「皮鞋」。你們可知道這是我畢生第一次穿鞋呀！洛多約中華學校不大，課室很破舊，老師也不多。我到達課室時我們的班主任已經在課室門前等我。她叫郭玉珍（Kwee Giok Tien）。她個子不高，但她那滿面笑容的樣子給人非常和藹可親的感覺。她是外埠人，是從離我們小鎮約 12 公里遠的美里達市（Kota Blitar）來的。我記得還有一位男老師叫陳克賢（Tan Gek Hian），他是鄰近城鎮威靈議（Wlingi）來的。70 多年過去了，我在小學時的其他老師的名字已經記不著了，可這兩位老師的名字是忘不了的。

郭老師和其他同學向我表示歡迎後，我就小心翼翼地坐在指定的座位上，一邊坐一邊打量我的衣服有無變樣或弄髒。我時而細心地檢查我的衣服，時而看看我的新鞋是否完好。第一天上課主要是熟悉同學和學校環境以及講講學校的規章制度和作息時間。我覺得時間過得很慢很慢，好不容易我才聽到下課鐘的響聲。當時是 1945 年，二戰還未結束，印尼還在日本的統治下。我們的學校就利用廢棄的炮彈殼當我們上下課的鐘。當我聽到「噹噹噹⋯⋯噹噹噹⋯⋯」時，我最初以為是有防空警

報，我就立刻撲在課桌底下躲起來，其他同學紛紛跟著趴在地上。這時有的同學嚇得大哭，有的驚魂過度而尿濕褲子，結果鬧了一場大笑話！

當我們非常狼狽的時候，郭老師不但不責怪我們，還表揚我們防空意識很高。她告訴我們剛才的鐘聲不是防空警報，而是下課的鐘聲。她還告訴我們防空警報的鐘聲是連續不斷地敲鐘聲，而下課的鐘聲是有規律的「噹噹噹……噹噹噹……」。聽到下課了，大家都非常高興。有的玩彈子遊戲，有的捉迷藏，各有各的樂。由於我怕弄髒衣服和損壞鞋子，只好在旁邊看熱鬧。看到我很膽怯，一個年齡較大叫翁家溫（Ang Ka Oen）的同學就抓著我和另一個年齡較小的陳家保（Tan Ka Po）同學玩團團轉遊戲。我很害怕，怕他抓不緊而把我甩掉！但由於他很有力，所以我沒法掙脫他。我的預感果然靈驗！他剛剛轉兩三個圈真的把我甩掉了！很不幸，我的左眼角撞到一根柱子而爆裂！我的衣服也弄髒了，最使我難過的是我的新鞋子斷成兩截了！當我查看我的皮鞋時，我才恍然大悟！我的天啊，我的皮鞋原來不是真皮做的，而是用硬紙皮壓製而成的！

到了第二天我們正式上課了。我記得我們第一堂上的課是最簡單易記的中文字母「牛、羊、草、花、樹、鳥、門、窗」。我們一遍又一遍地朗讀，然後一個字一個字地把這些字重複地寫在石板上（註：當時紙張短缺，所以沒有紙筆）。第三天我們還是重複學同樣的字，直到熟能生巧為止。為了增加課堂氣氛，郭老師還教我們唱簡單易學的中文歌。其中在我的腦海裡印象很深的歌是〈我的朋友在哪裡？〉。歌詞的大意是「我的朋友在哪裡？在中國、在外國，我的朋友在這裡！」另一首歌是〈蘋果鮮又甜〉，其歌詞是「蘋果鮮又甜，一個賣三仙，要買要趁早，等一刻就沒有了！」。還有一支歌是〈小孩子乖乖〉，歌詞是「小孩子乖乖，把門兒開，開……」。另外一個小朋友就回音說：「不開！不開！不能開！媽媽不回來，誰來也不開！」我們天天唱，反覆唱，直到唱得滾瓜爛熟！這些歌不但我現在還會唱，現在我的兒女和兩個孫女都會唱。可見郭老師給我的影響有多深刻！郭老師還經常給我們講故事，講完故事她就叫我們根據故事的情節演小話劇。她講得生動活潑，津津樂道。她講《白雪公主》時非常投入，講到傷心處她就會哭，講到開心事她就會呵呵地笑，彷彿她就是故事裡的主人翁。所以她給我的印象特別深刻，一生難忘。

除了要學中文，日軍還要求我們學日文。由於我們還小，學日文時只有學 a, i, u, e, o, ba, bi, bu, be, bo 等簡單的日文發音，但不要求我們書寫片假名（katakana）和平假名（hirugana）。另外還叫我們唱日本歌，其中我們必須唱的是日本的國歌，即〈君之代〉（Kimigayo），歌詞的大意是「我皇御統傳千代，一直傳到八千代，直到卵石變岩石，直到岩石長青苔。」歌詞很短，只有 25 個字，所以我們很快都會唱。這首歌雖然好唱，但由於我們是被逼唱的，所以心裡總覺得很悶！還好我們沒有唱多久日本就投降了，我們終於可以唱我們自己的國歌〈三民主義歌〉（註：當時中華人民共和國還未成立）。當時我雖然還小，但〈三民主義歌〉的歌詞「三民主義，吾黨所宗，以建民國，以進大同」到現在還是記得很牢。

3. 印尼獨立

隨著日軍在中國戰場和在太平洋戰場的節節敗退，美國於 1945 年 8 月 6 日和 8 月 9 日分別在廣島和長崎投下原子彈，日本終於在 1945 年 8 月 15 日被迫向盟軍投降。1945 年 8 月 17 日印尼的國父蘇加諾總統（President Soekarno）向全世界發表了印尼的獨立宣言，荷蘭殖民主義者的三百五十年統治從此結束了，印尼人民從此站起來了！印尼雖然獨立了，但是經過三百五十年荷蘭殖民者的掠奪和三年多日軍的蹂躪，印尼已經是千瘡百孔！這時印尼的物資短缺，百業待興，機遇處處！這啟發了我媽媽白手興家的創業精神。當她看到我爸爸在我們家後院種的煙葉除自用外還有剩餘時，她就決定用玉米皮捲煙絲自製捲煙，然後在家門前擺賣。正如以前她賣珍多冰時要求精益求精一樣，她用蜂蜜、白蘭地酒和乾丁香絲精心地調製捲煙的配料，使我家自製的捲煙抽起來特別香，特別芬芳。結果每天做的捲煙一擺出去就被搶購一空！

印尼獨立初期人們的購買力有限，剛開始時我媽自製的捲煙只能一支兩支地散賣。後來人們的購買力有些改善，要求也就提高了。這時如繼續散賣就不合時宜了！為了適應新形勢，除了繼續散賣外，也搞了五支裝和十支裝的獨立包裝。包裝就得用商標。我大哥建議用 "Mata Dunia" 作為商標。（注：印尼文 "mata" 是「眼睛」之意，"dunia" 的意思是「世界」）他說用 "Mata Dunia" 作為商標和初升的太陽作為圖案，其用意是要放眼世界，蒸蒸日上。真是很好的構圖啊！當時日軍剛投降不久，印尼的政局還不穩定，人們的思想還比較偏激，有些人對我們的商標開始說三道四。說什麼 "Mata Dunia" 和 "Mata-mata

Dunia" 很接近！印尼文 "mata-mata" 是「間諜」之意！硬說 "Mata Dunia" 就是 "Mata-mata Dunia"，即「國際間諜」哦！為了避免麻煩，我們只好改用 Kemiri 做商標。Kemiri 是桐樹的果實，英文叫 candlenut，是印尼烹飪的主要材料之一。更換新商標後，我們的自製捲煙果然賣得更好，而且供不應求。我媽媽只好招聘兩個捲煙工人幫她。

我媽媽做捲煙真是精益求精，從不偷工減料，因此口味和口碑都很好，生意果然越做越好。這時我媽媽就想起開捲煙廠。開廠需要資金，但資金從哪兒來呢？向人家借？不可能！因為大家都沒有多少錢。向銀行貸款？做夢！當時我們的小鎮根本沒有銀行！但我媽媽是一個精明能幹和很有自信心的人。她一下決定就絕不動搖！怎麼辦呢？按照她的性格，她心裡肯定會說：「有困難，有辦法，就有希望！我絕不放棄！」她這樣想，也這樣做。她下決心靠勤儉持家和精打細算來累積資金。皇天不負有心人，經過兩年多堅持不懈的努力，到 1948 年初終於可以有足夠的資金建廠房。廠房建好了就要開始請工人，從十來個工人慢慢增加到六十多個工人，生意真是蒸蒸日上。這時候，原來以冷嘲熱諷的態度看待我媽媽創業的煙草和丁香供應商紛紛找上門來要求向我們供貨，而且還可以賒購！怪不得人家說我們這個世界錦上添花的人很多，但雪中送炭的人很少！為了接待好各家供應商，我們用一些錢添置了家具，使我們的客廳變得美觀大方。而且還買了二手留聲機讓那些供應商在洽談生意之餘可以欣賞動聽的音樂。

印尼獨立後荷蘭殖民者於 1947 年 7 月 20 日在盟軍的支持下對剛剛獨立的印尼共和國進行反撲，即所謂的「第一次警衛

行動」夢想奪回已經失去的天堂。然而由於印尼人民奮勇抵抗，這次警衛行動以失敗而告終。為了瓦解印尼的抵抗力量，1948年7月21日印尼的右翼代表和美國的代表在印尼東爪哇茉莉芬的避暑勝地沙浪安（Sarangan, Madiun）召開秘密會議商討鎮壓左翼勢力的所謂「驅紅建議」（Red Drive Proposal）。該建議名義上為剛剛獨立的印尼共和國提供政治和經濟援助創造條件，但其附帶條件是印尼政府必須清除左翼勢力，特別是軍內的左翼勢力。為了迎合美國的要求，右翼軍人有意挑起了兩派軍人的對抗。他們對左翼軍人進行追捕，綁架和秘密殺害。但印尼的檢察院對事件不但不重視，反而偏幫右翼軍人和右翼勢力，事件終於不了了之。這使右翼勢力更加囂張，更加變本加厲。1948年9月13日兩派軍人終於發生衝突。1948年9月19日夜，當時主政的哈塔政府指控印尼共產黨發動政變，大批共產黨人，左翼軍人和共產黨的同情者被捕入獄和殺害。被殺害者當中包括印尼的時任總理阿米爾·沙里夫丁·哈拉赫（Amir Syarifuddin Harahap）及其他左翼軍官和共產黨領導人。在三個月的搜捕行動中約有三萬五千名共產黨員及其支持者和同情者被捕入獄或被殺害。印尼的國民軍經過血腥的整編後從原來的400,000人減少到57,000人。「驅紅建議」的成效可見一斑！這就是印尼史上所稱的茉莉芬事件（Madiun Affairs），這是印尼獨立後的第一次內戰。

4. 印尼內戰

茉莉芬市（Madiun City）雖然距離我住的小鎮洛多約（Lodoyo）大約有一百五十多公里遠，但茉莉芬事件對我並不陌生。因為茉莉芬事件的衝擊波也波及到我們平靜的小鎮。我們的小鎮洛多約是出名的窮鄉僻壤，貧瘠的土地使當地農民種的莊稼十年九荒。大批農民只好替種植園打工來維持無法溫飽的三餐。所以這裡就成了共產黨動員、發展和發動群眾的好地方。茉莉芬事件發生後右翼分子及其爪牙到處搜捕共產黨人及其同情者和追隨者，寧可殺錯一萬也不放過一人！種植園的工會領袖和活躍分子就成了追捕的對象。一時間，本來平靜的小鎮搞得人心惶惶，雞犬不寧！種植園的工人也不示弱，為了維護正義，他們發動示威。他們拿起斧頭、鐮刀、鐵鍬、鋤頭和各種農具拉隊到區政府遊行。並用方言高呼口號 **"Rakyate ndak salah balekno!"**，意思是「人民無罪，釋放他們！」區政府不理會工人的要求，也沒有採取任何行動，而遊行群眾也沒有過激的動作。第二天憤怒的種植園工人又再拉隊遊行，遊行人數比第一天還多，這次遊行的目標是當地的警察局。看到龐大的遊行隊伍，員警不敢輕舉妄動，只有置之不理。

第三天，參加遊行的人越來越多，黑壓壓的人頭和無邊無際的人群，就像是暴風雨到來之前奏。局勢越來越緊張，店主早早關門，人們匆匆忙忙地走開，連頭都不往回看，真是山雨欲來風滿樓！到了晚上，我們忽然隱約聽到遠處傳來急促的腳步聲。我們從門縫偷偷往外看，只見黑壓壓的一片黑影在走動和聽見叮叮噹噹類似金屬的撞擊聲。這些人不是衣衫簡陋的種植園工人，也不像白天拿著農具出來遊行的人。到天快亮時，平日熙熙攘攘來趕集的農民看不見了，路上的行人也無影無蹤了。我們看到的只是一隊一隊趕來追捕共產黨人的「黑衣軍人！」這些軍人當地人叫 **"Tentara Basuki! "** 像魔鬼一樣，這些「黑衣軍人」在夜間降臨到我們的小鎮，他們共有三百人。到達後，他們就駐紮在離我們家不遠的吳姓有錢華人的大庭院。

他們的到來使我們的小鎮變的像死城一樣，一夜間恐怖的氣氛籠罩著我們平靜的小鎮。為避免麻煩，家家戶戶都關門大吉。魔鬼來了，右翼勢力開始反撲了，他們的骨幹分子紛紛拿起用竹子自製的長矛，即當地人稱 "bambu runcing" 的箭竹筒、大刀以及鐮刀。這些反共分子在「黑衣軍人」的卵翼下挨家挨戶地搜捕共產黨人和他們懷疑的人，搞得全鎮雞飛狗跳，永無寧日！沒多久小小的警察局的拘留所就人滿為患。「黑衣軍人」就下命令「當天抓獲當天處決！」他們嗜血成性，草菅人命，根本不用審判也不用定案就可以殺人！真是殺人不眨眼的魔鬼！

那些共產黨人雖然都是落難者，但他們的高幹「待遇」卻不相同！所謂「待遇不同」並非他們對共產黨的高級幹部特別厚道或特別厚待。而是他們處決的地點和時間不同。可能是由於那些劊子手人手不足，忙不過來吧！我的家離警察局不遠，而殺人的墳場就在離我家五六公里遠的南北兩邊。普通的共產黨員及其支持者通常是在北邊的墳場槍斃，時間是下午三四點鐘。而級別較高的共產黨員就被拉到我家的南邊的墳場，時間是在太陽下山後的黃昏時分。押赴刑場時，他們會被捆綁手腳，一排排遊街示眾。站在路旁的人，主要是當地的地主及其右翼骨幹就搖旗吶喊地叫囂：「揍死他們！揍死他們！殺死他們！殺死他們！」，有的甚至還衝向在押「死囚」的隊伍中羞辱他們。有的向他們吐口水，有的揮手打他們！那些仇視共產黨的反共分子虎視眈眈地和「黑衣軍人」狼狽為奸。每天被處決的人數都不一樣，視乎被抓獲人數的多少，通常是二十到三十個人一批。行刑前，他們被強迫自己挖坑，然後要他們自己躺在坑裡等待槍斃。不少共產黨人在就義前唱國際歌和高呼「打倒反動派！共產黨萬歲！」等革命口號。當槍手瞄得不準時，那些準備就義者就會冷嘲熱諷地說行刑者打槍的技術太差了，並且要他們先上戰場學會殺敵本領再執行任務。罵得那些劊子手無地自容！

對落難的共產黨人來說，這種即捕即殺的政策反而可以使他們免受嚴刑拷打之苦。我們鎮的警察局沒有類似「中美合作所」的「老虎凳」之類的先進刑具。但那些魔鬼天使發瘋時就比禽獸還兇惡！記得有一個女共產黨員由於她堅貞不屈，不願意供出她的同黨，結果那些魔鬼天使就把她的衣服剝光，在她那長長的秀髮和全身倒上汽油，然後點上一把火，火勢從她的頭髮一路燒到她的全身，燒紅了的皮肉從她身上一塊一塊地脫落，真是慘不忍睹。還有一次我親眼目睹一個匿藏山區的共產黨員被捕後被五花大綁地用牛車拖到我家北邊的警察局。當他不支倒地時，牛車不但沒有停下，押解他的魔鬼天使反而叫車伕快馬加鞭地趕車。由於當時的馬路是用小石塊鋪的，結果那個落難的共產黨人被拖得皮開肉綻，血肉模糊！路過我們家時，我媽媽看他喘噓噓地張開大嘴，狀似口渴的樣子，實在看不過眼；她就拿起一瓢水準備給他喝，但卻遭到押解他的「黑衣軍人」阻止。那個軍人就飛快地奪去那一瓢水，狠狠地潑到那個在押的共產黨人臉上。我媽媽只好一臉無奈地轉身躲開。還有一次我親眼目睹兩個共產黨人被拉去上街遊行示眾，身上用很粗的繩子捆綁著，各人手握一把鐮刀和一把斧頭互相對打，肩膀釘上了長長的棺材釘，脖子上掛著黑板，上面分別寫著「杜米佐」（Toemijo），「印共武裝部隊總司令」和「杜米倫」（Toemiran），「印共武裝部隊副總司令」。他倆是兄弟，也是戰友，都是當地印共的領導人。押解他們的「黑衣軍人」在旁邊監督。如果那兄弟倆打得不夠狠就用鞭子抽打他們。他們

倆被打得遍體鱗傷，滿臉是血，實在慘不忍睹！

5. 荷蘭入侵

印尼共和國剛獨立時國力薄弱，千瘡百孔。經過「驅紅運動」（Red Drive Proposal）和內戰，使國軍的人數從 400,000 人急降到 57,000 人。這是荷軍在 1947 年 7 月 20 日發動「第一次警衛行動」（**注：實際上是徹頭徹尾的侵略行動**）時想做而做不到的事。在「第一次警衛行動」中，荷軍雖然有盟軍撐腰，但在印尼武裝力量和革命群眾的頑強抵抗下，經過浴血奮戰，終於以失敗告終。事隔一年半，印尼由於內戰而大傷元氣，結果 1948 年 12 月 19 日荷軍再一次發動「第二次警衛行動」。第一次警衛行動時荷軍只有攻打主要城市如日諾（Yogyakarta）、泗水（Surabaya）和棉蘭（Medan）等。第二次「警衛行動」則打得更加深入了。由於我們的小鎮及其鄰近地區是印尼游擊隊的根據地，這次的警衛行動我們的小鎮洛多約也沒法倖免。1948 年 12 月 20 日凌晨時分，正當我們還在睡夢中，我們遠遠聽到轟轟隆隆的坦克車和裝甲車的聲音。我們趕緊把家裡的煤油燈吹熄，並且躲進床底下。大家都屏住呼吸，深怕我們的呼吸聲會驚動剛從天而降的一群白魔鬼！第二天我們才知道荷軍在半夜三更已經進駐我們的小鎮。原來這些荷蘭侵略軍為了避免印尼軍人的抵抗而採用了迂迴路線，即從印尼東爪哇的瑪琅市（Kota Malang），經過山區的瓦德斯（Wates）和賓拿文（Binangun）村繞道進入我們的小鎮。

荷軍一路沒有受到抵抗，平時威風凜凜，殺人不眨眼的黑衣軍人在荷軍到達前已經溜之大吉，而當地的員警也已經如鳥獸散。結果荷軍只要花幾顆子彈就可以順利地佔領我們的小鎮。荷軍到達後就直奔分隔洛多約和美里達（Kota Blitar）市的布蘭塔斯河（Brantas River）附近叫佳陵（Jaring）的柚木貯存場紮營。當時布蘭塔斯河有兩名印尼軍人把守住橋樑，由於天黑他們誤以為荷軍車隊為印尼的軍車隊。當他們向車隊揮手示意時，荷軍的槍手就毫不留情地向他們開火：「噠、噠！噠、噠！噠、噠！」那兩個守衛橋樑的軍人就應聲倒地，真是可憐！他們還沒弄清楚對方是誰就已經一命嗚呼，命喪黃泉了！事發後，荷軍就把他們的屍體拖到柚木貯存場等候有關部門來收屍。這時候鎮政府的所有部門已經癱瘓，還留在鎮裡的唯一政府官員只有警察局局長。他聽到有印尼軍人被殺後沒人收屍，就去找我父親商量如何處理善後。我父母在當地是出了名的好人，我的父親二話沒說，準備好馬車就和警察局局長前往荷軍駐地認領那兩位軍人的遺體。由於警察局長受過荷蘭教育，可以講一口流利的荷蘭語，認領手續非常順利。遺體領回以後，我爸爸就和警察局長找當地的村長把那兩名無名軍人埋葬。埋葬時什麼儀式都沒有，只看到那位警察局長脫帽致哀，而我爸爸和那位村長則低著頭默哀。這兩位印尼無名軍人就這樣為捍衛剛剛獨立的印尼共和國無聲無息地獻出他們的年輕生命！

出乎意料，荷軍到達我們小鎮後並沒有繼續深入山區對印尼游擊隊進行圍剿和搜捕，而是在柚木貯存場休整待命，也沒有打擾我們。但由於「黑衣軍人」剛剛在我們鎮到處肆虐，我們還是猶有餘悸。荷軍沒有多久就繼續向他們的目的地美里達市進發。美里達市雖然只是一個縣級市，但她是印尼國父蘇加諾總統的故鄉，也是原印尼鄉土防衛義勇軍（PETA：Tentara Sukarela Pembela Tanah Air）於 1945 年 2 月 14 日在蘇比亞迪

（Supriadi）領導下向日本佔領軍發動武裝起義的地方。荷軍的離開並沒有給我們小鎮帶來平靜，反而給我們華人帶來災難！荷軍走的第二天，原來在山區躲藏的印尼各路武裝人員紛紛回到鎮裡。他們多數不是印尼的正規軍，而是由各類派別組成的雜牌軍。他們沒有固定的軍服，也沒有部隊的編號。當地華人看到他們回來非常驚恐，為求安全就跑到中華總會主席的家聚集。到了半夜，在中華總會主席家裡聚集的華人突然被不明來歷的武裝人員圍捕並被帶到不明地點拘留。我爸爸當時留在家裡，因此得以倖免。消息傳開後，鎮裡的華人都人心惶惶，深怕同樣的遭遇遲早會來臨，搞得大家如坐針氈，沒法安寧。

為了安全，事發的第二晚我們家人決定到村長家裡暫避。村長和我們很熟，平日經常有往來，我們相信應該會收留我們。沒想到村長得知在中華總會聚集的華人遭圍捕後也很怕我們的到來會給他帶來同樣的麻煩，他就勸我們回家。他說待在家裡會比聚集在他家裡更加安全，理由是人多目標就大。的確，我們一家大小共八個人，和村長一家有將近二十人！村長還跟我們說如果需要幫忙可以隨時找他。看他實在很為難，我們只好回家，回到家已經是凌晨兩點。沒想到在我們家的後廊已經有三名軍人在守住。一看到我們回來，他們的其中一人就問我們：「半夜三更去哪兒？！」我的媽媽回應說：「去村長家！」那個軍人就說：「現在是非常時期，你們最好不要到處亂跑！」說畢，那三個軍人走了。我們感到很不安，覺得這三個不速之客的出現是一個不祥之兆。結果那天晚上我們全家徹夜難眠。

不出所料，第二天深夜兩點多鐘當我們在熟睡時突然聽到急促的敲門聲。由於適逢兵慌馬亂，我們不敢輕舉妄動地冒冒然開門。外面的敲門聲更加急促，更加大力，緊接著我們聽到踢門聲，我們還是不開門。外面的人開始怒吼了並且吼叫道：「開門！開門！再不開門我們就開槍了！」我爸爸就趕緊開門。一看到那些持槍的人個個露出兇狠的樣子，我爸爸就趕緊回房拿取切煙葉的大刀準備衝上去和那些歹徒拼搏！為了阻止我爸爸的冒險行動，我媽媽就衝過去奪取他手裡的大刀並且叫他待在屋裡。看到我們一家人還沒有出來，那個領頭的軍人又再咆哮道：「快、快、快！所有的人快點到屋外集合！！」我媽媽不敢怠慢，她趕緊領著我們一家八口到屋外排隊，看著那些持槍軍人的惡相，我們預感到這次肯定是凶多吉少！當時我還小，而且睡意正濃，還沒睡醒，所以聽不清那些軍人說些什麼。但是我敢肯定他們在訓誡我們。聽完訓令，我爸爸進去拿幾件衣服後就由軍人押解離開我們的家。當時非常黑暗，伸手不見五指。我朦朦朧朧看到我爸爸一邊走一邊回頭看看我們，可能想說再見，或者是不捨得離開我們。我媽媽一邊安慰我們，一邊依依不捨地望著我爸爸的背影，直到他慢慢地消失在黑夜中。他走了以後我們全家都睡不著，深怕我爸爸這一去就是永別！

我爸爸走了以後，我們天天都在想他。想他到底去了哪裡？想他是否平安無事？到了晚上吃飯和睡覺時，我們總覺得好像少了什麼似的。這種感覺實在很難用言語來形容。我們總覺得我們的爸爸走得太突然了，太不能接受和不可理解了！我們真是有苦難言，有苦沒地方訴說啊！我們叫天天不應，叫地地不理！我們沒法打聽他的命運，也沒處去問他的下落。我們連那些軍人的真正身份都不知道，他們屬於哪一派也無從查問。我們只有聽天由命，實在很無奈！但我們並不絕望，我們日日夜夜盼望我們的爸爸能平安回來。皇天不負有心人，有一天我

正在屋外玩耍時，突然遠遠看到我的爸爸一拐一拐地走路回來。這次他是一個人回來，沒有荷槍實彈的軍人押解。看到他回來，我非常高興並趕緊跑去挽著他回家。我媽媽和我哥哥、姐姐以及妹妹都高興得說不出話來。原來我爸爸的腳生瘡，走路不便，所以那些軍人就叫他回家養傷。我爸爸回來沒多久，我們的家又有一批軍人來「探訪」。他們一來就命令我媽媽把家裡的所有鑰匙交給他們，並且叫我們拿簡單的衣服和隨身物品跟他們走。接著他們就把我們一家大小押走，說什麼是叫我們疏散。實在可憐，我爸爸回來後還來不及高高興興地和我們團聚，我們一家人又要走了！我們這次走，是佳音還是凶兆沒有人知道。只有天知道、地知道和那些軍人知道！

6. 被逼疏散

我們被押解時，那些軍人沒有向我們洩露我們要去哪裡，也沒有告訴我們要去多久，只是說要帶我們去「疏散」！我們不敢多問，也不敢多說，只有聽天由命。可是當那些軍人叫我們把家裡的鑰匙全部交給他們時，我們多少已經明白我們的家再也不是我們的了。所以我們走的時候不但帶了隨身要穿的衣服和日用品，我們還帶了簡單的炊具。當時我爸爸腳上的瘡還沒有好，走路一拐一拐，不能幫我媽媽帶東西。因此那些較重的東西只好由我媽媽和我大哥，大姐和二姐負責帶，我和我二哥就負責照顧我的妹妹。我們離家後那些軍人就押解我們沿著馬路往南走。這是通往山區的路，是通往以前共產黨人藏匿的地方，也是通往印尼游擊隊的根據地。路越走越小，越走越遠，天色越來越黑，我們的心情也越來越沉重。我們不明白他們為什麼要剝奪我們用血汗一點一滴建立起來的美好家庭？！為什麼？！我們平日和當地的老百姓和睦相處，互相幫助共患難。我們不明白為什麼要把我們押解到遠離我們住所的偏僻地方。莫非是要把我們一家斬草除根？！我們不敢過多想像，只有把一切交給上天了！

到天黑時我們終於到達離我們家大約有十多公里遠，一個叫班蘭阿倫（Pandanarum）的小村莊。我們到達後就被安排到村長家的倉庫住下。這個倉庫是村長專門用來貯存剛收割的蔥頭的地方。當時是蔥收割的季節，我們到達時倉庫裡已經擺滿剛剛收割的蔥頭，而且已經有先來的難僑居住。我們的到來使原來已經非常擁擠的倉庫更加擠迫。我們像沙丁魚一樣一個挨一個地躺在地上睡覺，沒有墊子，也沒有草席，男女老少，老弱病殘都不分。印尼一年四季氣候炎熱潮濕，剛收割的蔥在高溫下散發出刺鼻的氣味，使人嗅到後感到作嘔和頭昏腦脹，實在難受和沒法入睡。為了呼吸新鮮空氣和舒緩倉庫的擠迫情況，我們男的就決定在屋簷下睡覺。由於晚上睡不好覺，第二天大家都很早起來漱洗和洗刷髒的衣服。我們的營地人太多，但只得一口井，大家只好輪流漱洗。一時間原來平靜的村莊變得熱鬧非凡。這個營地的突然出現引起了荷蘭軍用偵察機的注意。不久我們看到有一架飛機在上空盤旋。我們不以為然，只是跑到倉庫裡躲一躲，然後又出來到屋簷下閒聊。這時那個偵察機突然轉回來，並且向我們的營地俯衝。我們還來不及躲進倉庫就聽到機關槍掃射的聲音。緊接著聽到的是炸彈投下來時長長的嘘……嘘……聲和震耳欲聾的爆炸聲。這突如其來的空襲把我們嚇得失魂落魄，小孩和婦孺的哭聲和尖叫聲此起彼落，大家恨不得快點搬出這個鬼地方！

荷蘭軍機的空襲不但使我們失魂落魄，也使村長嚇破了膽。他抱怨我們的到來使他們一家成了荷蘭軍機的襲擊目標，從而使他們一家不得安寧。第二天他要求押解我們的軍人把我們搬走。我們本來就受不了那個營地的惡劣環境，特別是倉庫裡擺放的蔥使我們感到窒息、嘔心和頭痛。我們一早就不想在這裡住了！因此這次空襲使我們可以如願以償，早日搬走。真是因禍得福！我們被遷移到同村一個富戶人家的空置倉庫，條件和原來的營地好不了多少，但好在倉庫裡沒擺放蔥頭，而且地方也寬敞些。我們剛搬來不久，住在我們對面的一批難僑的營地有一天被不明武裝人員包圍和搜捕。他們這次搜捕的目的是要抓捕那些「漏網」的華僑家庭的男戶主和成年男人。在這次搜捕行動中，原來住在我家對面的鴻德（Hong Tek）叔被抓了。他是我的姨丈，也是我爸爸的好朋友。得知他被抓，我爸爸感到很難過，並且非要和他道別不可。當時的情勢很不好，我爸爸又是剛放出來不久，我媽媽很擔心他會受牽連而再次被抓。為安全著想，我媽媽不讓他出去見我的姨丈。但我爸爸堅決要見他，我媽媽實在沒法阻止。不出所料他和我姨丈道別時就一起被抓走！

他被抓走時完全沒有什麼思想準備。當時我陪著我爸爸一起見我的姨丈，一得知他被捕我就飛快地回到我們的營地通知我媽媽。我媽媽拿了一些我爸爸平時愛穿的衣服後，就趕緊和我一起找我爸爸，幸好他還沒走。我媽媽把衣服交給他後，他就和其他被抓的難僑一起走了。他腳上的瘡還沒完全好，走路很慢，而且是一拐一拐的，看來非常辛苦。我想過去扶他，但給押解他的武裝人員攔住。我和我媽媽只好目送他走。他一邊走一邊回頭，看來非常依依不捨。當時正好是中午時分，烈日當空，他還沒來得及吃中午飯，也沒有帶水，我們很擔心他會受不了。那些被押解的難僑像羊群一樣地任由那些武裝人員驅趕。他們默不作聲地低頭向前走啊，走！我和我媽媽看著我爸爸和那些共患難的難僑們的背影越來越小，越來越模糊，最後慢慢消失在地平線上，心裡真是難受。我忍不住哭了，深怕我爸爸這一去就是永別！看我哭了，我媽媽就安慰我。但我明白她也和我一樣難受，一樣擔心我爸爸的安危。這些年來她已經習慣強忍自己的眼淚，因為她知道再哭也沒有用。我們真是叫天天不應，叫地地也不理啊！

7. 山裡之花

為了避開荷蘭軍機的追蹤，我爸爸被抓後不久我們的營地又要再搬遷了。這次我們搬到叫作昆當勒基（Gondanglegi）的小村莊。這個村莊不大，村長的房屋是這裡唯一比較像樣的房子，也是唯一比較大的房屋。其餘的房屋都是又小又矮的村舍。村長的房屋顯然是唯一可以收留我們這些難僑的地方。雖然說村長的房屋比較大，但是一下子來了那麼多人就肯定很擁擠。那個村長是一位心地善良的人。為了收留我們，他一家人被迫擠在一起住，其餘的地方就留給我們住。我們則在走廊角落頭的地上睡。總而言之，只要可以躺下就行。由於怕荷蘭人的偵察機空襲，村長叫我們白天不要到外面活動，只有晚上才可以到屋簷下乘涼。我們雖然在逃難，但人們不叫我們是難民，而是被拘留者（注：印尼文叫 "tawanan"= 英文 "detainees"）。實際情況也是這樣，因為我們搬遷時必須由軍人押解，而且也不能自由行動。我們遵照村長的要求，白天不到屋外活動。但是我們的到來還是驚動了當地的一些地痞和不法分子。有一次當

押解我們的軍人不在時，村長的家來了兩個不速之客。他們其中一人帶槍，但不像是軍人的樣子。另一個則穿便服，沒有帶槍。他們一來就問難僑中有無成年男性。村長聽了就叫我的大哥和我的舅舅出來。他們兩人是我們當中僅得的成年男性。

俗話說：「來者不善，善者不來」，我們從那兩個人的來頭就知道他們並非善男信女。當見到我的哥哥和我的舅舅時，那兩人就跟村長說：「成年男性必須要和其他難民分開，這是規定！我們奉命把他們帶走！」由於當時我的舅母正好懷孕，而且快要分娩，村長就指著我的舅舅說：「等他的太太生完小孩你們才帶走吧！」那個不帶槍的人就說：「好！但另外一個我們要馬上帶走！」那另外一個人指的其實是我的大哥。村長堅決地說：「你們要帶走就一起帶走，可是要等他的太太生完小孩才能帶走！我擔保他們不會跑掉！」村長這麼一說，那兩人就不敢多說了。那兩個人走了以後，村長就把我的大哥和我的舅舅叫去，並且告訴他們從今以後白天絕對不能出去。這件事使我的大哥和我的舅舅天天提心吊膽，從此不敢在白天露面。他們實在很可憐，一旦聽到有人來就趕緊躲在床底下。其實要帶我大哥走的那個傢伙以前還是他的同學呢！還好我們不久又被命令搬遷。真是天助我也！不然我的舅舅和我的大哥的命運不知如何。

搬遷以前，沒人知道我們要到哪裡去。臨走的前一天下午，押解我們的軍人才通知我們明天要搬遷的事，但沒有說具體的目的地。那些軍人只是叫我們做好準備，明天一早就出發。第二天，天還沒亮我們就被叫醒。我們全家大小和其他難僑一起拿著衣物、日用品和炊具在三名軍人的押解下向南部方向的山區進發。為了躲避荷軍偵察機的追蹤，押解我們的軍人叫我們穿過茂密的山林走。山路崎嶇不平，實在難走。我經常看到那些年老體弱者和攜帶小孩的婦女跌跌撞撞地，艱難地向前走。我的舅母由於身懷六甲，走起路來格外辛苦，真是可憐。雖然我舅父一路扶著她，但她一路還是喘噓噓的。到了中午，天氣非常炎熱，在茂密的森林裡，天氣就更加悶熱了。押解我們的軍人看到我們走得太辛苦了就同意給我們休息。這時我們每個人都又累又餓，如果不休息肯定會有人倒下去。還好出發前村長已經為我們準備了簡單的午飯。這個午飯很簡單，只有用柚木葉包著的、摻有木薯葉和鹽的飯。由於我們從早上沒吃過東西，所以我們個個都狼吞虎嚥！

吃飽飯後我們繼續往南走。越往南，山路就越崎嶇不平。到了下午，很多年老體弱和年幼的兒童幾乎已經支持不住。可是由於我們處於山區的無人地帶，我們不得不繼續往前走。我們絕對不能停下來，也不能走回頭路，真是進退兩難！總而言之，我們在天黑之前必須到達目的地。大家扶老攜幼，互相幫助，艱難地一步一步向前走。快天黑我們終於到達一個叫恩尼（Ngeni）的山村。這個山村實在很小，除了村長的家，我們沒有看到有其他房屋和村舍。村長的家很大，除了正屋，前面還有一個用來開村大會的大堂。這裡的村長很善良，我們來了以後除了主人房留給自家人用，其餘房間就騰出來給我們用。我們總共有十來個人，房子只好留給女士們和小孩住，所有男性就睡在大堂。和昆當勒基（Gondanglegi）不一樣，我們在這裡比較自由，不用整天困在屋子裡。小孩也可以自由自在地在村公所的大院玩，而我們大人可以到鄰近的村落去買我們需要的食物，也可以到鄰近山頭砍柴燒飯。條件是不能離開押解我們

的軍人所劃定的範圍。

恩尼是出名的缺糧區，這裡十年九旱，土地基本上是石灰地，水稻根本不能種。當地的村民只能種一些耐旱的農作物，如：木薯、地瓜、高粱、玉米和小米。但由於土地貧瘠和乾旱，所以農作物的產量很低，根本沒法解決溫飽。為了解決肚子問題，當地人就吃一種叫蘭多洛的野豆（爪哇語叫 "lamtoro"，學名是 "leucaena glauca"）或者野蠶豆（爪哇語叫 "koro"），甚至於也有人吃香蕉莖的心來充飢的。由於長期營養不良，很多村民得了浮腫病。我們是難民，我們的生活當然不會比他們好多少。我們平日只能吃一種用乾木薯做的 Tiwul，念「迪伍兒」或用玉米做的 ampok，念「安博」，加木薯葉，椰子絲和鹽來維持生活。我們經常看到腹部腫脹，頭髮脫落的村民在地裡找尋野菜或其他可以果腹的東西。在這種條件下我們雖然可以出去買食物吃，哪有可能買得到呢？因此我們能平平安安和不餓死也就滿足了！

我的舅母搬到恩尼（Ngeni）前已經十月懷胎，大腹便便，到達恩尼時已經快臨盆了。我們到達後不久，她感到有激烈的胎動，緊接著是產前的陣痛。我媽媽和其他難僑趕緊做好產前準備。這裡的條件很差，既沒有衛生所，也沒有助產士，只有沒受過正規訓練的助產婆，即巫醫（Dukun）。在搬遷時我舅母和其他難僑一樣要走崎嶇不平的山路，造成胎位不正，助產婆用了十八般武藝也無法助她分娩。最後她只好拿出她的法術。她最初說我舅母的床位不正，所以要把床的方向擺正。結果當然是徒勞無功！第一個法術不靈後，她再使出第二個法術。這次她開始燒乳香（Kemenyan），而且嘴裡還念念有詞地說些我們不懂的祈禱文，但還是搞不出什麼名堂來。這時大家心急如焚，心情都宛如熱鍋上的螞蟻。大家實在不忍心看著我舅母那種痛苦的樣子。這時有村民告訴我們原洛多約衛生所的助產士（印尼文：Bidan）聽說正好在附近的游擊隊營地護理受傷的游擊隊員。村長聽了就馬上派人去找她。快天黑時，她在印尼軍人的護送下騎馬到達我們的營地。在該名助產士的幫助下，我的舅母終於誕下一個可愛的女孩。為了紀念她在恩尼山村的出生，大家就給她取名山花！山花的出生給我們帶來了歡樂，也帶來了祝福。她還在娘胎時就救了她的爸爸和我的哥哥。在昆當勒基時，如果我舅母不是懷著她，她爸爸和我大哥肯定會被抓走。因為她，她爸爸和我大哥才倖免於難。

那個助產士給我的舅母接生完畢時已經快深夜了，山村的路沒有路燈，伸手不見五指。村長叫她留宿，深怕那漆黑和崎嶇不平的山路不安全，但她堅持要回游擊隊營地照顧傷病員。她告訴我們那些受傷的游擊隊員很可憐，由於醫藥缺乏很多傷病員得不到應有的治療。他們連最起碼的消毒藥水和包紮傷口的繃帶都沒有。他們唯一的藥品只有碘酒和三碘代甲烷（注：當地人叫 "podemporem"，英文叫 "iodoform"）。至於繃帶，他們就用香蕉樹的皮代替。方法是把香蕉樹皮的內層用利刀切薄成像繃帶的長條，然後用蒸汽高溫消毒後再曬乾而成。這種土辦法在當時的確給受傷的游擊隊員很大的幫助。多虧這位助產士救死扶傷的精神和細心照料，許多受傷的游擊隊員才可以得到適時的和適當的治療。可是由於醫療條件實在太差，有不少游擊隊傷患由於傷口感染和沒有得到妥善的治療而死亡。很多年輕的游擊隊員就因此英年早逝。而他們死的時候周圍沒有親人，只有他的戰友們和山上的樹木向他們致意。戰爭就是這麼

慘酷，這麼無情！對游擊隊戰士是這樣，對普通老百姓也不例外。戰爭使人們失去家園，妻離子散，命在旦夕。

8. 前路茫茫

我們在恩尼的生活比較平靜，也比較自由。可是在那種年代再平靜的生活也難免會受到一些干擾。記得有一次我們住的營地來了兩個不速之客，一個自稱是助理區長（Asisten Wedana），另一個自稱是其秘書。他們自稱來的目的是探望我們。在談話中他們說我們在押的親人都很安全，請我們不用擔心。他們還說我們的親人委託他們取一些衣物和生活費。我們不虞有詐，慷慨解囊，拿出僅有的一點錢和衣物給那兩名自稱是區政府人員的人。他們拿了錢和衣物後就走了，連起碼的收條都沒有給我們。他們到訪後不久我們又接到要搬遷的通知。這次搬遷沒有預定的目的地。出發那天，那些押解我們的軍人一早就叫我們起來。我們和村長，其家人和村民簡單告別後就出發，連早餐都沒吃。我們一離開村公所就沿著山邊的小路走。由於山高路狹，茅草又比人高，我們走得特別慢，深怕一滑腳掉進山谷。烈日當空，加上又飢又渴，我們走得很辛苦，唯恐不支倒地而掉進深谷，我們只敢一步一個腳印地走。

當夕陽西下，天色漸暗時，我們終於看到遠處有稀稀拉拉的村舍。快天黑了，我們走路的速度就更加慢了。這時遠處突然跑來一個大約二十多歲的本地婦女，她氣喘噓噓地向我們的隊伍跑過來。她跑得特別快，很像百米短跑運動員要沖到終點時一樣。她眼睛睜得大大的，目光直視抱著兒童的婦女，看起來好像一隻母鷹在搜尋獵物一樣。她的出現使大家感到非常茫然若失，不知所措。正當我們都在目瞪口呆時，她突然一個箭步衝到我前面抱著大約一歲多小女孩的中年華人婦女跟前。她以迅雷不及掩耳的速度把那個中年華人婦女手裡抱著的小女孩搶走。那個中年華人婦女對突如其來發生的事驚慌失措，只懂得拼命地高呼救命。她的叫喊聲驚動了押解我們的三個軍人，於是他們其中一人協助那個中年華人婦女追捕搶小孩的那個當地人。但她很快就躲進茅草叢中不見蹤影！由於要趕路，我們只好放棄搜尋。不久我們的隊伍終於到達一個村落。押解我們的軍人把剛剛發生的事向村長報告。他們一說，村長就明白了。村長把事情的來龍去脈向押解我們的軍人講述後，我們才恍然大悟。原來那個當地婦女是那個小女孩的生母，而那個華人婦女只是那個女孩的養母！而小女孩的父親是一個有錢的洛多約（Lodoyo）華裔商人。那個華裔商人在到村裡採購土產時和當地的少女邂逅，繼而有肌膚之親。後來那個少女為他生了雙胞胎，這個雙胞胎一出生就被洛多約的華人領養。被搶走的那個就是其中的一個。

天終於黑了，我們不能再繼續往前走了，我們只好在一個叫嘉里登亞（Kalitengah）的村落留宿了。可是村裡根本找不到比較寬敞的房子，我們不知要在哪裡過夜呢？村長是一位非常細心的人，他看到我們的臉色就知道我們的心思。他叫我們放心，一切由他安排。他一邊安慰我們，一邊叮囑村民們趕快收拾各自的村舍以便騰出地方給我們住。那些村民雖然很窮，居住條件也很差，但他們很熱情，很善良。他們很快就把自己的村舍收拾好，並且把最好的地方留給我們睡。那天我們有沒有吃中午飯我已經記不著了，晚餐吃什麼一點印象也沒有，我只記得那天我們特別疲累。那天晚上雖然我們睡在只有用草席墊

的泥土地板，我們很快就呼呼大睡。天沒亮，我們就被叫醒，押解我們的軍人叫我們趕快收拾細軟準備出發。和往常一樣，我們不知道我們的目的地。我們不便多問，只好聽命於軍人的命令。離開村落後，我們就沿著崎嶇不平的山路往南走。路邊的茅草似乎越來越高，路也越來越崎嶇。押解我們的軍人一個在隊伍的前面帶路，另一個在隊伍的中間，還有一個則在隊伍的後面。他們雖然是押解我們，但他們對我們不會呼呼喝喝。由於路邊的茅草很高，所以後面的人看不到前頭的人。為了避免失散以及方便互相照顧，我們就以一家人一組的列隊而走。路實在太難走了！我們走了整個上午還沒看到山的盡頭，沒遇到過路人，也沒看到村莊。一路上看到的只有路邊的茅草和很深的山谷。

下午兩點多鐘，我們終於到達一個叫格拉達（Klatak）的山區小鄉鎮。這個小鄉鎮很小，只有一條很短的石子路，但這個小鄉鎮比我們住過的恩尼（Ngeni）熱鬧。鎮裡除了有街市，還有兩家華人商店。一個店主叫陳治賢（Tan Tie Hian），他有兩個老婆，十三個孩子。另一個店主姓鄭，是鄭愛水的家。鄉公所就在石子路的頭一端。這個鄉公所是鎮裡最大的房子。除了有鄉政府的辦公室，鄉長的住所，還有鄉政府的大堂。我們到達後就被安置在鄉公所暫住。鄉長是一個很善良的人。他得知我們一天沒吃過飯就發動左鄰右舍到鄉公所為我們準備飯菜。雖然是非常簡單的午飯，但對我們已經飢不擇食的一群難僑已經是不可多得了！吃過中午飯很多人就去鄉公所後面的格拉達河（Klatak River）洗澡和洗衣服。這是我們被逼逃難以來洗得最痛快的一次！格拉達河的水很清澈，不很深，但水流很急。我洗澡時由於不注意急流暗湧差一點被急流沖走。幸好我的二哥胡淑溫見義勇為地把我拉到安全的地方，不然我就沒有今天了！洗完澡我和我的二哥就和其他小孩在鄉公所的大院玩耍。當我們玩得很開心時，我們突然聽到嗡嗡的飛機聲。我們抬頭一望，只見一架偵察機在鄉公所的上空盤旋。我們趕緊跑到鄉公所裡躲避。就在這時那架偵察機突然俯衝，並且用機槍向鄉公所掃射！噠！噠！噠！……飛機不停地掃射。押解我們的軍人叫我們扒在地上隱蔽。我們屏住呼吸，沒人敢出聲。由於不見有什麼動靜，偵察機很快就飛走了！

9.「世外桃源」

荷軍偵察機的出現使我們不敢在格拉達再逗留。第二天早上，我們在三名軍人的押解下離開格拉達。我們繼續往哪裡走呢？大家都不知道，也不敢問那三名押解我們的軍人。那三個軍人雖然和我們已經相處一段時間了，但他們從來不和我們聊天，也未曾透露他們軍隊的編號。由於他們沒有正規的軍服，我們實在無法知道他們屬於哪一方。也不知道他們要把我們押送到哪裡？為了避免荷軍偵察機的追蹤，我們一離開格拉達就沿著山邊的小路走。這一帶的山路要比上一次走的山路崎嶇難走。除了路上的茅草比人高，山下的深谷看起來也令人頭暈。那些帶著老人和小孩的難僑婦女最可憐，他們除了要小心翼翼地走路，還要扶老攜幼！真是難上加難！

我當時雖然只得九歲，但我和大我一歲的二哥就要照顧當時只有三歲的妹妹。她當時還小，走路很慢，要我和我二哥輪流抱她，不然肯定走不動和掉隊。到了中午，烈日當空，我又飢又渴，精疲力竭，萬念俱灰。我們不知道還要再走多久，也

不知道我們的命運到底如何。是死，是活，真是聽天由命！我們走得實在太疲憊了！我們很想到陰涼處休息，但擺在我們面前的幾乎是無邊無際的荒野。押解我們的軍人看到我們都快走不動了就鼓勵我們說：「加把勁！很快就到目的地了！到目的地就有東西吃了！」

聽說到目的地就有東西吃，大家的幹勁就來了。我們忘了疲勞，也忘了飢餓，只想快點到達目的地。走了大約一小時我們果然看到一條較平坦的，用石子鋪的村路。我們彷彿在茫茫的黑夜裡看到一線曙光，非常開心。在較平坦的村路走，起碼不用像走山路那麼崎嶇不平，那麼危險。我們在村路走感到比走山路輕鬆得多和快得多。我們沿著村路繼續往南走，大約一個多鐘頭就到達一個叫順柏布宗（Sumberpucung）的村落。這個村落雖然很偏僻，但這裡的土地看起來非常肥沃，村民看起來也比恩尼（Ngeni）的村民健康和幸福。我們先前住過的恩尼到處都是石灰岩，但這裡的土地都是黑土，而且水利資源豐富。地裡都是長得綠油油的莊稼。這裡的村民不像恩尼那裡面黃肌瘦，瘦骨嶙峋，而是黑裡透紅，非常健康。我們進村時看到的是面帶笑容，非常友善的面孔。我們一進村就被安排到村公所休息。這裡的村長很友善，聽到我們的到來他就發動左鄰右舍到村公所為我們準備簡單的午飯。午飯雖然是很簡單，但我們都吃得津津有味。相信是因為我們肚子餓得發慌了，所以飢不擇食！

這個村猶如世外桃源，世界上發生的事似乎和該村無關。雖然印尼當時適逢兵荒馬亂，人心惶惶，但由於這裡離市區太遠，交通非常不便，很少有外人涉足，因此這裡異常平靜，令人感到很平安。這裡的村民似乎不知道什麼是戰爭，也不知道什麼是飢餓。相信我們的到來使他們大開眼界，使他們領略到什麼是難民！富裕的農村，培育出富裕的村長。這個幾乎與世隔絕的小村落的村公所比我們以前所有住過的鄉公所和村公所大得多，也像樣得多。這個村公所有一個很大的大堂，大堂後面的大房子是村長的主人房，兩旁有大大小小十幾間小房。這些小房是村長的兩個小妾及其子女和傭人住的。為了安置我們，村長就把一邊的五、六間房騰出來給我們住，真是用心良苦！我們在這裡沒有諸多的限制，非常自由，因為我們根本跑不掉！從這個村往南走是波濤洶湧的印度洋，村的周圍又到處是原始森林。如果真的要逃跑，結果也是跑了和尚跑不了廟啊！所以沒有人想過要逃跑。何況這個地方是個魚米之鄉，物產豐富。這個村附近有一個濕地，地裡遍地是野生的空心菜和田螺，海邊又是遍地海參。當地人不吃田螺，也不吃海參，那些懂得吃田螺和海參的華人真是如獲至寶！他們天天去撿田螺和海參改善生活。不會吃田螺和海參的難僑只好吃空心菜和在小溪裡抓的小魚小蝦。

這個村雖然平靜，但在兵荒馬亂的年代，各式各樣的武裝力量偶而會來打擾我們難僑。記得有一夜我們的住地來了三名軍人，我們的營友，特別是婦女，一看到有軍人來了都趕快躲起來。但我媽媽知道躲起來不是辦法，因為如果對他們不理不睬肯定會激怒他們，所以我媽媽就主動到大堂接待他們。他們談吐斯文，看來不是那種粗俗的人。但他們的話題不外是瞭解我們營地有多少婦女，有什麼需要。談到最後，他們的話題就使人領略其真正的用意。這時他們就表白說：「戰爭爆發前我們都是大學生，戰爭使我們被迫拿起槍桿子與敵人作戰。我們都是單身漢，所以我們和其他人一樣需要有性生活」。談到這

裡，我媽媽就問他們是否還要上前線？戰爭何時可以結束？他們說戰爭只要還未結束他們就還要上前線。至於戰爭何時結束就不知道了。聽到這裡我媽媽就趁熱打鐵地說：「您們都是愛國學生，您們為了保家衛國不惜犧牲自己的學業。到戰爭結束了您們可以來找我，您們的終身大事包在我身上！」聽到這裡，那些軍人都站起來向我媽媽敬禮，並且連聲說：「謝謝！謝謝！謝謝！」然後我媽媽就叫他們講講他們在戰場上英勇殺敵的故事。他們個個都眉飛色舞地講他們的戰鬥故事，頓時忘了先前的話題。當他們談完時，已經是凌晨了。出於關心，我媽媽就叫他們在村公所的大堂留宿。

我們在順柏布宗（Sumberpucung）雖然住的時間不長，但我的經歷卻使我終身難忘。這不是由於這個小村落猶如「世外桃源」，也不是我媽媽如何應對自如地應付三名突然來訪的軍人的深刻印象，而是我剛來到這個小村落時遇到離奇和驚險的經歷。事情是這樣發生的，有一次我肚子不舒服急需大解，但村裡根本沒什麼像樣的廁所，只有在魚塘邊草草搭建的，無上蓋也無欄桿的，只有用一條如小腿般大小的竹子橫在茅坑上的茅廁。我雖然從小就住在一個落後的小鎮，但進到這種最原始的茅廁還是我平生第一次。由於便急我就顧不得那麼多。誰知道我剛蹲下來，那個橫在茅坑上的竹子突然間滾動，我頓時失去平衡，噗通一聲掉進大糞坑裡。我只好聲嘶力竭地大喊：「救命！救命！救命！」還好，我媽媽剛好路過，她一聽我叫喊救命就飛奔過來。這時我的身體已經沉下去了，只有剩下我的頭還露出糞坑。在萬分危急下，我媽媽很沉著地把一根樹枝遞給我。我很快地用雙手抓住樹枝，而我媽媽就使勁地把我拖出糞坑。可惜那個樹枝太小了，當我媽媽使勁拉我時，我聽到「喀嚓」一聲，樹枝就斷成兩截了！這時我的頭快沒頂了。在生死關頭我媽媽再遞給我一根長長的竹子，我終於安全上岸！我媽媽看到我全身都是糞便，就帶我到池塘裡沖洗。由於當時沒有肥皂，沖了大半天也沒法沖掉我身上臭氣沖天的糞便味！真是終身難忘！

另外一起難忘的經歷是在村公所發生的怪事。有一天中午，一個難僑婦女急匆匆地向村長報告說，在她的營房的牆上看到奇怪的椰子樹倒影。這種自然現象在當地人看來是非常不吉利的預兆，所以村長聽了就很緊張。加上第二天村長的第二個老婆突然病倒，村長就更加信以為真，認定那個椰子樹的倒影是凶兆。為了避邪，他叫人把院裡疑似造成椰子樹倒影的椰子樹砍掉。雖然被懷疑的椰子樹一個一個地被砍掉，但椰子樹的倒影仍然存在。過不久，村長的第二個老婆也死了，這使他更加信以為真了。他認定椰子樹的倒影是導致他的第二個老婆死亡的罪魁禍首。他下決心把院子裡的所有椰子樹通通砍掉。奇怪的是椰子樹的倒影依然存在！接著村長的第三個老婆也無緣無故病倒了。這時村長就開始惶惶然了。村裡的長老建議他做法事，一方面超渡他的已故二姨太太，一方面安撫那些妖魔鬼怪。他聽了以後就殺牛宰羊，請人三天三夜演皮影戲來驅魔。但他的第三個姨太依然離去，椰子樹的倒影也依然如故！我不想在這裡過多地解釋這個小孔成像的自然現象和當時發生的怪事。我相信這只不過是一個巧合，這個怪事在很大程度上是因為村民太落後了。落後到連一個最起碼的衛生所也沒有，所以村民有病沒法看醫生。這種現象在當時非常普遍，真是見怪不怪！還好我們沒住多久就接到通知要搬遷。不然我們每天要做惡夢了！

10. 到集中營

這次我們搬的地點並不遠，只有到鄰村的順柏雪（Sumbersih）。雖說不遠，只是在鄰村，但在山區說不遠是指山頭的另一邊，走路也得大半天。"Sumber" 印尼文是「泉源」的意思。至於 "-sih" 是由 "bersih" 得來的，即「清潔」之意。顧名思義 "Sumbersih" 就是「清潔的泉源」之意。這個地方的確有一個很大的泉源，這個泉源噴出來的水構成了一個很大的水池。水池的一頭有一棵又高又大的榕樹。榕樹的樹枝很茂盛，茂密的樹葉遮住了水池，使水池的水格外陰涼。榕樹在當地人眼裡是非常神秘和神聖的樹，所以池塘裡雖然有各種各樣的魚，但沒人敢去抓，結果池塘裡的魚真是多如牛毛。我們到達順柏雪時已經是下午四點來鐘。我們到達後的第一件事是傾聽上面派來的軍隊首領講話。這個軍隊首領看來是押解我們的軍人的上級，其他軍人對他畢恭畢敬。我們被集中在集中營前臨時開闢的廣場。那個軍隊首領則站在用竹子搭起的講臺上。講臺前後和兩旁由荷槍實彈的軍人站崗。這次除了平時押解我們的軍人還多了軍隊首領帶來的警衛員。他們除了帶短槍，還帶衝鋒槍。難僑們看到這種不尋常的情形，個個都揑一把汗，心想我們的末日來臨了！我們等了一陣子軍隊首領終於講話了。他一講話我們都鴉雀無聲，深怕觸怒那些軍人，特別是那個樣子斯文但很嚴肅的軍隊首領。他從國際國內形勢一直講到建集中營的目的和集中營內應該遵守的規則。他的講話使我們鬆了一口氣，原來今天不是我們的末日！

講完後，軍代表和他的隨從就去巡視我們的集中營。我們的集中營是用竹子臨時搭建的營房，上蓋是用茅草。這個營房很大，但裡面沒有隔板，沒有窗口，只有入口處才有一道用竹子編織的門。由於沒有隔板，也沒有床鋪，男女老少只得在一起席地而睡。我們點完名後就按家庭分組入住，為了安全，我們把婦女和小孩安排到營房的尾段，而男性營友在緊靠入口處。我們剛入住時真是有些不習慣，特別是那些較年輕的婦女和少女，真是難為她們了！她們根本沒有什麼私隱可講！以前的臨時營地雖然條件也很差，也很擁擠，但畢竟是男女分開。現在來自三十多個不同的家庭，有男有女，有老有少，擠在一起住的確是一個很大的考驗。一不小心就容易產生摩擦。還好大家都是患難與共的落難者，大家有事都好商量。集中營沒有廚房，也沒有洗澡房，還好有個臨時搭的茅廁給那些女性難僑解手。我們男性倒可以打游擊，到處方便！雖然沒洗澡房，但洗澡倒很方便。清澈的大噴泉是我們天然的澡堂。為了不傷風雅，營內的女姓難僑通常是在早晨天亮前或者天黑後才洗澡。而男性就很隨便，愛何時洗澡都可以。由於池塘裡實在有太多的魚，我們洗澡時順手都可以抓到魚。那些魚由於長期沒照到陽光，所以有的魚是白色的，有的是近乎透明的，使人看了有點毛骨悚然！池塘裡的魚除了顏色很古怪，到了夜深人靜浮出水面呼吸時更會發出古怪的聲音。使本來已經可怕的營地更加陰森恐怖！

和順柏布宗一樣，順柏雪是一個物產豐富的地方。這裡人口稀少，比順柏布宗更加與世隔絕。在我們的集中營周圍根本看不到有什麼村舍。附近的村民看到我們來了都紛紛把當地的土特產兜售給我們，換取家裡短缺的現金。一時間我們的營地成了當地唯一的集市。由於我們離開自己的家園時也沒帶多少現金，我們只好用「易貨貿易」的方式進行交易。有些難僑用

多下來的衣服換取自己需要的食品，有的則用身上的金戒指或金項鏈來交換所需的食物。當地人對金銀珠寶特別器重，營友們用金器交易的消息一傳出，就有人特地到我們營地收購金銀珠寶。一時間難僑們都把自己帶來的金器拿出來變賣。這些收購金器的人一看就不是本地人。本地人根本沒有什麼現金，他們只能用家裡種的一些東西跟我們交換少量的金器，而不會大量收購。收購金器的人中，有一個叫班迪叔（**Pak Bandi**）。他像一個大款，除了出手大方，還很會做人。他來找我們時經常帶給我們一些稀有的特產，還給小孩帶糖果，真是十足十的「好人！」由於他的「口碑」很好，大家都喜歡把金銀珠寶賣給他。所以他對集中營內誰有什麼金銀珠寶都瞭若指掌！他除了知道誰有金銀珠寶，還知道金銀珠寶的擁有者睡在哪裡和他們的金銀珠寶藏在何處。

俗話說「善者不來，來者不善」。有一段時間班迪叔不來了。營友們很怕他出了什麼事，紛紛向村民打聽，但村民們沒有一個認識他的。有一天深夜我們突然聽到打雷聲，接著就下起傾盆大雨來。就在這時我們聽到營外有嘈雜聲，正當我們要探個究竟時，集中營的門突然被人踢開。一個身材高大，手持日本軍刀的蒙面人跳進來喊叫：「別動，舉起手來！」睡在門後的淑珍兄（我的大哥）被這個突如其來的不速之客的吼叫聲驚嚇了。他還在睡夢中，還來不及舉起手來就被那蒙面人用日本軍刀砍了，軍刀正好擊中他的肩膀。還好那個蒙面人是用刀背砍的，不然我的大哥就有可能身首異處了！這時其他匪徒就衝進來了。其中一個匪徒一邊用手電筒橫掃營內的難僑，一邊命令他們把金銀珠寶拿出來，要不然就格殺勿論！難僑們都不敢輕舉妄動和違抗命令，個個人都乖乖地把自己心愛的金銀珠寶奉上！這時有一個匪徒看到我二姐手上的金戒指還沒有摘下來給他們，就氣急敗壞地用刀準備切斷她的小手指。由於很著急，我姐姐手上的金戒指怎麼也摘不下來。我媽媽也很著急，想用肥皂水潤滑，但沒有找到肥皂。她只好把我的二姐的手指浸在我們煮食用的油罐裡，還好最終可以摘下。不然我的二姐的手指肯定會被那個盜匪割下來做戰利品！這次被洗劫雖然我們損失慘重，所幸無人傷亡。但是這個事件卻給我們留下了不可磨滅的陰影，使我們天天人心惶惶，再也沒有安全感！這個平時平靜的村落再也不平靜了！

強盜的光顧使我們的生活環境更加拮据，更加艱苦，更加捉襟見肘。從此以後，我們幾乎沒有什麼值錢的東西可以再和老百姓進行易貨交易。為了生存，大家各使其法，有的到河裡抓魚，有的到海邊製鹽，明知做鹽犯法也要以身試法。順柏雪離印度洋不遠，那裡有取之不盡的海水，是製鹽的天然資源。想到這裡，難僑們就決心到一個叫作巴斯特蘭昆杜馬耶（Pasetran Gondo Mayit）的海邊去製鹽。那兒人員稀少，做鹽比較安全。在太平洋戰爭時期，日軍為了阻止盟軍的兩棲登陸艇從印度洋偷襲，就用從印尼各地抓來的勞務者（Romusha）沿著印度洋海岸線的戰略地點埋下木樁。那些勞務者在挨餓的情況下日以繼夜地工作，很多人就病死或餓死，從此長眠在無人問津的臨時墓地。他們的墓地沒有標誌，只有小小的土堆，真是淒涼。在爪哇語 "Pasetran" 是「海灘」之意，"Gondo" 則是「味道」或「氣味」之意，而 "Mayit" 的意思就是屍體。所以 "Pasetran Gondo Mayit" 的意思不言而喻就是「發出屍臭的海灘」，真是令人毛骨悚然的名字啊！我的哥哥和他的朋友們就是在這個只有鬼才願意出沒的地方製鹽。他們沒有什麼工具，

只有兩個生鏽的鐵桶。在海邊，他們待了三天三夜，終於製成兩桶鹽。當他們穿過森林，高高興興地挑著兩桶鹽回去時，不幸遇上正在巡邏的軍人。那些軍人查問後，就嚴厲警告他們，並且把辛辛苦苦自製的鹽當場沒收。還好那些軍人沒有扣留他們。

我當時雖然還小，但我也想幫忙我媽媽減輕生活負擔，因此我經常和同齡小朋友到附近的小河抓魚和抓蝦。河裡的魚平日沒人抓，所以魚特別多，蝦也特別大。這條河水不深，清澈見底，但魚蝦多的一伸手就可以抓到。這裡的河床是石灰岩構成的，有很多暗坑潛入地底，形成伏流。這些暗坑有大有小，有的深不見底，所以我們抓魚時要特別小心，不然一失足就成千古恨。這些地下伏流據說一直通到大海，如果一不小心掉進去就再也無法尋回。除了有強盜光顧，我們隔壁的集中營還有鬼魂光顧。有一天，有一個難僑婦女撿了泉水池邊的大榕樹掉下來的樹枝，她就用來當柴火來煮飯。結果她的小孩就如鬼上身一樣，一下子手舞足蹈，一下子哈哈大笑，一下子在地上打滾，眼睛翻白，口吐白沫，狀似痛苦，搞得她媽媽手足無措。她求助無門，只好求神問卜。當地的長老得知後，就勸她請當地出名的男巫給他做法事。由於救人心切，她沒說二話就答應了。法事那天，只見那個男巫在病童前面燒乳香，口中唸唸有詞地誦經，然後往池裡和榕樹的周圍撒花。接著他從池裡拿了一杯水，在杯裡放了一些花，然後叫那病童喝下。第二天，那個病童果然恢復正常。我們雖然說這是迷信，但見過的人個個都嘖嘖稱奇。

在我們的營地發生離奇的鬼上身事件後不久，前些時候光顧我們的強盜又再來了。跟上次一樣，他們也是在三更半夜來的。由於在第一次遭洗劫時我們的貴重物品差不多給搶光了，這些強盜這次搶到的貴重物品並不多，他們只好大小通吃，甚至於連較好的衣物和有用的日用品也不放過。經過兩次洗劫，我們的生活真是難上加難，我們再也沒有什麼東西可以和老百姓換取我們所需要的食物。為了生存，我們就去周圍的原始森林尋找野生芋頭，野生香蕉以及野菜和野生水果吃。這裡的原始森林很大，到處是高聳入雲的古樹，這些樹的樹根有的要四到五個人才抱得住。可惜我們沒有打獵的工具，不然我們可以打到山豬和山雞等野生動物。這些取之不盡的天然資源，使我們在艱苦的環境裡仍然可以生活。我們雖然生活不必擔憂，但是我們的心還是惶惶不可終日，因為我們不知道我們的命運會如何。會不會當我們已經一貧如洗時就把我們殺掉呢？這不是幻想，這是完全有可能發生的，我們的命運根本不在我們的手裡。在順柏雪發生的這些事使我們不留戀此地，我們只希望早日離開這個多事的地方。但我們感到很無奈，所以只有求天憐憫！還好皇天不負有心人，我們在這個怪異和多事的地方住了六個多月後，終於接到搬遷通知。

11. 再次遷徙

這次遷徙不知往哪裡去，我們不想多問，也不想知道。在那種歲月，我們這些海外孤兒只有聽天由命了。出發的前一天，那些押解我們的軍人跟我們講，我們明天要翻越大山（Gunung Gede），印尼文「Gunung」是「山」之意，而「Gede」在爪哇語是「大」的意思。他們叫我們晚上要好好休息，早上出發前要吃飽。我們思緒萬千，出發前一夜根本睡不好覺。出發前要

吃飽，談何容易！我們有東西吃就不錯了。經過兩次洗劫，我們幾乎已經一無所有，一貧如洗。出發時我們像殘兵敗將一樣無精打采，面無表情和盲目地跟隨押解我們的軍人沿著崎嶇不平的，茅草比人高的山路走。走了一段路，我們才發現這是幾個月前我們走過的路。為了避開荷蘭軍機的追蹤，我們大路不走走山路。這個山路不但崎嶇不平，而且底下是懸崖絕壁，因此我們走得很慢。加上有很多老人和婦孺，我們走得就更加艱難了。到了中午，烈日當空，茅草叢裡更是悶熱非常。我們又餓又渴，再走下去就會支持不住。押解我們的軍人看見我們已經精疲力竭，只好讓我們到較陰涼的地方休息，真是謝天謝地！我們剛坐下來休息，就聽到對面山坡有猛獸的吼叫聲。我抬頭一看，原來是一隻老虎，我馬上告訴站在我後面的軍人。他小聲地告訴我們靜靜地躲到草叢裡，接著我看到那個軍人瞄準那隻老虎，「嘣！嘣！嘣！」那個軍人向那隻老虎開槍了。聽到槍聲，那隻老虎就竄進草叢裡。這是我第二次在野外看見老虎，第一次是在 1948 年「茉莉芬事件」（Madiun Incident）時印尼共產黨為了阻斷軍隊的追捕而放火燒森林時，有一隻母虎在我們家的院子裡誕下小老虎。老虎的出現打擾了我們的休息，為了安全我們不能再在原地休息了。我們繼續往前走，快到太陽下山時我們終於到達格拉達鎮。

我們在格拉達鎮又被安排在以前住過的村公所休息。村長得知我們一天沒吃過飯，就叫附近村民到村公所幫忙準備飯菜給我們吃。農村的人實在很純樸，很善良，很熱情，就連他們的村長也是那麼友善，實在很難得。我們吃完飯已經開始天黑了，所以沒有時間到附近的河裡洗澡。押解我們的軍人看到我們都很疲憊不堪，就叫我們早點休息，因為我們明天還要翻越大山。由於走得太慢了，原定的計劃給打亂了。原定估計一天走完的行程，由於中途在格拉達過夜而延誤了。走了一整天，我們實在太累了，所以一躺在地板上很多人就呼呼大睡了。第二天早上，一聽到公雞叫我們就被叫醒了。為了趕時間，我們沒吃早餐就被命令出發了。幸好出發前村長給每個人發放了用香蕉葉包著的飯作為我們的午餐。臨出發前所有難僑及其家屬都向村長家人和附近的村民們道謝，道謝他們在我們最需要幫助時向我們伸出援手。我們出發時，街上已經開始熙熙攘攘，村民們已經去趕集了。他們有的用好奇的目光目送我們，有的在竊竊私語，不知在說什麼；這種情境我們見得多了，所以就無動於衷了。出了格拉達鎮，我們就看到我們要翻越的那座大山。那座大山雖然不是高聳入雲，但的確很大，大得令人生畏。看到我們有點膽怯，押解我們的軍人就說，那座大山並不可怕，怕的是我們走到天黑還沒有到達目的地而滯留在山上，所以我們要加把勁走路，爭取在太陽下山前翻越那座大山。押解我們的軍人這麼一說，大家都不敢怠慢，趕緊加快步伐。這裡的山路的確比以前我們走過的山路難走得多，雖然不是懸崖絕壁，但卻是崎嶇不平。深怕掉隊，那些婦孺跌跌撞撞地、使盡吃奶的力氣地加快步伐，到了正午我們終於到達山腳。

到達山腳時我們已經有氣無力了，押解我們的軍人善解人意，他們叫我們就地休息和用膳。大家席地而坐，享用村公所發的簡單午餐。這是我們從格拉達鎮出發後第一次用膳，雖然是簡單的飯菜，但是由於肚子餓了，我們還是吃得津津有味。吃完飯已經是下午了，補充完體力後我們又繼續我們的行程。為了鼓勵我們，押解我們的軍人告訴我們，再走大約兩個多小時就可以到達目的地了。過了那座大山，前面的路雖然還

是山路，但比較平坦，比較好走。我們走了大約兩小時後，開始看到遠處有一些村舍。我們大家都很開心，開心得忘了疲勞。雖然開心，但是我們的心還是很徬徨，因為我們不知道在新的地方要怎麼生活，也不知道我們在這裡要住多久。等待我們的命運如何，一切都是未知數。經過十多個小時艱難困苦的行程，我們終於在太陽下山前到達我們的目的地。這個地方叫做嘉利格林清（Kaligrenjeng）。印尼文「Kali」的意思是「河」，「grenjeng」的意思是「錫紙」。為什麼這個地方叫「Kaligrenjeng」我就無從查問。使我們感到欣慰的是，這裡不像我們以前住的順柏雪（Sumbersih）那麼陰森和恐怖。在這裡，白天陽光明媚，晴空萬里，使我們一早起來覺得在黑暗的歲月裡彷彿看到了曙光。我們住的村公所坐落在山坡旁，對面有一個小溪。這裡的溪流不急，水也不很深，但溪裡的魚蝦不少，我和我的二哥胡淑溫經常到溪裡去抓魚。我們抓魚不用什麼工具，只有用一個舊臉盆。這裡的魚蝦很好抓，我們只要把沒有急流，溪水較深的地方用泥巴圍住，然後把水攪混，再用臉盆掏乾就可以抓到很多魚蝦。收穫好的時候可以抓到滿滿的一盆。我們戲稱這種抓魚的方法是「混水摸魚」。

我們的新營地雖然沒有陰森恐怖的感覺，但我們也親身見過驚心動魄的事。有一次，當我和同齡的小朋友在住地玩耍時，忽然間聽到「嘣、嘣、嘣！嘣、嘣、嘣！」的槍聲。我回頭一看，只見一頭野牛在狂奔，並且看到有兩個軍人在舉槍瞄準狂奔的野牛。野牛聽到槍聲，就橫衝直撞，把村公所周圍的竹籬笆都撞翻。可惜那兩個軍人打了好幾槍都沒打中野牛，不然我們就可以飽餐一頓。見到野牛跑了，那兩個軍人就氣喘吁吁地走到我們的住地。我的媽媽看到有軍人來，就出來向他們打招呼，並且拿水慰勞他們。那些軍人喝了水就向我們道別。除了有野牛橫衝直撞，我們這裡的生活非常平靜，從來沒有發生過令人不愉快的事。這裡的村民和我們在其他地方遇到的村民一樣純樸，一樣善良，村長對我們也很好。我們在這裡住了一段時間就對這裡的生活環境完全習慣了，在順柏雪（Sumbersih）發生的恐怖事件也慢慢淡忘了。我們在這裡的日常生活日復一日都一樣，天天到溪邊玩耍和抓魚、抓蝦，既沒有書讀，又沒有玩具玩。我們有時很想早日恢復自由，早日再回學校讀書。我們日盼夜盼，盼望回到城裡過正常的生活，希望早日見到被軍人抓去的爸爸。我相信我的媽媽比我更加渴望見到我的爸爸。我們的家雖然很窮，但我知道我的爸爸媽媽非常恩愛。我的媽媽雖然對我們很嚴厲，但她從來沒有和我爸爸吵架過，也從來沒有在我們面前吵吵鬧鬧。我雖然經常思念我的爸爸，但我不敢跟我的媽媽講，因為我怕她的心更加難過，更加辛苦。

12. 盼望自由

我們在新的營地雖然已經習慣了，但將近一年的難民生活使我們渴望自由的心情越來越強烈。我們覺得有家歸不得比無家可歸更難受，更無奈。其實我們的家當時已經不存在了；我們家裡的東西已經被洗劫一空了，我們的房子也已經被拆得七零八落了，或者已經被夷為平地了！我們在集中營裡什麼消息都聽不到，我們不知道外面的世界怎麼樣，也不知道那些被抓去的男同胞命運如何，是死是活一無所知。我們叫天天不應，叫地地不理啊！我們真像沒有爹娘的孤兒一樣！我們從小住在小村鎮，不知道我們這些華僑由誰來保護。我們大多數人雖然在印尼出生，在印尼長大，世世代代在印尼居住，但為什麼

不像其他印尼公民一樣享有印尼公民同等的權利和自由。為什麼？這是為什麼呢？！我們的心裡有一大堆問題不能解釋。我們有時不願意想，也不敢想。因為想多了令人心酸，令人心碎！我們有時覺得已經被人遺忘了，被人拋棄了！這種絕望的心情很少有人表露出來，因為我們的心已經麻木了，已經感到很無奈了！我們只有聽天由命了！正當我們感到有些惶惶不可終日時，有一天上午我們看到有一個身穿打獵裝的中年華人來到我們的營地。他到達時我和我的二哥正好在營地對面的溪裡抓魚。那天我們的漁獲不錯，不到半天時間臉盆裡幾乎已經裝滿了魚。這時我突然聽到我媽媽的叫喊聲：「快！快！快上來！我們可以走了！」我們不明所以，因此繼續抓魚。後來她補充說：「我們可以回去了！快回來！」我和我二哥趕緊拿取我們的漁獲，準備上岸回營地。我媽媽急了，就把臉盆裡的魚倒回小溪裡，讓那些魚兒重新自由自在地在溪裡享受自由。我也把圍住溪水的泥堆打開，讓那些被圍住的魚重新游到溪裡和其它魚類團聚。

回到營地時，我見到那個身穿打獵裝的中年華人正在向難僑們傳達一個很重要的消息。大家聽得聚精會神，鴉雀無聲。我只聽到他說：「告訴你們一個好消息，我受美里達中華總會的委託，準備把你們接回美里達市！」他一說完，就聽到掌聲四起。與此同時，我看到一年多來很少有笑容的難僑們都笑得合不攏嘴。很多難僑開心得流下熱淚，他們的心情是可以理解的。一方面我們感到了人間的溫暖，一方面感到我們沒有被遺忘，感到這個世界還是有人關心我們。雖然我們的祖國在我們最困難的時候沒法伸出援手，但我們的華人社團，美里達中華總會還是很關心我們，很愛護我們。那個華人特使向我們發表簡短講話後，就叫我們馬上準備出發，他可能深怕夜長夢多。

聽到準備回城裡，大家就趕緊收拾路上需要的衣物，其他不需要的東西就留給當地的村民了。我們出發時已經是中午了，我記得我們吃完午飯後就向村民們道別了。當時天氣很熱，陽光普照，烈日當空，但我們顧不得休息就出發了。我們走的山路雖然不像以往那樣崎嶇不平，可是炎熱的天使我們感到走路很吃力。加上我和我的二哥一路要輪流背我的小妹妹胡全如，所以我們很快就精疲力竭了。當我們走了大約兩個多小時，我突然肚子痛，而且臉色蒼白，全身無力和冒冷汗，我中暑了！我痛得沒法再走路了，走在我前面的陳叔叔（Tan Seng Ngo）馬上扶我起來，同時用兩手大力捏著我的腋窩並猛力地往下拽。實在很神奇，他這麼一捏一拽我馬上振作起來了。過一會我的肚子就不痛了！

我們的那個華人特使知道我們已經疲憊不堪，就向押解我們的軍人建議找一個比較陰涼的地方休息。可是那個地方除了像人一樣高的茅草，根本就找不到什麼樹木，哪有什麼陰涼的地方。我們只好席地而坐，躲在茅草中間就地休息！我們在休息時那個華人特使就自我介紹說，「我叫陳雲秀（Tan Joen Sioe），以前經常到這一帶打獵，所以很熟悉這裡的人，也很熟悉這一帶的情況。前些時候由於荷—印雙方還沒有停火，我們沒法早日營救你們，請大家諒解！」他繼續說，「1949 年 8 月 1 日荷蘭政府和印尼政府終於達成停火協議了，因此中華總會才敢委派我接你們回城。」他平易近人，和藹可親，一點都沒有城裡人那種架子。他說：「現在已經是下午兩點多鐘了，我們今天不可能回到美里達，希望在天黑以前到達中途站休息」。大家聽了他的一席話都精神振奮，休息後就以煥然一新的姿態繼續我們的行程。在路上，難僑們大力發揮互助友

愛和扶老攜幼的精神。天黑前我們終於到達一個叫蘇勞瓦當（Suruhwadang）的小村莊。我們在這裡休息一夜，第二天早上太陽剛剛出來就繼續我們的行程。走到上午大約十一點鐘我們就到達嘉德芒安（Kademangan）。嘉德芒安坐落在布蘭達斯河（Brantas River）的南邊，河的北面是荷蘭軍隊控制區，南面是印尼游擊隊控制區。荷－印雙方軍隊平時都採取「井水不犯河水」的政策，你管你的游擊區，我管我的佔領區。

我們到達嘉德芒安後就被命令就地休息，不可隨地走動，等候進一步指示。這時那個帶領我們的華人特使就拿出預先準備好的紅十字會橫幅展示給對岸的荷軍當局；過了一會，荷軍當局揮旗表示我們的特使和印尼軍人代表可以前往河邊。一面揮動紅十字會的旗，我們的代表根據指示登上停在河邊的渡河小艇；艇上的荷軍代表和他握手後，那個渡河小艇就拉回到河的中心線。接著雙方就簽署和交換檔案。交接儀式很簡單，只有大約三十來分鐘就完成。然後我們就按一家一組分批登上迎接我們的小艇，那個特使和押解我們的印尼軍人就在岸邊點人數。當小艇駛到對岸，僑團的代表和荷軍代表在清點人數後，就把我們送上等待我們的荷軍車隊。車隊走了大約二十分鐘，就到達一個姓蔡（Tjoa Tjhan Kwie）的當地華人富豪的庭院，這是我們預定的集合地點。由於我們都是來自美里達市四周圍的不同村鎮，我們到達美里達後實際上就成了無家可歸的一羣人，我們只好投親。我的姑奶奶正好住在那個華人富豪的斜對面約二十多米的地方，所以我們一家七口就暫時住在她家。她的家是三層樓房，底層是店面，二樓和三樓住人。我們一家七口被安排住在三樓。我們除了身上穿的，什麼都沒有。我的姑奶奶並不富裕，家裡只靠販賣鮮花維持生計；除了提供住宿，沒法提供膳食，我們每日只能依靠荷軍提供的紅豆粥度日。紅豆粥本來不是本地人的主食，但在戰爭年代我們能吃到東西就已經很滿足了。紅豆粥通常是由荷軍的運水車運來，運水車到達後就停在我們的姑奶奶家對面的嘉偉電影院（Kawi Theater）。我們和其他難僑一早就拿著各式各樣的碗碟，排隊等候荷軍向我們派發紅豆粥。派發時間一般是在上午十點鐘左右，一天只派發一次，我們只好把領到的紅豆粥當成午餐和晚餐吃。所以我們天天處於半飢餓狀態。

我們從集中營出來後，雖然是恢復自由，但是由於安全問題，我們還是無法再回到我們以前居住的村鎮。再說，當我們被趕到集中營時，我們的家都已經被當地人霸佔了，我們真的是無家可歸了，我們只能過著寄人籬下的生活了！為了擺脫寄人籬下的生活，我們選擇搬到臨時難民營去住。這個設在馬塔蘭街（Mataram Street）的難民營，原來是一位叫林良才（Liem Liang Tjai）的華僑富商的倉庫。那個難民營並不大，只住著我們一家七口和一家十五口的難僑家庭以及一家兩口的印尼退休教師。雖然是倉庫改建的，但居住環境比我的姑奶奶家好很多。這裡除了住得比較寬敞，前後周圍還有大院。難民營沒有膳食供應，一日三餐必須自己解決。我媽媽當時沒有工作做，也沒有本錢做小生意，根本沒有什麼收入。為了解決生活問題，我和我的二哥經常到比較熟悉的有錢華人家裡收集曬乾了的剩飯（當地人叫 "Karak"）做我們的食糧。這種印尼人叫 "Nasi Loyang" 的飯，根本就不好吃，營養也欠佳，但總是比沒飯吃好得多。我媽媽怕我們不夠營養，就經常到一個做牛肉乾的印尼人家裡，拿一些邊角肉煮成拉文牛肉湯（Rawon）給我們改善生活。當時剛停戰，荷蘭殖民者還沒有撤退。我們的難民營

正好就在荷蘭人的軍營後面。到了晚上夜深人靜的時候，我們經常可以聽到違反停戰協議的游擊隊和荷軍發生零星的戰鬥。這些戰鬥規模不大，而且那些游擊隊都是採取打了就跑的戰略，所以很少聽到有什麼傷亡。

當時雖然停戰，但是生活還沒有完全恢復正常，學校也還沒有開學。還好我們的營地周圍有許多空曠的地方給我們玩。我們的營地前面停放了不少在戰爭中被印尼游擊隊的地雷炸毀的車輛。印尼游擊隊雖然裝備不良，但他們熟悉當地的地形，知道什麼時候和在什麼地點突襲荷軍。他們經常在荷軍車隊路過的偏僻地方埋下地雷。當荷軍車隊經過時，就神不知鬼不覺地引爆，把荷軍車輛炸毀。這些被炸毀的車輛就橫七豎八地堆放在我們的營地前面，成了我們小孩玩戰爭遊戲的好地方。印尼游擊隊襲擊荷軍的另一種方法是在馬路兩旁的樹幹綁上鐵線。這些鐵線綁的高度正好和荷軍站立在開篷軍車上的高度一樣。到了天黑，荷軍車隊路過時，由於沒有察覺到車前有鐵線欄住，站在車上最前排的軍人的脖子就被鐵線拉斷。這種防不勝防的偷襲方式使荷軍損失慘重。由於印尼人民的頑抗鬥爭，荷蘭殖民者意識到用武力再奪回其失去的殖民地已經行不通了。在種種壓力下，荷蘭終於同意在荷蘭的首都海牙（Den Haag）和印尼的代表召開為期兩個多月的圓桌會議（1949 年 8 月 23 日至 1949 年 11 月 2 日）。根據雙方達成的協定，荷蘭同意從印尼全面撤軍。在難民營期間，我們有幸和兩位退休的印尼學校的校長為鄰。他們是一對非常熱心的人，當他們看到我的二哥和我沒有書讀時，就經常教我們學印尼文。他們叫印尼文的方法非常生動活潑，經常用講故事的方法來增加我們的印尼文詞彙和增強我們的閱讀能力。他們每講完故事，就向我們提問和教我們用學過的單詞造句。這使我後來的印尼文學習成績在所有學科中保持領先的主要原因。

1949–1959

13. 火山爆發

荷軍全面撤退後，我們營地後面的軍營就由印尼國軍接管，這個印尼國軍屬布拉威查雅師（Divisi Brawijaya）。當時有兩個印尼軍人和我們很要好，他們一有空就到我們家聊天。他們來時偶而會帶來荷軍留下的一些牛油，糖和麵粉給我們吃。這兩個軍人一個叫 Masilik，另外一個較年輕的叫 Prajitno。戰爭使他們很久沒法跟其家人團聚，所以他們就把我們當著自己的親人一樣。他們習慣叫我媽媽「娘諾媽媽」（Ibu Nyoya），而我媽媽也視他們是自己的兒子。由於印尼獨立不久，時而有叛亂發生，所以他們經常調動。當時我們沒有電話，難民營解散後我們就失去聯繫了。如果他們現在還在世，那個年輕的軍人最起碼也已經 90 多歲了，而那個年紀較大的也快 100 歲了，歲月真是不留情！荷軍撤離後再聽不到零星的槍聲了，但卻換來火山要爆發的緊張氣氛。格魯火山（Mt.

Masilik & Prajitno
Our Family Friends (1949 – 1950)
Indonesian Freedom Fighters

▲ 1949-1950 年印尼友軍。

Kelud）是在諫義里市（Kediri City）和美里達市之間的活火山，1950 年正值其活躍期。當時我們還住在集中營，天天聽到格魯火山要爆發的消息，所以經常提心吊膽，惶恐不安，晚上沒法睡好覺。還好當時生活已經開始恢復正常，萬一火山真的爆發，我們可以撤離到較安全的地方。火山要爆發的傳聞聽了很久，但是雷聲大，雨點小，人們的思想就開始麻木了，火山要爆發的傳聞也被淡忘了，大家也若無其事了。

1950 年，因戰爭而停課快兩年的美里達中華中小學校決定要復課。這個學校離我們的難民營很遠，當時的公共交通只有人力三輪車（當地人叫becak），不然就只有騎自行車或者走路。我家當時連自行車都沒有，也沒錢天天乘三輪車上學。為了解決這個困難，我媽媽決定搬到離學校比較近的地方住。要搬家談何容易，很多實際問題需要解決。戰爭剛結束，空置的房子到處都是，最關鍵的問題是我們都沒有能力交首期租金。幸好有一個姓葉的華人業主（Yap Wie Hing）同意免收租金首期。房子找到了，迫在眉睫的是如何解決往後的生活費和租金。學校一開課，我和我的二姐胡淑華，二哥胡淑溫和妹妹胡全如就要交學費，買校服，買教科書和文具用品。我大哥胡淑珍和大姐胡恒心就沒有機會再繼續讀書了，因為他們以前讀的荷蘭學校已經關閉了。我的大哥只好到泗水（Surabaya- 蘇拉巴雅）的巴薩巴培安（Pasar Pabean）一個姓陳的福建人的店鋪去打工幫補家用。而我的大姐就補習打字，期望有一技之長傍身，以便日後謀生。對我媽媽來說當務之急就是如何解決學費和購買校服的錢。戰爭使我們失去了一家之主，失去了家園，失去謀生的工具，總之使我們失去了一切的一切，我們真的一無所有，一切都要從零開始。要解決燃眉之急唯有向人借貸，但是要借貸要有東西抵押才可以。我們除了身上穿的衣服什麼值錢的東西都沒有，我們拿什麼東西去抵押呢？！真是謝天謝地，一個姓余的華人（Djie Khek Bing）願意借錢給我們，不然不知怎麼辦。俗話說，「貧居鬧市無人問，富在深山有遠親。」其實我媽媽有很多有錢的親戚，但這些親戚看到我們一貧如洗就很少和我們來往。我媽媽是一個很有自尊、很自立自強的人，所以再大的困難都一個人支撐，從來不輕易向親友借錢。

經過六個月的補習我大姐終於以全班第一名的優秀成績畢業了，但她學得一技之長在那個年代沒地方發揮。美里達市（Blitar City）是一個縣級市，沒有什麼貿易公司或進出口公司，所以沒有人會請打字員。只有印尼的政府機關會請打字員，但他們一般只請原住民，不請華人。我大姐雖然可以蒙住眼睛在一分鐘內打六十個印尼文字母，但還是沒法找到工作。真是英雄無用武之地啊！在那個年代，人家說「女人找到一個好工作，還不如嫁一個好丈夫」。結果我大姐也只好嫁人了！她的畢業證書最後只成了我家的裝飾品，而她的一技之長只有成了她的生活里程的點綴品。1951 年，她決定和在難民營時認識的男朋友陳華育結婚。她的男朋友雖然不很富有，但人特別好，不但為人善良，而且對我們家人也很關心。他住在東爪哇，多隆亞公（Tulungagung）一個叫文力（Ngunut）的小村鎮，那個地方離我們家約十多公里。文力雖然是一個小鎮，但這裡的家庭工業比較發達。當時這裡的人已經懂得製造自行車車架，自行車鋼圈等零部件，土法上馬的鑄造業也有一定的基礎，所以在這裡比較容易做生意。這裡的土人比較和善，1948 年荷蘭發動「第二次警衛行動」時，很多小城鎮的華人遭殃，但在這裡只有一個華人遇害，所以我們對大姐的未來比較放心。

印尼的華人，特別是土生土長的僑生，辦婚事時通常都是由女方家人統籌和主辦。自從我大姐決定嫁人，我媽媽就著手準備大姐結婚時穿的婚紗，帶的嫁妝和筵席等事宜。當時我們剛剛搬家，我們的家除了睡床，什麼都沒有。我大姐要結婚就得買一些衣櫃，梳妝檯和桌椅等家具。還要買廚具和食物等準備筵席需要用的東西，開支實在不小。還好我的大哥這時已經可以在經濟上支持我們，使我們的籌備工作能夠順利完成。接著，我們就開始派發請帖。當時郵局的服務剛剛恢復，我們城市不大，所以我們決定由我二哥和我挨家挨戶派發請帖。有一天上午，正當我在大伯公廟（Toa Pek Kong Temple）和獨立西街（Merdeka Barat Street），即當地人俗稱唐人街（Pecinan）一帶派發請帖時，我聽到像雷鳴聲一樣的爆炸聲。當我順著爆炸聲的方向看時，我看到一股濃煙正在向天空升起。緊接著，我看到馬路上的行人和在街邊擺攤的小販紛紛四散狂奔。我不知所措，久久地待在馬路中間看著拼命奔跑的人。我當時不知道到底發生什麼事，起初以為那個巨大的爆炸聲和高聳入雲的濃煙是敵人投下的原子彈。當我還在胡思亂想的時候，我突然聽到後面有人在叫我：「快！快！快跑！格魯火山爆發了！」我回頭一看，原來是我媽媽。她突然抓住我的手，拼命地往南跑。這時天變得越來越黑了，路邊的店鋪都關門了，行人也不多了，我只見到路上到處都是小販逃跑時留下或丟棄的扁擔、手推車和還來不及賣掉的蔬果。我媽媽氣喘噓噓地、一路拖著我們跑到嘉德馬安街（Jalan Kademangan），這時街上幾乎已經空無一人。

當我媽媽和我到家時，我們的店門已經緊閉著。我們用力拍門，但是沒有人應門。這時我們聽到隔壁有人叫我們：「快！

快！趕快跑到後面的嘉威電影院（Bioskop Kawi）暫避！」嘉威電影院有一個閣樓，大家認為從火山口流出的岩漿不會流到那裡，所以比較安全。我們到達嘉威電影院時，閣樓已經站滿人了，小小的閣樓已經人山人海；如果有人繼續湧來，真有可能會人滿為患，甚至於塌樓，我們恨不得早點回到自己的家。到了下午當火山爆發的警報解除了，我們才敢下樓。一到外面我們看到的是黑沉沉的天和黑壓壓的地。原來火山爆發時噴發的火山灰已經把本來是明媚的陽光遮住了。火山灰也厚厚地覆蓋了地面，使地面好像鋪著一層很厚的灰色地毯，變得黑壓壓的一片。由於太陽被火山灰遮蔽，陽光無法射入，結果地面的溫度下降了，平時炎熱的天氣變得有點陰涼了。大家下樓後都紛紛回去查看自己的家是否還是完好，因為我們聽說當地監獄為了避免犯人被困在牢房內會造成重大傷亡而把他們從監獄裡釋放出來 。這些剛被釋放的犯人在逃跑時一路沿著一向被認為是最安全的逃生路線嘉德芒安街入屋搜掠和搶劫。嘉德芒安鎮是位於普蘭達斯河（Brantas River）的南邊，一向被認為火山爆發時岩漿不會到達的安全地方，結果沿著嘉德芒安街的店鋪和住家就遭殃了，而我們的家也無法倖免。

回到家裡我媽媽幾乎被嚇昏了，我們的店門被那些從監獄裡釋放出來的犯人撞破了，屋內所有值錢和有用的東西被那些無良的匪徒搜掠一空了。他們入屋後翻箱倒櫃，連我大姐用過的打字機也被偷走了。我媽媽剛買給我和我二哥的單車也找不到了。最糟糕的是我大姐的婚紗和嫁妝也不見了。真是晴天霹靂，這一場浩劫對我媽媽的打擊實在太大了。還好我媽媽這幾年經歷過不少考驗，所以她仍然可以撐得住。由於我大姐的婚期已經逼近了，要再訂婚紗已經來不及了，我媽媽只好到婚紗

店租用婚紗了。為了節省開支，婚禮就因陋就簡在我們家舉辦。我們的業主得知我們的困難就主動把他家的庭院借給我們使用。婚禮雖然不很隆重，但到來慶賀的來賓不少。這是我們自從離開集中營後和親友聚會的好機會，也是我們和很多沒見過面或很少見面的親朋好友互相認識的好時機。我大姐結婚後就在我家休息幾天，後來就跟隨她的丈夫到文力（Ngunut）定居。真是可憐，她結婚後根本沒有度蜜月。婚後不久，我大姐就懷孕了，接著就生小孩，幾乎每隔一兩年就生一個。在那個年代做女人實在很辛苦！

14. 重新創業

我大姐的婚姻大事順利完成了，終於曲終人散了，但主辦婚禮的費用和開支不小。雖然我的大哥和姐夫在經濟上有幫助我們，但對以後所造成的經濟負擔是可想而知的。我媽媽一直在想，單單依靠我們的小店鋪的微薄收入根本無法擺脫貧困，更無法翻身。要翻身就要闖出一條新路來，這時她突然想起我們還在洛多約（Lodoyo）時經營捲煙廠的經歷。我的媽媽做事很果斷，想做就去做，她馬上找來以前曾經在我們捲煙廠做工的捲煙女工杜基能（Tukinem）幫手。由於我們沒有多少資金，我們只好先請一個工人試一試，而用的牌子還是在洛多約時用的牌子。這些煙做成後就叫人到洛多約去賣，結果銷路很好，第一批生產出來的捲煙在一天之內就售罄。我媽媽決定再多請一個工人增加產量，沒想到不久後就有稅務局的人來拜訪。那些稅務局的官員要求我們以後出售的捲煙必須要貼上印花稅（stamp duty，印尼文叫 "bandrol"）。我媽媽不敢怠慢，一一按照稅務局的要求去做。但過不久稅務局和工商局的人又來了。

俗話說：「善者不來，來者不善！」這次他們來的目的並非檢查我們出售的捲煙有沒有貼上印花稅，而是說我們的捲煙廠不符合工商局的要求。那兩個前來檢查的官員說：「你們今後不准在家裡開捲煙廠，要開捲煙廠必須要有獨立的廠房，而且要取得政府的許可證！」這個要求其實並沒有什麼不合理，但礙於我們剛剛起步，經濟能力有限，又沒法向人借貸，我們實在做不到，真是人算不如天算！我們要在經濟上翻身的美夢終於破滅了！

我媽媽遇到困難時總是用積極的態度去面對，她相信「天無絕人之路！」這時她想起我們還在難民營時有很多停放在難民營前面的廢棄車輛，這些車輛的殘骸可以當廢鐵賣；於是她帶著我去查看那些廢棄的車輛是否還在。結果很令人失望，那些廢棄的車輛已經沒有了。我們就去問那兩位還留在難民營的退休小學校長，查問那些棄置車輛的下落。他們告訴我們，那些廢棄的車輛不久前已經被泗水市（Surabaya）的廢鐵收購站買了。根據那兩位退休的小學校長提供的消息，第二天一早我媽媽就到泗水市去追蹤那些廢棄車輛的下落。在退休小學校長的兒子的幫助下，我媽媽很快就找到那個廢鐵收購站。還好那些廢棄車輛還沒有賣給其他人。我媽媽就和收購站的負責人商討買那些廢棄車輛的車身底盤。收購站的負責人得知有人要買車身底盤就非常高興，因為他覺得這樣可以賣得好價錢。談妥價錢後，我媽媽就買了一個廢棄的卡車底盤回來。到家後她就找了一個原在印尼陸軍車隊工作的印尼退役軍人，叫他把舊卡車底盤的鐵鏽刮乾淨，然後再塗上油漆，並且裝上翻新輪胎。一切準備就緒後，我媽媽就帶我去找森林管理局的局長。見到局長後，她先和他閒聊一會，接著她就單刀直入地對局長說：

「現在運送木材的牛車車輪都是用包著鐵皮的木輪，所以對路面損害很大，如果不改進，市政府的養路費就不得了！」局長聽了後就問她：「娘諾（Nyonya）有何高見？」這時我媽媽就把她的構思講給局長聽，她說：「我有一個想法，牛車的車輪可以用輪胎代替，這樣就不會損害路面。」聽罷，局長就說：「牛車的車輪歷來都是用包著鐵皮的木輪，怎麼可以用輪胎代替呢？」我媽媽就把她想用卡車底盤和汽車輪胎代替傳統的舊式牛車車輪的構思講給局長聽。局長一邊聽一邊點頭，表示贊同我媽媽的構思。最後他就說：「您何時可以把您的構思變成實物給我看呢？」我媽媽很肯定地說：「明天！」局長幾乎不相信自己的耳朵，並重複我媽媽的話：「明天？！好，您明天下午就拿來給我示範一下。」

第二天一早，我媽媽就叫人把預先準備好的卡車底盤裝上牛車車身，並僱用一位車伕和租用一隻牛把新型的牛車拉到森林管理局局長的辦公室。局長看了以後就叫車伕載他順著附近公園的路繞一圈。回到辦公室，他很高興地對我媽媽說：「您的構思很好！那輛新型牛車的確走得很穩定，相信不會損害路面。」接著他就讓我媽媽到他的辦公室進一步商談細節。會談期間我聽到我媽媽向局長建議，為了落實好有關構思，必須向所有運載木材進城的牛車車主下達一道命令，即規定今後要入城運送木材的牛車必須用有輪胎的新型牛車，寬限期由局長來定。局長同意我媽媽的建議，他要求下屬把有關規定下達到各地方的木材貯存場執行，寬限期六個月。通告定明今後舊式牛車進城運木材就要收養路費。通告還提供購買卡車底盤的地點和聯絡人的姓名。得到局長的肯定和確認後，我媽媽第二天就趕赴泗水市採購卡車底盤。我媽媽一次過向廢鐵收購站下訂單購買五十部舊卡車底盤，分兩批運送，並叫我大哥檢查落實和付款。第一批到達的卡車底盤有二十五部，到達後我們就請人上油翻新並裝上輪胎。輪胎由專門買賣舊輪胎的舅父負責提供。我的舅父叫陳國僑（Tan Kok Kiao），是一個盲人，但他生活很自立，平時靠加工舊輪胎做拖鞋以及補胎維生，所以輪胎的供應有保障。另外，他還可以借出他的店鋪擺賣已經翻新好了的卡車底盤。通告下達後，各地的牛車車主都前來打聽購買卡車底盤和有關改裝牛車事宜。第一批來的舊卡車底盤，在短短一個多月左右就售罄。賺來的錢足夠補貼我大姐結婚時的支出和我大哥成家立業的資本。

第一批賣出去的舊卡車底盤遠遠不能滿足市場的需求，越來越多的牛車車主來到我們家打聽牛車改裝事宜。有些著急的車主在卡車底盤還未到達時就已經先下定金，結果第二批的二十五部卡車底盤未到貨就被那些心急如焚的車主訂完了。在我大哥的安排下第二批卡車底盤不久就運來了。這些卡車底盤很重，當時又沒有什麼裝卸工具或裝卸機器，裝卸工作全部依靠人力進行，所以比較麻煩和費時。我們的家是在前往城郊的交通要道，為了不妨礙交通，這些卡車底盤都在晚上運送，因此到達我們家時往往已經是夜深人靜的時候了。這些卡車底盤卸下來以後就擺在我家前面和我舅舅的店鋪前面的馬路旁。因此我們必須趕快翻新並交給車主，不然交警會來干預。要趕時間就要多請人來幫忙翻新和安裝，還好當時有很多剛從軍隊退役的軍車駕駛員和技術員在等待就業。這些退役軍人工作勤勞，不怕苦，不怕累，也不太計較待遇問題。我媽媽就請這些剛退役的待業軍人搞卡車底盤翻新和安裝的工作。我媽媽一向人緣很好，她經常關心那些退役軍人以及他們的家屬和子女的生活

和疾苦，因此那些退役軍人做起工作來都非常賣力和任勞任怨，我媽媽交代給他們的任務很快就提前完成及交貨。這筆生意連續做了大約兩三年之久，頭一年生意最好。但是由於我媽媽不懂得拿專利權，到第二年有很多人就加入競爭，結果到第三年生意就結束了。到結束時我媽媽已經有能力把以前向人借貸的錢都還清了。

15. 全城哀傷

在前面我曾經提過，為了挽回他們失去的殖民地，1948 年 12 月荷蘭發動了所謂「第二次警衛行動」。在「警衛行動」中我們的小鎮洛多約（Lodoyo）有 40 多名華人被來歷不明的印尼武裝人員綁架，從此便全無音訊。1951 年底美里達（Blitar）中華總會成立了一個特別委員會，以便找尋他們的下落；我媽媽是這個特別委員會的其中一位發起人。通過到各地查訪民間和知情人士，委員會終於打聽到那些遭綁架的華人已經全部遇害。在遇害前，關押他們的地方經常遷移，因此他們遇害的時間和地點都不一樣，這就增加了搜尋的難度。根據每次挖出骸骨的數量和地點，可以看出那些遭綁架的華人是分期分批在不同的地點被殺害的。從挖掘出來的照片看，有的是在森林裡被槍殺，有的是在甘蔗地裡被殺。從他們遇害時的姿態可以看出有的人是遭活埋的，我的兩個同學和他的爸爸就是被活埋而死的。有的人是被棍棒打死的，而我的姑丈和姑媽則遭捆綁後拋到普蘭達斯河去了。我家對面的華人父子也是被捆綁後丟進普蘭達斯河，所以他們的遺骸沒法尋回。值得一提的是我爸爸和我姑媽都是土生土長的數代僑生，他們平時和當地人的關係很好，但他們在這次種族屠殺中也難以倖免。我爸爸遇害時留下我媽媽和六個子女，而我的姑丈（Go Kie Sie）和姑媽（Ko Anna）則留下一個年老的媽媽和兩個未成年的女兒蓮娘和蓮花（Lian Nio 和 Lian Hua）。我姑媽遇害以後，我姑婆和她的兩個孫女就投宿到我家裡，結果使我媽媽的負擔加重。我真的不明白，那些人為何只敢殺害手無寸鐵的華人，但不敢向侵略印尼的荷蘭人抗戰！他們的行為使很多華人家庭從此流離失所，妻離子散。

在美里達（Blitar）中華總會的努力下，兩百零四位遇難華人中有一百九十一人的遺骸終於被尋回。美里達當時沒有殯儀館，即使有也肯定無法應付近兩百具遺骸的殯葬事宜。天無絕人之路，有一個有錢的華人願意借出他的倉庫作為臨時殯儀館。在臨時殯儀館裡，美里達中華總會的義工們把骸骨清洗消毒後，就根據挖掘時的不同地點把骸骨整理分類。接著就放入特製的小木盒，用白布裹好及貼上標籤後就放入特製的大棺材，讓參加追悼會的人拜祭。臨時殯儀館的入口處的輓聯寫著用來招魂的四個大字「魂兮歸來」。參加追悼會的人實在太多，借用的倉庫根本容納不下，他們只好在平時用來曬椰子乾的大廣場排隊，並輪流進入臨時殯儀館憑弔；他們有很多是遠道而來的各

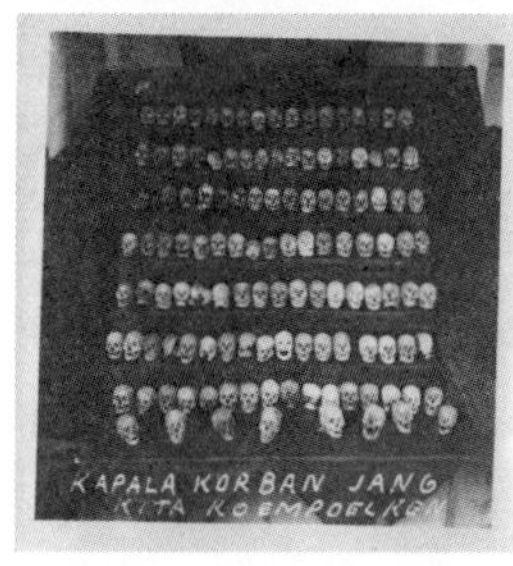

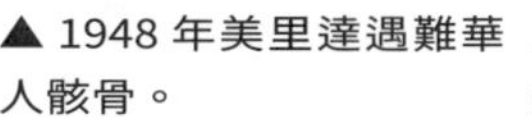
▲ 1948 年美里達遇難華人骸骨。

▲前左三筆者之母親郭田娘女士。

▲筆者之家遭受當地人破壞後成爲廢墟。

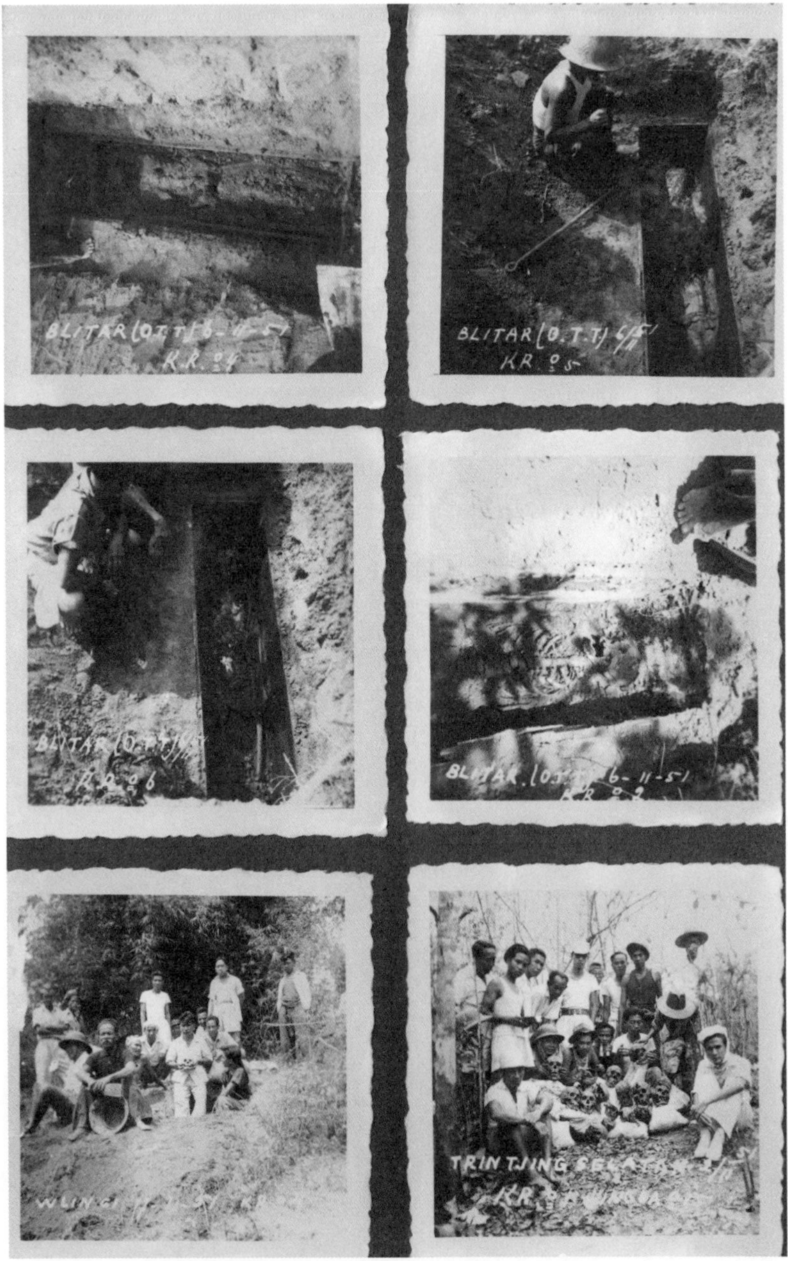

▲遇難華人骸骨挖掘現場。

BLITAR (O.T.T.) 6/11 51

TALOEN (N.L.) (7-11-51) KR. 25

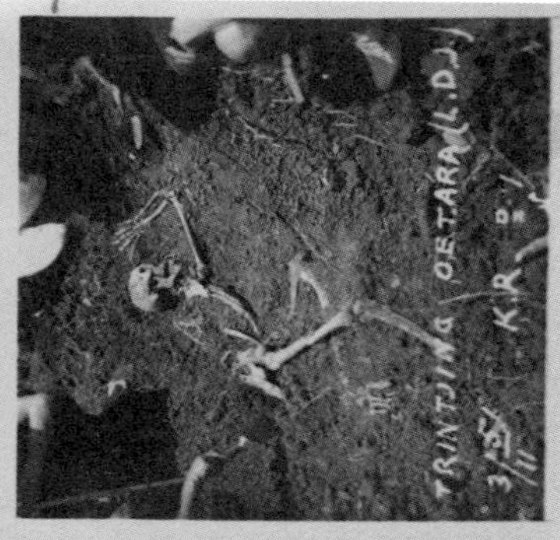

TRINTJING OETARA (L.D.)
3/11 51 K.R.

BAMBAN (BLITAR) 6-11-51

BLITAR (O.T.T.) 6-11-51

TRINTJING 2-11-51
WAKTOE POE-
LANG

▲ 1951 年美里達遇難同胞悼念現場。

▲ 1951 年美里達遇難同胞出殯情況。

▲ 1951 年美里達華人沉痛悼念遇難同胞。

▲美里達遇難同胞集體棺木。

地中華總會的代表。追悼會一共開了三天三夜，前來悼念的人真是人山人海，最高峰是在出殯的前一夜。這一夜，殯儀館裡哭聲震天撼地，聽了無不使人心酸；那天晚上參加守靈的人根本沒法合眼休息。在守靈期間臨時殯儀館裡的廣播喇叭不停地播放哀樂。這首哀樂的歌詞大致是：「哀，我們親愛遭難僑胞，一向頻漂，活埋葬殺斬一無所保，真是可憐的華僑。活埋葬殺斬首斷，屍首在荒野拋……」至於曲子是根據美國傳奇民謠作家史提芬・福斯特的〈故鄉的親人〉（"Old Folks At Home"）："MI RE DO MI RE DO DO LA DO，SOL MI DO RE……" 譜的，這首哀樂使人聽了感到心酸和悲傷。

經過三天三夜守靈，1951 年 12 月 9 日遇難僑胞終於出殯了。那天正好是星期天，學校不用上課，所以很多師生都來參加。美里達的店鋪星期日本來沒有休息的習慣，但是那天很多人為了參加弔唁儀式而關門休息。中華學校高年級的學生穿著整潔的校服，一早就由各個班級的老師帶隊到殯儀館參加悼念儀式。悼念儀式開始前，美里達中華總會的代表首先致悼詞，

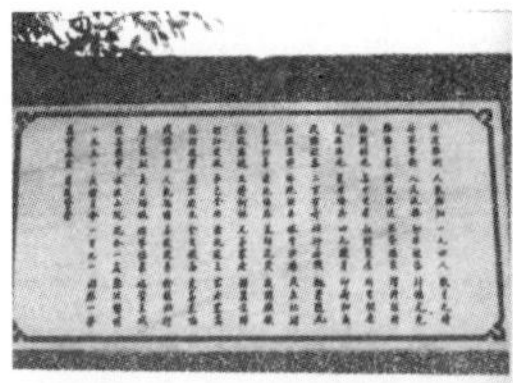

▲ 1948 年美里達遇難華人墓碑。

▲ 1948 年東爪哇美里達遇難華人墳墓（右二排第十一爲筆者父親胡瑞泰）。

▲ 胡淑華（筆者的二姐－遇難同胞照片提供者）1937-2007 年在美里達遇劫死亡。

接著各地的華人代表講話。各地華人代表講完後，當地的一位華人代表用印尼文控訴那些殺害手無寸鐵的華人的滔天罪行，那個人就是我的英文補習老師柯瑞文（Kwa Swie Boen）老師。他懂得講印尼文、英文、德文、荷蘭文、法文和西班牙文，可惜不懂中文。他的聲音很低沉，用英文講話時聲音很像英國廣播電臺 BBC 的廣播員，用印尼文講話時其聲音不亞於印尼廣播電臺 RRI 的播音員。他時而用鏗鏘有力的聲音控訴那些殺害華人的懦夫行為，時而用低沉的聲音抒發對這些遇難者的憂傷和哀悼。悼念儀式完畢後，來自各地的華人代表就拖著靈車緩慢地離開殯儀館。由於那副棺材實在太大，靈車只好用大卡車的平板拖車代替。跟隨在靈車後面的是遇難華人的家屬和來自各地參加悼念的華人和美里

達中華學校的師生代表以及當地的華人。送殯隊伍從美里達市北部的柏拿達蘭街（Jalan Penataran）一路沿到獨立東街（Jalan Merdeka Timur），獨立西街（Jalan Merdeka Barat），鹽倉街（Jalan Gudang Garam）和嘉德藝安街（Jalan Kademangan）。街道兩旁站滿了前來送別的群眾，他們以哀傷和複雜的心情目送遇難的同胞，搞得沿途的交通癱瘓。

大約在十點多鐘靈車到達邦班（Bamban）華人墳場。我們舉行殯葬儀式後，就把棺材拆卸和打開，並且逐一把裝有遺骸的小木盒卸下來，然後交給在場的家屬或其代表。接著殯儀館的工人就把已經拆散的大棺材放入墓穴，並且再次把它拼回到原來的模樣。完畢後各家屬代表就把手上的小木盒傳給墓穴裡的工人擺放回大棺材裡，擺好以後就把棺材蓋上棺頂。這時大家就抓起墓穴旁的泥巴撒到墓穴裡。最後那些參加殯葬儀式的青壯年華人和殯儀館工人就一起用鐵鍬鏟起泥土，把墓穴填滿，這時時針已經指向下午十二點半。在烈熱的太陽下曝曬兩個多鐘頭後，參加殯葬儀式的老年人有的已經中暑昏迷。解散以後，除了工作人員外，大家都各自回家。回到家裡，我的思想仍然沒法平服，我反覆在想：「為什麼有些印尼武裝人員在大敵當前的情況下不像印尼的其他游擊隊員英勇殺敵，而把精力用來對付手無寸鐵的華人呢？我的爸爸和我的舅舅、姑丈和姑姑都是在印尼出生，祖祖輩輩住在印尼，而且在印尼長大。他們不懂中文，他們和當地的印尼人一向和好相處。我的兩個舅舅還參加了抵抗荷蘭侵略軍的印尼學生軍（TRIP=Tentara Republik Indonesia Pelajar）和印尼社會主義青年軍（PESINDO=Pemuda Sosialis Indonesia），他們和印尼的戰友們英勇抗戰，參加學生軍的舅父因此年紀輕輕就為捍衛年輕的印尼共和國而獻軀。

16. 美華學校

美里達中華學校（美華學校）當時在諫義里州（Keresidenan Kediri）是一間稍有名氣的學校。在 1948 年荷蘭發動「第二次警衛行動」時，我本來已經是小學二年級的學生。戰爭使我被逼停學將近兩年，因此在 1950 年我復學時只好重讀二年級。當時我已經十一歲了，是班裡面年紀最大的學生。當我的班主任得知在 1948 年我已經是小學二年級的學生時，就對我的各科成績重新進行評估。經過評估，她認為我完全可以升到三年級。我聽了十分高興，一來我可以節約一年的時間，二來可以節約一年的學費，真是何樂而不為也！ 1950 年新中國剛剛成立，是新的思想體系和舊的思想體系的交鋒期。我們學校的時任校長是謝世芬老師，他是客家人，因此學校的董事多數也是客家人。謝世芬校長紀律嚴明，教學有道，所以當時學校的學風很好，教學品質也很高。但是當時兩派鬥爭相當激烈，為了爭奪學校的領導權他們明爭暗鬥。他們有時造謠中傷，有時挑撥離間，無中生有，上綱上線，真是無所不用其極。我們的謝世芬校長是主張「中立」的教育工作者。自從中華人民共和國成立，我們學校掛的是五星紅旗，而且再也不唱「三民主義」歌。但有些自稱「左派」的人士經常說我們的校長思想反動。其實他對

▲ 1956 年筆者初中畢業照（右六房鏡新校長，左二筆者，右一筆者之二哥胡淑溫）。

▲ 1956 年印尼美里達中華中小學全體師生畢業照。

政治很少過問，也從來不發表所謂反動的言論，但他的確很少談新中國的事，也沒有為新中國歌功頌德。在聘請教職員時，他也是以其教學能力、工作態度以及道德品質為準則。這就是自稱自己「左派」的人給他扣上「思想反動」的依據。

我跳到三年級後，不負老師的期望，成績在班裡總是領先他人，每次期中考試都拿到第一名。在當時，拿到第一名有很多好處，除了可以拿到獎品，有時還可以減免學費。獎品主要是文具用品和練習本之類。雖然不是很名貴，但在當時是很有用的，所以我每年不愁沒有文具用品用，也不愁沒有練習本。我經常拿到第一名的消息令左鄰右舍對我另眼相看，鄰居的小孩都叫我「哥哥第一」。1953 年，由於我的成績優異，學校批准我從小學五年級跳到初中一年級。到了初中，教學方法和小學全然不同，初中的教學方法比小學更加靈活，更著重於啟發。記得我在初一的班主任是林廣忠老師。他教書非常獨特，一開始不是講課，而是用頭十五分鐘講故事。他講的是一個間諜的故事，而故事裡的主人翁是我們學校的幼稚園老師。她是蘇州人，聽說在抗日戰爭期間做過間諜。林老師把那個間諜如何受訓和如何執行任務栩栩如生地講給我們聽，每當講到生動的情節他就會手舞足蹈，口若懸河滔滔不絕地講，使我們全班同學聽得鴉雀無聲。到關鍵情節他就開始賣關子，並且說現在言歸正傳，他說：「現在開始上課了！要聽下回分解的，就請好好聽課！」他這一套實在很管用，那些平時不愛聽課的學生都很專心聽課。

我在初中時還有一位老師的教學方法也類似林光忠老師，他是來自泗水的鄭發明老師。他從印尼東爪哇的泗水中華中學（中中）高中畢業後就來到我們的學校教代數課。開課前一刻鐘，他也喜歡講故事給我們。他講的故事和林光忠老師不一樣，他講的是英國作家伏尼契（Ethel Lilian Voynich）於 1897 年在英國出版的革命故事《牛虻》（The Gadfly）。他講得很生動，故事裡的主人翁那種寧死不屈和可歌可泣的英勇故事在我們的心靈裡留下了非常深刻的印象。這個故事對我後來熱愛閱讀革命書籍有很大的關係。其中我愛讀的著名書籍有美國著名記者愛德格・斯諾（Edgar Snow 1905-1972）寫的《西行漫記》（紅星照耀中國）（Red Star Over China），由奧斯特洛夫斯基（Nikolai Ostrovski 1904-1936）寫的蘇聯名著《鋼鐵是怎樣煉成的》（How The Steel Was Tempered）以及科斯莫傑米揚斯卡婭（Zoya A. Kosmodemyanskaya 1923-1941）寫的《卓婭和舒拉的故事》（The Story of Zoya and Shura）等。同時我還經常看印尼當時的暢銷週刊 Star Weekly 連載的古巴老革命家卡斯特羅（Fidel Castro）於 1958 年領導古巴人民推翻巴蒂斯塔（Fulgencio Batista y Zaldivar 1901-1973）獨裁政權（1952-1959）的革命旅程。這些革命故事為我後來決定回國求學奠定了思想基礎。而《鋼鐵是怎樣煉成的》的主人翁保爾柯察金那種「勇敢、相信自己的力量、在任何情況下都不怕困難」的精神使我在回國後以及後來在香港和南非時敢於面對任何曲折和困難。

1954 年在美里達中華學校進行的舊思想體系和新思想體系的路線鬥爭終於達到頂峰，謝世芬校長由於受到排擠而被逼退職，取而代之的是房竟新校長。房校長也是客家人，和謝世芬校長一樣，他也是一個紀律嚴明的人。所不同的是，他是用鐵腕來治校，而不是用說服教育來治校，他巡視課室時手裡總是拿著一根藤條。聽說他武功高超，所以學生都怕他。他原來是在諫議里中華學校任職。他來到美里達中華學校時，從諫議里

帶了一批年輕教師。這些年輕教師跟以前的老師不一樣，他們有的表面上為人師表，但和學生的關係不如以前的老師好，和女學生的關係就另當別論了，其中有三個來了沒多久就和女學生談戀愛。我們學生看在眼裡記在心裡。其中兩個練健身的經常喜歡在學生面前，特別是女生面前賣弄身上的發達肌肉。由於他們沒有起到應有的表率作用，所以他們在學生眼中沒有威望，結果有些表現不好的學生有樣學樣。以前的老師課餘時間經常和學生打籃球，放假時就和學生去旅行。記得鄭發明老師為了培育我們的體育精神還成立了籃球隊，這支取名「英雄隊」（HERO）的籃球隊是美里達中華學校的第一支籃球隊。

新中國成立後，意識形態的分歧在僑界有很大的影響，原來很團結的僑界分成兩派了。一派自稱是親新中國的，另一派是中立的，但他們往往被說成是親國民黨。結果有一幫自稱進步的一派另起爐灶，另外成立僑友學校，結果有些同學就這樣和我們分手了。這些意識形態的分歧或多或少影響了學生的思想情緒。有的學生從此無所適從，沒心讀書，自我放任。加上美國和西方影片的影響，特別是美國西部電影（牛仔片）的影響，那些平時不愛讀書的學生就開始興風作浪，模仿電影裡的反面角色在課室裡搗亂。有的在上課時欺負老師，下課時欺凌年齡較小的同學和功課較好的學生。到 1956 年我們初中三年級時，那些阿飛們由於自覺自己畢業無望，時日無多，就更加變本加厲。有一次當我們的英文老師陳奇輝在黑板上寫字時，一個姓李的阿飛用粉筆丟他的頭。這位老師很生氣，但仍堅持教下去。由於經常受到欺凌而忍氣吞聲，結果就想不通，後來他的行為就有些怪異。房校長得知後，第二天一早就到我們班查看，查問到底誰在搗亂，並要求他們自首。但是沒有人敢於自動站出來承擔責任。於是房校長叫那些平時調皮搗蛋的學生一個一個站出來招供，但他們沒有一個願意承認錯誤。房校長實在沒辦法，只好宣布自即日起把我們的班級解散，第二天重新登記。到登記時那些已經被列入黑名單的學生就沒有被錄取，事件終於平息了，課堂秩序終於恢復了。學校的風風雨雨雖然對我們的學習有一些影響，但始終沒有干擾我學好功課的決心，因為我的心裡很清楚，只有學好功課，我以後才有機會在經濟上翻身。我的努力和老師的培養以及教導並沒白費，到結業時我終於以全班最高分的總成績 92.36 分畢業。

17. 高中時期

美里達中華學校沒有設高中部，1956 年初中畢業後，我決定到離開美里達市大約 85 公里的瑪琅市繼續求學。瑪琅市是一個山城，是泗水以後東爪哇的第二大城市。這裡天氣清涼，不但非常適合居住和避暑，還有很多著名的學府。華人的學府有瑪琅中華中學，新力中華中學，東南亞循道學院，領華中學，南昌中華中學，瑪華中學以及後來成立的華英中學。印尼的學府就更多了，這裡沒法一一列舉。在所有的華文中學中，瑪琅中華中學（瑪中）的名望最高。瑪中是於 1946 年由黃怡瓶、林綿修、李萇熙、陳如章等七人創辦的。初建校時沒有正式的校舍，只好因陋就簡借用當時的「阿德林戲院」（Atrium Theater）作課室。雖然課室簡陋，但由於有良好的教育制度和高質素的師資，瑪中很快就成為著名的華人學府，吸引了印尼各地華人子弟前來求學。來求學的學生不僅來自爪哇島各地，還有不少來自外島，如加里曼丹（Kalimantan）、蘇拉威西（Sulawesi）、安汶（Ambon）、奴沙登加拉（Nusatenggara）

和帝汶（Timor）等地的學生。由於求學的人多，競爭就相當激烈。為了保險，很多求學者都同時報讀幾間學校。我除了報讀瑪中，還報讀東南亞循道學院。由於我初中畢業時成績優秀，循道學院除了給予免考，還答應給我免一學期的學費，而且答應如果我能保持優異的成績在第二學期繼續給我免學費，這些優惠真使我受寵若驚。校方還說如果我能以優異的成績畢業，還可以保送我到台灣升讀大學。當時台海兩岸關係緊張，所以當我聽到可以保送到台灣時，我就反而怕了。由於當時我們不瞭解台灣，說心裡話我很怕到了台灣後會把我當成反攻大陸的炮灰！所以我就宛然謝絕。

這時在瑪中要參加入學考試的學生都在緊張地準備應考。瑪中的考生來自印尼各地不同的學校，學習程度參差不齊，為了使我們能夠適應瑪中的課程，學生會特地為我們外地來的考生補習。記得給我們補習數理化的是我們的學長黃和良，給我們補習文史地的是宋萬煌。有一天，正當我聚精會神地溫習功課時，有一位來自東爪哇外南夢（Banyuwangi）的女同學陳淑璇突然搶走我的課本，並且說：「您不用溫習了！您免考了！」我當時以為她在開玩笑，所以馬上把書搶回來並繼續溫習我的功課。這時她再也不耐煩了，她連拖帶拉地把我拖到學校的布告欄看有關告示。在布告欄上清楚地寫著免考取錄的學生名單，我的名字的確有列出來，這時我才相信她說的是實話。我雖然可以免考，但我的二哥胡淑溫的成績卻不符合免考的條件，因此我如常和他一起溫習功課，因為我很擔心他考不上。我和我的二哥從小就一起讀書，一起學習以及一起玩。小時候，我大姐給我們做衣服時用的是同樣的布料，做的是同樣的款式，所以很多人都以為我們倆是雙胞胎。他初中畢業時的成績屬於中上，但由於報讀瑪中的人很多，所以他對能否考入瑪中沒有把握，他的擔心是完全可以理解的。其實在他沒考完試的時候我也沒法安下心來。在他考試的前夕我甚至還做了一場夢，在夢中我和我二哥在爬山，但他爬到半途就滑坡，這時我媽媽就叫我用力拉他上去，而她則在下面用力把他推上去，結果他終於成功上山。幸好到放榜時他真的被錄取了！

瑪中初建時的第一任校長是王實銘校長。他是滬江大學的畢業生，是一位很出色的教育工作者。他治校有方，而且治學嚴謹。他在位時瑪中的校風很好，師資一流，所以教學水準很高。聽說當時的高中畢業生成績好的可以直接到美國的特定大學升讀大學，不再升學的也可以很容易地找到工作或在各地華校任教。1956 年我到瑪中時，校址是在丹寧巴街（Tanimbar Street），這裡的環境很好，附近是較高尚的住宅區，學校對面是印尼海軍軍校，當時我們的校長是林宗安老師。他是一位印尼華僑，早期前往中國求學，是原上海暨南大學的畢業生。他精通中文、印尼文、英文和荷蘭文，他是我們的世界地理老師。他博學多才，坦誠厚道。他的豐富生活經驗使他的教學方法非常有趣，非常生動活潑，這使我從此熱愛世界地理。1957 年，由於印尼政府頒布新的條例，規定已經加入印尼籍的學生不能再在華文學校讀書，因此原在瑪中讀書的印尼籍學生只好轉到專為他們而設的瑪華中學或新成立的華英中學讀書。這時持有印尼國籍的林宗安老師就被調去瑪華中學當校長，而華英中學則由王牧師（Pastor Wang）當校長。到我畢業時瑪中的校長是洪河洲校長。他和林宗安不同，既不懂英文，也沒聽過他講印尼文。而他的辦校方法也和以前的歷代校長不同，這時在瑪中到處可以看到新中國的壁報，瑪中的老師也經常到中國參觀和

學習，畢業生多數也回國升學。瑪中出來的學生有不少在社會上的各個領域取得了各種各樣的成就，其中力寶集團的林文正（Mochtar Riady）以及瑪中大學的創辦人黃啟鑄，戴教奇和黃如才等人都是瑪中培養出來的學生。

1956 年後瑪中的校長換了幾次，當過瑪中校長的有林宗安、葉夢秋、莊信群和洪河洲。雖然校長經常更替，但教學品質總體來講還是很高。我在瑪中讀書時經常遇到經濟上的困難。當我讀到高二時，瑪中的學費突然調高，使我負擔不起，我只好找我們瑪中的董事長黃怡瓶先生要求給我和我二哥減學費。還好黃怡瓶先生體恤我們的困難而同意我們的要求。經濟上的困擾使我在這一學期的成績不很理想，但總體來講我的成績在班裡的排名還是在十名以內。我在瑪中讀書時，經常困擾我的除了每月的學費，還有每月一定要交的住宿費。我剛到瑪中時住在斯班迪街（Splendid Street）。那個地方離市政廳及圓形廣場（Alun-alun Bundar）很近，對面是印尼出名的愛玲嘉大學（Airlangga University）。這裡是瑪琅比較高尚的住宅區，環境一流，而且離瑪琅最熱鬧的街道嘉優丹安街（Kayutangan Street）很近，但離瑪中較遠。在嘉優丹安街有很多漂亮的店鋪，如書店、餐廳、麵包鋪和出名的樂斯電影院（Bioskop Roxy）。但除了書店，我和我二哥都沒進去過。我在瑪琅三年連一場電影都沒看過，也沒去過館子吃飯，甚至於連瑪中的小賣部都沒光顧過，因為我媽媽每個月給我們的錢只夠交學費和住宿經費。

我在斯班迪街住的環境雖然不錯，但在那裡住宿的人比較多，也比較雜。另外，住在那裡的學生經常因伙食問題和房東

▲印尼瑪琅中華中學外貌。

▲ 1959 年印尼瑪琅中華中學第十九屆全體師生畢業照。

吵吵鬧鬧，甚至於有時會因為伙食不理想而罷吃或把好好的食物倒掉。除了這些，我們住的地方還經常有阿飛拜訪。經常拜訪我們的阿飛頭子綽號叫「楊基」（Yankee）。他長得很高大，經常穿著皮夾克，騎著哈理（Harley Davidson）摩托車來到我們住宿的地方。有時候他還帶著他那漂亮的荷蘭女朋友到訪。他很友善，但我們始終不願和他太過親近，俗話說「近墨則黑，近朱則赤」，我們擔心有一天他會把我們踢入會。除了楊基，華英中學的校長王牧師也經常到訪，因為我們的其中一個室友是華英的學生。在斯班迪街寄宿時，我二哥的臉頰突然長了一種癬，不單很癢，而且難看。我在瑪琅人生地不熟，因此只好寫信給我們以前在美里達中華中小學校讀書時的房竟新校長求助。房校長以前是個中醫，他根據我的描述開了幾劑中藥配方給我二哥服用。我記得配方裡有蟬蛻（蟬蛹的殼）等藥材，吃了幾次果然好了，真是神奇。我在斯班迪街住了一段時間後，我媽媽決定叫我和我二哥搬到我舅母的家住宿。她住在柯達拉瑪街第 48 號（48 Kotalama Street）。她的房子很大，前後都有院子。這裡離瑪中比較近，家裡只有她和她的女兒郭月娘（Kwee Gwat Nio），她的女婿曾賢祖（Tjan Hian Tjauw）以及孫子曾

調強（Tjan Tiauw Tjhiang）。在她那兒住宿的人除了我還有一個從中爪哇布歐格多（Purwokerto）的瑪中學生江丙甲。住在我舅母家除了離瑪中近，還有一個好處是我可以借用我的表姐的兒子看完的印尼文週刊 "Star Weekly" 和印尼文及英文報刊，這對我提高我的印尼文和英文水準很有幫助。另外，我表姐每月總會悄悄地給我們零用錢，使我和我二哥休息時可以到外面買點零食吃。

我的舅母原來還有一個兒子，他叫郭添禮，1932 年在他 13 歲時隻身回國。他在國內沒有親人，當時的中央僑務委員會就保送他進福建馬尾海軍軍官學校讀書，1937 年他率領他的同班同學到延安參加革命。到延安後他和他的同學被安排到抗日軍政大學讀書。在抗大報讀時，考官問他：「您叫什麼名？」我表哥回答說：「我叫郭添禮」。考官又問：「您知道怎麼寫嗎？」我表哥回答說，「郭」是「郭沫若的郭」，「添」就是「二一添作五」的「添」。那考官聽得很煩，他實在摸不著頭腦，到底那個「添」字怎麼寫。他就對我表哥說：「您的名字太難寫了！以後您的名字就叫「田里」好了！「田」就是「稻田」的「田」，「里」就是「二萬五千里」的「里」！這樣不但好聽，而且還好寫」，從此我表哥的名字就叫「田里」了。從抗大畢業後，他就被編入楊德志和耿彪率領的第十八集團軍參加抗日戰爭和解放戰爭。由於他曾經在馬尾海軍軍官學校讀書，解放後他被部隊委派和蘇聯的軍事顧問團組建新中國的海軍學校，即大連海軍艦艇學校。後來他被委任為中華人民共和國海軍第一支潛艇部隊的訓練部部長兼副參謀長。由於他到抗大後改姓換名，我們就失去聯繫，直到 1982 年我才通過當時的華僑事務委員會主任廖承志先生找到他，到 1983 年我才和他見面。我見到他時，他已經離休，這時他在國內已經住了將近五十年，但他的普通話和我一樣，仍然帶有很重的印尼腔。他退休時雖然軍階很高，但他非常簡樸，一點都沒有特殊化。當時中國還沒有完全開放，好的餐館不多，為了款待我，他特地要了一部軍車帶我遊覽市區，並且帶我到海軍軍官招待所用餐。

我在瑪中雖然只有短短的三年，但由於瑪中治校有方，教學嚴謹，要求學生在德、智、體全面發展，使我得益不少。瑪中一向重視老師的師資，自創辦起瑪中的校領導就立志要把瑪中辦成一所東爪哇乃至全印尼的一流中學。為了達成這一目標，瑪中聘請了重量級的教育工作者王實銘老師做校長，同時還聘請了申炳韶、曹詩成和胡孟晉等教育界有分量的教育工作者來執教。這些老師敬業樂業和盡善盡美的精神都是值得我們學習的。記得有一位叫陳烈英的英文老師於 1955 年 10 月 20 日在上英文科 "The Siege of Berlin"（《柏林會戰時》），因體力不支而暈倒，搶救後不治身亡。陳老師沒教過我，他是我二姐胡淑華的老師。他嚴格要求自己，教書認真，做事一絲不苟。他的死是瑪中的一大損失，使很多人感到非常惋惜。在瑪中像陳老師這樣敬業樂業的老師很多，在此無法一一列出。我到瑪中後，教過我的老師不少，其中我還記得的有呂繼發老師、李啟輝老師、葉妙澤老師、鄧朗峰老師、李申賢老師、張壽田老師、魏永昌老師、王永裕（Ong Ing Djoe）老師、郭傳庚老師、唐瑞光老師以及我們的印尼文老師 Mohamed Dimyati、 I Gede Oka Wardana、Mohd. Ilyas 、M.L.Tobing，還有我們慣他叫 A Long 的英文老師。

這些老師當中給我印象很深的有葉妙澤老師，他是我們的

幾何老師。他教書的時候喜歡拉長聲音和提高嗓子。我記得最清楚的是他講課時那種像唱歌一樣地喊"AB……等於 BC……"。那位同學們叫他 A Long 的英文老師是專門教我們的英文語法。他教語法時喜歡用圖表的形式（diagram）來表達。同學們對他的教學法不感興趣，覺得有些乏味，所以他上課時很多人打瞌睡。其實他是一個很有學識的人，聽說他原來是新加坡一家報社的英文編輯。我對他的課很感興趣，不是因為他講得很生動，而是因為我可以從他那裡學到很多英文語法。另外一位是教英文的王永裕老師，聽說他是東爪哇柏勞波陵柯（Probolinggo）人。他曾經在新加坡學習和工作，英文很棒，講課很生動，所以聽他講課不會打瞌睡。加上他的嗓門很大，樣子很凶，很多學生都怕他。至於印尼文老師當中，印象很深的是 Mohamed Dimyati 老師。他曾經做新聞記者，博學多聞，閱歷很廣，所以上課的時候非常生動活潑。據他說印尼的叛軍領袖加哈莫沙卡（Kahar Musakar）是他在梭羅（Solo）教書時的學生。另外一位印尼文老師 I Gede Ngurah Oka Wardana 也是有來頭的人，他是峇理（Bali）的貴族成員。他學識淵博，教書認真，是一個很好的老師。這兩位印尼文老師和前面提到的兩位英文老師對提高我的印尼文和英文水準都有很大的幫助，使我的印尼文和英文成績在我的所有課程中一直領先。

1959–1969

18. 別了瑪中

1959 年 6 月，經過三年寒窗，我終於從瑪中畢業了，可是我的二哥胡淑溫由於成績沒有達到要求而不得不重讀。這個消息不但令他不開心，也令我很難過。1956 年我們一起到瑪中讀書，可惜我們沒法一起畢業。他的數理化很好，但文科不很理想，特別是英文。他這次沒法如期畢業，就是因為他的英文成績不合格。我的英文成績一向很好，但我卻沒辦法幫助我二哥，這使我感到非常難過，非常無奈，回到家裡我真不知如何向我媽媽交代。我媽媽是一位很開明的人，當她得知我二哥不能畢業時，她不但不責怪他，還安慰他，叫他不要難過，不要失望，要振作起來，繼續努力，相信下學期一定可以畢業。這時我二哥開始哭了，他不是由於受到批評而哭，而是由於感到對不起我媽媽而哭。看到我二哥哭了，我也忍不住哭了。我感到很對不起我媽媽，也很對不起我二哥，因為我沒有好好地幫他把英文學好。我畢業時有不少同學回國升讀大學，有的到華校執教鞭，我這時真不知何去何從，好像是站在十字路口不知方向的人一樣。要回國需要一筆費用，我家裡負擔不起，我只好到印尼高中讀書，希望拿到印尼高中的畢業文憑後可以到印尼國籍協商會辦的 Baperki 大學讀書。那所印尼高中是由印尼官立高中的老師創辦的，叫做「印尼高中下午班」（SMA Sore），師資及教材和官立高中一樣。當時我是以高二插班生進去的。印尼的高中比瑪中多了幾門課程，其中有「印尼行政和立法課」（Tatanegara Indonesia），德文科和解析幾何。由於我的印尼文底子好，我很快可以趕上。為了趕上德文科，我特地買了一本

由 Heinz Griesbach 和 Dora Schulz 編的，專供外國人學德文的參考書 "Deutsche Sprachlehre für Ausländer"，並且找了一位在天主教學校工作的德國修女給我惡補德文。另外，我們班裡的兩位華人女生曾玉英（Tjan Giok Ien）和林明華（Liem Bing Hwa）也和我成立學習互助小組，一起決解我們在學習上的困難。

1959 年 11 月 16 日印尼政府頒布總統第 10 號法令（Perintah Presidentt No.10），簡稱 PP10，限令在縣以下做零售生意的華人在 1960 年 1 月 1 日前把生意轉讓給當地人或和當地人成立的合作社。一句話，就是要他們把辛辛苦苦經營的商店拱手讓給當地人，政府不給予賠償，也不安頓。我姐夫陳華育當時住在離美里達市 12 公里的小鎮文力（Ngunut），所以他經營的土特產和煤油零售生意也是被逼結業。這個 10 號法令對住在縣城以下的華人，特別是做零售生意的華人打擊很大。很多住在縣城以下的華人由於沒法生活下去只得離開家園搬到縣城以上的城市另謀生路。沒能力搬到城裡去的，只好回到祖國的懷抱。可憐的是這些華人不是家家都有能力籌足經費回國，還好那些僑團願意出手相助，但是最大的安慰是我們的祖國在我們遇到困難時及時派船接載那些難僑回國。我們當時雖然住在縣城，但是這股排華逆風也使我們感到納悶和窒息。當我想到我們華人在 1948 年遇到的劫難，我覺得印尼非我久留之地。很多華人，特別是年輕一代的華人都有同感。有錢的城裡人其子女紛紛到西方留學，原來在中華學校讀書的就選擇前往中國去深造。我雖然是土生土長的第六代華人，但我們一家仍然保留中國籍，讀的也是中國書，總而言之我們的心仍然和我們的祖國連在一起，所以我決定回國升學。當得知我決定回國時，和我同班的兩個華人女生就很著急，她們頓時緊張起來，她們很怕我走了以後會很孤立無助，她們都表示要和我一起回國。她們的想法使我不知所措，因為她們根本不懂中文。我只好把我的情況分析給她們，叫她們繼續留在印尼讀書，絶對不能盲從。

要離開我的出生地印尼，對我們這種祖祖輩輩都在印尼長大和謀生的幾代僑生來說並非一件很容易的事。雖然我們對中國的瞭解僅僅是從書本上，雜誌上和畫報上得到的。但我畢竟是中國籍，而且從小是在華文學校讀書的，所以我的情況相對那兩個沒接受過華文教育的華人女生好得多。決心一定，我就跑到福州和福清人的社團玉融公會去申請護照和訂購船票。1960 年 4 月，我的護照終於出來了。到同年 6 月玉融公會通知我在 1960 年 8 月 1 日有一艘接僑船從泗水的丹戎佩拉（Tanjong Perak）出發前往中國。社團的負責人建議我搭乘這一艘船，因為這艘輪船的票價相對其他豪華郵輪便宜，只需要 6,000 盾就可以了。社團的負責人解釋說，由於我不是難僑，所以必須自費。我大哥胡淑珍願意給我出旅費，我就決定搭乘這艘接載難僑的船回國。當時和我一起申請護照的人還有我在美里達中華學校讀書時的同學謝詳德以及陳宏春和施福林，但謝詳德拿到護照後就不回國了。我知道輪船的出發日期時已經是 6 月份了，因此我只有兩個月的時間準備，這時我連皮箱都沒有。當時要回國的人用的大皮箱都是訂製的，還好我大哥把他準備帶回國的皮箱和衣物都送給我，因為我大嫂根本就不想回國。我沒什麼準備，有什麼就帶什麼。我大哥除了把他的皮箱和衣物送給我，他還送給我一塊舊的歐美加手錶和一部加塞勒（Gazelle）自行車，這是他從一個在僑團工作的朋友買的。這個人表裡不一，一方面假裝進步，鼓勵人們回國，一方面做他的投機生意，魚肉自己的同胞。當時由於我的船期已經臨近，什麼都沒準備，

他就把他的二手歐美加手錶和加塞勒女裝單車用高價賣給我大哥，說什麼這些東西在中國可以賣高價錢。當時我大哥就用相當於一部車的價錢買了他的歐美加手錶，而且用相當於一輛基普車的價錢買下那部二手自行車。後來我們才知道那個人們慣叫他 Lego 的僑團朋友根本就沒有回國的意願。他只是藉鼓勵華人回國來裝滿自己的口袋。真是知人知面不知心啊！

19. 離家之前

我從玉融公會買的是單程船票，這意味著我一去就很難再回來。我在泗水市（Surabaya）辦理出國手續和繳交人頭稅時，那個披著華人臉孔的移民局官員就把我的印尼出生紙等有關文件收回，並警告我說我以後不得再回印尼，所以我心裡很明白我這次回國就要和印尼永別了。我在印尼出生，在印尼長大，是第六代僑生，所以我對印尼很有感情，我甚至於把印尼當著我的第一故鄉。但我在印尼的遭遇卻使我覺得這裡不是久留之地。我只好無限感嘆地想：「此地不留人，自有留人處！」我是中國人，印尼既然不留我，我就回到中國去！當時我的一位朋友建議我和他一起到德國（西德）留學，但我回國的決心已定，所以我婉謝他的建議，堅持回到自己的祖國。對我的這一決定，我媽媽很支持，但我深知她的內心深處是很矛盾的，因為她很明白我回國後很難再見到她。我回國時她叮囑我到北京大學讀印尼文系，以便日後有機會被委派到中國駐印尼大使館工作。這是因為有一位叫許國器的美里達歸僑也曾經被委派到中國駐印尼領事館工作。不然就到北京廣播學院讀書，以便以後可以天天從北京廣播電臺聽到我的聲音。其實這不過是她的一廂情願，因為她根本不瞭解中國的國情，也不瞭解中國的實況；她不知道這些院系並非想讀就可以讀。但我為了安慰她，只好任由她說。

我在印尼有很多親戚，特別是我媽媽這一邊，幾乎在東爪哇一帶的城鎮都有。他們分別住在文力（Ngunut），多隆亞公（Tulungagung），諫義里（Kediri），瑪琅（Malang），波隆（Porong），巴直（Pacet），融望（Jombang），莫佐格多（Mojokerto）和泗水（Surabaya），甚至於還有住在馬都拉島（Madura Island）的邦卡蘭（Bangkalan），巴默加山（Pamekasan）和蘇默納（Sumenep）。我媽媽是在蘇默納出生的，她的爺爺在荷印時代是僑領，荷印政府給他的頭銜是「甲必丹」（Kapitan），所以在馬都拉島有很多親戚。這些親戚平時很少見面，有的根本沒見過面。由於我要回國，就得和他們告別，因為我這一去不知哪年哪月才能有機會回來。他們當中有的已經進入老年，如果我在回國前不和他們見面，恐怕以後就沒有見面的機會了。船期越來越近，告別完親戚朋友已經是七月底了。我雖然不用特別準備，但我媽媽深怕我回國後缺這缺那就把家裡的一些日常用品，如香皂、肥皂、木拖鞋（Wooden Clog）、日本拖鞋、牙刷、牙膏、紙張、筆記本、鉛筆、牛油、醬油、巧克力、牛肉乾等都塞到我的皮箱裡。她一邊整理我的東西，一邊叫我回國後要經常寫家信。當時電話還沒普及，在我們城裡儘管是有錢人家如果要打電話也要到電訊局，因此離家後寫信是唯一的通訊工具。我在家裡是最小的男孩，很早就失去爸爸，所以我媽媽很疼我。我剛剛高中畢業，還沒機會報答她就要離開，而且哪年哪月才能回來是個未知數，因此她的心肯定很亂，一方面她很支持我回國深造，另一方面她很捨不得我走，她的心情是完全可以理解的。

船期一天天接近，大家開始倒數，算算還有幾天可以和我相處。為了便於編隊和適應船上的集體生活，僑團要求我們在出發前三天到泗水廣肇會館集中。出發前我媽媽特地給我煮我平時喜愛吃的東西。我媽媽很會煮菜，中菜、西菜和印尼菜每樣都煮得很好。那一天她把我平時愛吃的每道菜都煮一些給我。她一邊煮菜，一邊不停地和我聊天。我坐在她的旁邊看著她，她煮啊煮，眼淚不知不覺地從她的眼角滴下。當我勸她別哭時，她則說是燒木炭的煙熏得她流淚。我很明白此時此刻她是多麼傷心，她的心情是多麼矛盾，多麼複雜。她的心情真是很難用言語來形容，而我的心情何況不是如此。當飯菜煮好了，我們一家人就圍坐在我平時吃飯用的餐桌用餐。當時和我一起吃飯的有我媽媽、二姐、二姐夫、二哥和我的妹妹胡全如。我們一邊吃一邊聊天，我們的談話內容多數圍繞著我們一家在這十多年來是怎麼過來的。我二哥則談到小時候我們經常在一起讀書和在一起玩的情況。當談到我回國後不知哪年哪月才能見面時，大家都沉默了。這時我注意到我媽媽的眼眶開始濕了，但她仍然強忍。我反而忍不住了，最後終於哭了，結果我媽媽、我二姐、我二哥和我妹妹也哭了。這是我離家前吃的最後一頓飯。我媽媽煮的菜特別豐富，特別好吃，只可惜由於即將離別，我們的心情都不好受，實在沒什麼胃口吃。

20. 別了印尼

吃完飯，我的二姐夫就用我大哥的「大眾牌」（Volkswagen）小客車送我們到泗水。途中我們到瑪琅（Malang City）探望我的表姐郭月娘，還到波隆（Porong）看望我大嫂的媽媽。離開波隆時已經是下午四點多了，但路上的交通還是很繁忙。為了趕時間，離開市區後我二姐夫就把車開快。這時路上的風很大，我們感到汽車在高速前進時有些搖擺不定。快經過普蘭達斯河（Brantas River）大橋時車頭蓋突然被風吹開，遮住了擋風玻璃，使我的二姐夫沒法看清楚前面的路而無法控制方向盤。他慌張得不知所措，汽車也失控了！幸好我二哥眼明手快地抓住方向盤，並趕緊剎車。這時車已經撞到橋頭的防撞欄。如不及時煞車，我們坐的車輛肯定要掉進普蘭達斯河，而我們全家必定全部死亡！車停定後，我二哥就下車把車頭蓋用鐵線捆得牢牢實實。由於我的二姐夫受驚過度，沒法繼續開車，只好由我的二哥來替代他。天黑前我們終於到達泗水廣肇會館，到達後我馬上到登記處登記。登記處人山人海，好不容易才輪到我登記。登記完畢，我被安排和同樣來自美里達的陳宏春和施福林同一間房間休息。和我同房的還有來自諫義里的吳步川，他是我的初中老師吳步雲的弟弟。這是一間很大的房間，裡面大約有二十個人。房間裡什麼都沒有，既沒有床，也沒有桌椅，甚至於連草席也欠奉。我把東西放好以後，就出去送走我的家人。在廣肇會館門口，我依依不捨地看著我的媽媽和我的家人走。我的媽媽和我的二姐，二哥和妹妹也依依不捨地離開我。他們不斷地揮手向我告別，直到我看不到他們的影子才進去休息。

房間裡東倒西歪地坐著為了一個共同的目標而來的各地華僑青年，他們來到廣肇會館的目的都是等船回國的。他們有說有笑，漫無邊際地談論回國後的打算及其遠大理想。房間裡的人很多，天氣又熱，連一台電風扇也沒有，實在難熬！我坐了一天車，全身都是汗，這時我唯一需要的不是休息，而是把身上的臭汗趕快沖掉。想不到洗澡房的情況不比房間好，整個會館只有那麼一間浴室，足足等了一個多小時才輪到我。洗完澡

我就回房間和朋友聊天，我們一直聊到半夜三更。由於天氣實在太熱，加上大家都很興奮，大家都沒有睡意。快到天亮時，我們才合上眼睛睡一會。我記得廣肇會館沒有為我們提供膳食，起床後我感到肚子餓，當我正在納悶到哪兒去吃早餐時，我突然聽到有人叫我的名字。我回頭一看，只見到我大哥已經在門口等我。他問我：「今天有什麼安排嗎？」我回答說：「沒什麼安排」。 他就說「那我們回家吧！」我跟我的朋友說了一聲後，就跟我大哥走了。我大哥一路上一邊開車，一邊和我談起我們一起經歷過的往事。大約上午十一點我們到達多隆亞公（**Tulungagung**）我大哥的家。吃過午餐後我們就繼續我們的行程，到下午兩點我們到達文力（**Ngunut**）我大姐的家。我在文力本來只打算停留一下就回美里達，但我大姐怎麼說都不讓我走，我只好遷就她。我雖然留下來，但我的心早就回到我的老家美里達，因為我很想多留些時間和我媽媽相處。到了下午四點鐘我終於決定回家。這時我大哥已經回去了，我沒車搭了。我姐姐叫我吃過晚飯搭火車回去。我等不及，只好借用我姐夫的 **"Zundap"** 電單車趕回去。我回家心切，一路開足馬力，希望早一點到達家裡。快到美里達時，我坐的車突然輾到馬蹄鐵，輪胎爆了，車也翻了，還好有驚無險，我只擦破皮膚而已。

我在家裡住了一夜，第二天一早我大哥就送我回泗水廣肇會館，那是我最難忘的一夜。那一夜我媽媽好像敘述歷史一樣地從她小時候的經歷一直講到我出生後所發生的一切。她講的那些事有的是我的親身經歷，這些經歷在我心中仍然歷歷在目。我媽媽在車上除了講以往的經歷，還勉勵我回國後要努力學習，做一個有用的人。為了以後可以經常聽到我的聲音，她還鼓勵我回國後去考廣播學院，以便以後有機會到北京廣播電臺做印尼語廣播員。不然的話就報考北京大學印尼文系，以便以後可以被委派到駐印尼大使館或領事館。這些話其實我早就聽過，但為了不讓她失望我仍然用心地聽著。上午八點鐘我們到達廣肇會館時，那裡的氣氛和我兩天前報到時完全兩樣。會館前面聚集著很多前來送行的人和準備回國的人。這時每一組的組長開始點名人數，我記得我被編到第 47 組，組長是我在瑪中的同學王輝照。我報到後不久就開始上車準備前往丹絨貝拉碼頭（Port Tanjung Perak）。當人們開始上車時，他們的臉上開始流露出各種各樣的表情，有的激動，有的興奮，有的焦慮。這時等待運送我們的各種車輛開始引起交通堵塞，有的車輛由於等得不耐煩而開始喧囂，有的司機甚至下車起哄。那些義務幫我們搬行李的武術隊和舉重隊成員不甘示弱，紛紛下車和他們理論，最後差點打起來了。還好這時員警趕來維持交通，火爆場面才得到平息。為了能有多些時間和我的媽媽在一起，我決定搭乘我大哥的車。由於交通堵塞，車走得很慢，大約中午十點多我們才到達碼頭。這時等候上船的人已經人山人海，碼頭沒有客運室，等船和送船的人只好在烈日當空下曝曬。等候上船時我媽媽一直緊緊地抓住我的手，好像深怕我跑掉一樣。她一邊抓住我的手，一邊叮囑我路上小心安全，還勉勵我回國後要好好學習和要自愛。

到了中午十二點鐘我們突然聽到哨子聲，我們的領隊叫我們按各個組的編排列隊檢查人數。我要和我的媽媽分手時，她緊緊地抱住我不放。我知道她實在很捨不得我離開。這時我的大哥、二哥、二姐和妹妹都走過來和我道別。我看到我媽媽的眼淚開始往下滴了。見到我媽媽哭了，其他人的眼睛也開始紅了。我知道他們很傷心，因為我這一去不知何時才可以再見面。

這種情景在整個碼頭隨處可見。我不想讓他們傷心，只好強忍我的眼淚。領隊點好了人數後，我們就按照組別的順序準備上船。我是在第47組，差不多等到最後才上船。在我等待上船時，我不時回頭看看我的媽媽和我的家人。他們顯得很焦慮，從他們的臉上的表情我可以猜到他們並不希望我走，至少希望我能夠遲一點上船。這時排在前面的人開始魚貫上船了。那艘輪船叫「大寶安」（Tai Po On），掛的是「米字旗」，看來不是萬噸巨輪。全家回國的難僑因為扶老攜幼，所以安排他們先上船。這艘輪船雖然不是萬噸級，但從地面看上去也有三層樓高。那些年紀較大的難僑和帶著小孩的婦女吃力地沿著船邊的扶梯上船，僑團的工作人員有的幫他們拿手提行李，有的幫他們抱小孩，有的扶著老弱病殘的難僑上船，真是無微不至。他們的行動體現了海外僑胞互相關心和互助友愛的美德。由於有六百多位難僑和想回國讀書的學生要搭乘該艘輪船回國，到大約下午一點半鐘所有的人才可以上船。剛上完船，輪船的汽笛就響了。這時輪船上的水手長通過我們的組長開始向我們派發色彩繽紛的絲帶，接著大家就把手上的絲帶拋向自己的家人。我拋的絲帶正好落在我大哥的腳下，他趕緊拿取絲帶並交給我媽媽。這時我的二姐，二哥和妹妹也紛紛過來。他們一邊抓住那條絲帶，一邊大聲地向我喊：「祝你們一路平安，再見！」輪船的汽笛聲越來越響亮了，船身也開始動了，這時船上船下歡呼聲震天響，送船的親友大聲地喊：「祝您們一路平安！再見！」，「祖國見！祖國見！」，船上的人回音說。隨著輪船的汽笛聲，「大寶安」開始離岸了。我們手上的絲帶也越拉越長了，最後終於沒法再拉了。「別了，印尼！」我真的要離開養育我二十多年的母親和跟我一起成長的哥哥、姐姐、妹妹和親朋好友！這一天是 1960 年 8 月 1 日星期一。

21. 船上生活

輪船離岸越來越遠，但我的心卻牽掛著還留在印尼的親人，也牽掛著我曾經住過的地方，因為我的家人祖祖輩輩在印尼生活和成長。我在這裡雖然曾經經歷過艱難困苦的生活，但印尼畢竟是我的出生地。俗話說，「生於斯，長於斯，死於斯」，但是這種思想對我們立志回國深造和回國參加社會主義建設的青年已經過時了。我當時只有一個信念「我志在四方」，回國是我唯一的出路。當我們還在百感交集和思緒萬千的時候，突然有人領唱中國歌曲「社會主義好，社會主義好，社會主義國家人民地位高，說得到做得到……」。一聽到這一首歌，大家都不約而同地跟著唱起來了，一時間我們的思想都跟著嘹亮的歌聲飛到祖國的大地上。當我們回頭一看，泗水丹絨貝拉碼頭（Port Tanjung Perak）已經看不見了，泗水的海岸線也從地平線上消失了，輪船開始向公海駛去了。烈日當空，我們在碼頭曝曬兩個多鐘頭，在船上也曝曬了一段時間，我們實在頂不住了！為了避免中暑，我們到處找陰涼的地方。我們搭乘的輪船不但不是萬噸客輪，原來還是一艘貨輪，要找到避太陽的地方談何容易！我們只好躲進船艙，可是船艙的情況更加難受。這個船艙根本是貨艙，不是客艙，空氣不但不流通，而且到處都是那些暈船的人的嘔吐物和小孩的大小便，真是嘔心難忍！我們只好跑到進入船艙的樓梯口透一透氣。到了下午六點鐘，我們突然聽到打鈴聲「噹！噹！噹！」接著聽到「食飯囉！」。我回頭一看，只見一個老頭一邊搖鈴，一邊用廣東話在叫喊「食飯囉！」（Yak fan lho!）接著大家開始排隊領飯。那個老頭就

用手上的長柄杓從大的鐵桶裡掏紅豆粥分發給我們。我肚子餓了，見到有紅豆粥就狼吞虎嚥地吃了。有自備諸如餅乾、巧克力等乾糧的同學看到紅豆粥就沒有胃口了。他們把粥倒進垃圾桶後就跑到角落頭津津有味地啃他們自備的餅乾和巧克力。

吃完飯，太陽開始落入地平線，甲板上也不那麼熱了，海風陣陣地吹就更加涼快了。這時大家開始圍在一起談天說地，到處都是談笑風生，我們暫時忘了一天的勞累。為了助興，大家開始唱歌跳舞。我們組裡擅長吉他的溫創才同學開始彈起他拿手的歌曲〈美麗的梭羅河〉（Bengawan Solo）。其他組也不願示弱，有的拉手風琴，有的吹口琴，真是熱鬧非凡。這時在不遠處突然聽到一個年輕的姑娘用清脆的歌聲唱起電影〈蘆笙戀歌〉的插曲〈婚誓〉裡的一段歌「阿哥阿妹情意長，好像那流水日夜響，流水也會有時盡，阿哥永遠在我身旁……」。她的歌聲打動了熱血沸騰的年輕人的心。這時大家很可能都在想，那「阿哥永遠在我身旁……」裡的「阿哥」到底是誰呢？！所以大家都不約而同地望著那唱歌的姑娘。我一看就知道她是誰。她是我的同學古國康的妹妹古蘭斐。她是我們組裡最年輕的一個，也是最活躍的一個。她的出現增添了甲板上的歡樂氣氛。隨著吉他聲，手風琴聲和口琴聲，我們開始在甲板上跳集體舞，大家一直跳到深夜都不願意休息。其實，我們根本沒有什麼地方可以好好休息，船艙裡已經人滿為患，而甲板上也是歌聲震天。快天亮時，大家剛合上眼睛，太陽就開始從地平線冉冉升起，接著就聽到「噹！噹！噹！食飯囉！」的叫喊聲，又是那個老海員在叫喚我們吃飯了。時間過得真快，不知不覺我們在船上已經過了一天一夜了。

經過兩天兩夜的航行，我們的輪船在 1960 年 8 月 2 日晚上終於到達新加坡。我們的船不准靠岸，只准停泊在離岸不遠的海中間。我們在海上航行整整兩天了，兩天來只看到天上的星星以及輪船的甲板和煙囪。當我們看到陸地上五彩繽紛的燈光和高聳入雲的建築物時，我們非常高興，非常興奮，恨不得馬上游到岸上開開眼界。可惜新加坡當局不讓我們上岸，我們只能望天興嘆。第二天天一亮，我們看到海上的來往船隻開始繁忙了。不久我們就看到新加坡的海關和檢疫人員乘坐汽艇駛向我們的輪船。那些穿著白色制服和短褲的海關和檢疫人員沿著輪船的扶梯上船後，我們的船長就從他的公文袋裡拿出一大疊文件讓新加坡的海關和檢疫人員核查。接著那些官員就到船艙和船員的房間檢查。檢查完畢後，那些等在岸邊的小艇就快速駛向我們的輪船。那些小艇一駛到我們輪船的旁邊就爭先恐後地往輪船的甲板拋出他們預先準備好的，帶有鐵勾的長繩或者長竹竿。他們像昔日的海盜一樣，很熟練地沿著掛在船體的繩子和竹竿爬到甲板上。一到甲板上，他們馬上就劃分地盤和擺地攤，把帶來的各類物品拿出來擺賣。地攤上的東西真是包羅萬有，從英國軍人的舊大衣、望遠鏡、半導體收音機、放大鏡、手錶、照相機、血壓計、糖精和巧克力等。那些手上有美鈔和新加坡幣的人就爭先恐後地搶購，深怕船一開出港口就再也沒有機會買了。而那些一點外幣都沒有的人，只能目瞪口呆地望著那些「採購團」沒完沒了地採購，似乎不把錢花光就不痛快。當天色漸漸暗了，船上的小販就開始收攤了。吃過晚飯，船的汽笛開始響了，船身也開始動了，不久我們搭乘的船就駛離碼頭了。我回頭看看，只見岸上的高樓大廈漸漸地從我們的眼簾消失了，岸上的燈火最後也消失了，這時我們的「甲板晚

會」也開始了。

22. 寶安來了

離開新加坡後，我們的輪船就進入公海。第二天早上，天高氣爽，大家都圍坐在甲板上閒聊，我們天南地北無所不談。到了下午海上翻起白茫茫巨浪，真是壯觀，大家都爭先恐後跑到甲板旁看浪花。海風吹得越來越強，海浪也越來越高。這時突然聽到廣播：「請大家注意！請大家注意！颱風即將到來！請大家離開甲板！請大家離開甲板！」我們不敢怠慢，紛紛進入船艙。由於風浪太大，在船艙裡的大人小孩有很多人暈船。他們吐的吐，嘔的嘔。船艙裡很擠迫，又沒有嘔吐袋，嘔吐物隨處可見。我們一進入船艙就聞到酸臭味，實在頂不住，只好撤退。我們試圖跑回甲板，但甲板上的強風使我們沒法站穩；我們只好匍匐著跑回船艙，時而跑到船艙的樓梯口透透氣。強颱風持續了兩天才開始緩和。風一停，大家都爭先恐後地跑出地牢般的船艙。可是經過颱風肆虐的甲板已經面目全非。颱風帶來的狂風暴雨使甲板到處浸水，而船上僅有的兩個廁所也由於浸水而把糞坑裡的大便沖到甲板上。我們只看到船員們在忙於用高壓水喉把甲板上的糞便沖到大海裡，實在很狼狽。還好那天天氣晴朗，太陽很快就把甲板上的積水曬乾了。甲板雖然乾了，但糞便發出的臭味久久沒法散去，我們沒法席地而坐；我們只好手把手跳集體舞，一直跳到午飯時間才休息。

午飯後天氣很熱，大家只好找個比較陰涼的地方休息。在太陽的照射下，甲板上要找一處陰涼的地方很不容易；除了輪船的煙囪底下和船艙入口的樓梯口再也沒有什麼陰涼的地方。

悶熱和潮濕的赤道天氣使人透不過氣和沉沉欲睡，加上旅途的疲勞和颱風的折騰，大家都顯得疲憊不堪，個個人都懶洋洋。直到下午聽到「食飯囉！」的叫喊聲大家才振作起來。我們吃的飯天天都沒多大變化，但大家看來已經開始適應了，沒人再把領到的飯倒入垃圾桶裡。吃完飯後太陽已經開始躲入地平線，天氣也沒那麼熱了。這時甲板上開始聽到吉他聲，手風琴聲，口琴聲和唱歌聲；到處洋溢著節日的氣氛。天上的月亮和蔚藍的天空以及陣陣的海風使我們感到格外清爽。兩三天來難得有這麼好的天氣可以在一起唱歌跳舞，真是不亦樂乎。當大家興趣正濃的時候，突然聽到廣播聲：「請注意！請注意！……」，這時大家都以為颱風又要來了。停了一下後廣播員又繼續講：「有好消息告訴您們！船上有個小寶寶平安地誕生了！船上有個小寶寶平安地誕生了！……」；我們的正副領隊馬上到船長的辦公室表示祝賀。我們到達船長的辦公室時，已經有很多人到來祝賀。由於「大寶安」是英國貨輪，船長宣布準備給剛剛出生的寶寶頒發英國出生紙。當船長問孩子的父母準備給寶寶取什麼名字時，孩子的雙親毫不猶豫地回答說：「就取名寶安吧！」這時在場的人都不約而同地用英文唱起「祝您生日快樂」歌。一時間船長的辦公室就響起了 "Happy birthday to you, happy birthday to you, happy birthday to Po On, happy birthday to you …… " 寶安的誕生給我們增添了不少的歡樂氣氛。船長在頒發出生紙時宣布了：「按照輪船公司的規定今後寶安一生可以免費搭乘該公司所屬的船隻。」大家聽到這個好消息馬上報以熱烈的掌聲。

輪船公司傳統上認為輪船上如果有搭客生孩子是一件非常吉利的事，認為可以為船公司帶來福氣；所以寶安出生當日船

公司就給他開小型的生日會。生日會由船長主持，船員和同船回國的學生和難僑則派代表參加。在生日會上船長向寶安的父母贈送了禮物。開完生日會有些難僑就開玩笑說，「我的太太現在正好懷孕，可惜她的預產期沒到，但願在輪船到達中國前我的兒子可以搶鬧出生！」大家聽了都哈哈大笑。大家開心之餘也希望寶安的誕生能給我們回國後的新生帶來好運！那天晚上老天爺格外開恩，天上的月亮格外明亮，上天好像也為寶安的到來而開心。我們在甲板上又開始唱歌跳舞，不會唱歌跳舞的也不甘示弱，總之大家各展所長。當天晚上大家都很興奮，因為大家都相信寶安會給我們帶來好運。我們唱啊，跳啊，唱到嗓門都啞了都不願意休息。為了大家的健康，我們的領隊只好吹哨子叫我們休息。幾天沒睡好覺，大家的確都很累了，所以也該好好休息了，很多人睡到太陽出來了才起來。我們起來時陽光普照，晴空萬里，彷彿預示著我們的前程無限光明。我們的船繼續高速前進，向著我們嚮往的目的地前進。不知不覺我們離開泗水的丹絨貝拉港（Port Tanjung Perak）已經十天了。這十天來除了茫茫大海我們沒有見到過陸地。到了 1960 年 8 月 11 日，星期四早上，當太陽從地平線下冉冉升起時，我們才隱隱約約從地平線上看到岸上的建築物。十幾天沒看到陸地，當眼前有陸地出現時大家的臉上很自然地湧現出一股喜悅的笑容。當輪船離岸越來越近時，大家更加歡騰雀躍，欣喜若狂。這時忽然聽到有人唱起〈五星紅旗迎風飄揚〉。大家聽了都不約而同地唱著：「五星紅旗迎風飄揚，勝利的歌聲多麼響亮；歌唱我們親愛的祖國，從今走向繁榮富強。」

23. 回到祖國

隨著悠揚的歌聲我們的船繼續向碼頭航行。從遠處看碼頭的設施不像新加坡那麼繁華；建築物也沒有新加坡那麼高。當輪船航行到離岸不太遠的海面時，我們開始看到中國聯檢部門的船隻向我們的輪船駛來。我們只見輪船慢慢地放下扶梯讓中華人民共和國的聯檢人員上船檢查。首先上船的是檢疫站的人員。他們向船長瞭解乘客的檢疫情況後就讓邊防人員和海關人員上船。邊防人員向船長索取旅客名單後就讓船上的乘客按照組別下船。由於我們的輪船不能停靠碼頭，我們下船後就安排由小艇分批送上岸。快到碼頭時我們就看到迎風飄揚的五星紅旗和聽到用高音喇叭播送的〈社會主義好〉以及看到用大幅紅布寫上「熱烈歡迎印尼歸國華僑！」的横額。小艇一靠岸，聯檢單位的人員就扶老攜幼地迎接我們上岸。由於我們回國時是由僑團安排，而到達時也由僑委會接待，所以聯檢單位對我們入境的難僑以及回國升學的學生只是做例行的檢查就讓我們入境。過了關，汕頭市僑委會就安排我們入住汕頭市華僑招待所。我記得這個招所有四層樓高，我們被安排在二樓的一間大房間。我們已經十一天在海上生活，能有房間睡覺真不錯。到招待所後，我想做的第一件事是洗澡。這是因為我們乘坐的輪船只有兩三間洗澡間，這對 600 多個搭乘該輪船的搭客絶對是一個很大的問題。我已經忘了我們當時是如何解決沖涼的難題，相信有很多難僑都沒怎麼洗澡。招待所沒有獨立的浴室，只有在每層樓的兩頭有集體洗澡房。每個洗澡房只有五個水龍頭，我們要排隊沖涼。為了節省排隊時間，我們每次進十個人。當其他人在擦肥皂時，別的人就沖水。船上的集體生活使我們學會禮讓和互相諒解，所以澡堂雖然很擁擠都沒有人抱怨。

洗完澡大家都去休息。十天沒睡好覺，很多人一躺下就呼呼大睡。我雖然在床上睡，但彷彿還是在船上，床好像在搖搖晃晃。到了下午五點多鐘領隊吹哨子叫我們立刻到飯堂去吃飯。我們吃的是兩菜一湯。經過十一天像苦行僧一樣的生活，這個兩菜一湯的晚餐對我們來說已經是相當豐盛了。當時由於中國連續三年自然災害所造成的經濟困難，普通老百姓根本沒有機會吃到那種豐富的晚餐。他們平時如果能有稀飯和鹹菜吃就算不錯了。到了晚上汕頭市非常熱鬧，很多人到街上散步、乘涼或聊天。這是當時的唯一休閒活動；因為當時沒有電視，也沒什麼好看的電影。八月份是炎夏季節，天氣炎熱，很多人家裡沒有電風扇，只好到屋外或街頭吹吹風。汕頭雖然是個大城市，但由於當時電力不足，街燈很少。出門的人個個都帶手電筒，街上的行人從遠處看真像螢火蟲，非常壯觀悅目。夜間的行人除了人人帶手電筒，還穿木屐。這些行人走路時發出的聲音真像集體跳木屐舞一樣熱鬧。看到街頭的熱鬧景象，我們也待不住了。我們約了三五知己就出去看看汕頭的夜市。街上人山人海，到處都是人擠人；我們沒走多久就汗流浹背。我們看到街上售賣的街頭小食都禁不住流口水。我們很想吃，但口袋裡沒有錢，也沒有糧票，只好把口水吞下去。我們的領隊規定晚上10點鐘以前一定要回來，我們不敢違規，在街上轉一圈就回去了。

第二天收購站派人到招待所收購歸僑帶來的東西。收購站的人在招待所樓下設臨時收購點，一時間招待所樓下像集市一樣熱鬧。有的人把從新加坡買的望遠鏡和半導體收音機等賣給收購站以換取現金。我身邊可以變賣的東西不多，只好把身上帶的舊手錶賣掉。還好那個舊手錶可以賣得60塊錢人民幣，我總算有一點錢傍身。那天天氣晴朗，買完東西我們就到海濱路和中山公園去玩；有的人則搭乘渡輪到礐石風景區去玩。我們在汕頭市住了大約一個星期，到 1960 年 8 月 18 日才離開。離開前一天大家三五成群地和自己較要好的朋友聊天。經過十多天在一起生活，大家都有點感情，實在很捨不得分手，因為我們分手後就要奔赴全國各地生活和學習。可以繼續讀書的學生對今後的前景和生活沒有什麼太大的考慮，因為他們還很年輕，對他們來說機會多得很。但對那些全家回國的難僑，我相信他們會面臨很多很多困難。這些難僑在印尼多數是做生意的，但到了國內就要改行。他們當中多數人會被安置到華僑農場務農，只有少數幸運的人會被安排到工廠打工。這些難僑當中也有一些專業人士如醫生、工程師、糖廠工程師和律師；但這些人都是受荷蘭教育的，多數是數代僑生，既不懂中文，也不太瞭解祖國的情況。相信這些人即將面臨很大的挑戰和很大的考驗。臨走前一天是 8 月 17 日，正好是印尼的國慶日，我們當中突然有幾個人唱起印尼國歌〈偉大的印尼〉（"Indonesia Raya"）來表達我們對印尼的懷念。接著很多人也不約而同地唱起來。快到晚上十點我們就唱起〈哈囉哈囉萬隆〉（"Halo-halo Bandung"）來結束我們自發的告別聚會。

8 月 18 日早上天還沒亮我們就聽到吹哨聲，我們的領隊叫我們起來集合，我們準備出發了。出發前，大家的心情都不一樣，有的興奮，有的激動流淚，有的木無表情，但有一種心情是一樣的，那就是大家都依依不捨。我們出發時招待所的飯堂還沒有開門，但僑團已經為我們準備好路上要吃的乾糧。每個人發一包饅頭和煮熟了的雞蛋。當時還沒有瓶裝水或紙包飲料之類飲品，所以領隊叫我們把自備的水壺裝滿水預備路上飲用。

一切準備就緒後，我們就和送我們的僑團負責人以及工作人員道別。我們感謝他們的熱情接待以及他們對我們的關懷和照顧。當時路上沒有街燈，那些歡送我們的僑團負責人和招待所工作人員以及在街上看熱鬧的群眾個個都拿著手電筒作照明。當我們的車通過時，他們就不約而同地亮起手電筒，場面非常壯觀和動人。我們一路聽到，「僑胞們再見！祝您們一路平安！」我們也大聲回應，「再見！謝謝您們的熱情招待！再見！」場面真是感人。我們的車隊沿著黑暗的街道繼續往市郊方向前進。路上的行人看見我們的車隊浩浩蕩蕩地路過時都投以好奇的目光！我們的車隊一直往前行走，當我們感覺到原來的水泥路變成泥路時，我們才意識到我們已經離開市區了。過了市區，原來的水泥路變成泥路，原來平坦的路變成凹凸不平的路。到了中午，我們的車隊就在一個小小的車站休息。當下車休息時，我發現我們乘坐的巴士頂上有一個大氣袋，而車身底盤下面的防震彈簧是用層層竹板做的。我對汽車頂上的氣袋感到有些好奇，於是就請教汽車司機那個氣袋有什麼用。司機大哥很耐心地向我解釋，他說：「我們的國家目前經濟困難，石油短缺，加上西方國家對我國進行經濟封鎖，我們只好自力更生。那個氣袋裝的是沼氣，是用來替代石油的汽車燃料。」聽到司機的解釋，我很明白當時中國的經濟環境是非常差的。但引以自豪的是中國人民那種不屈不撓，自力更生和自給自足的精神使我們在艱難的環境裡能夠自強不息。司機簡短的解釋使我意識到我今後無論遇到怎樣的困難都要敢於面對，勇於克服。

簡單地用膳後我們沿著灰塵滾滾的泥路繼續我們的旅程。一路上我們看到的車輛並不多，偶而可以看到汽車頂上有氣袋的公交車或者後面有蒸氣爐的卡車。馬路邊有時還可以看到用長長的耙子不停地整理馬路上的砂子的養路工。8 月份廣東的天氣很熱，車上的溫度特別高，巴士沒有冷氣，我們又不敢打開車窗，因為汽車外面灰塵滾滾，熱得像蒸籠一樣，真是難受。為了趕在天黑前到達我們的中途站，司機拼命加大油門，但我們只聽到汽車的轟轟聲，卻感覺不到汽車在加速前進。我們不能怪司機大哥，他已經盡了自己的能力，只怪我們坐的車實在太殘破了！我們也不能怪我們的國家太落後和太窮了，要怪就只能怪西方國家對我們的經濟封鎖。汽車繼續顛顛簸簸地前進，到天黑前，我們終於到達我們的中途站，廣東和福建之間的詔安。我們到達時當地的華僑招待所已經給我們準備了兩菜一湯的熱飯熱菜。經過風塵僕僕的一天，我們大家都又餓又累了，看到香噴噴的飯菜我們的口水都快滴出來了！我們實在恨不得馬上坐下來大口大口地吃，但礙於禮節我們還是忍著。吃飯前僑聯的人向我們致歡迎詞，這是慣例。還好他講得很簡短，只說幾句客套話。他說：「僑胞們，歡迎您們回到祖國。您們一路辛苦了！希望您們回國後能好好適應新的生活和工作，並且能在不同的崗位上為祖國的社會主義建設貢獻自己的力量」，他講完後就叫我們愉快地用餐。雖然只有簡單的兩菜一湯，我們覺得那一餐特別好吃，相信是因為我們整整一天沒吃過一頓好飯。

24. 集美補校

我們在詔安只住了一夜，第二天一早又出發了，我們的目的地是集美華僑補習學校。我們雖然剛回國，但集美華僑補習學校對我們印尼華僑來說並不陌生。集美華僑補校是愛國華僑陳嘉庚先生在 1950 年創辦的。創辦的目的是為了安頓那些剛回

國升學的華僑學子使他們有一個適應期。我們出發那天天氣很好，晴空萬里，我們的車隊沿著灰塵滾滾的泥路浩浩蕩蕩地開往我們的最終目的地集美。一路上我們有說有笑，我們走的路雖然是泥路，但我心中在想，我們走的是社會主義的道路，我們走對了！這時突然聽到有人提議唱〈社會主義好〉，大家都鼓掌歡呼道：「好，好，好！」一時間車內的歡樂氣氛高漲起來了。我們的車隊一路在向前奔馳，我們也一路在唱，我們的歌聲淹沒了汽車的轟轟聲。我們路過福建的雲霄，中午到達漳浦。離開漳浦時天色突變，原來的萬里晴空變成黑壓壓的天，不久下起傾盆大雨了。一下雨，原來的泥巴路變成泥濘的路。路越來越不好走，泥路被雨水淹沒得不見路面，司機只能憑經驗觀察道路的情況。大約在下午五點鐘我們到達漳州。這時雨勢已經不大了，馬路也好走了。我們路過漳州時是 1960 年 8 月 18 日，是在該市遭到「6.9 特大洪水」後的兩個多月。馬路兩旁的店鋪和房屋仍然有被洪水淹沒時留下的痕跡。那些痕跡離地面足足有一米多，我們可以想像當時的洪水有多高。

天黑前我們的車開始離開市區，路又開始不好走了，原來的水泥路變成泥濘的路。我們離開印尼前已經看過同學寄來的集美補校的風景照。從那些照片我們可以看出集美很漂亮，海邊各式涼亭林立，實在令人嚮往。大家都希望我們的車可以開得快一點，好讓我們早一點看到我們準備學習和生活的新地方。可惜我們的車無論怎麼加大油門也跑不快，這也難怪開車的司機，因為我們的車實在太殘破了，路面也太不好走！到天黑時我們在天邊隱隱約約看到有燈光出現，大家都很興奮，紛紛把頭伸出車窗。過了半個鐘頭我們的車隊終於到達集美補校。當時天已經黑了，我們的車隊進入校區時只看到歡迎我們的人群個個拿著手電筒。他們有的高舉寫有「歡迎您們來到僑校」的紅色橫額，有的一邊敲鑼打鼓一邊唱著「歡迎，歡迎，歡迎您，歡迎您們來到僑校！您們一路辛苦了，歡迎您們來到僑校！」我們的車隊被安排在海傍的廣場停泊。我們下車後就被帶到附近的學生飯堂吃晚飯。我們離開詔安後除了吃饅頭就沒有吃過飯，所以大家都餓了。聽到有飯吃，大家都很興奮，頓時什麼煩惱的事都忘了，只希望早點開飯。我們按照組別分組，每桌十個人用膳。大家坐好以後，飯堂的職工就把香噴噴的熱飯和熱菜端出來，飯和菜分別用大的洗臉盆盛裝。這時我們才深深體會到以前聽說的吃大鍋飯是怎麼回事。雖然只有簡單的兩菜一湯，但我們都吃得津津有味；除了是因為我們肚子餓了，也是因為我們從較早前到達僑校的同學得知今後要吃到這麼一餐飯只有在過年過節才有可能。吃完飯後校領導向我們簡單介紹僑校的情況和注意事項。接著我們的領隊宣布我們各組別的宿舍分配和安排。我和同船回來的同學被分配到南僑十三。集美華僑補校的學生宿舍和教職員宿舍有十幾棟，從南僑一、南僑二、南僑三……。我們住的南僑十三有五層樓高，我們的宿舍是在四樓的一個大房，這個房原來是一間大課室，沒有間隔，房間裡有三十張碌架雙人床，可以住六十個人。

我們來到補校的第二天學校安排我們休息一天洗刷我們的衣物和鞋子。這裡沒有自來水，衣服只能在井邊洗。每間宿舍旁邊都有一口大井方便我們打水洗臉，洗澡和洗衣服。我們洗澡時一般就在井邊洗澡，比較保守的同學就拿水桶到特設的洗澡間沖洗。那些水井的井口特別大，井口足足有兩三米寬，井面離地面不太深，所以比較頑皮的同學就乾脆跳到井裡洗澡！集美補校的周圍環境的確很漂亮，海邊有很多涼亭供我們

乘涼和聊天，真是課餘飯後的好去處。離補校不太遠的英雄紀念碑也是當地人喜歡去的地方。美中不足的是學校的基本設施嚴重不足，最明顯的就是沒有自來水。每層學生宿舍只有一個小便所，如果要大解就要下四層樓再跑到離開南僑十三還有一段距離的公廁，要方便真是很不方便！集美和廈門屬於前線，離台灣的大金門和小金門很近，所以學校的保衛科對敵特非常警惕！每次有新同學來都要對他們進行過濾和篩選，深怕有敵特混入我們的隊伍。1960 年 8 月 19 日晚，即我們到達的第二晚，我們剛吃完晚飯學校通知我們晚上七點半到大課室集合。我們依時到達指定的課室時，只見保衛科的負責人給我們考政治課。那位保衛科科長在黑板上簡單地出了幾條政治題，第一道題是：「領導我們的黨是……」，第二道題是：「我們黨的主席是……」，第三道題是：「我們的國家主席是……」以及非常簡單的政治題。考完試大家都摸不著頭腦，大家紛紛在想為什麼要考我們連小學生都會回答的問題。後來我們才知道我們到達後學校出現反動標語，內容是：「打倒 XX 黨！」和「打倒 XXX」。保衛科的目的就是要看哪位同學的筆跡是否和那些反動標語接近或類似。沒多久半夜三更我們聽說有公安來抓人，結果有兩個和我們同船回國的同學就失蹤了！過了一段時間在我們的大禮堂進行公審大會時我們才知道有兩個和我們同船回來的同學被指控寫反動標語而被打成反革命分子。相信這兩個人很可能只不過對現實不滿而發發嘮叨，結果毀了他們的前途！

一九六零年八月，我入讀集美華僑補校時我們的校長是楊新容校長（1908-1982）。他早年參加中國共產黨，1934 年到南洋的荷屬東印度群島（Nederlands Oost-Indie），即現在的印

▲ 1961 年五一勞動節和集美補校文科班同學活動。

▲ 1961 年 5 月 2 日從前線人民公社勞動回來。

▲ 1961 年五一勞動節集美華僑補校文科一班全體同學和班主任蘇德馨留念。

尼，任雅加達新華學校校長，1953 年回國後任集美華僑補校校長。1960 年 8 月 20 日星期六，即我們到達集美補校的第三天上午，楊校長在大禮堂給我們作報告。他首先歡迎我們來到集美補校學習，接著他簡單介紹集美補校的情況和勉勵我們回國後要儘快適應新的環境和好好學習。聽完報告後我們就分組學習和討論，學習完了我們就根據我們的志願開始分班。我被分配到文科班第二班（文科二），蘇德馨老師是我們的班主任。當時離開學還有十二天，學校就安排我們到附近的人民公社參加修理堤壩勞動以及向貧下中農學習。我們於 8 月 22 日星期一上午出發，十點多鐘到達我們要勞動的人民公社。公社的負責人向我們簡單介紹公社的情況和我們的勞動任務後，就帶我們到指定的三同戶（即「同住、同

吃、同勞動」的農戶）擺放我們的東西。那時天氣特別熱，我和我的戶主吃完飯後沒有馬上開工；等到下午沒那麼熱時我們才扛著鋤頭和挑著籮筐出發。到了工地，生產隊隊長就開始給我們分配工作，有的挖泥，有的挑土，有的修理堤壩；大家忙得不可開交。到了下午大約四點鐘，大家開始沒力氣了；我相信大家的肚子都餓了，因為我們中午吃的地瓜稀飯（粥）實在太稀了！稀得透明到可以見底！我們到達人民公社的第二天，即 1960 年 8 月 23 日正好是中國人俗稱的虎暑，當天的天氣熱得實在受不了。為了預防中暑，生產隊安排我們早上太陽出來前開工，到中午十一點多回去吃飯，下午三點多鐘再開工，到六點多鐘就收工。這次勞動對我們剛從國外回來的華僑學生的確是一個很大的考驗，因為我們在印尼時很少做體力勞動。有的同學可能是有生以來第一次拿鋤頭挑籮筐。我小時候雖然住在農村，但參加這種強度的體力勞動還是第一次。我們在人民公社待了一星期，到 8 月 27 日星期六就回校。經過一個星期的勞動，很多人的皮膚都曬黑了，手也長繭子了。這無疑對我們今後的生活、學習和工作打下了一定的基礎。

25. 新的挑戰

我們下鄉勞動回來的第二天正好是星期天，學校給我們休息一天洗刷我們在農村勞動時沒時間洗的髒衣服和鞋子，星期一就安排我們寫到農村勞動的心得。由於 9 月 1 日星期四我們就要開課了，所以 8 月 30 日和 31 日兩天安排我們搞衛生。1960 年經濟困難時期中國物資短缺，連殺蟲劑都沒有，所以蚊蟲肆虐。我們晚上睡覺時，半夜經常受到蚊子和臭蟲的騷擾，搞得我們晚上不得安寧。我們戲稱夜間「空襲」的蚊子是「戰鬥機群」，而夜間「偷襲」的臭蟲是「坦克車隊」。我們不怕「戰鬥機群」，不是因為我們有高射機關炮，而是因為我們有「防空網」，即蚊帳。「坦克車隊」，即臭蟲，就實在難擋得多，因為臭蟲可以神不知鬼不覺地爬進我們的棉被和睡衣睡褲，到了晚上我們入睡時就向我們發動突然襲擊，真是防不勝防！那些臭蟲實在可怕，當我們熄燈要睡覺時才開始出動。那些臭蟲夜間會從其藏身處，諸如床褥，木床架等沿著牆壁像坦克車隊浩浩蕩蕩地向我們偷襲。這些惡蟲不但使我們整夜不得安寧，更可怕的是牠們會不停地吸食我們的血，直到肚子脹鼓鼓才肯甘休，實在討厭！我們這次搞衛生的目的就是要打殲滅戰來消滅這些萬惡的敵人。沒有殺蟲劑，要消滅臭蟲只好用土辦法；這些土辦法既費事又費時。我們首先要把木製的碌架床拆卸，然後逐件地從四 樓搬到樓下，再從樓下搬到海邊的人工湖用海水浸泡三四天。接著再放在烈日的陽光下曬乾，曬乾後再一件一件地扛到四樓組裝。在搞衛生期間我們只好睡地板，這使我們想起回國時睡在輪船的甲板上的情境。

華僑補校有嚴格的作息制度，為了便於管理，學校用不同的音樂來表示不同的作息時間。早上叫我們起床時用一種音樂，上下課時用另一種音樂，晚上要睡覺時用另一種音樂。根據當時的作息時間，我們早上六點鐘起床，六點半做早操，七點鐘吃早餐，八點鐘開始上課，到中午十二點鐘就吃午餐。吃完午餐就午休，到下午兩點鐘繼續學習，直到下午四點鐘就到我們的菜地勞動，五點半就吃晚飯。九月一日我們開學的第一天沒有正式上課，主要是介紹我們班的各科老師以及我們班的工作分工。我們班的工作分工分生活股，學習股，文藝股和勞動股。我記得當時我們班的生活股是和我同船回國的王忠玉同學，而

我和同樣來自印尼的洪向前同學則被委任為勞動股。勞動股是一門苦差事，是很多人都不願意幹的工作。這個工作任務很重，平時除了要管理好菜地，還要保證完成上級指定的生產指標。九月二日，即上課的第二日，學校的生產組負責人帶我們到菜地熟悉環境。我們的菜地是一個未開發的地，是在海邊的一塊鹽鹼地。這一塊鹽鹼地先要改良土壤才能種菜，任務實在很艱鉅！要使這塊鹽鹼地長出很好的蔬菜並不是不可能，只是需要付出很大的努力、耐力和意志力。我們首先要用鋤頭翻土，然後再鋪上從別處挑來的泥土和垃圾肥料。最大問題是菜地附近沒有淡水，今後要澆菜就要從二里多遠的淡水池挑水，這就難為我們了。九月三日是星期六，我們決定用這一天平整土地、翻土和堆肥。九月四日是星期天，我們休息一天。

九月五日我們正式上課，我們要複習的科目有文學，即語文、歷史、地理、英語和政治。這些科目，除了政治課，我們在印尼時都學過，所以只要努力學習都可以趕得上。至於勞動，它雖然不算是一門課，但其分量比其餘科目都重要，因為對勞動的態度在中國是衡量一個人的主要表現之一。這一點凡是回國讀書的學生都要明白，不然即使讀書讀得好也會被扣上「只專不紅」的帽子。因此到了下午到菜地澆菜或施肥時，大家基本上都積極參加。為了保證我們種的菜的成活率和產量，我們決定種包菜，因為這種菜具有耐寒、抗病性強、產量高、便於運輸和便於貯存等特點。我們以前沒種過菜，一切都要從頭學起，學校的生產組會教我們怎麼種。生產組不但給我們提供菜苗，還給我們提供生產工具和技術支援。一句話，只要我們肯付出勞力和精力，一定可以把菜種好。至於菜的產量高不高，那就要靠我們自己的努力，看我們付出的汗水有多少。其實種菜並不難，難的是澆水；我們的菜地離淡水池很遠，挑水澆菜就相當費力。我們這些歸僑子女在印尼時沒有擔過水，他們只好是兩人挑一桶水。他們把木桶或者從印尼帶來的塑膠桶裝滿水後用繩子吊在扁擔的中間，一前一後地把水挑到菜地，實在費時又費力。還好我們班有一些潮汕來的僑屬生，即在國內土生土長的華僑子女；他們有的來自農村，有的還做過村幹部，所以可以指導我們如何種菜。他們挑水也比我們強得多，他們擔一次水等於我們兩個人來回兩次挑水。我們種下菜後，除了要定時澆水，還要定期施肥和除蟲。當時化肥非常短缺，根本沒有化肥，我們只好使用隨手可得的天然肥料，即大糞！大糞雖然隨手可得，但在中國經濟困難的時期卻是非常搶手！原因是大家為了克服生活困難都在用瓜菜代來充飢，因此各個單位都在大力種菜，結果經常出現「大糞爭奪戰！」為了爭奪大糞，附近農村的生產隊在夜深人靜時會靜悄悄地派人到我們學校的廁所偷取糞坑裡的大糞。為了「保衛家園」我們只好派人糾察。我們學校也只好採用分配制使各個班級都可以「共享」大糞！

勞動固然重要，但學習也不能忘！為了應付日益繁重的學習任務和勞動任務，我們對菜地的管理採取了分組管理和按時值日的方法。這樣我們就可以做到學習、勞動和休息三不誤。另外，為了克服學習上的困難和取得學習上的進步，我們還自發和自願地成立了學習小組。我記得當時我的學習小組的成員有蔡偉智、蔣英莉和陳愛珍（已故）。我們在課餘時間經常一起溫習和討論功課。時間過得真快，轉眼間我們來到華僑補校已經有一個半月了。在這短短的時間裡我們學到了不少東西，那些原來肩不能挑、手不能提和五穀不分的同學，經過學習和勞動鍛鍊變成了在德、智、體各方面都有顯著進步的人。九月

份了，大家除了忙於學習和勞動，各班的文藝組也開始忙著準備迎接中華人民共和國國慶十一週年。這是我們回國後第一次在自己的祖國過國慶，所以我們日夜盼望這一天的到來。根據比我們早來的同學講，臨近國慶時學校會放映好的電影，同時還會改善伙食。我們回國時正好是中國的經濟困難時期，我們平時沒什麼好東西吃，到了過年過節才可以吃到魚肉。平時就是偶而有肉吃，那些肉片薄的也是像紙片一樣。加上我們吃的是兩稀一乾，即早晚要吃稀飯，所以到了半夜我們就飢餓難頂。緊張的學習和忙碌的生活使時間過得真快，不知不覺十月一日就到了。十月一日中午我們加菜那天，華僑補校的教導主任陳瑞仁老師在開飯前在學校的大廣場給我們作國際國內形勢的報告。他的報告很冗長，我們足足聽了一個小時還講不完。我們頭頂烈日，手握用餐的碗筷，肚子餓得飢腸轆轆，心裡只想快點享用美味的午餐，很多人聽得很不耐煩。這時有人開始敲打自備的搪瓷碗碟來表示不滿。陳主任領會到大家的性情就長話短說地趕快結束他的演講。一些人的不文雅行動雖然可以理解，但也使我們感到有些尷尬。十月一日晚，我們到大禮堂觀看學校文藝宣傳隊演唱的〈黃河大合唱〉和東南亞舞蹈組演出的印尼舞和東南亞舞。慶祝活動直到晚上十點多鐘才結束。還好第二天是星期日，我們不用上課。

26. 不幸事件

過了國慶日，一切恢復正常。集美和廈門隔海相望，屬於前線；除了學習和勞動，夜間我們還要站崗。我是學校的糾察隊員，因此夜間經常要站崗和巡邏。我們站崗和巡邏的目的除了防範敵特的破壞活動，還要看管擺在室外的物品。我們回國時很多歸僑學生帶了很多木箱和藤籃，他們帶的藤籃很大，大到可以容納五六個人！華僑補校的倉庫有限，有些東西只好擺放在室外的空地上任由風吹雨打。當天氣好時，很多同學就把帶來的東西拿出來曬太陽以免發霉。這時整個華僑補校就像跳蚤市場一樣熱鬧。

學校除了要求我們在德、智、體全面發展，還要求我們時時刻刻關心階級鬥爭和思想意識形態的鬥爭。集美補校和廈門市同屬對敵鬥爭的第一線，所以我們補校經常要到面對被國民黨佔領的金門和馬祖的前線人民公社去學習。1960 年 11 月的某一天上午我們吃過早餐就在學校的大廣場集合。我們的教導主任簡單介紹我們這次前往前線人民公社的目的和注意事項後就浩浩蕩蕩地向前線人民公社進發。前線人民公社離我們的學校並不很遠，我們走了一個多小時左右就到達了。

到達前線人民公社後，公社幹部帶我們到公社的辦公室休息片刻，接著就帶我們到各個大隊參觀訪問。訪問期間民兵隊長除了介紹他們如何一邊抓生產一邊抓革命，還介紹了如何搞好民兵建設和如何保衛我們的國土不受敵人侵犯。前線人民公社和國民黨佔領的大金門、小金門隔海相望。我們從前線人民公社可以朦朦朧朧地看到小島上的軍用車輛在運送軍用物資。聽說在夜深人靜時對面的汽車喇叭聲都可以聽到。前線人民公社和敵占島的距離實在太近了，近到任何懂得游泳的人都可以游泳過去！這就是為什麼前線人民公社的民兵肩負著很重的對敵鬥爭任務。他們一方面要防止敵特派蛙人泅渡過海進行破壞活動，另一方面還要防範內部的階級敵人投敵叛國。

我們在前線人民公社只有作短暫的訪問，我們上午到達，

下午就回學校。雖然只有走馬看花，但我們受益不少；我們在不同的層面上提高了對敵鬥爭和階級鬥爭的思想意識。為了統一認識，我們回校後還要進行討論和總結。我們回到學校時雖然還沒有天黑，但經過一天的活動大家都很疲累，所以討論會和總結會就安排在第二天下午兩點半鐘舉行。次日下午兩點鐘，我午睡起來後就在南僑十三第四樓走廊洗臉。當我抬頭往上看時，見到五樓的課室前有一個女同學身體靠著曬衣繩坐在五樓的水泥圍欄休息。就在這時我突然聽到樓上有人發出尖叫聲，原來那個坐在五樓圍欄的女同學因失去平衡從五樓墜落下來；她掉下來的速度特別快，只在十幾秒鐘就已經墜落在樓下的曬衣場。她著地時已奄奄一息，沒法動彈。當時和我同船回國的王輝照同學正好到曬衣場收拾衣服，那個不幸的女同學正好墜落在他的跟前，還好沒把他壓死！見到這種情況我也趕忙跑到樓下看過究竟，但是那個女同學已經由學校醫務所的醫務人員用擔架抬到集美鎮的醫院。

到達醫院時，經檢查她的表面沒有什麼很大的傷痕，只有嘴角流著血，可惜經過大力搶救仍然不治，相信是由於墜落時衝擊力太大而造成內出血致死的。事發後我才得知她原來就是我們學校那個能歌善舞的文藝股長李美雲同學。李美雲同學長得很漂亮，人緣很好。她是醫農二班的選修生。她是和我同船回國的林開水同學的女朋友。她當時到五樓就是想找林開水商量寫有關到前線人民公社參觀訪問的心得。當時正好是午休時間，林開水正在午睡，所以她在五樓的走廊等待。可惜還沒見到她的男朋友就和他永別了。真是天意弄人！事情發生時正好天氣晴朗，天上的白雲顯得格外漂亮，一朵朵白雲在天上飄來飄去，飄得越來越高，越來越遠，彷彿預示著李美雲同學在遠走高飛。我一面看著那些美麗的白雲，心裡默默地禱告著：「美雲同學，您安心地走吧！但願您在天之靈能夠安息！」

李美雲的死使我們失去了一個很好的同學，使我們補校失去了一個很好的學生，實在很可惜！為了悼念她，學校在集美醫院為她開了簡單而莊嚴的追悼會。出席追悼會的有我們的教導主任、她的班主任、學生會代表、她班裡的同學以及她的姐姐，還有她的男朋友林開水和她的生前友好。追悼會完畢後她的遺體就在集美鎮的墓地安葬。第二天上午，當那些沒來得及參加追悼會的同學前來她的墓前獻花時突然發現她的墓地好像有人動過。學校的保衛科馬上向集美鎮的派出所報案。經調查發現李美雲的墳墓在夜間曾經被盜。派出所迅速查案，經調查懷疑盜墓者可能是墳場的仵工；派出所馬上派公安人員抓捕疑犯。經審訊那個仵工對其犯罪行為供認不諱。原來李美雲的姐姐在李美雲下葬時把李美雲從印尼帶來的珠寶首飾給她作陪葬品。結果貪心的仵工在李美雲下葬的那一天午夜就去盜墓。

27. 冬天來了

時間過得真快，不知不覺已經十二月份了，天氣也開始冷了。我是第六代華僑，祖祖輩輩僑居印尼。雖然從報刊雜誌上知道中國有冬天，但我回國時沒有帶冬天的衣服。印尼是熱帶國家，平時沒有人穿夾克或毛衣，要買冬天的衣服很不容易，只有在雅加達或泗水等大城市才可以買到。天氣冷了，為了禦寒我就把我回國時親戚送給我的舊毯子拿給在華僑補校裁縫組工作的黃賽珍同學剪成長袖衣，同時我還拿出一條新毯子剪成外套，冬天的衣服終於解決了。

快到元旦天氣繼續轉冷，到了晚上就更冷了。我原來有一條舊毯子和兩條新毯子，但是其中的兩條毯子已經做成冬天的衣服了，剩下的一條毯子哪能抵擋臘月天！我的班主任蘇德馨老師得知我的處境後就馬上幫我向學校的福利部申請一條新棉被。他除了幫我們這些沒有棉被的學生申請棉被，每天晚上還要到我們的宿舍查看我們是否睡得好。在獨立前，印尼受荷蘭人統治有三個半世紀，由於受荷蘭人的影響，印尼華人睡覺時習慣抱著抱枕。剛回國時，我們還是沒法丟掉這種習慣。到了冬天我們既要蓋棉被，又要抱抱枕；結果沒法把棉被蓋好。為免我們受涼，蘇老師經常半夜巡房查看我們是否已經蓋好被子，他對我們的關懷實在是無微不至。

冬天還給我們帶來其他麻煩。我們在印尼大解後習慣用水清洗，回國初期我們還是保留這種習慣，認為用廁紙清潔很不衛生。我們剛到華僑補校時也是這樣，每次要去大解總是要帶一桶水和一支水瓢或者是刷牙杯以便大解後清洗用。當時宿舍沒有廁所，每層樓只有一間用普通房間改建的小便所，如果要大解就要到樓下的公廁。這個公廁非常簡陋，除了一條長長的水溝什麼都沒有，我們大解時風會順著水溝吹上來，吹上來的風非常難聞！到了冬天吹西北風時，從水溝吹上來的風會使我們冷得發抖！大解後我們如果用水清洗就會冰冷冰冷的，我們終於明白為什麼國內的人如廁時習慣用廁紙清潔！

廁所不設在同一層樓給我們帶來不少麻煩，我們有三急時會很狼狽。有一次我在半夜突然尿急就到隔壁房改建的小便所去小解。誰知我迷迷糊糊入錯別人的房間。我在小解時感覺到尿液順著我的腿往下流，當我睜開眼睛時我才恍然大悟。我的天……，我拉在人家的床鋪上！還好那個床鋪掛著蚊帳，不然肯定會拉在人家的身上。為免驚醒正在熟睡的同學我沒拉完就趕緊跑掉。還有一次我在凌晨時分肚子痛得很厲害，要拉肚子，我趕緊順著樓梯往下跑。樓下的糾察隊聽到跑步聲就大聲叫：「站住！站住！站住！」我不顧他們的叫喊聲，拼命地往廁所的方向跑！那兩個糾察隊員緊緊地跟隨我到廁所。當他們聽到我拉肚子的「巨響」和聞到那股難聞的臭味時終於明白了！

28. 迎接高考

冬去春來，溫暖的陽光普照大地。俗話說，「一年之計在於春，一天之計在於晨。」到了春天，天一亮田野裡到處是忙於春耕的農民。我們當時雖然忙於高考，但我們牢記學習不忘勞動，勞動不忘學習的號召。我是班裡的勞動股，所以我要統籌好學校給我們的勞動任務。以便不耽誤學習、勞動和生產任務，我們在種植蔬菜時通常選擇那些既容易管理而產量又較高的蔬菜，諸如蘿蔔、茄子、捲心菜、牛皮菜和花椰菜等。俗話說，「種瓜得瓜，種豆得豆！」皇天不負有心人，由於我們的辛勤勞動，我們班在學期末終於被評為大學選修班蔬菜生產的標兵。

每天忙忙碌碌地學習和勞動使我們忘記剛剛回國時經常思念海外父母和親人的鄉愁。在緊張的學習和生活中，我們來到僑校不知不覺已經快一年了。這時候樹上的蟬開始發出吱吱的蟬鳴聲，天也開始日長夜短了，預報著夏天的到來，教務處牆上掛著的月曆已經翻到六月份了，離高考只有一個多月了。正當我們忙於迎接高考的到來，我們接到教務處的徵兵通知。抱著保家衛國的一股熱忱，很多華僑補校的學生踴躍報名參軍，我也不例外。

這次招兵在德、智、體等各方面的要求都非常嚴格。第一次體檢是在集美鎮人民醫院進行的，第二次體檢是在廈門市人民醫院進行。我們的班主任蘇德馨老師是徵兵委員會的會員，他講這次招的是空軍和海軍，體檢要求特別嚴格。我兩次體檢已經過關，但還得到福州軍區再做體檢。我雖然已經報名參軍，蘇老師還是叫我參加高考，如果我考上大學就服從分配繼續升學，如果考不上大學就去參軍。這真可謂是兩全其美的選擇。

根據我的學業成績和英文水準，我的英文老師建議我填寫天津南開大學英文系為我的第一志願，廈門大學為第二志願。冬天北方的天氣冷，我沒有足夠的寒衣，我就選擇廈門大學英文系作為我的第一志願。高考是一件不能馬虎的終生大事，面對高考大家都不敢掉以輕心。高考前我已經報名參軍，因此我在思想上沒有那麼緊張；反正我如果考不上大學還可以參軍。經過日以繼夜的緊張學習，高考終於來到了。我們到達考場時氣氛非常緊張，監考老師真是如臨大敵，他們的雙眼如掃描機一樣地四處張望，防犯有人考試作弊。

我們在考場裡等得很著急，時間一分一秒地過，我們的心也像鐘錶的秒針一樣地在跳動。大家的心情都很緊張，希望考試早點進行。考試內容絕對保密，不得洩露，高考委員會統一出的考卷由保安人員押送到考場，必須在同一時間開啟。考卷到達考場後，主考老師在保安人員的見證下開啟封條後就把考卷派發給參加考試的學生。大家拿到考卷後，在主考老師確定考試時間到了才可以打開。我們當時要考中文、英文、政治、歷史和地理，考試分三天進行。1961 年 8 月底高考結果終於放榜了，我很榮幸考上了廈門大學外文系英國語言文學專業。

29. 廈門大學

▲廈門大學校祖陳嘉庚(1874年10月21日-1961年8月12日)。

廈門大學是由一位被毛主席譽為「華僑旗幟、民族光輝」的著名愛國華僑陳嘉庚先生創辦的，其開學儀式是於1921年4月6日假集美學校舉行的。坐落於廈門島的南端，素有「海上花園」的廈門大學背靠五老峰，俯瞰廈門灣，是中國最美麗的校園。她是中國第一所由華僑創辦的大學。1961年我考上廈門大學時，我們的校長是王亞南先生，副校長是張玉麟，黨委書記是陸維特。王亞南先生（1901-1969）是中國著名的經濟學家和教育家，是馬克思的《資本論》的翻譯者。張玉麟副校長（1913-2000）是廣東廣州人，1937年在太行山從事抗日活動。他是南下幹部，曾任中國福建省共青團省委書記，也是中國世界語協會的委員。陸維特（1909.11.15-1991.11.17）出生於福建長汀縣，是阿拉伯裔中國人，早年在馬來亞求學，1929年加入中國共產黨。

1961年9月1日星期五上午我們到達廈門大學外文系報到。我們到達時，從遠處可以看到在外文系入口處掛起了顯眼奪目的橫幅標語。在紅底黃字的標語上寫著，「廈大外文系全體師生熱烈歡迎您們的到來」。我記得在迎接我們的師生中有鐘少康老師、黃立航老師和張錦富同學。其他還有很多人我現在已經記不住了。他們很熱情地和我們一一握手問好，然後向我們簡單介紹外文系的情況。創立於1923的廈大外文系坐落於古色古香的囊螢樓。囊螢樓有三層樓高，一樓是教研室和辦公室，

二樓是女生宿舍和課室，三樓是高年級學生宿舍。另外，三樓還有平臺和一間供研究生用的大課室。平臺白天可以用來曬床單和衣服，也可以做做運動，晚間可以用來跳交際舞。從平臺上我們可以瞭望廈門灣和遼闊的海洋，使人有怡然自得的感覺。

簡單介紹後，接待組的師生們就帶我們到預先安排好的宿舍。我們按照貼在宿舍門口的名單找回我們的「歸屬」。跟我一起來的新生很快就找到自己的宿舍，但我仍然沒有著落。當我感到很著急時，隔鄰的女生宿舍有人叫名：「胡淑金，胡淑金……胡淑金有沒有！」結果沒有人回應。這時我的腦子裡突然想到：「是不是接待組的人把我的名字『胡淑全』錯寫成『胡淑金』呢？！」我就和接待組的人去找那個出來點名的女生核對。果真是天大的誤會！接待組的人果然把我的名字錯寫成「胡淑金」。這個誤會一時傳為課餘飯後的笑話！

當時我們每間宿舍有四個雙人碌架床；每間宿舍住八個人。我記得當時和我一起住的有陳添福（陳新）、盧賢斌、潘水達、張錦輝、李金安、葉桂欣和我，另一個我現在想不起來了。宿舍除了八張檯和八張凳，其它就欠奉了。最糟糕的是宿舍沒有洗手間，也沒有漱洗的設施。如果需要漱洗就得用樓下僅有的四個水龍頭，要方便也得到囊螢樓附近的公廁去。實在很不方便！我們的居住條件雖然不大理想，但比起我們在集美華僑補校的條件已經好很多了。對我來說能夠考上大學已經是謝天謝地了。

我們到達後的第二天是星期六，第三天是星期日，系領導安排我們休息兩天以便清洗我們的衣服和整理我們的東西。我除了利用這兩天清洗自己的衣服和整理自己的東西外，還抽空看望和我一起分配到廈大中文系的陳泰山、梁潔潔和賴賢傳同學，還有歷史系的蔡偉智同學（後轉到外文系）以及經濟系的洪向前同學。我們到達後的第四天，即 1961 年 9 月 4 日，星期一，我們才分班。當時一年級共有三班，我和蔡偉智、陳天福、潘水達、張錦輝、李金安、葉桂欣、盧賢斌、王人琴、李貴來和許明英等被分配到第三班。我們的班主任是王可傳老師和黃曼蝶老師。王老師是一個沉默寡言的人，他教學認真負責，經常給學習有困難的學生輔導，但不太活潑。黃曼蝶老師非常熱情，笑容可掬，她是一位游泳健兒，課餘時間我們很喜歡和她到海邊游泳。她穿上游泳衣時實在很迷人，當她從水裡出來時真像出水芙蓉，使在場游泳的人都瞪大眼睛，目不轉睛地想多看一眼。

廈大外文系原來有英文系和俄文系，但 1960 年由於中國共產黨和蘇聯共產黨交惡，蘇聯專家從中國撤離，俄文人才需求量減少，俄文專業就停辦了。原有的學生有的轉到英文系，有的轉到中文系和歷史系。我們班有一半是國內同學，另一半是歸僑，英文水準參差不齊。有的人在中學時讀過英文或俄文，有的人根本沒有讀過外文。有的是農村來的，有的是小城鎮來的。有的是調幹生，有的高中畢業後停學一兩年才升大學。還好外文系規定所有一年級的學生必須從英文字母、國際音標和讀音規則開始學起。這使沒有學過英文的同學基本上可以跟得上。

30. 大學生活（一）

開學後，這種參差不齊的現象非常明顯。為了不影響學習

進度，我們成立了學習互助小組，對學習困難的同學採取具體學習和個別輔導的方式。我們的班主任王可傳老師和黃曼蝶老師工作認真負責，記得有一個來自福建上杭的國內同學發英文字母 "W" [` dʌblju:] 時一直發不準，他們在課餘時間經常耐心地教那個學生對著鏡子慢慢糾正發音，使他增強學習信心。初初那位同學發 "W" 時是用中文拼出來的，我記得他當時是用「大伯劉」來取代 [ ` dʌblju:]，所以怎麼發都發不準。但是經過老師和同學的不斷幫助以及他自己的努力，最後終於能夠比較正確地發音。可惜黃曼蝶老師教我們才半年就出國了。黃老師教我們的時間雖然很短，但她給我們留下了比較深刻的印象，因為她除了長得很漂亮，而且總是面帶笑容，真是和藹可親。

我們除了要上英文科，還要上哲學課、語言學概論課、文學概論課和體育課。我們的體育課是印尼棉蘭歸僑吳如廉老師教的。他是體育學院游泳系畢業的，當時他大約三十多歲；他不但身材很好，人也很好。我們每週上一堂課，三個班級的男女同學一起上。上課時按照慣例是男的站在左邊，女的站在右邊。當時女同學先點名；當吳老師點到胡淑金時沒有人站出來。這時很多人開始笑了。老師不知道是怎麼回事，他再叫一次：「胡淑金！胡淑金有沒有？」結果還是沒有人回應。我只好站出來向老師報告說：「吳老師，那名字寫錯了！應該是『胡淑全』，不是『胡淑金』」。「那個胡淑全是誰」，老師問。我馬上回答：「是我！」這時全部人都哈哈大笑。我的名顯然成了茶餘飯後的玩笑，在當時「嚴肅謹慎有餘，生動活潑不足」的年代倒是很不錯的生活插曲。

廈門大學地處對敵鬥爭的最前線，和國民黨佔領的大金

▲ 1961 年 10 月 1 日國慶節和從集美補校一起考上廈大的同學留影。

▲第三排右七是作者。

▲ 1963 年廈大外文系世界語一班全體同學和中華全國世界語學會主席丘吉（前排右四）及廈大副校長張玉麟（前排右五）合影。

門、小金門隔海相望。1958 年 8 月 23 日「823」炮戰時，廈門遭到數千枚從金門打來的炮彈襲擊，其中有三枚炮彈落到廈門大學的建南大禮堂前爆炸。為了戰備的需要，大學生活要求軍事化，廈門大學的民兵師是全國最聞名的民兵師。我們當時的口號是「一手拿槍，一手執筆」。這種準軍事化的大學生活使廈門大學在「823」炮戰中能夠邊學習、邊戰鬥。我開始在廈大讀書是在 1961 年，事隔「823」炮戰已經 3 年，參加軍事訓練仍然必不可少。我們除了要做好隊列和隊形訓練，還要學會使用各式各樣的輕型武器和爆破裝備。我在廈大時是划船隊隊員，划船運動在當時是屬於國防體育項目之一，必須要參加射擊訓練。廈門大學的划船隊是全國高等院校的佼佼者，是全國大學生運動會划船比賽的冠軍

得土。

除了要參加民兵訓練，我們還必須定期參加海防巡邏。我們巡邏時下午就要入住解放軍偵察連的營房接受偵察訓練和簡單的對敵格鬥技能。夜間巡邏要求很嚴格；為了識別敵我，我們每次巡邏都有不同的暗語。這些暗語在我們出發巡邏前才由解放軍偵察隊的隊長告訴我們。我們巡邏當晚不可以離開部隊營房以確保我們當時使用的暗語不洩密。廈門大學的海岸線很長，我們只有負責建南大禮堂對面的一段海岸。海岸邊種了一排排防風林，到夜間除了看到白白的海浪和聽到海風吹來的聲音什麼都看不到。我們在天亮時需要事先觀察周圍的情況，在夜間巡邏時才能夠及時辨別和掌握地形地物的變化。

夏天巡邏是一件樂事，夏天天氣很熱，夜間在海邊巡邏非常涼快。特別是在八月十五那天夜晚，看到天上的明月和藍天白雲以及白色的海浪，使人感到有怡然自得的感覺。此時此刻，當人們歡度中秋佳節的時候我能為祖國站好崗是無比的榮光。著名的詩人李白在他的〈靜夜思〉裡寫道，「床前明月光，疑是地上霜，舉頭望明月，低頭思故鄉」。我當時沒有這種感覺，因為我真正的故鄉不知道在哪裡。我當時的感覺是「海邊明月光，疑是天快亮，舉頭望明月，勿忘守邊防」。我是印尼的第六代華僑，小時候住在印尼的小城市，中秋節根本見不到月餅，只有在我到印尼瑪琅市（Kota Malang）讀高中時才見過月餅。當時擺在店鋪裡的月餅是大大小小疊起來賣的，要買就要買一疊，不能零售；我只敢看不敢買，因為我實在買不起，也吃不起。中秋節在我的腦海裡沒有什麼深刻的印象。

31. 大學生活（二）

夏天巡邏是一件樂事，冬天巡邏對我們從印尼回來的僑生是很大的考驗。廈門大學海邊的風浪大，到冬季天氣很冷，海旁那密密麻麻的防護林在夜間能見度很低，半夜三更伸手不見五指，要在海邊站崗需要很大的勇氣。遇到惡劣天氣時更不用說了。還好部隊為我們準備了很厚的軍用大衣和雨衣。當時海峽兩岸關係緊張，對岸的敵人經常派遣蛙人泅渡偷襲，在海邊站崗的解放軍和民兵成了他們暗殺的對象；為了確保國防，我們時時刻刻必須提高警惕，一點也不能鬆懈。有一次我在寒冬臘月進行巡邏時遇到異常情況，我在海邊發現有黑黑的物體在向我站崗的方向移動。當時能見度很差，憑我平時掌握的情況我知道那個有異樣東西在移動的地方平時只有一塊大石頭。我於是叫我的同伴到偵察隊彙報；偵察隊長火速趕來察看。偵察隊長和我繞道走近海邊的大石頭後面瞭解「敵情」，我的同伴則在遠處戒備。我和偵察隊長悄悄地觀察「敵人」的一舉一動。我們最後發現那個潛伏的「敵人」原來只是一條木頭，真是虛驚一場！

在大學一年級時，我們雖然從英文字母和語音及音標開始學起，但是我一點也沒有放鬆對自己的要求。我平時嚴格要求自己，除了每天把教完的功課複習好，我還經常幫助學習有困難的同學。為了提高我的英文水準，我每天早上提早起來朗讀英文，直到每一課都能琅琅上口為止。課餘時間我還經常到閱覽室看外文雜誌或到外文系的圖書館借閱課外讀物。除了參加學校的划船隊，業餘時間我還向曾經參加全運會的廈門市柔道運動員唐潮水學長學柔道和練拳擊，或者和其他愛好健身的同

好練舉重或啞鈴。經常和我練拳擊的除了唐潮水，還有梁昆元和盧賢斌。緊張的生活使我們不知不覺地渡過了入大學的第一年。皇天不負有心人，到一年級結束時，不但我的英文成績優異，我的體魄也比剛入學時健壯得多。

大學一年級我們平平安安地渡過，沒有轟轟烈烈的政治運動，沒有人心惶惶和面紅耳赤的階級鬥爭，也沒有聽到敵人要反攻大陸的叫喊聲。到了 1962 年情況就不一樣，那年夏天當「823」炮戰四週年臨近時，整個福建前線瀰漫著火藥味。廈門是對敵鬥爭的前哨，火藥味更加濃烈，廈門大學也不例外。為了戰備的需要和學生的安全，那年暑假校領導要求有家的學生回家暫避可能發生的戰火，只有一些民兵骨幹才可以留下。至於在國內沒有家的歸僑學生則勸說他們到親友家投親。當時我的表叔蔡鴻林在上海，但聽說上海也要疏散，我就不能到他那兒投親。我的表叔蔡鴻林在印尼時和我是同一個地方的人，他於 1930 年回國讀書，解放後在上海控江中學教英文。聽說我的表哥郭添禮（田里）當時是在青島，但是我從來沒有聯繫。他是在 1932 年左右從印尼東爪哇瑪琅市回國的。回國前他在印尼美里達市的荷華學校（HCS=Hollandsch Chineesche School ）讀書。回國時由於他還未成年，無法獨立申請出國護照，所以就由一位正好回國探親的鄉親帶去。回國後他曾經在「馬尾海校」讀書，抗日戰爭時他率領全班同學投奔延安並在抗日軍政大學讀書。解放後他參與組建大連海軍艦艇學校，後來調到北海艦隊。由於他的工作單位屬於保密單位，所以我就不便找他，我只好到陳添福家暫時避難。

32. 暫避炮火

陳添福是印尼歸僑，小時候住在印尼馬魯古（Maluku）的薩納納島（Sanana Island），小學五年級時到蘇拉威西島（Sulawesi Island）的孟加錫市（Makassar City）求學。1953 年 13 歲時他的爸爸陳友輅帶著他的一家人回國。當時和他一起回國的除了他的父母外還有他的四個兄弟和兩個妹妹。回國後他們回到家鄉福建南安縣定居。陳友輅回國前是當地的一位僑領，回到南安後曾經擔任南安詩山的僑聯主席。南安縣（1993 年改成縣級市）是中國著名的僑鄉，是明清風雲人物鄭成功和洪承疇的故鄉，離廈門市大約 100 公里，屬泉州市管轄的縣。我當時是臨時決定找陳添福的，所以沒有事先告訴他。當時通訊相當落後，除了單位和高層領導，一般人家裡沒有電話，也沒有公用電話。在農村，只有在大隊部才有電話；如果要下達通知，唯一的途徑是通過村裡的廣播網。我在廈門大學讀書時靠的是助學金，每月扣除伙食費，所剩無幾。我要去南安時，如果要搭乘公車就沒有零用錢了，因此我決定騎自行車（單車）。我雖然知道南安是在安溪和泉州之間，騎自行車該如何走卻是心中無數。

出發前我向我們班的生活股盧賢斌領取一個月的糧票和助學金。盧賢斌也是印尼歸僑，是我們班出名的老實人。他個子不高，在我們班演英文話劇時飾演美國作家哈里特・比徹・斯托（斯托夫人）寫的小說《湯姆叔叔的小屋》（Uncle Tom's Cabin）裡的湯姆叔叔，所以我們後來都叫他 Tom （湯姆），而他從此也是默認了。他是我們班在當時唯一擁有英文名的同學。他和我是非常要好的朋友，星期日和節假日我有時會和他

一起到廈門大學附近的廈門港（廈港）買地瓜（番薯）吃。偶爾也會一起看電影以及到廈門市的綠島冰室吃冰淇淋或到「王志和」喝花生湯。手裡有了一個月的糧票和零用錢，我找陳添福的膽子就大了；第二天我就出發了。

出發前，我把自行車的輪胎充好氣，把煞車等主要部件檢查好。夏天天氣炎熱，我準備好輕便的衣物、水壺、手電筒和從印尼帶回來的獵刀就動身了。我騎的是德國製造的嘉賽勒（Gazelle）自行車，車身牢固、性能可靠，騎這種車出遊可以放心。這部自行車是我大哥在我回國時特地給我買的。這種車是當時的王牌自行車，在印尼排華時由於回國的人都搶著買名牌自行車以便回國後賣給收購站套取現金，所以這種自行車的價錢炒得很高。我記得我大哥當時是用相當於一部美國吉普車（Jeep）的價錢從一個叫 Lego 的人買的。他是一個華人富商，一天到晚喜歡在多隆亞公市（Tulungagung City）的僑團流連，見到有人要回國時就叫他們買名貴自行車或手錶，理由是在國內可以賣到好價錢。我們祖祖輩輩僑居印尼的僑生對國內的情況很不瞭解，我大哥聽他說在國內女裝自行車很受歡迎，可以賣到好價錢就信以為真。結果我大哥就用高價給我買了一輛嘉賽勒女裝自行車。到了國內，我才知道是上當了！當時在國內自行車是主要交通工具，除了用來載人，還用來載貨。男裝自行車肯定比女裝自行車佔優勢，結果我帶的女裝自行車只值男裝自行車的一半價錢！

為了趕在天黑前到達南安，天沒亮我就隻身從廈門出發。我從廈門先到集美，在集美吃完早餐後就繼續我的旅程。經過同安時，已經是上午十點多了。我從同安繼續前往安溪的方向前進。離開同安後馬路開始不太好走了，快到安溪都是山路，騎自行車非常吃力。當時正好是備戰時期，路上除了調動部隊的軍用車輛再也看不到別的汽車了。中午我在馬路邊買兩個饅頭做午餐時，有人告訴我去南安可以不經過安溪。這條路雖然不好走，但是距離南安比較近；我就按照他的指點過河。這條河沒有橋，要到對岸必須坐擺渡。那個擺渡不大，只可以搭載十來個人，坐上去後會搖搖晃晃，還好我可以平安到達對岸。可是我在上岸時由於肩上扛著自行車，我搭乘的小艇一搖晃我就差一點摔倒，這時艇主馬上拉住我，不然我就要掉進河裡了。真是謝天謝地。

上了岸我再繼續往前走，一路走一路問人。當時的農村人很少講普通話，他們多數講的是閩南話。我的閩南話實在不敢恭維，我只好把我要問的問題寫在紙上，然後一面講，一面用身體語言表達。我走啊！走！走到下午太陽開始下山了還沒到達陳添福的家。我汗流浹背很辛苦地繼續踏著我的自行車往前走，不久我到達我要去的南安詩山，這時候我已經又累又很餓了。在經濟困難時期，物資普遍短缺，但是在詩山的街上到處都可以看到街邊的小販在擺攤子賣各式各樣的熟食品；只要有錢，什麼都可以買到：油條、饅頭、發糕、豆漿，應有盡有。詩山之所以食品豐富，是因為南安是僑區；在經濟困難時期當地的華僑家屬經常收到從國外寄來的麵粉、大豆、食油、糖等食品。

我簡單充飢後就再繼續我的艱難旅程。天開始黑了，我什麼時候才可以找到陳添福所住的南安詩山錦美大隊第五生產隊還是心中無數。眼看天色越來越黑，我的心開始有些著急了。

我做了最壞的打算，萬一找不到陳添福我就到附近的生產大隊借宿，第二天我才繼續趕路。當我非常彷徨的時候，我偶然看到有一個年輕人正在路邊依靠小橋的欄桿休息。正當我下車要向他問路時，我才發覺那個年輕人不是別人，他正是我要找的陳添福同學！陳添福見到我時也是感到很突然。他問我要到哪裡去？我告訴正要去找他。他很熱情地領我到他的家。同當地的村民的房子比較，他的家還算大，可惜已經比較破舊。家裡除了簡單的桌椅、板凳和鋪著草席的硬板床，幾乎什麼都沒有。他父母親見到我來了就很熱情地向我打招呼。

跟當地的農民一樣，陳添福的一家人靠務農為生。他們雖然是印尼歸僑，但看來在印尼的親戚已經沒有外匯寄給他們了，所以生活非常艱苦。他的爸爸媽媽每天早上天一亮就扛著鋤頭下地勞動，到中午回來吃午飯後休息片刻又再出去幹農活去了，日復一日他們都是這樣的辛勤勞動。我和陳添福當時雖然是身強力壯，但是我們卻幫不上忙。當時正值夏天，外面天氣很熱，我和陳添福白天就待在家裡聊聊天，到了下午太陽下山後才到田間或村裡走一走。我在陳添福家天天無所事事，實在很不好意思。我住了將近一個月就離開了。當時我的假期還沒結束，我就決定到南安雪峰華僑農場去探望我大哥的朋友林聯仁。

33. 繼續旅程

南安雪峰華僑農場是於 1960 年 9 月為了安置因受印尼政府 10 號法令（pp10/1959）而被遣送回國的印尼歸僑而建立的。「10 號法令」是當時的印尼政府推出的排華法令。該「法令」是針對在縣以下做零售生意的華人。在縣以下居住的華人大部分是依靠做零售生意來維持生計的，這個法令一出籠，成千上萬的華人頓時沒法生活。中國政府為了保護這些難僑，決定派船接他們回國。這些回國的難僑，在印尼時多數是做小生意的，沒有什麼特別的技能，回國後多數被安置在華僑農場。沒有回國的就搬到縣以上城市繼續做生意，或者和已經在城裡成家的子女居住。

雪峰華僑農場是在南安縣的洪瀨，離陳添福的家大約有 20 公里。當時交通不便，我從陳添福家到雪峰華僑農場是走小路的。路不但不好走，而且經常要路過沒有橋的小河或小溪，我要把自行車扛在肩上才能過河。我到達雪峰華僑農場時已經是下午了。林聯仁當時是該華僑農場的生產小隊的小隊長，所以我很快就找到他。我找到他時他正好剛從地裡回來。我看到他那曬得黝黑的臉和他那消瘦駝背的身軀時，真是百感交集，心裡頓時感到心酸。他在印尼時住在多隆亞公的烏昌鎮（Ngujang, Tulungagung,East Jawa, Indonesia）。他雖然不是特別富裕，但他畢竟是一家藥店的老闆，生活真是無憂無慮。雖然他出入沒有名貴房車，但他有名貴的「哈里」（Harley Davidson）摩托車代步。而他的太太也不用像現在那樣要做粗重的農活。

林聯仁一家在農場住在為那些難僑特地建的平房。那間平房不大，只能容納一張雙層碌架床、簡單的小桌椅、凳子以及勞動工具。據說當時林聯仁一個月才可以拿到大約人民幣十塊錢的工分，而她的太太拿到的工分就更少了。由於採用工分制來計算生產隊隊員的收入，他們平時就沒有現金在手。這對剛從印尼回國的林聯仁一家肯定是非常艱苦。更何況當時林聯仁已經有兩個子女。在這種情況下我的到來肯定給他們帶來不少

麻煩。還好當時正好是夏天，我可以席地而睡。不然真不知他們該如何接待我。我在該農場還訪問了我在美里達中華學校讀書時的同學王良才。他算幸運，到農場後他被安排做卡車司機。在當時的中國，做司機真是一個好差事。做司機除了人工高、糧食定量高，而且出車時還可以順途購買各地的土特產。像這樣的工作在當時真是只可遇不可求。

我在農場待了兩天後就前往泉州華僑大學找我的高中同學傅長春。為了避免夏天的炎熱太陽，我一早就離開雪峰華僑農場。從洪瀨到泉州的路相對我從南安詩山到雪峰華僑農場的路好走得多，所以我在中午就到達泉州。當時正值中國遇到經濟困難，百業待興，但是泉州市面依然非常繁華，各種小食滿街都是。我在街邊小食檔簡單享用午餐後，就馬不停蹄地趕到華僑大學。華僑大學是在 1960 年為了解決從東南亞，特別是從印尼回來的大批華僑學生而由國務院屬下的僑務委員會創辦的國立大學，剛創辦時由僑務委員會主席廖承志擔任校長。1962 年我到華僑大學時，該校雖然剛成立兩年，但其基本設施不會輸給當時的廈門大學。我特別欣賞他們的學生宿舍。其學生宿舍不但寬敞、光猛，而且每間宿舍只住四個人，這比當時中國其它大學真是好得不可比擬。我們當時在廈門大學每一間宿舍擺放四到六張雙人碌架床，而在華僑大學只有擺放兩張床供四個學生住。其食堂、課室、圖書館、運動場和洗澡堂也是一流。

我在華僑大學期間還去探望從印尼美里達回國後被安置在泉州雙陽華僑農場的吳端標（Go Twan Biauw）一家人以及同樣從美里達回國的陳淑麗。雙陽華僑農場是在洛江，離泉州市只有十公里。和雪峰華僑農場一樣，該農場是於 1960 年印尼排華時為了安置從印尼撤回的難僑創建的。他們來自印尼不同地區，有來自印尼爪哇島，特別是東爪哇，也有來自印尼峇里（Bali）、邦加（Bangka）和勿里洞（Belitung）的歸僑。這個農場相對雪峰華僑農場從規模上和基礎設施上都比較好，也比較完善。我在農場時除了看到那些從印尼回來的華僑，還看到那些嫁給中國人為妻的印尼人。她們和其他農場的員工一樣下地幹農活，所不同的是她們當中有很多還保留了她們的風俗習慣，她們下地勞動時還穿著她們的傳統服裝沙龍（Sarong）和用頭頂帶東西。她們回國時只有帶沙龍，要做新的衣褲沒有布票，只好繼續穿她們的傳統服裝下地幹活。據農場的幹部講，她們雖然在語言上有困難，勞動後要報工分時只可以用印尼話，但她們的勞動表現並不比別的農場員工差。我想這是由於她們回到中國後覺得可以當家作主了。我在雙陽華僑農場時還拜訪了和我一起在廈門大學外文系讀書的謝國基同學。他是印尼邦加歸僑，在印尼排華時和一家人一起回國。

34. 回校途中

1962 年 8 月我在華僑大學住了大約兩個星期後就和我的朋友傅長春告別。我在回廈門途中在泉州市探訪我在集美華僑補習學校文科二班讀書時的朋友蘇江以及在廈門大學外文系讀書的陳春生和洪金博。泉州是一個古代名城，在那裡可以找到元代、明代和清代的歷史文化古蹟；它也是古代「海上絲綢之路」的起點。1962 年 8 月 9 日和 10 日，我在集美補校就讀時的同學黃金莊和洪向前帶我去參觀泉州市的工人文化宮和東西塔。可惜由於我的時間有限有很多景點和歷史古蹟沒法參觀。1962 年 8 月 11 日星期六我離開泉州趕回廈門市。我從泉州市出發時

雖然是上午時分，但夏日的太陽已經高高地掛在天上；炎熱的八月天使我騎自行車感到非常辛苦和吃力。從泉州到集美有 90 多公里，我沒法一口氣騎到集美，中途經常休息。到下午大約五點多鐘我到達集美鎮時已經又累又餓了，而從這裡到廈門起碼還有 12 公里，我就決定在集美過夜。

當時在集美華僑補校對面有一個棄置的海潮發電站。這個發電站是在 1957 年破土動工的。創建這個發電廠的目的是由於陳嘉庚先生早期建的集美電廠已經不能滿足日益擴展的校區的電力需求。為此陳嘉庚籌資約 25 萬人民幣用於購置海潮發電廠的機器和安裝有關基礎設備。到了 1961 年 8 月 12 日陳嘉庚先生逝世後就停建。據說這個發電站在為期四年的建設中已經耗資 91 萬人民幣，但因為在建設期間有很多複雜的、深層次的問題難於解決而決定停建。這個棄置的發電站的上蓋建築就被用作餐廳。這是當時集美華僑補校附近唯一的餐廳。當我進到餐廳時，餐廳裡已經是人山人海，幾乎座無虛席；我好不容易才找到座位。當時餐廳裡有供應饅頭、肉包、花卷、油條、豆漿和螃蟹粥。那熱氣騰騰、香味撲鼻的螃蟹粥的確很誘人，我實在無法抗拒。我點了一碗後就狼吞虎嚥地吃，好像十年沒吃過飯一樣。當我吃飽晚飯已經是傍晚六點多鐘了，我就帶著疲憊的身軀到集美華僑補校找地方借宿。當時正好是暑假，而且又是備戰時期，留在補校的只有那些留校站崗的和無家可歸的學生，所以學校的課室都是空空的。我當時已經很累了，一看到「南僑九」有一間空著的課室就跑到裡面去。我到附近的洗手間簡單漱洗後就在課桌上躺臥了。

夜間，課室裡靜悄悄的，裡裡外外漆黑一團，使人感到格外恐怖。我當時已經疲憊不堪了，就顧不得那麼多了，那些令人討厭的蚊子像轟炸機一樣不停地在我的頭上盤旋，真是不勝其煩，使我無法入眠。到了半夜，更可怕的事發生了，我的肚子開始造反了。我的肚子痛得使我在桌子上不停地打滾，全身冒冷汗，伴隨而來的是上吐下瀉。我心裡很明白這是由於我吃了不潔的食物或不新鮮的螃蟹造成的嚴重食物中毒。除了在頭上盤旋的蚊子，我的周圍當時連鬼的影子也看不見；此時此刻即使我喊救命也不會有人聽見，真是叫天天不應，叫地地不理。在那種情況下，我唯一的希望就是可以挨到天亮。真是謝天謝地，到天亮時我病情有些好轉，我收拾好東西就趕忙騎自行車趕回廈門。一路上我一邊踏著自行車一邊和我的疾痛搏鬥，到了中午我終於回到廈門大學。到了廈門大學我的感覺就好像到了自己的家一樣，這時我才可以鬆一口氣。

回到廈門大學，雖然緊張的氣氛已經有些緩和，但離 8 月 23 日「八二三炮戰」只有十一天，所以我們仍然不能放鬆對敵鬥爭的警惕性。我回到廈門大學時是 8 月 12 日星期天，當時離九月一日開學還有三個星期，除了這一天我洗刷我的衣物外，第二天我就開始投入學習英文。我每天早上一起床就到囊螢樓附近的操場朗讀課文，吃完早餐後就到外文系閱覽室看雜誌或看課外讀物。當時正處於戰備時期，海防巡邏的任務全部由指定留校的民兵負責，所以我們不用安排站崗。我在餘留下來的三個星期幾乎天天泡在閱覽室，這對我充實我的英文知識有很大的幫助，因此我在大學二年級時學習並不感到很吃力。

35. 農村社教

大學第二年我們換了班主任，他叫李和成，是馬來亞歸僑。李和成老師聽說曾經是馬共黨員，因政治理由被當時的馬英當局驅逐出境。他上課時的口頭禪是「他媽的」，所以我們在背後給他綽號「他媽的」老師。他為人隨和善良，從來不擺架子。他雖然是歸僑，但很清貧，相信他除了每月的人工，海外的親人沒寄過錢給他。他很遲才結婚，結婚第二年他的太太就生孩子。當時中國正好經濟困難，物資短缺，買什麼都要憑票。小孩一生出來就要填補很多東西，像嬰兒的衣服、棉被、尿布、奶粉等等。我們班的同學很熱情，那些女同學發動收集舊衣服，特別像背心等細軟的內衣，然後製成嬰兒尿布交給李老師。這種雪中送炭的精神在當時隨處可見。我們的行動真正體現了毛主席語錄裡說的，「我們都是來自五湖四海，為了共同的革命目標走到一起來了。……一切革命隊伍的人都要互相關心，互相愛護，互相幫助。」

1962 年 9 月我們剛開學不久中國共產黨召開了八屆十中全會。在會上毛主席講了 :「不要忘記階級鬥爭」；「階級鬥爭必須年年講，月月講，天天講」。他在會上還指出社會上還存在資產階級的影響、舊社會習慣勢力、小資產階級自發資本主義傾向……。過了「八二三炮戰」，我們本來感到兩岸的緊張氣氛有些緩和，可是毛主席在八屆十中全會上講的「不要忘記階級鬥爭」使原來比較平靜的學校生活開始有些緊張了。那些平時穿著比較講究或生活比較浪漫的同學開始成為上階級鬥爭課的活題材。那些生活不太檢點的同學和老師就更加成為活靶子。同學之間和師生之間的關係也緊張起來了。以前同學之間經常互相愛護、互相幫助，誰經濟上或生活上有困難就給予幫助。反對資產階級思想教育一開始，大家就變得謹小慎微了，深怕人家把互相幫助理解為用「資產階級的糖衣炮彈」侵蝕工農兵同學和老師。

除了在學校搞反對資產階級思想教育運動，到 1962 年底我們還要到農村參加社會主義教育運動，即「清賬目、清倉庫、清工分、清財物」的「小四清」運動。根據規定除了老教授和老弱病殘者外，所有師生都得到農村參加這場政治教育和社會主義教育運動。對我們大學生和教育工作者來說，參加「小四清」的目的除了教育農村幹部提高階級鬥爭思想和社會主義思想，更重要的是要我們到農村接受貧、下、中農的再教育。在這種前提下，校黨委要求我們到農村後一定要同當地的農民「三同」，即「同吃、同住、同勞動」。我們當時被安排到距離廈門市大約 40 公里的同安區蹲點。同安區離廈門市雖然只有一個小時的車程，但 1962 年的同安畢竟是農村，生活條件比廈門大學相差很遠。當時的同安已經有電燈，雖然還沒有自來水，但飲用水沒有問題。當時最大的問題是農村普遍沒有洗手間，有的只有簡單的茅坑，這對城裡人，特別是女同志是最大的困難。為了方便收集大糞，這些茅坑不設上蓋，也沒有沖水設備，所以臭氣沖天；夜間農村雖然沒有街燈，但要找廁所只要順著臭氣沖天的糞便味就不難找到！

我們當時還很年輕，在學校時有參加體力勞動和民兵訓練，所以到了農村很快就可以適應。對我們年輕的歸僑學生來說，在農村最大的困難莫過於語言不通！很多歸僑學生不懂閩南話，有的人即使會講也是非常有限，極大地妨礙了我們和當

地農民溝通，我們在很多時候感到心有餘而力不足。對那些很少勞動的老師和教授到農村「三同」困難就更大了。他們除了要適應農村的艱苦生活，還要接受下地勞動的挑戰。當地農民下地勞動時沒有穿鞋，有些老師入鄉隨俗，下地時也赤腳，結果真是寸步難行！冬天時稻田地乾燥龜裂，對那些平時沒有赤足的教授和老師的確不是一件容易的事。我記得有一個老師由於下到農村後思想負擔很重而鬧出病來，結果只好送他回去休息。還好我們在農村只是體驗一下農村生活，所以只住了一個多月就回學校。我們和農民「三同」的時間雖然只有短短一個多月，但對我們來說的確是很好的鍛鍊。

36. 學雷鋒

進入 1963 年，政治運動一浪接一浪。1963 年 3 月 5 日《人民日報》、《解放軍報》、《光明日報》和《中國青年報》刋登了毛主席「向雷鋒同志學習」的題詞。全國上下馬上行動起來，各行各業都掀起學習雷鋒的熱潮，廈門大學也不甘落後。雷鋒是位孤兒，1960 年參加中國人民解放軍。入伍兩年就立功三次並被評為模範共青團員和節約標兵。他於 1962 年 8 月 15 日因公殉職。他的名言是「人的生命是有限的，可是為人民服務是無限的，我們要把有限的生命投入到無限的為人民服務中去」。他還有一句名言是，「我們活著不是為了吃飯，而是吃飯為了活著」。這一句名言我在印尼高中讀德文時曾經讀過。那一句德國名言是這樣說的："Wir lieben nicht für dem essen, aber wir essen für dem lieben"。我無從考查這句德國名言出自哪位德國名人之口，也無法考證雷鋒是否讀過這句德國名言，相信是英雄所見略同。

在雷鋒的感召下，全國各地到處出現好人好事，助人為樂的精神發揚光大。當時的社會風氣特別好，我們在火車站和公車站（巴士站）經常看到學生和青年人扶老攜幼。報紙上也經常可看到有關拾金不昧和捨己為人的報道。為了響應黨的號召，我們廈門大學外文系 1961 級也拉隊到廈門市一家餐廳做義工。我們在餐廳裡幫助服務員端茶送水、洗碗洗碟、送飯送菜和打掃衛生。那家餐廳生意很好，客人絡繹不絕，除了中午吃飯時間，我們從早到晚幾乎沒有停過。我們當時還很年輕，有的是力氣，在餐廳做義工時一點也感覺不到勞累。回到學校後，晚上躺在床上才感到腰酸背痛，這時我們才體會到勞動人民，包括那些餐廳服務員有多辛苦。我們當時經常搞政治運動和做好人好事，但我們不忘學習，我們做到了政治思想學習和專業學習兩不誤。

1963 年 2 月 27 日《人民日報》發表了社論〈分歧從何而來—答多列士等同志〉，闡明了當時國際共產主義分歧的由來。1963 年 9 月 6 日中國共產黨又發表了〈一評蘇共中央公開信〉，從此中蘇兩國在思想意識形態上的分歧就公開化了。聽說當時蘇聯及其東歐盟國為了封鎖消息，對中國的報刊雜誌，包括外文雜誌，一律不准進口，唯獨世界語雜誌《El Popola Cinio》，即「中國人民」世界語版例外。為了思想意識形態鬥爭的需要，廈門大學外文系開辦了世界語班。世界語班是由當時的廈門大學的副校長張玉麟親自抓的。他除了統籌世界語班的成立，在百忙中還親自給我們講課，真是精神可嘉。可見當時我們廈門大學外文系對世界語班是何等重視。外文系還抽調我們的優秀教師趙子遜老師教世界語。我們當時把學習世界語當成是一項政治任務來學，所以大家都非常努力。由於我學世界語的成績

比較突出，所以我很榮幸地被選為世界語課代表。

張玉麟校長是南下幹部，是中華全國世界協會的成員。解放前他曾經在太行山打游擊，他的教學方法很生動活潑。他在上課時經常一邊講課，一邊穿插革命故事，有時還一邊用世界語唱革命歌曲。至於趙老師，他博學多才，為人和氣和謙虛。他教書認真，一絲不苟，有問必答，百問不厭。由於工作和學習需要，我經常到張校長和趙老師家請示工作和請教功課。張校長雖然是老幹部，但他為人低調，和藹可親，不擺架子。在那個年代有些幹部不太願意接觸有海外關係的人，但張校長對我這個歸僑一視同仁。趙老師是沙勞越歸僑，是廈門大學外文系的高才生。我在和張校長及趙老師的接觸中學到了不少有益的東西。為了活躍世界語的學習，我們經常進行世界語朗誦和演講比賽。我平時早上一早起床就到操場背誦老師剛剛教完的課程，所以我在朗誦世界語時琅琅上口。當中華全國世界語協會副主席兼北京外語專科學校的校長丘吉到廈門大學外文系探訪我們世界語班時，在座談會上我用世界語代表我們世界語班的同學講話。我一講完話，全場就響起熱烈的掌聲。丘吉副會長和張副校長看到我們學習認真，進步很快，都感到很高興。他們勉勵我們把世界語學好，為今後的反修正主義鬥爭做好準備。

37. 畢業分配

我們學世界語只學了一年，到大學四年級時就不學了。大學四年級是最輕鬆的一年，因為到大學四年級時該學的課程都學完了。當時外文系沒有要求我們寫畢業論文，只要求我們參加教學實習。我們當時被安排教 1962 級的同學；我選擇了教語法 "if" 的應用。實習完了，我們的大學生涯也就接近尾聲了。1965 年 8 月初我們開始填寫畢業分配志願表；總共有五個志願可供我們選擇。當時我選擇志願的標準基本上是按照組織上的要求做的，即到祖國最艱苦和最需要的地方去。在這種思想的指導下，我選擇的第一志願是新疆生產建設兵團農墾農學院農專；第二個志願是河南鄭州水利電力學校；第三個志願是山東淄博煤礦；第四個志願是湖北水利電力學院；第五個志願是海南三亞，華僑大學亞熱帶作物系。這些地方都是大學畢業生不太願意去的地方。新疆是在祖國的邊疆，離廈門大約有 4,500 公里，坐火車至少要一星期。重慶、武漢、南京是中國著名的三大火爐，而武漢水利電力學院就是在武漢。至於華僑大學亞熱帶作物系當時的條件相信也不會很好。鄭州水利電力學校和淄博煤礦的情況我就一無所知了。

我當時要到新疆的思想非常堅決，填好志願後我還特地寫「決心書」給黨支部書記和團支部書記。我們的大學畢業分配是在建南大禮堂由大學畢業生分配委員會統一公布的。公布那天，建南大禮堂坐滿了廈門大學各個系的畢業生和各個系的老師。當時中國的大學畢業生沒有規定要穿畢業禮袍和戴四方帽，也沒有畢業生的家長和來賓參加，但大家都穿得比平時整齊和端莊。我們沒有特別的畢業典禮，畢業分配儀式就是畢業典禮。在我們頒發畢業文憑時也沒有攝影師給我們拍照。當時的大專院校不設學位，我們畢業時根本沒什麼學士、碩士等「頭銜」。雖然如此，我們還是感到很高興和很榮幸，因為我們在大學付出的四年寒窗終於有成果。對我來說，意義就更加重大，因為我是胡家五代人的第一位大學畢業生。

我們等待已久的時刻終於來到了，大學畢業生分配委員會開始公布各個系的分配名單。這時大禮堂的氣氛突然變了，原來交頭接耳的人都馬上安靜下來了，頃刻間整個大禮堂變得鴉雀無聲，大家都豎耳傾聽分配委員會主席逐字逐句地讀出分配名單中的名字。當外文系 1961 級畢業生的名單開始讀出來時，我們的心情開始緊張萬分。我已經想不起來誰的名字最先讀出來，但當我所選擇的單位都宣布過了，而我卻沒有份時，我就緊張了。最後公布的是廣州地區的名單，它包括廣州外國語學院、暨南大學外文系和中國民航廣州管理局。在廣州地區的名單中第一個公布的是蔡型乞，他被分配到廣州外國語學院。第二個公布的是劉初昆，他被分配到暨南大學外文系。當讀出：「胡淑全……胡淑全……」時，公布名單的分配委員會的人不慌不忙地讀：「中國民航廣州管理局！」由於我是外文系 1961 級畢業生名單中最後一個公布的名字，所以當我的名字被公布時我們班的同學都報以熱烈的掌聲。

廣州地區傳統上是東南亞和印尼歸僑最嚮往的地方，一是因為廣州的天氣暖和，二是因為廣州是我們祖國的南大門。當時回國觀光或探親的東南亞華僑和印尼華僑都是經過香港，然後搭乘火車經香港的羅湖和中國的深圳到廣州，所以廣州是他們到中國的必經之地。對我來說，分配到廣州或分配到中國的其他地方並不是我考慮的重要因素，因為我知道在印尼的家人根本沒有能力籌足經費回到中國來探望我。福建省與台灣隔海相望，地處對敵鬥爭的最前線，因此當時整個福建省沒有什麼航空交通，人們對中國民航很不瞭解。當我的同學得知我被分配到中國民航時就開始議論紛紛，有的同學說「民航」是搞航運的，可能跟航務有關。在我看了報到地點是廣州白雲機場時，大家就明白是跟航空有關。一聽到是和「航空」有關，大家都露出非常驚歎、非常羨慕的樣子，並且馬上湧上來和我握手表示祝賀。當時從廈門到廣州只有陸路交通，要麼坐長途汽車，要麼乘火車。坐長途汽車要從漳州、詔安和汕頭走，乘火車就要從鷹廈鐵路走。這條從福建省廈門市到江西省鷹潭市的鷹—廈鐵路是 1954 年由當時的鐵道兵第十二師和一百多萬個工人動工興建的。經日夜奮戰，這個穿越武夷山，全線有 173 座橋樑和 88 條隧道，全長 694 公里的跨省鐵路於 1956 年 12 月 9 日凌晨一點三十五分終於竣工並於 1957 年正式通車（**注：有的資料說 1958 年才正式通車**）。這是當時福建省內的唯一鐵路，它的建成結束了福建省內沒有鐵路的歷史。我記不住出發那天我和蔡型乞以及劉初昆三人是在幾點鐘離開廈門的，也記不住是否有別的系的人和我們同行，我只記住當時我們是在上午離開的。當時的火車只有燒煤炭的舊式蒸汽火車，車速很慢，而且沒有冷氣。我們坐的是硬席，還好我們三個人一路上有說有笑，所以並不覺得特別辛苦。我們的車經過漳州、漳平、永安、南平和邵武，到晚上才到達鷹潭站。鷹潭站是中國主要的鐵路交通樞紐，很多火車都從這裡轉車。我們到達時站內人山人海，還好我們到達時有人接待我們，而且已經給我們安排住宿，不然真不知在哪裡過夜。我記得我們當時是被安排在華僑接待站，住宿條件和衛生條件比火車站附近的其它旅店或招待所好得多。

38. 前往報到

我們在鷹潭站住了一宿，第二天早上吃過早餐就搭乘前往廣州的火車。我已經記不住我們的火車經過哪些車站，我只記

得我們經過廣東的韶關。從鷹潭到廣州全程有 1,036 公里，比廈門到鷹潭的距離還遠。我們到達廣州東站時是在第二天上午 11 點多。當時在東站設有各個單位和院校的接待站，唯獨中國民航沒有。我問站裡的服務員如何去廣州白雲機場，個個都說不知道。我到站外向接親友的人問路，他們用廣東話簡單地說「唔知！」（注：意思是「不知道」）。我在廈門大學時就聽人講過，到廣東如果不會「廣府話」，即廣東話，就寸步難行！我到達廣州遇到的情況應驗了我在廈大時同學對我講的話，真是令人心寒！還好和我一起分配到廣州的同學劉初昆願意相助，主動提出叫我先到暨南大學外文系，暫時在他那兒留宿，而暨南大學外文系的接待人員也願意伸出援手。到了暨南大學外文系，我才打聽到在廣州人民南路的中國民航售票處有專車接送旅客前往白雲機場。

我在暨南大學過夜那天，幸好和劉初昆分配住在同一間房的方漢全老師還沒有到達，所以我就可以睡在他的床；上天真是安排得天衣無縫！經過三天兩夜乘坐硬席火車，我實在很疲勞，所以我那天晚上睡得特別熟。次日中午吃過午飯我就去中國民航在廣州人民南路的售票處查問前往白雲機場的客車時間表。當時在售票處有兩個人值班，一個是戴知識分子眼鏡的中年男人，一個是穿著得體快四十歲，皮膚白皙、面帶笑容、風韻猶存的女人。那個戴眼鏡的男人在埋頭工作，看到我來了就望我一下，然後繼續工作，那個女的就略帶微笑地問我有什麼事。我說明來意後，她就告訴我大約下午兩點有車到機場，並問我是哪裡來的。我告訴她是剛從廈門大學外文系分配來的。她就很客氣地叫我坐在接待客人的沙發上等候。我後來知道那個戴知識分子眼鏡的男人叫李元堂，而那位穿著得體、風韻猶存的女士叫謝雲珍，是上海人。

下午兩點多民航的客車來了，上車的人寥寥無幾，連我在內不到五個人。到了機場我馬上到幹部處報到，我記得當時是1965年9月9日星期六。當時當值的幹部處幹部是王淑琴女士。她是東北人，是一個非常和藹可親的人。當她問我為什麼遲了一天才報到，我向她解釋因為我到達廣州時沒人來接我，而從廣州火車站沒有巴士到機場，所以就搭順風車到暨南大學外文系借宿。她告訴我新來的幹部必須先參加「四清」運動並給我預支一個月的工資。記得她預支給我的工資是56元人民幣，這在當時已經是很好的待遇，因為除新疆和西藏外其它地區的工資才46元人民幣。接著她安排我到白雲機場招待所休息。我到達的第二天正好是星期日，因此我可以休息和準備好參加「四清」運動要帶的衣物。9月11日星期一，準備搞「四清」的全體工作隊員到大禮堂參加動員大會。在大會上第一個講話的是我們的米加農政委。他首先宣讀中央有關「四清」工作的文件和闡述搞「四清」的重要性，接著是工作隊的代表講話和表決心。動員大會結束後我們回到各單位的飯堂用膳。用膳後就回到各自的家或宿舍收拾行裝。到下午兩點鐘又再回到大禮堂前面集合。

我當時住的招待所就在大禮堂對面，離大禮堂沒多遠。我回到招待所時才下午一點鐘，離集合時間還有一個鐘頭左右；我趁這個空檔休息一會。當我在下午兩點鐘到達大禮堂時，禮堂外面的空地上已經人山人海，紅旗飄飄。除了紅旗，人群中還有人手持紅底黃字的橫額。橫額上寫著「堅決響應黨的號召，搞好『四清』運動！」。到了兩點二十分，大禮堂開始播放革

命歌曲「五星紅旗迎風飄揚」，這時人群中有人領唱「五星紅旗迎風飄揚，革命歌聲多麼響亮……」到了兩點半，鑼鼓喧天，鞭炮齊鳴，我們開始上車了。當我們上車時，目送我們出發的群眾和家屬同聲高呼「祝您們一路順風！祝您們勝利歸來！」。在歡呼聲中我們搭乘的軍用車輛一個接一個離開機場。我們一路上唱「革命軍人個個要牢記，三大紀律八項注意……」。一路上我們看到熱心的群眾在白雲機場南門的馬路兩旁揮手目送我們。我們的車離開機場後就一路向著廣州郊區的方向駛去。過了大約一個小時我們的車隊途經廣州珠江大橋進入芳村，然後繼續前往白鶴洞人民公社。白鶴洞人民公社是在廣州郊外芳村區的東南部，東臨珠江，和廣州的珠海區隔江相望，它是在1958 年 8 月大躍進時期成立的。

39. 參加「四清」

當我們的車隊進入白鶴洞人民公社時，馬路兩旁的歡迎群眾開始歡聲雷動，他們有的揮舞紅旗，有的高舉「熱烈歡迎四清工作隊」的標語，有的敲鑼打鼓，有的載歌載舞，非常熱鬧。接著我們就列隊進入公社的大禮堂聆聽黨委書記的講話。公社書記致歡迎詞和簡單介紹公社情況後就輪到我們「四清」工作隊的負責人講話。他首先感謝公社領導和廣大群眾的熱情接待和歡迎，然後就要求我們「四清」工作隊員們牢記「四清」工作隊手冊和中國人民解放軍的「三大紀律八項注意」。大會結束後我們就按照分配前往各個指定的蹲點隊。我被分配到公社屬下的葵蓬大隊、山村七隊一個姓陳的貧農家裡。

山村七隊是以種菜為生，相對白鶴洞人民公社的其它生產隊，例如芳村、花地等種植茉莉花的生產隊要窮得多。我的三同戶是一個貧農，家裡有四個人，除了他以外，還有他的太太、他的兒子和他的女兒。他們的家很小，只有一個小房間和小客廳。家裡除了用竹做的兩張床、四張凳和一台小木桌的簡單家具外，就只有廚房的水缸和簡單的炊具和碗筷。我來了以後他們四人就擠在小小的房間裡睡覺，我就被安排在客廳睡。為了改善生活，他們家養了五、六隻鵝。這些鵝晚上就放在我睡覺的床底下。到了半夜三更，那些鵝肚子餓了就發出嘎嘎聲，使我無法入眠。我們規定白天要和農民一起勞動，晚上才開會搞「四清運動」。我睡眠不足，經常感到疲勞，晚上開會時經常打盹。怎麼才能使那些鵝在夜間不吵醒我呢？最好的辦法當然是給那些鵝「吃安眠藥」！但我絕對不可以這樣做！怎麼辦呢？我終於想出了既簡單又有效的辦法，那就是睡覺前把那些鵝餵食得飽飽的，使他們安心睡覺。這個辦法果然有效！從那以後我每天從田裡回來就割一些草準備用作餵鵝的飼料。

葵篷大隊山村七隊離廣州市不遠；它和廣州市雖然隔河相望，但這裡的生活條件遠遠落後於市區。這裡沒有水電，也沒有像樣的公廁。村民們煮食和洗漱用的水都是從珠江支流取來的。村民們一般都在夜間取水，一是因為白天忙於勞動，二是他們認為夜間河裡的水相對白天乾淨。夜間由於沒有街燈，人們到河邊打水時只能靠手電筒。根據我的觀察河裡的水其實在夜間和在白天並沒有多大的區別。只是夜間天色很暗，水上的漂浮物很難看到，所以村民們覺得夜間的河水比較乾淨，實際上只是自我安慰。在夜間我到河邊洗漱或打水時經常看到水面有漂浮物，包括人畜的糞便。我無可奈何，用手撥開就繼續洗漱和打水，根本顧不了那麼多。

我在1965年9月來到廣州時，廣州市的供應相對其它地區充裕，只要有錢和糧票，要買各種各樣零食和食品並非難事。到了夜間廣州市更是燈火輝煌，各式各樣的霓虹燈廣告照亮夜空。廣州市當時已經開始有簡單的「夜生活」，人們下班後可以在茶室聊聊天和聽聽音樂，所以當時人們稱呼廣州是東方之珠。然而只有一水之隔的山村七隊和廣州市相比卻是天地之別！在我所住的山村七隊的村民的生活基本上只能保持溫飽。他們每日三餐的菜餚非常簡單，早餐是稀飯和鹹菜，中午和晚上則是米飯和青菜以及醬類食品，他們很少吃到豬肉。記得我有一次吃晚飯前聞到廚房裡飄出一陣陣香味，接著我看到我的女主人（三同戶）從廚房裡小心翼翼地捧住剛剛炒好的菜，其中有一小碟是香噴噴的炒肉碎。吃飯時男主人很開心地用筷子特地給我夾了一塊肉。他的兩個兒女瞪著大大的眼睛看著他的爸爸，期待著他的爸爸也給他們夾肉，但他的爸爸卻不以為然。我看在眼裡痛在心裡，就毫不猶疑把那個男主人夾給我的肉給他們吃。飯後我才得知那些肉是男主人的兒子好不容易從田間抓來的老鼠肉。

我們剛進村時，每天晚上都召集村民開會，除了傳達有關「四清運動」的方針政策外，就是要提高群眾的階級鬥爭覺悟。要提高他們的階級鬥爭覺悟，最簡單的辦法就是搞憶苦思甜。為了掌握好場面，我們要分組討論，每組大約是七、八個人。那些村民一般文化不高，在憶苦思甜時要注意引導他們。「憶苦思甜」的目的是要「憶舊社會的苦和思新社會的甜」，即比較解放前後的苦和樂。但是由於那些村民的文化水準有限，在回憶舊社會的苦難時，一激動就分不清是解放前或解放後的苦，結果有的村民就把六十年代經濟困難時期的苦也吐出來，所以我們要時時抓住話題。當人們對「四清運動」有了認識後，我們就挑選和培養群眾中的積極分子協助村幹部交代他們的問題。當時的農村很窮，生產隊根本沒有多少現金在手，所以他們的經濟問題離不開開會時或出差時大吃大喝或挪用公款，但金額並不大。我們除了叫村幹部交代問題，還組織會計和群眾一起查賬。這些幹部交代問題後，我們就召開群眾大會，叫群眾幫助他們提高思想覺悟。

40. 調查工作

我在山村七隊住了大約一個月後，「四清工作隊」調我去搞調查工作，從此我就住在生產大隊的大隊部；但是為了和貧下中農保持聯繫，我們平時還要和貧下中農同吃和同勞動。我們調查組的任務是調查「五類分子」，即「地、富、反、壞、右」（地主、富農、反動派、壞分子和右派分子）的活動情況。這些人其實已經受到管制和監視，平時不能隨便離開生產隊，也不能亂說亂動。我們調查組的主要任務是從這些被管制的人員瞭解他們最近的表現和活動，更主要的是瞭解最近的敵情。我接觸的「四類分子」當中有一個叫陳九的。陳九是烈屬，其爸爸是 1925 年 6 月 23 日沙基慘案的工人領袖。我們到他的家時他把國務院授予的烈屬證書給我們看。解放後由於他不務正業而養成了小偷小摸的惡習，結果被劃為壞分子。還有一個是富農分子，他是一個從南美洲秘魯回來的華僑。1948 年底他從秘魯回國時帶了一筆錢用以落葉歸根。他用他的畢生儲蓄買了一些田地，結果在土改時被劃為富農！當時我的專案組組長是一個派出所所長，他姓葉，是廣東梅縣人。按照政策那個秘魯歸僑不應該被劃為富農。當我向他反映這個情況時，他只是點

頭默認；出於好心他叫我不要向別人再提了。我明白他的意思並接受他的好意。在那個非常時期有很多冤假錯案，但很多人明哲保身，所以只得採取「將錯就錯」的態度！真是無可奈何！

在葵篷大隊的「五類分子」中還有一個非常突出的老太婆，我記得她叫王玉清，她當時已經快七十歲了，但她說話仍然相當硬朗，站立時也還是筆挺挺的。聽說在解放前她是活躍在葵篷一帶的土匪頭子，綽號是「雙槍老太婆」！在群眾大會上村民們批鬥她時她的態度很坦然，既不緊張，也不囂張，她顯然是一個「老運動員」。她除了承認以前的錯誤，還表示今後要好好接受群眾的教育和監督。雖然她以前是土匪頭子，但群眾在談到她的過去時多數好像在談武俠小說多於在控訴，看不出對她有多大的深仇大恨。這可能和她在解放前打劫的目標多數是有錢人有關，所以普通的老百姓對她不會恨之入骨。至於專政機關之所以對她的監控比其他「五類分子」嚴格，聽說是因為她以前是一個反動會道門的骨幹成員。解放初期由於反動會道門容易被敵人利用反對剛成立的人民政府，所以人民政府對反動會道門的成員特別「關照」，王玉清也不例外。這些「五類分子」在市鎮是由當地的派出所和街道居委，即居民委員會監管，在農村則由生產隊來管。

我們在搞調查時除了收集村民的意見以及在和「五類分子」談話中進行抽絲剝繭式的調查，我們還就有關人員提供的資料到各地進行調查。和我一起搞調查的是一位廣州空軍的年輕幹部，我記得他叫李 X 武，是廣州空軍探照燈部隊的幹部。他在越南參加援越抗美時見過不少慘烈的戰鬥場面，所以他可以坦然地面對一切考驗。據他說，1964 年「北部灣事件」後美國加強對北越的攻勢，並在 1965 年發動了代號「轟雷行動」，對北越進行大規模轟炸。當時越南的空軍力量和防空力量相當薄弱，眼看越南對美國的狂轟濫炸無法招架，中國決定派遣空軍雷達探照燈部隊和高射炮部隊應戰。在越南戰場上我們援越抗美的探照燈部隊和高射炮部隊英勇善戰，打落了無數美國戰鬥機和轟炸機，保證了援越物資和越南軍民的安全。李 X 武非常豪爽，有一次我和他到順德大良鎮外調，調查完畢後已經是午飯時間。我們就找了一家餐廳吃飯，我們點了很多菜，一邊吃飯一邊聊天。由於天氣很熱，我們還叫了「珠江」啤酒。他的酒量實在驚人，吃完飯我們結賬時我才發現我們兩人喝了好幾瓶啤酒！他在越南面對敵人的狂轟濫炸時把生死置之度外，能夠生存回來實在很不容易。他跟我說，在戰場上天天都和死神擦身而過，今日不知明日事，所以現在要好好「慰勞」自己。我完全理解他的心情。

我們在白鶴洞人民公社待了整整一年，說長不長，說短不短。在一年的時間裡我們白天參加勞動，晚上家訪或開會，天天如此，所以時間過得很快。但是一年三百六十五天沒得休息，沒得探親，對他們有家屬的人很不容易。還好我當時光棍一條，一沒成家，二在國內沒有直系親屬，因此沒什麼牽掛。經過一年的「四清運動」大家的思想覺悟都有不同程度的提高。農村的幹部和我們「四清」工作隊員在這次運動中收穫最大。我相信通過這次運動很多農村幹部明白要在村裡做一個好的村領導必須身體力行，不但要吃苦在前，享樂在後，而且必須廉潔奉公。至於我們「四清工作」隊員，通過這次運動也深深地體會到堅持遵守部隊的「三大紀律、八項注意」和堅持貫徹執行黨的方針政策是我們做好各項工作的基本原則。我們時刻遵守這

些基本原則，在運動中不搞無原則的批鬥，也不搞群眾鬥群眾。在我們蹲點的地方沒有幹部或群眾自殺等不愉快的事發生。更可幸的是在這次的「四清」運動中我們的工作隊員也沒有一個違法亂紀。

41.「四清」結束

1966 年 9 月我們的「四清」工作終於順利完成了。那些原來「靠邊站」（即暫時被停職）的農村幹部在交代自己的問題和得到廣大貧下中農的諒解後，絕大部分都得到解放並開始投入抓革命促生產了。經過一年的「三同」我們和農村的幹部以及廣大的貧下中農建立了一定的感情，所以我們臨走時廣大的人民群眾都顯得依依不捨。相信這些群眾對我們的離開有各種各樣的看法，有的真的很捨不得，有的是害怕我們撤退後那些村幹部會打擊報復。和到達時一樣，我們在撤退前也先到白鶴洞人民公社的總部集合。我們在當日上午 8 點多鐘開始出發前往白鶴洞人民公社的總部。到達公社總部時，進入公社的道路兩旁已經集結了很多群眾。當我們的車隊緩緩路過人群時，道路兩旁的群眾不約而同地發出熱烈的掌聲。他們有的高呼：「向中國人民解放軍學習，向中國人民解放軍致敬！」另外一邊的群眾也不甘落後，他們大聲地高呼：「向『四清』工作隊學習，向『四清』工作隊致敬！」他們不是一邊倒地喊口號是有一定的道理，因為我們的「四清工作」隊除了有廣州空軍直屬機關的幹部，還有廣州華南工學院的幹部和教職員工。另外還有來自廣州海軍衛生學校的學員和幹部。

等大家都到齊了，人民公社的領導人就開始向我們講話了。他首先感謝「四清」工作隊員一年來對他們的幫助，特別是在思想上、政策觀念上、社會主義思想和階級思想意識上的幫助。接著公社的領導人向我們全體工作隊員以及廣大的人民群眾保證在工作隊離開以後一定會牢記毛主席的教導抓革命促生產，搞好農村的社會主義建設。他們還保證在「四清」工作隊離開以後絕不會向幫助過他們的群眾進行打擊報復。公社的領導人講完後，「四清」工作隊的負責人就講話，他首先感謝公社領導以及農村廣大幹部和廣大人民群眾對我們工作隊一年來所給予的支持和幫助。同時希望公社的領導和廣大幹部群眾一起繼續積極貫徹黨的方針政策，抓革命促生產，把革命進行到底。講完後我們向公社大會堂前的幹部和群眾致敬並列隊登上等待我們的軍用卡車。當滿載「四清」工作隊員的卡車緩緩離開時，馬路兩旁的群眾不約而同地高喊：「您們辛苦了！祝您們一路平安！」「向中國人民解放軍學習！向中國人民解放軍致敬！「向『四清』工作隊員致敬！向『四清』工作隊員學習！」馬路兩旁的群眾依依不捨地目送我們的車隊離去，而我們也依依不捨地回頭向群眾道別，一直到那些群眾慢慢地從我們的視線消失。

1966 年 9 月 10 日星期六上午十點多鐘我們的車隊終於到達闊別一年的白雲機場。當我們的車隊緩緩駛向機場大禮堂時，從遠處可以聽到人聲鼎沸和鑼鼓喧天的聲音。接著歡迎我們的人群開始歡呼和鼓掌。他們一邊揮動紅旗，一邊高呼：「熱烈歡迎我們的『四清』工作隊員勝利歸來！」「向『四清』工作隊學習，向『四清』工作隊致敬！」我們真是受寵若驚，頃刻間我們身上的疲勞就九霄雲散了！我們的車隊一到，在大禮堂廣場的歡迎群眾就不約而同地蜂擁而上，他們迫不及待地和我

們握手。我們下車時，他們搶著幫我們拿背包，提行李，真如抗日戰爭結束時人們歡迎凱旋回來的戰士一樣，場面真是感人。然後我們就到大禮堂參加由各個單位聯合舉辦的祝捷大會。大會結束後各單位就設便宴招待我們這些剛從農村「四清」第一線回來的戰友。吃完便飯，那些有家屬的就趕著回家團聚。當時我還是單身，廣州白雲機場運輸服務大隊就是我的家。大會結束後我就回到運輸服務大隊預先安排的宿舍。我們的宿舍很簡單，除了供四個人睡的木製單人床外，其它設備就欠奉了。我記得和我同住的是丁小林，他是北京外語學院法語系的畢業生。當時我們的宿舍是和機務大隊（負責維修飛機的技術人員）一起，離我們的舊候機室不遠。我在農村搞「四清」時整整一年沒法好好地、痛痛快快地洗澡，所以我到宿舍後要做的第一件事就是盡情地洗個澡和洗刷我的衣物和鞋子。

42. 初當翻譯

1966 年 9 月 11 日是星期日，我們休息一天。休息那天我去候機大樓和運輸服務處的辦公室看看。9 月 12 日星期一我到幹部處報到和領取由幹部處幫我保管的一年工資。幹部處把我分配到國際業務處當翻譯兼助理員。國際業務處的辦公室就在候機大樓二樓，和國內業務處及宣傳科相鄰。當時國內業務處的處長是陳祖俊處長，陳處長是一位三・八式幹部（即抗日幹部），是北方人，工作踏實，為人低調和平易近人。國際業務的處長是崔世運，他是山東人，是從空軍轉業的。宣傳科的科長是施耐樂，下有兩個助理謝靜吾和劉夢月。劉是高天雄副局長的太太。由於她和我的太太同姓，所以我們很好。當時我家裡的毛主席紀念章基本上是她給的。高是菲律賓歸僑，解放前曾經和廣州市市長曾生在東江縱隊打游擊。由於他的海外關係，文革期間受到由號稱「湯司令」的「民航造反派」頭頭衝擊。我的歸僑身份使他的太太開始和我們家疏遠了，聽說怕受我們這些從海外回來的華僑的影響，這種情況在當時是可以理解的。在國際業務處和我一起工作的有宋缽、王有為和丁小林三個翻譯員，他們都是北京外國語學院的畢業生。宋缽和王有為是地道的北京人，丁小林是浙江溫州人，只有我是印尼歸僑。另外，還有四個翻譯比我早來，他們是借調到巴航的曾陸豐，他是馬來亞歸僑，以前是廣州市一所小學的校長。另外一個是借調到印尼航空公司的莊紀郎，他是印尼邦加（Bangka）歸僑。其他兩個是從廣州暨南大學物理系和暨南大學數學系招來的印尼文翻譯溫新發和陳茂春。他們來到白雲機場後就分配到值機室。同我一起來的還有英文翻譯王毓穎，是四川外語學院畢業生。他一來到廣州民航管理局就被分配到廣州人民南路民航售票處搞國際票務。

當時廣州白雲機場的國際航班不多，只有巴基斯坦航空公司（Pakistan International Airways-PIA）、嘉魯達印尼航空公司（Garuda Indonesian Airways-GA）、法國航空公司（Air France-AF）和柬埔寨航空公司（Royal Air Cambodge）。巴基斯坦航空公司每週有兩班機，是從西巴的卡拉奇（Karachi）經東巴的達卡（Dacca）到廣州，然後再從廣州到上海。法航平時只飛到上海，廣州交易會（廣交會）開幕期間才加班到廣州。印尼航空公司是從印尼首都雅加達（Jakarta）飛到廣州。柬航是從柬埔寨的金邊（Phnompenh）直飛廣州。後來又多了老撾航空公司（Royal Air Lao），是從老撾的萬象（Luang-Prabang）到廣州。印尼和巴基斯坦航空公司飛行的航線是當時最熱門的，因

為當時中印兩國的關係正在處於蜜月期，中印兩國人民友好往來頻頻。至於巴基斯坦航空公司，由於當時中巴兩國關係密切，不言而喻巴航成了當時中國出國人員的首選。當時印尼航空公司的經理是印尼萬雅老（Menado,Indonesia）的華人李文龍（Lie Boen Liong）。他自稱是李世民的後裔，但他連最起碼的中文也不懂。至於巴基斯坦航空公司的經理是西迪奎（Sidique）。我們當翻譯的平時就在辦公室看看報紙或學習，有國際航班時才到候機大樓幫幫忙。

我到達國際業務處不久正好有加拿大太平洋航空公司（Canadian Pacific Airways）的代表團訪問。這個代表團是個夫婦檔，即由加拿大太平洋航空公司的總經理和他的太太兩人組成，所以很容易接待。當時快要「文化大革命」（『文革』）了，所以廣州農民運動講習所（『農講所』）成了廣州市外賓參觀的重點。廣州民航管理局出面接待外賓的是剛從空軍調來的局長孟力，他是北方人，個子很高，人很大方爽直。國際業務處負責接待的翻譯除了我，還有王有為，真是勞師動眾。我和孟局長及加拿大外賓乘坐紅旗牌轎車。王有為和其他工作人員坐華沙牌轎車。一個航空公司的總經理受到這麼高規格的禮儀實在少見。在回東方賓館途中，那位加航總經理用非常好奇的目光不停地東張西望。當時正好下班時間，馬路上有很多騎自行車回家的「上班族」。那個加航總經理說我們廣州比加拿大好，路上沒那麼多機動車輛，非常環保。我們的局長只是客套地點頭表示感謝。我也沒法過多地發表自己的看法和感受，我和局長一樣只能說謝謝。當我們的車路過廣東省迎賓館時，那個加拿大外賓突然間好奇地問我們的局長為什麼迎賓館的外牆插有花花綠綠的玻璃碎片。我們的局長不慌不忙地說：「為了美化，以前廣州的有錢人喜歡用這些玻璃碎片來裝飾他們的圍牆」。其實我心知肚明，那個加拿大外賓「醉翁之意不在酒」！他心裡在想：「您們既然說廣州治安很好，幹嘛要在賓館的外牆裝上這些用來防盜的玻璃碎片呢！」

晚上我們在廣州市三元里溫泉賓館設宴招待加拿大貴賓。當時溫泉賓館剛剛啟用，是當時的一流賓館。那天晚上的晚餐非常豐富，不但有魚和白灼蝦，還有茅臺酒和雪糕。我們吃的是中餐，所以沒有刀叉，只有筷子和碗碟。那個加航總經理的太太看來不太會用筷子，吃蝦的時候老夾不住。其實我們吃白灼蝦習慣上都用手抓，不用筷子。那個加航總經理看到我們自自然然地用手抓，也跟著用手抓，可是她的太太可能以為用手抓不符合餐桌禮儀，所以堅持用筷子夾，結果怎麼抓也抓不著。她的丈夫看得很著急，他不停地貼近她的耳朵耳語。她可能沒聽到，所以繼續埋頭「苦練」使用筷子的功夫。她的丈夫看得有些不耐煩，他突然大聲地說："Grab it!"（抓住它！）。可是由於她太緊張，所以沒聽清楚。這時她的丈夫就更大聲地說："Use your hand, grab it!"（用你的手，抓住它！）。這時，她才終於明白。我的天啊，我實在看得很辛苦！

宴會結束前，那兩名加拿大外賓提出來要見見大廚，過了不久大廚出來了。大廚出來前，餐廳的燈光突然變暗，接著我們看到那個大廚手裡端著一盤火向那兩名外賓走近，然後把手上的一盤火交給那個加航總經理的太太。這時餐廳突然亮起大燈，大家才恍然大悟，那一盤火原來是為兩位遠道而來的加拿大外賓特製的雪糕！這個雪糕美其名曰叫「雪山起火」。接著廚房的全體員工也出來向來賓致敬！我們就報以熱烈的掌聲表

示感謝！那天晚上的菜餚非常豐富，也很有特色，賓主雙方都吃得津津有味，談得也津津樂道。他們邊吃邊喝，而我則忙著翻譯，真是忙得不可開交，沒空品嘗那些佳餚！等宴會結束，大家都捧著肚子離開溫泉酒店時，我的肚子才真實地告訴我沒有吃飽。那個加拿大航空公司的總經理這時也才醒悟過來，他一邊和我握手，一邊對我說對不起。他對我們的局長說：「今天晚上胡翻譯最辛苦，他整天忙著為我們翻譯，根本沒空吃東西，難怪他很瘦！」可惜他沒有早點說！當我回到宿舍，飯堂裡已經沒飯吃了，而機場裡唯一的候機室餐廳也已經關門了，只好餓著肚子睡覺了。這是我大學畢業後第一次做翻譯最難忘的經歷！

43. 文革時期

1966 年正值文革時期，按照國務院的規定我們中國民航不搞「四大」，即「大鳴、大放、大字報、大辯論」，而是搞正面教育。這時在地方單位到處開始出現大字報，特別是在大專院校等教育單位。中國民航雖然是搞正面教育，但不是與世隔絕，特別是我們的營業處（售票處）。當時廣州中國民航營業處位於廣州市人民南路，是廣州市最繁華的地段。這裡天天人來人往，車水馬龍，非常熱鬧，是地方造反派貼大字報最理想的地方，因此民航營業處前面的櫥窗天天貼滿號召人們造反和打倒「走資派」的大字報。民航營業處的同事「近水樓臺」，每天早上開門營業前可以飽覽熱辣辣的大字報！他們耳濡目染，開始接受當時瀰漫全國的時興口號「造反有理」。民航營業處的同事多數是青壯年，而且還是中專和大專生，文化水準不低，文筆不錯。他們當中大多數充滿熱誠，熱愛革命，熱愛

▲ 1967 年在廣州白雲機場伊爾 -18 飛機旁。

祖國和熱愛黨，對外面的大字報很有感觸，所以也想在文化大革命中充當先鋒隊。由於外界的感染，我們的營業處也開始出現大字報。這些大字報雖然沒有貼在街頭，矛頭也不是指向中國民航廣州管理局的領導，但是卻違反了國務院和空軍有關中國民航不搞「四大」的規定。

▲ 1968 年在白雲機場舊候機樓留念。

為了避免事態擴大，中國民航廣州管理局運輸服務處決定委派趙忠賢和我下去蹲點。我雖然剛剛搞完「四清」回來，但我畢竟是初出茅廬，入世未深的「臭老九」（文革時對知識分子的蔑稱）。在文革的大氣候的薰染下和營業處的同事們的影響下，我對文革的看法開始有些轉變。我覺得營業處的同事們雖然有貼大字報，但是只限內部參閱。他們只要不像外面的單位搞「鬥、批、改」就不算搞「四大」，因此不用太過緊張，更不能上綱上線。我的這種看法使我沒法完成領導上交給我的任務。加上我一有空就喜歡看貼在民航營業處門外的大字報，而且還喜歡發表自己的看法，當然犯了大

忌。記得我有一次在看外面貼的大字報時發表自己的看法，這時我的後面正好有我們車隊的司機也在看大字報。他好心地對我說：「老胡，您是知識分子，剛從學校出來，而且還是華僑，您還是少管為妙！」他還說：「您沒有經歷過反右，當時也說要大鳴、大放、大字報、大辯論，反右開始前也保證「三不」（不抓辮子、不扣帽子、不打棍子），結果很多人上當了！」過了不久，那個司機的話果然沒錯，運輸服務處的領導出於對我的愛護叫我回到原單位學習。後來我才明白叫我回去學習的目的是為了「說服」我。

我調回去學習不久，廣州白雲機場運輸大隊出現了一些大字報。這些大字報是由署名叫「毛澤東思想戰鬥隊」的組織貼出來的。這個戰鬥隊是由綽號叫「唐司令」的人當頭目。他是運輸服務大隊的一個職員，真名是唐澤順，是河南人。在他的大字報裡他把矛頭指向我們的高副局長。高副局長是菲律賓歸僑，1937 年回國參加由曾生領導的抗日游擊隊「東江縱隊」。「唐司令」不顧國務院和空軍三令五申地強調中國民航不能搞「四大」的命令，在運輸服務大隊對高副局長搞批鬥大會。中國民航廣州管理局的其他省級單位，也是有樣學樣地成立戰鬥隊和搞批鬥大會。他們的這種做法不利於抓革命促生產。在文革時期鐵路經常癱瘓，其他陸路交通也經常中斷，中國民航的飛機對保證中央文件和人民日報的運送非常重要。這時外面的造反派也開始把目標放在我們白雲機場。有一次廣州市一些造反派急著要到北京開會就到白雲機場準備強行上飛機，但機組人員拒絕開機，他們只好離開。一些非洲旅客看在眼裡記在心裡，結果也有樣學樣。有一次有一批尼日利亞女乘客來到機場時由於其機位沒有確認而無法上機，她們就學那些造反派強行上機。我們只好出動邊防軍，強行把她們拉下來。那些尼日利亞女乘客身強力壯，我們的兩個邊防軍花了九牛二虎之力才把她們拉下來。正當飛機開始啟動時，她們不顧生命危險從候機室衝出來躺在飛機的滑行道阻擋飛機起飛，邊防軍只好把她們抬上電瓶車強行拖走，真是險象環生！

造反派強行上飛機失敗後就把目標放在我們白雲機場運輸服務大隊的運輸車。這輛車是英國進口車，可以根據飛機的高度升降，這種車在當時只有白雲機場才有。造反派對這種車的造型和性能很感興趣。有一次我們的車隊出去送貨時差一點被造反派劫持，還好最後只是有驚無險。國務院對事態的發展非常關注，經空軍同意白雲機場的車輛自此以後一律掛上空軍的「午」字軍用車牌。這樣廣州市的所有造反派就不敢再打我們白雲機場的車輛的注意了。到了 1967 年 7、8 月全國各地開始出現武鬥，廣州市在1967年7月19日發生「華僑糖廠武鬥事件」後，不同派別的造反派也開始爆發全面武鬥了。當武鬥開始發生時，我已經調回廣州民航營業處工作。那些武鬥大多數發生在大專院校和工廠區，離我們營業處很遠，但每當武鬥完畢，那些造反派就喜歡抬著在戰鬥中「壯烈犧牲」的戰友的「遺體」沿街遊行。我們廣州民航營業處所處的人民南路是廣州市的主要街道，是那些造反派遊行時的必經之路。我們的營業處得天獨厚的地理位置使我們可以目睹文革上演的一幕幕悲劇。

隨著武鬥的開始，各造反派為了加強自己的武裝就開始衝擊軍事單位和公安局以及派出所去搶槍支和彈藥。由於黨中央對部隊和公安部門發出「罵不還口、打不還手」的指示，那些造反派就更加肆無忌憚、變本加厲，使武鬥一發不可收拾。

1967 年 8 月 7 日有人提出要「砸爛公（安）、檢（察院）、法（院）」，結果司法機關和公安部門就癱瘓了，整個社會都處於無政府狀態了。有些造反派打著「造反有理」的口號無法無天地到處搞武鬥和「打、砸、搶、掠」。社會的動盪不安使人們天天人心惶惶和恐慌度日。一些不法分子為了達到其不可告人的目的到處散播謠言，趁機渾水摸魚。1967 年 8 月 11 日，廣州市謠傳有三千多名勞改犯出逃並且正在向廣州進發。這個謠言還有聲有色地說那些勞改犯攜帶剛從部隊搶來的武器彈藥正在浩浩蕩蕩地殺入廣州。聽到這個恐怖的消息後，不明真假的廣州老百姓在造反派的帶領下組織了居民「聯防隊」以便抵擋勞改犯的衝擊。為了保障自己的安全這些「聯防隊」分地段劃定保安區，並且定出了自己的聯絡口令。結果在那個非常時刻正好到廣州出差或公幹的外地人由於無法講本地話或答不出口令而被抓，如果沒法給予圓滿的答覆就必死無疑。這些人經草率審問後就被活活打死或吊死，其屍首就被掛在電線桿或樹上示眾。這種恐怖景象在廣州市人民南路、沿江路、盤福路和教育路等有很多電線桿和大樹的地方到處可見，其中沿江路和人民南路最多。根據不完全的統計，在 1967 年 8 月 11 日至 12 日兩個晚上就有 170 到 180 人冤枉而死。這些無辜遇害的人有很多是外地人、乞丐、精神病患者、農民和婦女，真正是勞改犯的並不多。

44. 「紅色海洋」

我在廣州民航營業處待了大約半年多，由於工作需要，1968 年初又調回廣州白雲機場協助運輸服務處宣傳科搞「紅色海洋」，即搞大型毛主席語錄板以便向搭乘中國民航客機的中外旅客傳播毛澤東思想。這些語錄板主要是掛在候機室大堂和候機大樓兩旁搶眼的地方。這些語錄是用中英文寫的，中文由原廣州民航管理局機務大隊大隊長莊鵬飛先生負責，英文則由我負責。和我們一起工作的還有我們的法語翻譯丁小林、一位退役的空姐、一位原「兩航」，即原國民黨「中央航空公司和聯合航空公司」起儀飛行員以及曾經為蔣介石的專機領航的原「兩航」起儀人員。丁原來是我們運輸服務大隊的共青團支部書記，和我同住一間宿舍。他是浙江溫州人，平時很愛講話。我在白雲機場時，早上一早起來喜歡練舉重，而丁一早起來就到我們運輸服務大隊的搬運隊協助搬貨，真是精神可嘉。有一次他看到我在鍛鍊身體就走過來大聲地對我說：「你這個臭知識分子，有力氣跟我一起搬貨，這是和工農兵打成一片的好辦法！」我只是以笑應對，不予回答。

那天晚上他吃過晚飯就垂頭喪氣地來找我。當我問他有什麼事令他不開心時，他只是說了一句話：「真是吃力不討好！」我不明所以，只好牛頭不對馬嘴地說：「是這樣的啦，你平時很少鍛鍊，搬貨肯定很吃力！」他馬上把他早上在搬貨時發生的不愉快事件如實地告訴我。原來他和其他搬運隊的同事那一天早上有一個很特殊的任務，就是從飛機上卸下毛主席石膏像。這個毛主席石膏像特別高，又特別重，是我們從外地特地訂做並準備擺放在新候機室大堂的入口處。為了保護石膏像不在運輸途中損毀，製作石膏像的單位特地用嶄新的棉被把石膏像包裝得密密實實，並且放入特製的大木箱。運輸服務處把這個卸毛主席石膏像當作是非常非常重要的政治任務，所以頭一天晚上我們的教導員就特地召集那些參加卸毛主席石膏像的搬運隊進行交代。丁當時是我們的團支部書記，所以自告奮勇參加卸

貨。他不知道那個特別高，又特別重的木箱裝的是什麼。當他和其他搬運隊的同事從飛機的貨艙裡卸下石膏像時，就嘮嘮叨叨地說：「沉的真像棺材！」他的話音一落，在他旁邊和他一起卸下毛主席石膏像的搬運隊小組長易順初就問他：「你剛才說什麼，再說一遍！」丁還是矇查查，他就說：「我說重得像棺材一樣！」這時那個搬運隊的小組長就指著他的鼻子大罵：「這是毛主席石膏像！你膽敢詛咒毛主席！你罪該萬死！」這時他才知道闖了大禍！

那天晚上他在床上翻來覆去睡不著，就起來寫檢討。在檢討裡他寫道：「我雖然是大學畢業生，又是團支部書記，但我的思想覺悟沒有搬運隊的同事們高。今天早上我在參加卸毛主席石膏像時說了一句對毛主席不忠的話。我今後一定好好地學習毛主席著作，好好地向工人階級學習，好好地改造自己。」他寫完後給我看了一下，我覺得他寫得很有誠意，相信組織上肯定可以原諒他，但是不便表態。過了幾天大隊就開大會，在大會上我們的教導員把丁在卸毛主席石膏像時所發生的事向大家報告。接著我們的教導員把丁的書面檢討讀給大家聽，同時還表揚了我們搬運隊的小組長易順初同志的思想境界很高，並且勉勵我們努力學習毛主席著作和向工人階級學習。教導員沒說完，突然間有人跳出來講話，他一邊揮動毛主席語錄，一邊高喊：「毛主席萬歲，萬歲萬歲萬萬歲！」他一喊毛主席萬歲就把整個會場的氣氛推向最高潮。看到大家開始群情激動，他就高喊：「丁 X.L. ！你站出來！」這時大家（不包括我！）跟著高喊：「丁 X.L. 站出來！打倒反革命分子丁 X.L. ！」喊這些口號最響的是搬運隊的人，特別是易順初！

隨後幾天丁繼續沒完沒了地寫檢討，無論他怎麼懺悔還是沒法過關。為了防止他想不通而做傻事，領導就叫我特別注意他的一舉一動。自從在大會上有人高喊「打倒反革命分子丁 X.L. 後，他就經常悶悶不樂，並且經常喃喃自語說：「我詛咒毛主席，我罪該萬死，我是反革命！」有一天晚上，半夜刮大風下大雨，雷電交加，突然間我隱隱約約看到丁急急忙忙地衝出宿舍，一瞬間就消失在黑夜中。不久他全身濕透地回到宿舍，並且喃喃自語地說:「這次真的完了！真的完了！」我安慰他說:「有事慢慢講，身體要緊，趕快換衣服，小心別感冒！」他換了衣服後就跟我說：「昨天晚上我寫信給我的太太，把我被打成反革命的事告訴她。今天早上我把信投進候機室郵電局的郵筒，後來我怕影響她的工作就要求郵局的老郭把信取出來收回。我把信撕成碎片丟在稻田地裡，剛才我出去想把撕成碎片的信找回來，但已經找不回來了，恐怕已經給保衛處拿走了。」我跟他解釋說：「今天晚上下那麼大的雨，肯定被水沖走了！別想歪了！」他聽了以後就點點頭說：「我真是糊塗，謝謝你。」

45. 喜慶日子

1968 年為防止武鬥繼續擴散而導致全面失控，我們的最高統帥要求部隊進行了「三支兩軍」，即「支工、支農、支左」以及「軍管、軍訓」的任務，對全國公安、法院、以及廣播電臺、郵電、鐵路、機場、港口、重要倉庫等重要設施和機構進行管制以便保證鐵路運輸、航運和航空交通的暢通。監於中國民航的特殊性和重要性，中國國務院決定把中國民航劃歸空軍領導。從那年開始我們就可以穿上軍裝，並且參加空軍軍訓和軍事拉練。劃歸空軍對我來說真是夢寐以求的事；1961 年我在福建省

廈門市集美華僑補校參加高考前曾經報名參軍，當時我所報的就是空軍。後來由於考上廈門大學我就繼續我的學業，結果失去了參軍的機會。這次我們中國民航劃歸空軍，埋在我心裡將近二十年的參軍夢終於實現了！實在令人振奮！體制的改變使中國民航從此以後可以用徵兵的形式來填補流失的人員和增加新血液。要增加新血液就必須吐故納新、新陳代謝。俗話說，「舊的不去，新的不來」，這意味著老的一批幹部和職工必須復員。我的預測沒有錯！那些跟著「唐司令」上竄下跳的人不久就給他們復員。他們當中的大部分人就由中國民航統一安排轉業到離我們白雲機場不遠的三元里廣州第二電線廠工作。自那以後白雲機場就沒有人再搞「四大」了！中國民航的這一招真是了得！

1968 年對我來說是一個喜慶的一年。那年我們劃歸空軍，在 8 月 1 日建軍節那天我們發了一整套空軍軍裝，正式成為中國人民解放軍的一員。劃歸空軍時我屬排級幹部，所以我發的軍服有四個口袋，而且還發給我帶有領章的軍大衣。同年十月一日又是我的喜慶日子，那一天我同一位在廣州市教育路小學當老師的漂亮姑娘結婚。中國民航在當時屬於比較特殊的國家機構，當時又剛剛劃歸空軍，對家屬的要求比地方單位嚴格得多。我是印尼歸僑，我的太太也是印尼歸僑，而且來自印尼的同一個城市，即印尼東爪哇美里達市（Blitar City,Indonesia）。她當時在廣州市教育路小學教體育課，是廣州市青年籃球代表隊的隊員。她不但很漂亮，而且為人大方和開朗，是我心中最理想的「另一半」。由於中國民航的特殊性，我們的婚姻必須要經過黨組織審批！審查的內容包括我的準太太的家庭出生，親屬關係，社會背景和個人表現。在調查的過程中，組織上發現她有港澳關係。這種情況在現在沒什麼大不了，但在當時的中國民航的保衛處和幹部處看來就不得了！我們的黨支部書記當時曾經說服我放棄這段婚姻，理由當然是為我的個人前途著想。可是我的態度很堅決，我和郭書記的談話僵持不下，最後我只好決定攤牌。我要求辭職！我們的談話雖然最後不了了之，但組織上後來不再反對了。

在得到組織上的默認後，1968 年 9 月 16 日，星期一，我和我的準太太拿著我們單位的證明到廣州市越秀區北京路街道居民委員會民政事務組正式登記結婚。由於我們倆的父母都在國外，所以沒有人給我們證婚。我們唯一的證婚人就只有給我們辦理登記手續的街道居民委員會民政組的辦事員。登記儀式很簡單，根本不需要宣誓。登記完後，那個民政組的辦事員就叫我們倆讀出寫在結婚證書上的一條毛主席語錄；這條毛主席語錄這樣說的：「我們都是來自五湖四海，為了一個共同的革命目標，走到一起來了。……一切革命隊伍的人都要互相關心，互相愛護，互相幫助。」讀完語錄後，那個民政組的辦事員就叫我們在登記冊上簽名。簽完名他就把結婚證書交給我們。登記儀式雖然相當簡單，但很莊重。當我們走出街道居民委員會辦公室時，我對我的「另一半」耳語，「我們都是來自印尼的同一個城市和同一間學校，為了共同的革命目標回到祖國的懷抱參加社會主義建設，我們今後一定要更加互相關心，互相愛護，互相幫助……」。當我講完，我看到我的太太的臉上泛起了甜蜜的微笑。真可惜那天是星期一，拿到結婚證書後我們還得各之回到自己的單位「抓革命，促生產」了！不然我們就可以簡簡單單地慶祝這個喜慶的日子！

我們的郭書記雖然曾經反對我們的婚姻，但在我們舉行婚禮的那一天還是很熱心地為我們主持婚禮。我們的結婚儀式因陋就簡，既不穿婚紗，也不拍結婚照，更沒有設宴招待親朋好友。我們只是邀請運輸服務大隊的同事在大隊的乒乓球室舉行非常簡單的茶會。正如前面說過，我們是在 1968 年 10 月 1 日國慶日舉行婚禮的。那天晚上在參加國慶聚會時我們的郭書記通知大家吃完飯後到大隊的乒乓球室聯歡。當大家到齊了，郭書記就問大家今天是什麼特別的日子。大家就異口同聲地說：「國慶日！」「沒錯，今天是國慶日！所以今晚大家要開開心心地慶祝」，郭書記說。這時有一個河南老鄉曹恒超突然間叫起來，「老胡今天要請大家吃喜糖！請大家鼓掌表示歡迎！」聽到這個好消息，大家不約而同地報予熱烈的掌聲。接著我們的郭書記就宣布，「今天我們的老胡要和一位漂亮的姑娘成親，大家要不要見一見這位姑娘？」大家再次報予熱烈鼓掌表示歡迎，並且不停地喊：「要！要！要！」接著大家一起叫：「快！快！快！不要像個老太太！」

當我的準新娘步入乒乓球室時，全場再一次爆發出熱烈的、經久不息的掌聲。當掌聲停了，我們的郭書記叫我拿出我們的結婚證書給大家看。接著郭書記又叫我們倆大聲讀出結婚證書上寫的毛主席語錄給大家聽。我們遵從郭書記的意見讀出結婚證書上的毛主席語錄，「我們都是來自五湖四海，為了一個共同的革命目標，走到一起來了……」。這條毛主席語錄是我們每一個革命戰士耳熟能詳的語錄，所以當我們倆開始大聲讀出這一條語錄時，大家就不約而同地和我們一起讀。這樣一來歡樂的氣氛就自然而然地進入高潮。當氣氛進入高潮時，人羣裡突然有人高喊，「吃喜糖，吃喜糖！快點吃喜糖！」我太太就把帶來的糖果、花生和餅乾交給我們的「司儀」曹恒超。他就把糖果、花生和餅乾撒到乒乓球檯上，並且大聲地喊：「吃喜糖囉！吃喜糖囉！」話聲剛落，大家就爭先恐後地蜂擁而上。頃刻間，乒乓球檯上的糖果、花生、餅乾就一掃而光！茶會結束前郭書記叫我們倆拿出語錄本並叫我們讀：「下定決心，不怕犧牲，排除萬難，去爭取勝利！」當我們倆遵照郭書記的要求讀出這一段語錄時，大家就唱起了這個在當時廣為流行的語錄歌來結束這個非常簡單的婚禮。

自 1968 年 10 月 1 日我們倆結婚那天，我們理應已經正式「成家立室」。「成家立室」英文譯成 "To take a wife and establish a family"。我自結婚那一天起的確已經娶老婆，即 "take a wife"，但我們倆結婚後根本就沒有地方住，所以實際上還沒有「立室」，即還沒有正式 "establish a family!" 這是由於我雖然在結婚前已經向我們的後勤部申請結婚宿舍，但我的申請書猶如石沉大海，毫無音訊！還好我們的副大隊長武文藝，幫我們臨時安排住在機場招待所住宿。不然的話我們倆結婚的那一天晚上不知要在哪裡「棲息」？！我們雖然暫時可以住在招待所，可惜招待所只准我們倆住兩天！兩天後我和我的太太就要各自回到自己的宿舍。過了大約一個多月，後勤部終於給我們安排臨時宿舍。我們的臨時宿舍在白雲機場的北門，就在機場衛生所前面。這間臨時宿舍是一間用紅磚砌成的單間房，除了一張木板床，一切設備就欠奉，既沒有獨立的洗手間，也沒有獨立的廚房。從那簡陋的情況，可以看出來這間宿舍以前是建造機場候機室的建築工人臨時搭建的工棚。沒有獨立的廚房對我們來說不是大問題，因為我們平時都在飯堂吃飯。最麻煩的是那個公用廁所離我們的宿舍有一段距離，天黑時沒有路

燈，下雨時也沒有走廊避雨，實在很不方便。當時和我們一起住的鄰居只有兩家人，一個是廖繼海一家，另外一家是曹景喜一家。廖是我們新來的英文翻譯，曹是在我們運輸大隊的搬運組工作。

1969-1979

46. 到「五七幹校」

在外國，特別是在西方國家，結了婚一般都要度蜜月，但在當時的中國就沒有這種被認為是資產階級的傳統習慣。在當時的白雲機場運輸服務大隊我們有時連禮拜天（星期天）都沒有放假。有一天，我們在禮拜天安排插秧勞動時有人問了一句：「今天是星期幾？」這時有人回答說：「今天是禮拜天！」我們的大隊長聽了就脫口而出地說：「我們共產黨人沒有什麼「禮拜天」，我們不是基督教徒，不用作禮拜！」聽到我們的大隊長這麼一說，有些骨幹分子就附和地說：「大隊長說得沒錯，我們沒有禮拜天……」。當發現自己又說「禮拜天」時，那個人就結結巴巴地再說一遍：「對，對，對……我們共產黨人星期天也要抓革命捉生產！我們沒有禮拜天！」總而言之，在那個特殊的年代一切都要服從「革命需要」！其實，我的太太自從和我結婚以後就更加辛苦，因為當時如果有「最高指示」，大家就不敢怠慢，哪怕是半夜三更，寒冬臘月或颱風下雨都要回原單位慶賀以表達我們的忠心。我的太太當時是在廣州市教育路小學工作，從白雲機場騎單車到她的單位最快都要半個多小時。到了單位以後還要到越秀區的教育局集合，然後還要高舉「忠字牌」和橫幅標語轟轟烈烈地沿著廣州市的大街道到廣州市市委辦公室表忠心！這麼一折騰，一個晚上都不用休息了，而且第二天還要繼續上課！真是有苦難言！

1968 年，當黑龍江柳河幹校被命名為「五七幹校」時，全國各地都紛紛響應，大批「五七幹校」如雨後春筍地在各地開辦，大批中、老年幹部被「下放」到「五七幹校」勞動鍛鍊。為了響應黨的號召，1969 年 2 月初中國民航也動員自己的幹部到廣州空軍所辦的五七幹校勞動。在動員大會上，我們運輸服務大隊的大隊長要求大家積極回應，並且要求大家寫決心書來表達我們的決心。因此人人理所當然地被要求表態來表示堅決支持和熱烈擁護。我當然不甘落後，也積極回應和寫決心書要求到「五七幹校」鍛鍊。1969 年 2 月 10 日星期一，運輸服務大隊召開大會，第一批到「五七幹校」的應徵者入選名單終於放榜了！我和原廣州民航營業處營業員余忠燦、孟召林、白國秀、陳輝元、法語翻譯丁小林、印尼茂物（Bogor City, Indonesia）回來的印尼文翻譯陳茂春、值機室值機員甘華、李憲留以及國內業務處助理李鴻禧和謝靜吾都在入選名單內。

到「五七幹校」的入選名單雖然已經公布了，但我們何時出發和到哪所「五七幹校」去，卻不得而知！大隊只是要求我們隨時準備出發，隨時待命，這可能是因為部隊的調動是絕對保密的吧！在出發那天由於我的太太正好在上班，我就沒有辦法通知她，只是留下紙條要求她自己保重。我出發時，家裡沒有人來送我。我不敢帶很多東西，只是好像要參加部隊拉練時用軍用棉被捆了一些冬天和夏天的衣服以及部隊發的布鞋和涼

鞋，還有軍用水壺和牙刷、牙膏等必需品。在我的軍用挎包裡，我裝著毛主席著作和毛主席語錄中、英文版。出發時我們被要求到大禮堂前面的廣場集合。當我背著行裝徒步前往大禮堂時，半路碰到在通訊大隊工作的趙樞斌。他在騎單車從南門幹部宿舍回單位值班，看到我孤苦伶仃地沿著通往大禮堂的路上行走時就停下來，熱情地用單車載我。一路上他囑咐我要注意安全、保重身體和好好鍛鍊。到達大禮堂時，鑼鼓喧天、紅旗招展、人山人海，非常熱鬧。大家到齊後，我們的政委米加農站到大禮堂的臺階上向我們發表講話。在講話中，他勉勵我們到「五七幹校」後好好學習毛主席著作和好好鍛鍊，出色地完成黨交給我們的革命任務。

到了下午兩點多鐘，大禮堂外面的高音喇叭播出了革命歌曲「歌唱祖國」。當聽到那首歌的歌詞「五星紅旗迎風飄揚，勝利歌聲多麼響亮……」時，大家不約而同地唱起來。過了一會我們就聽到廣播喇叭發出通知，「同志們請注意，同志們請注意……！出發時間到了，請大家準備上車！請大家排好隊，準備上車……！」這時，大家開始向送別的親友告別。有的家屬看來依依不捨，緊緊地握著自己的親友的手不放。這也難怪，因為她們不知道我們要去哪裡？去多久？還能不能回來也還是未知數！唯獨我孤苦伶仃地看著別人向自己的親友道別。當廣播喇叭播出「三大紀律八項注意歌」時，我們便開始列隊上車。我們上車時，來送別的家屬開始站到道路兩旁。所有要到「五七幹校」鍛鍊的人員上完車後，我們搭乘的軍車就緩緩地離開大禮堂的大廣場，站在道路兩旁的人群一面揮動五星紅旗，一面高呼「祝您們一路平安！毛主席的『五七指示』萬歲！……」。這時，我突然間聽到車上有人唱起毛主席語錄歌「下定決心，不怕犧牲，排除萬難去爭取勝利！……」。大家一聽到這個在當時非常流行的語錄歌也不約而同地唱起「下定決心，不怕犧牲，排除萬難去爭取勝利！……」。一聽到這首歌，我腦海裡馬上閃現出在我們結婚時我們的黨支部書記郭海曾經叫我們倆讀出這條毛主席語錄。我終於領略其真正含義，真是無巧不成書！

運送我們的車隊離開大禮堂後就前往機場南門的方向前進，再往左轉向廣州市的交電新村前進。進入交電新村後我們的車繼續沿著白雲山區的林蔭路前往沙河鎮軍用火車站。這個火車站沒有候車室，也沒有月臺，只有一列「門罐車」停在那兒。這種「門罐車」是專門運送牲畜的鐵皮車，中間有一個很大的、用鐵做的滑門，所以我們慣叫「門罐車」，也有人稱「悶罐車」。我們到站後，其他部隊的車隊也陸續來到。當太陽開始下山時，我們開始排隊點名，點完名就列隊上車。一進入車廂大家都「鴉雀無聲」，這個「軍列」（軍用列車）的車廂根本沒有座位，我們眼前看到的只有鋪在車廂裡的稻草和放在車廂兩頭的木桶。這些鋪在車廂裡的稻草是供我們在夜間躺著休息用的，而放在車廂兩頭的木桶是供我們「方便」用的。當全部的人都上車了，車廂中間的鐵門就「砰」一聲地關上了。這個鐵門一關，車廂裡就漆黑一團，只有從車皮邊邊的小窗口才可以看到夕陽微弱的光線。上車時，我沒有看到有人送車，所以沒有依依惜別的場面。我們上車後沒有人從小小的窗口探頭或揮手向各單位派來的代表告別。可能大家都認為這一切都是多餘的！大家上車後就趕著找地方躺著休息。

當我剛剛找到地方休息時，我突然看到一個我非常熟悉的

面孔，他就是三、四年前和我在廣州市郊區白鶴洞人民公社一起搞「四清運動」的廣州空軍機關幹部秦朝甲。他一看到我就露出有些好奇的目光，我也覺得有些驚奇。我心裡在想，這個世界真小！他看來有些心事重重，目光也有些呆滯，看來好像在想很多很多問題。這也難怪，他肯定想得比我還遠，因為他在部隊幹了很多年，經歷的事也肯定比我多得多。我是印尼歸僑，剛參加工作，相對他來說入世未深，對國內的政治運動還不太理解，所以有些傻乎乎和無所謂。我們雖然三、四年未見，但我們見面時卻沒有多少話說，可能他很明白在這個「非常時期」還是少說為妙！俗話說：「說多錯多！」這時我想起了我到廣州交易會陪加拿大外賓時看到的「三隻小猴子」作鬼臉的雕塑。那些小猴子以可愛的姿態向大家做三種不同的鬼臉，一隻猴子用雙手蒙住眼睛，另一隻猴子用雙手掩住雙耳，還有另外一只用雙手捂著嘴巴。那些加拿大外賓看得很入神、很好奇。當他們問我那些猴子要表達什麼時，我就告訴他們說：「從那三隻小猴子的表情我們可以猜到他們在暗示大家 "See not, hear not and speak not!"，即「不看，不聽，不說！」我相信這就是當時那個廣空機關幹部的內心世界。

47. 在征途中

我們上車不久就聽到火車的汽笛聲開始響了，「嗚……嗚……嗚……！」鳴笛聲一次比一次大聲，一次比一次長。接著火車開始開動了，並慢慢地離開車站。離開車站後，火車開始開足馬力，火車的鐵輪和鐵軌碰撞的轟隆轟隆聲越來越大。我本來想躺著休息，但車廂的碰撞聲和鐵軌的碰撞聲實在擾人。大家的情況都和我差不了多少，躺著不舒服，坐著也不舒服。想看書光線不足，想聊天怕說錯話。俗話說：「病從口入，禍從口出！」我記得英文也有類似的格言，即 "A close mouth catches no flies!"。可是我們的路途畢竟很遙遠，一路閉嘴很不容易。這時候，那個從印尼茂物回來的印尼文翻譯陳茂春來到我的身邊。可能他也覺得很悶，想找人聊聊天。他和他的一家人在印尼排華時回國。回國後他的家人被安排在廣州市郊區的華僑農場務農。他和另一個從印尼雅加達回來的印尼文翻譯溫新發一樣，都是廣州市暨南大學的畢業生。溫新發是物理系的畢業生，而陳茂春則是數學系的畢業生。由於當時印尼嘉魯達航空公司剛剛開航，所以就被聘用為中國民航廣州管理局的印尼文翻譯。我和他一路聊天，但談的不是國事，也不是政治，只是談天說地。談到累了才似睡非睡地合上眼睛。

我們坐的雖然是軍用車，但不是「專列」。我們一路雖然不停站，但當有普通列車路過時，我們還得到一個小站停車讓路，所以走得很慢。還好我們的肚子一路上沒有「造反」，不然就難為我們了！我們一路上看不到外面的情況，只聽到火車的鐵輪和鐵軌碰撞的「轟隆，轟隆，轟隆……」聲和火車的鳴笛聲，所以我們根本不知道身在何處。第二天早上，火車到達粵北的韶關站停車加水時，我們才知道自己的確實位置。韶關站是廣京線和由廣州前往全國各地的必經之路，很多火車在這裡停站加水。我們在這裡停車時間比較長，大家可以下車洗漱和方便，也可以添加飲用水。韶關雖然是大站，但是當時站裡的基本設施還很不足。我們的「大兵」一來到，供我們洗漱的水龍頭和供我們方便的廁所就不成比例了！人人都有「三急」，我們在火車上憋住一整夜，剛剛下車就想解決，哪能再等！很多人只好跑到廁所後面的小樹叢就地解決了！還好我們的大兵

都是「握短槍」的，即男的，沒有女兵，而且天還剛剛矇矇亮，所以不會給人留下不雅的印象。我們的車停了大約半小時就繼續前進，我已經記不著當時有否給我們吃早餐。

我們離開韶關後，火車繼續開足馬力前進。由於我們看不到外面的情況，所以火車開往什麼方向我們完全一無所知，但我相信是開往北部的方向。到了上午 9 點多鐘，我們的火車終於到達離韶關有三百多公里遠的衡陽火車站。衡陽火車站比韶關火車站大，是一個非常繁忙的鐵路樞紐。我們的火車在這裡停了大約半個鐘頭才繼續我們的路程。開車後，我們還是不知道火車到底往什麼方向走，但從火車站的廣播喇叭我隱約聽到從這裡開出的列車有前往廣西桂林的和廣西南寧的。到下午四點鐘左右我們的車終於停車。車一停，我們就聽到我們的領隊大聲喊話：「到站了！到站了！請大家準備下車！」我聽到火車車廂中間的大鐵門轟隆一聲地打開，下車後我們才知道我們停的站是廣西鹿寨的一個小站。鹿寨是在衡陽以南大約六百多公里，位於桂林和南寧之間的一個小鎮。我們下車時每個車廂的鐵門旁都有人站著點人頭以確保沒人留在車廂內。等大隊人馬都下車後，每個車廂的負責人就報告人數。下車時我見到站內已經有迎接我們的先頭部隊和當地的領導。站內和站外還站滿了揮舞「小紅書」和高舉「熱烈歡迎廣州空軍『五七幹校』的第一批學員」的橫幅標語的群眾。歡迎群眾雖然沒有敲鑼打鼓和載歌載舞，但已經使我們這些在火車廂內睏了兩天兩夜的人感到無比溫暖。更使我們高興的是我們原來並非被送到東北的北大荒。這時大家才落下心頭大石！

接著我們就列隊登上停在站外等候我們的軍車。我們的車隊在灰塵滾滾的黃泥路上走了大約 30 分鐘就到了一處叫「廣西鹿寨石榴河廣空五七幹校」的農場。我們的車進入農場後，農場的小路兩旁的甘蔗地、木薯地和花生地就進入我們的眼簾。從車上我們還看到農場裡的豬圈、牛欄、馬棚和魚塘。農場裡沒有多少建築物和房子，只有幾間慘舊的平房和新搭建的軍用帳棚和茅草棚。我們剛來到的學員都被安排在新搭建的軍用帳棚和茅草棚棲身，原有的平房是用作原農場幹部和職工宿舍或留作「五七幹校」的行政辦公室。我們到達鹿寨時正好臨近春節，天氣寒冷，而且經常下雨。當天晚上正好有寒流南下，溫度突降，寒冷的北風和冰凍的雨水使我們徹夜難眠。第二天早上一早起來我們看到農場裡有很多樹的樹枝都被凍得折斷。校部動員我們全體學員清理跌落在通往校部小路兩旁的樹幹和樹枝。當時雨還在下，寒冷刺骨的天氣使我們的手腳僵硬和笨拙。由於我們剛剛到達，我們還沒來得及發放勞工手套，我們只好赤手空拳地投入戰鬥。我們把撿來的樹幹和樹枝拉到我們連部食堂旁邊的空地上留著當柴燒。這是我們到達「五七幹校」後的第一堂勞動課。

48.「五七幹校」

我們的「五七幹校」原來是解放後專門為解放戰爭時被俘的國民黨戰俘和他們的家屬而設的勞改場。根據原農場幹部的介紹，這個勞改場看管的都是校級以上的戰俘或組長以上的國民黨特務。我們來到農場時，大部分戰俘已經被遣散，只有少部分還留在農場。當時還留在農場的戰俘及其家屬住得非常簡陋，多數是住在他們看管的豬圈旁邊或馬棚旁邊簡單搭的棚子。這個勞改場看管的戰俘中有一個是前國民黨駐越南西貢的大

使。解放後他和其他國民黨戰俘一起被安排在這所勞改場勞動改造。聽說這個原國民黨大使以前曾經學醫，因此勞改場就安排他當「場醫」，即勞改場的醫生。和其他戰俘比較，他所受到的待遇就好很多了。他不但不用參加體力勞動，而且還可以住在勞改場醫務所旁邊的宿舍。另外，他在西貢當大使時的姨太太偶爾還會寄僑匯給他！他真是這個農場的「幸運兒」！勞改場裡還有一個是前國民黨高級將領傅作義的副官。傅作義起義後，這個副官被編入中國人民解放軍。解放戰爭時由於他不聽從指揮，使我軍在一場戰鬥中損失慘重，結果就被送到這個勞改場。他是東北人，長得很高大，平時負責駕駛場部的馬車。由於他以前當過副官，他一見到「五七幹校」的首長或場裡的幹部就會像軍人一樣立正敬禮。勞改場裡還有一個很年輕的「戰俘」，他不像一個國民黨軍官。據場裡的幹部說，他是國民黨軍官的兒子。在「三反、五反」時其父母遭到鎮壓，所以就交給勞改場託管。農場由廣空接管前他也被遣送回老家，但由於在「文革」時在農村有很多「四類分子」及其家屬遭村裡的民眾趕盡殺絕，所以他又跑回勞改場避難。

勞改場解散時很多莊稼沒來得及收割，其中急待收割的是花生和木薯，所以搶收花生就成了我們來到「五七幹校」的當務之急。收割花生不需要什麼技術，只要能彎腰和有力氣用手拔就行了。我們的花生地很大，可能有十個足球場那麼大。我們第一次拔花生時剛好在下雨，泥土鬆軟，所以不費很大的勁就可以拔。但寒冷的天氣和泥濘的花生地使我們感到真不是滋味。那些花生因為已經過了收割季節還埋在地裡，加上連日下雨，所以很多花生已經發芽。綿綿細雨使我們沒法把收割好的花生曬乾，只好堆放在倉庫裡晾乾，一有太陽就馬上拿出去曬。

為了加快收割的進度，空軍的工程隊就用拖拉機幫我們翻土，我們的任務只有把已經翻出土來的花生收集好，裝上車後運走就了事。收割花生的任務雖然看來很簡單，但連續幾天不停地彎腰也會使人腰酸背痛！對我們來說收割花生並不困難，最使我們感到頭痛的是那些花生收割完以後沒地方曬。結果我們只能眼睜睜地看著辛辛苦苦收割的花生出芽、發霉和腐爛，真是令人心痛！

搶收完花生後，我們就搶收木薯。我小時候住在印尼東爪哇、美里達市屬下的洛多約鎮（Lodoyo, Blitar, East Jawa , Indonesia）。這個地方是缺糧區，木薯是當地人的主糧，村裡人幾乎每家每戶都有種木薯。我的童年生活非常艱苦，幾乎天天要用木薯果腹，當我看到木薯時就有一種說不出的親切感，因為木薯給我帶來了小時候甜酸苦辣的回憶。小時候我的家周圍也種了不少木薯，到收割時我會幫爸爸收集那些剛從地裡挖出來的木薯，我對怎麼收割木薯一點都不陌生。和我一起到「五七幹校」的部隊幹部大部分是北方人，有很多人沒見過木薯。當場裡的幹部向我們介紹如何收割木薯時，他們都聽得津津有味。收割木薯比收割花生吃力得多，因為地裡的木薯長得又粗又長，埋在地裡又很深，有時光靠力氣很難拔出來，所以有時還得用鋤頭挖，不但費時，還很費力！還好廣空的工程兵出動了其「機械化」部隊，他們用拖拉機把地裡的木薯翻出土來，這樣我們就省力得多。我們的任務只有用竹筐把那些剛從地裡挖出來的木薯裝上停在路旁的汽車就可以。這些木薯然後再送到我們的木薯加工廠加工成木薯粉。

收割完木薯已經快到春節了，各個連隊都開始忙於準備春

節聯歡的節目。不排節目的就參加「擁軍愛民」活動和「訪貧問苦」或「憶苦思甜」活動。談到「憶苦思甜」活動使我想起在「文革」時我們廣州民航管理局運輸服務大隊的黨支部書記谷廣弟講的一段話；他在講到舊社會的地主惡霸都沒有一個是好人時說出了使我終身難忘的一句話，他說：「鳥鴉就是鳥鴉，天下鳥鴉一般黑！」幫他寫稿的文書向他耳語後，他就更正說：「烏鴉就是烏鴉，天下烏鴉一般黑！」當時在場的人都不敢吭氣。到了「五七幹校」後，我們就經常把「鳥鴉就是鳥鴉！」這一句話用來幽默大家！當年春節是我們來到「五七幹校」的第一個春節，所以校領導和鹿寨縣的縣革委會領導都很重視。縣裡派出龐大的擁軍團到我們的幹校派發各式各樣的慰問品，其中使我難忘的有像小臉盆一樣大的毛主席像章和花生糖。可惜這個毛主席像章在我出國時送給我的大姨，不然現在可以拿到香港的「蘇富比」拍賣行去拍賣！

我們接管勞改場時，場裡有兩三百多頭豬、二十多隻牛和好幾畝魚塘以及十幾隻馬。剛剛接管勞改場時，我們要趕著收割地裡的莊稼，無暇接受這些豬圈、牛棚、馬廄和魚塘，所以暫時由原來在勞改場工作的勞改犯看管。春節來了，這些豬和牛以及魚塘裡的魚正好可以給我們改善伙食。我和吳永南、甘華以及陳茂春就被派去抓魚。在春節前，桂北的天氣特別冷，要下魚塘抓魚需要一定的勇氣和決心。為了抵禦寒冷刺骨的天氣，連裡給我們準備了兩瓶高粱酒和熱氣騰騰的饅頭。下水前我們吃了饅頭和喝了一些酒，然後就大聲念毛主席語錄：「下定決心，不怕犧牲，排除萬難，去爭取勝利！」我們一面做暖身動作，一面一次又一次地、不斷重複地唸毛主席語錄，直到全身發熱就拖著沉重的漁網跳進冰冷的魚塘裡。那個魚塘特別大，有幾個足球場那麼大，水也很深。為了安全我們只有在魚塘旁邊的淺水處撒網，魚塘中間水深過頭，沒法撒網。聽說魚塘裡的魚已經很久沒人抓，所以我們剛剛把網撒下去，一拖上來就有很多漁獲。魚塘裡的水特別冷，我們每拖一次網就上岸喝酒暖身。到最後上岸時，大家都喝得有點頭暈，手腳也僵硬了。還好我們很快就抓到足夠的漁獲量，不然我們可能會醉醺醺地沉到魚塘裡。我們回到連隊時，炊事班特別準備了好幾桶熱水給我們洗澡來清洗身上的污泥。同時還準備了熱呼呼的佳餚和米酒給我們暖身。當時我的手指都僵硬了，根本沒法抓穩手上的筷子，我只好用手抓食了。

49. 新春佳節

人們經常說：「獨在異鄉為異客，每逢佳節倍思親。」對那些很少離家或第一次離家的人可能的確有這樣的感覺。1960年8月1日我離開印尼回國，1969年我到「廣空五七幹校」，到那時我離家已經快10年了。這十年來，我每逢佳節都是在外面過的，所以我一點也不覺得自己是「獨在異鄉為異客」。「每逢佳節倍思親」是人之常情，已經成家立室的人每逢過年過節都會想家和想自己的親人，這是可以理解的。我的情況和其他人略有不同，回國後我從來沒有回過自己的家，更確切地說根本就不能回家。讀書時我把學校當著自己的家，到中國民航後我把中國民航當著自己的家，到了「五七幹校」我就把「五七幹校」當著自己的家。我到「五七幹校」前三月才成家，我的太太和我一樣是印尼歸僑，身邊沒有什麼親人。成家不久我就得離開我心愛的人，使她沒法感受到家庭的溫暖，這使我有時感到很內疚。我從來沒有埋怨，埋怨是無濟於事的，埋怨只會

對下放到「五七幹校」有抵觸情緒。在那個特殊的年代，抵觸情緒會影響自己的進步，甚至和組織對立，後果可想而知。我一向敢於承認現實和面對現實，一切順其自然。直到現在我還是遵從這個原則，事實證明這個做人的準則使我在遇到問題和遇到疾病時能處之泰然，積極面對。

春節那天，我們除了加菜和派發節日禮品，晚上還有文藝節目助興。當時我們來到「五七幹校」雖然才一個星期，但我們連隊的炊事員準備的佳餚卻不亞於當時廣州市的頂級餐廳。那天晚上的「春節大餐」有富強粉饅頭、肉包、餃子、花卷、紅燒魚、紅燒豬肉、燜牛腩、炸花生米和米酒。這是我回國讀書後第一次吃到這樣豐富的春節大餐。到晚上我們還可以觀看精彩的文藝演出。參加演出的除了鹿寨縣的文藝隊和「五七幹校」的文藝隊，還有海軍後勤部的文工團。海軍後勤部的文工團演出的節目真是一流，文工團的女演員那漂亮的面孔和婀娜多姿的身材更使我們這些夫妻分隔兩地的軍人更加思念自己的愛人。還好我們當時吃過晚餐才看節目，不然當我們看到那些文工團的美女時就會像曹植在〈洛神賦〉裡說的一樣「華容婀娜，令我忘餐」了！說實在的，那些海軍後勤部文工團的演員的確迷人，但我們時刻牢記「三大紀律，八項注意」，所以我們不敢想入非非！不然很可能會「鋌而走險」了！看完節目後，大家餘興未盡，回到宿舍大家各有各的節目，有的打牌，有的拉家常。我不會打牌，只好一邊享受美味可口的花生糖，一邊和陳茂春拉家常。那些花生糖是鹿寨縣革委會在擁軍活動時贈送的。當我慢慢欣賞花生糖時，我的嘴巴突然發出「喀嚓」一聲。我馬上張開嘴巴，用手摸一摸我的上牙，「真糟糕！我的牙崩了！」。原來我吃花生糖時咬到摻在花生糖裡的鐵礦石殘渣，上顎的臼齒就崩裂了！真是令人掃興，搞得我那天晚上再也沒有心情再聊天了！

春節過後我們沒有急迫地搶收任務，從廣空調來的工程兵就利用這個空檔大搞我們幹校的基本建設。我們的「五七幹校」原來的學員宿舍還沒有建好，大部分學員還住在臨時搭建的軍用帳棚裡。當時的基礎設施很差，電力有限，水源不足，這真是那些工程兵大展拳腳的時候。他們首先從柳州市拉電線和到鹿寨縣附近山腳找水源。從柳州市到鹿寨縣有 58 公里左右，要拉電線必須要先豎起電線桿，任務非常艱鉅。如果要電力局承接這樣的大工程，可能非要半年到一年才能完成。像這樣龐大的工程通常需要柳州市和鹿寨縣的財政部門、電力部門和其它很多部門審核和批准才可以動工，這麼一來半年時間肯定不行。但是軍事工程不用通過這麼繁雜的手續，那些工程兵說幹就幹，說做就做，他們用一天等於二十年的工作速度把這項艱鉅的工程在一個月內完成，實在驚人！他們再用同樣驚人的速度和戰鬥精神找到水源、鋪設水管和建好宿舍。當工程兵忙於搞基本建設時，我們就準備春耕。我們當時種的農作物主要有花生、木薯、甘蔗和水稻。副業方面有養豬、養雞、養鴨、養魚、養牛和種蔬菜。我們從廣州民航來的學員都不是「專業戶」，所以不被安排負責那些副業。那些副業多數是留給那些屬於專案組看管的人員來做。

我們廣空「五七幹校」的學員都是來自空軍的連以上幹部。當時和我們在一起的空軍幹部中有瀋陽空軍副司令員、新疆軍區空軍副司令員、雲南軍區空軍指揮所主任以及南京軍區空軍司令員聶鳳智（1914-1992）。聶司令員是一位老革命，他

於 1929 年參加工農紅軍，1955 年被授予中將軍銜。他參加過好多戰役，其中有 1949 年 4 月 21 日至 6 月 2 日著名的渡江戰役。在朝鮮戰爭中他任中朝聯合空軍司令員，在大陳列島戰役中他擔任空軍司令員。他著有《戰爭－將軍的搖籃》一書。聽說由上海電影製片廠製作的著名的電影《渡江偵察記》就是根據這位將軍的事蹟改編的。他在「五七幹校」時被安排種菜，由三個中央文革專案組的人員負責看管。聶司令員當時雖然已經年過半百，但是他的軍人體魄還是很健壯。他在菜地負責集肥，聽說他當時每天還可以挑 200 趟大糞，真不愧是一個軍人！為了避免發生意外，那三個負責看管他的中央專案組人員一天二十四小時輪流看管他。那個瀋陽空軍副司令員被安排在木薯加工廠工作，新疆空軍副司令員被分配做什麼工作我已經記不著了，那個昆明軍區空軍指揮所的主任則被分配到養豬場。那些受管制勞動的空軍人員被安排去搞副業，相信是為了方便看管。如果他們也和我們一樣種木薯或種甘蔗，那就很難看管了，因為木薯地和甘蔗地很大，容易逃跑，真是防不勝防了！

50. 柳州空軍醫院

我們在「五七幹校」是普通學員，沒有像那些空軍司令員和副司令員由專案組人員「特別關照」，所以舒服得多。在「五七幹校」我們吃得很好，餐餐有富強粉饅頭和魚肉，比在廣州中國民航管理局運輸服務大隊的職工食堂的伙食好得多。到夏天，勞動完畢後我們還可以到連隊的冰室喝青島啤酒，在那個年代這種生活真是令好多人嚮往！我們還在白雲機場時，工作完畢後除了要打掃候機室，還要政治學習。在「五七幹校」，雖然勞動強度較強，但勞動完畢很少有政治學習，就是有政治學習，也不用像在白雲機場時要人人表態，人人過關。在「五七幹校」，雖然要天天勞動，但心情非常愉快，真是何樂而不為也！過了春節我們連的炊事班天天還是給我們準備好吃的佳餚，可是我那個崩裂的牙齒卻經常和我過不去，吃東西時經常會隱隱作痛，實在令人煩惱。春節後有一段時間是農閒，我決定到鹿寨縣人民醫院把這個經常折磨我的牙齒連根拔掉。我心裡想，這樣就可以一了百了。縣人民醫院的牙醫非常熱情，看到我是廣空「五七幹校」的軍人就優先給我看病。當時只有他一人在值班，牙醫診所裡沒有護士，也沒有助理。診所外面有很多病人在等他，他一人忙得團團轉。他給我做簡單檢查後，就給我打麻醉針，等我的齒齦開始麻痹了就開始動手拔牙。我的牙很「頑固」，拔了一次又一次，還是拔不掉。過了一陣子，麻醉藥就失效了，但我的牙還是拔不出來。那個牙醫連續三次給我打麻醉藥，但他費了九牛二虎之力還是拔不掉。到了十二點半，他實在太累了，我也肚子餓了，我只好建議停手。我不拔了！說實在的，我已經沒有信心了！

第二天我從場裡的幹部得知，原來縣人民醫院的老醫生在文革時都下放了，留下來的都是剛從醫學院畢業的見習醫生。經過折騰，我的牙齒不但沒治好，而且更加痛了，我只好決定到柳州空軍醫院求醫。從鹿寨到柳州有 58 公里，為了早點看病和早點回來，我就搭乘早班車。我上午 10：30 到達柳州空軍醫院，接待我的護士告訴我當天已經掛滿號了，要到第二天上午才可以安排我見醫生。那位護士給我登記後，就給我安排住宿。吃過中午飯，我就去逛街。我首先是到離空軍醫院不遠的魚峰山公園去玩。魚峰山就在柳州市內，山高 88 米，從山腳要登上 300 多個臺階的石徑才可以到達山頂。從山頂往北眺望可以

瞭望到碧綠的江水和柳州市的市容以及飛越江面的橋樑。傳說劉三姐曾經在魚峰山傳唱山歌，並在小龍潭騎魚升天成仙。遊完魚峰山公園後，我就搭乘市內的公車前往雞公嶺（雞公山公園）。公車沿著江邊行駛，使我能夠從近距離欣賞柳州市的市容。1968 年 4、5 月間柳州曾經發生一場大規模武鬥，即當地人所稱之「三大戰役」。據說為了擴大控制區，兩大造反派出動了數千人的造反大軍參加大會戰。在戰鬥中他們使用了各種常規武器，從手槍、步槍、衝鋒槍、輕重機槍、手榴彈、高射機槍、高射炮、炸藥包、迫擊炮、六零炮、自製大炮和九二野戰炮等。當地人跟我開玩笑說：「總而言之，除了飛機、火箭和原子彈外，所有輕重武器都用上了！」

我到柳州大約是在 1969 年 2 月底，距離 1968 年武鬥只有 7 個月左右，雖然當時已經沒有戰鬥的慘烈場面，但那次武鬥留下的痕跡還是歷歷在目。我從車上看到市面上已經恢復平靜，路上到處可以看到人來人往的行人和接載乘客的車輛，但馬路兩旁那些燒焦的房屋卻遮蓋不了那場號稱廣西武鬥之冠的柳州「三大戰役」所留下的瘡疤！我有一次沿著江邊遊覽這個號稱橋樑城市的柳州時，還看見在橋底下的江面上漂著一具浮屍，從其衣著可以看出這個不幸的人好像是剛剛遇害不久。這時橋上人來人往，但路過的人似乎已經司空見慣，視若無睹！我曾經在網上看到有這麼一句話：「人性的惡一旦失去法律的約束，就如同被釋放出來的惡魔！」在文革時期出現的慘絕人寰的群眾鬥領導、群眾鬥群眾、學生鬥老師、妻子鬥丈夫、孩子鬥父母的反常現象就是人們由於失去法律約束最好的寫照！這就是為什麼那些所謂「造反派」及其幕後黑手之所以在製造混亂和挑起武鬥前必須先「砸爛公、檢、法」的原因。我逛街回來時，已經快到吃晚飯的時間，我洗完澡就去食堂吃飯。食堂裡有很多穿著青草色，即淺綠色軍裝的軍人。他們雖然穿軍裝，但沒有戴帽徽和領章。這些軍人聽說是剛從越南回來的傷病員。他們是援越抗美的空軍高射炮部隊和探照燈部隊人員。我和他們雖然是在同一個飯堂吃飯，但我很少聽到他們講在越南時的戰爭經歷。相信這是由於他們是受軍事紀律約束吧。

柳州空軍醫院給我的感覺像一個療養院，在我住院期間沒有聽到，也沒有看到有救護車進出醫院。到了晚上，醫院裡沒有什麼活動，唯一可以消遣的地方是醫院的閱覽室。在閱覽室裡，除了有報紙和雜誌看，還有兩三張康樂球檯。那些從越南回來的軍人多數在埋頭看報紙或看雜誌，有的在寫家書，所以沒有人作伴和我打康樂球。我在閱覽室瀏覽報刊雜誌到晚上八點多鐘就回房休息。我住的是單人房，離護士值班室不遠，非常舒服。這個單人房比我在廣州白雲機場的家還好，所以我那天晚上睡得特別香。早上，當我聽到醫院裡播出的解放軍進行曲時，我才朦朦朧朧醒來。依照預約時間，我上午十點鐘準時去見柳州空軍醫院的牙醫。那個牙醫很年輕，看來又是一個剛從牙醫學院畢業的醫生。柳州空軍醫院牙醫診所的設備比鹿寨縣人民醫院好得多，而且也乾淨得多。診所裡還有護士協助那個牙醫準備好檢查牙齒用的醫療器械。看了這種情況，我心裡得到安慰，我在心裡頭默默地想：「但願一切順利！」當一切準備完畢，那個牙醫就叫我坐到手術椅上，接著他叫我張開嘴巴給他檢查經常折騰我的那顆牙齒。他看了一下就安慰我說：「我看您的牙齒沒多大問題。您的牙根還是很好，暫時可以保留，等您以後回廣州可以叫廣州的『458 空軍醫院』給您裝上牙冠。」他的結論實在令人失望！

51. 狂犬病恐慌

我在柳州空軍醫院吃完午飯後就乘搭巴士回「五七幹校」。當我回到「五七幹校」時，我發現我們的連隊是靜悄悄的，只看到住在我的隔壁房間的趙龍坐在他的房間前面曬太陽。他告訴我連裡的人都下地勞動準備春耕去了，他由於身體不適就請病假了。趙龍平時生龍活虎，現在卻看到他戴著軍帽、穿著軍大衣縮成一團，手腳還不斷地顫抖。看來他病得真不輕，我只好勸他好好休息。到了晚上，他的病情沒有好轉。他的室友看到他病得很辛苦都很關心他，有的給他拿藥，有的給他拿水。他吃了藥就開始嘔吐，吐的身上都是嘔吐物。他的室友馬上拿一臉盆水準備給他洗臉和洗手；一看到水，他馬上就露出驚恐的樣子，而且把那盆水打翻。他的室友見到他病情很嚴重就馬上送他到校部的醫務所。到了醫務所，當醫生開燈給他檢查時，他馬上用手遮住眼睛，看來非常怕光。

醫務所的趙醫生從趙龍的醫療記錄得知趙龍前些日子曾經被野狗咬傷，因此他診斷趙龍得了狂犬病，需要馬上打狂犬病疫苗。醫務所沒有狂犬疫苗，趙醫生只好向鹿寨縣人民醫院求助；但縣人民醫院也和我們一樣，根本沒有狂犬疫苗。我們只好趕緊用校部的吉普車把趙龍送到 120 多公里外的桂林空軍醫院。經過一個多小時的車程，趙龍終於被送到桂林空軍醫院。到達空軍醫院時，趙龍已經不省人事了。趙醫生和桂林空軍醫院的醫護人員馬上大力搶救。當趙醫生發現趙龍的心跳已經停止時，他馬上給他做胸外心臟按壓。經過十多分鐘的胸外心臟按壓，趙龍還是沒有甦醒，趙醫生只好決定劏胸給趙龍做開放式的心臟按摩。在做開放式心臟按摩時，趙醫生的手術手套被趙龍斷裂的肋骨刺破。趙醫生馬上把血擠出來並加以消毒，可惜桂林空軍醫院沒有狂犬病疫苗，因此沒法給趙醫生及時打預防針。經過大家全力以赴的搶救，趙龍還是無法救活，他和我們永別了！

趙龍是我們來到「五七幹校」後第一個死去的學員。「五七幹校」為他舉行了簡單而莊嚴的葬禮。在葬禮上我們的王政委羅列了趙龍來到「五七幹校」後的勞動表現和為人，號召大家要向他學習並且要化悲痛為力量，以革命加拼命的精神抓好春耕。接下去趙龍的戰友和學員代表也上臺表達對趙龍的哀思和表態宣誓如何以實際行動落實抓革命、促生產。春耕是我們來到「五七幹校」後必須打好的第一場仗，所以我們的校領導非常重視。開完追悼會的第二天大家都用「化悲痛為力量」的行動投入緊張的春耕勞動，暫時忘掉了失去戰友的悲哀。

趙醫生下放前是廣州「458 空軍醫院」的一位著名外科醫生。到「五七幹校」後他被安排在我們的醫務所，仍然以他那高超的醫術和崇高的醫德為人民服務。他不但為我們「五七幹校」的學員看病，還為附近生產隊和農村的老百姓看病。趙醫生的高超醫術隨著被治好的村民的口述傳播到鹿寨縣內外的大小村落，結果在「五七幹校」的醫務所前面天天可以看到抬著病人的村民排隊等候趙醫生的救治。趙醫生對這些求醫的村民都來者不拒！不幸的是，趙醫生沒有察覺到在他體內潛伏著趙龍傳染給他的狂犬病病毒。他搶救趙龍後的第三週，突然發燒和全身不適，並且有怕光、怕水的症狀。他心裡很清楚，他已經感染了狂犬病。校領導非常關注趙醫生的病情並且第一時間通報廣州空軍。廣州空軍要求校領導不惜代價進行搶救，並且

指令鄰近的空軍醫院大力協助。為了搶救趙醫生，廣州空軍指令武漢空軍從武漢製藥廠去弄狂犬病疫苗並用軍用飛機空運到桂林空軍醫院。

在鹿寨縣，趙醫生患病的消息牽動了千千萬萬人的心。為了搶救趙醫生，縣領導發動了縣內、縣外的老中醫和村民獻出治療狂犬病的祖傳秘方並連夜熬煎給趙醫生喝。與此同時，為了防治狂犬病蔓延，縣領導還命令捕殺全縣的野狗。趙醫生喝了老百姓為他特別熬製的中藥後，其病情果然有些好轉。校領導不敢怠慢並連夜送趙醫生到桂林空軍醫院。與此同時，武漢空軍醫院從武漢製藥廠搞到了狂犬病疫苗後，就馬上用「運 5」飛機空運到桂林。當趙醫生到達桂林空軍醫院時，狂犬病疫苗也已經送到醫院了。經過大力搶救，趙醫生奇跡生還了。到底是老百姓治療狂犬病的祖傳秘方救了趙醫生，還是那個狂犬病疫苗挽救了他的生命已經沒有必要去追究了，最重要的是趙醫生平安無事了。當時有很多人在打聽那個治療狂犬病的祖傳秘方的藥物成分，可惜我沒有記錄下來，我只記得其中有紫竹根。

52. 春耕時季

在南方春耕來得早，我們來到「五七幹校」後大約兩個多月就開始春耕了。俗話說：「一年之計在於春」，所以大家必須把春耕抓緊。為了打好春耕這一場仗，我們的「五七幹校」來了一批新入伍的戰士。他們大多數是從湖南農村來的，個個都身強力壯，相信他們的到來可以大大加強我們的春耕力量。這些新來的戰士很勤勞，天剛曚曚亮就可以看到他們在連隊食堂前的大水池旁磨刀霍霍，準備參加甘蔗春植。這個用磚頭和石塊砌成的四方體水池本來只有兩米高，是原來的勞改農場建的。我們的隊伍來了以後，水池的儲水量就不夠用了。為了應付需要，空軍的工程兵幫我們把水池加高兩米。有一天早上，當那些新兵正在水池旁磨刀時，裝滿水的水池不勝負荷，剛加高的水池突然崩塌。水池崩塌時猶如水壩決堤，沒有防備的戰士被突如其來的石塊壓住，有的正好打中頭部，有的正好壓住胸膛。他們被搶救時有的已經昏迷，有的口吐鮮血，眼睛翻白。

這個突發事件不但驚動了整個「五七幹校」，還驚動了縣革委會。縣人民醫院一接到我們醫務所的求救電話就馬上派出唯一的救護車。當救護車到達時有三個受傷嚴重的戰士已經奄奄一息了，經醫護人員搶救，最後還是沒法救治。我們來到「五七幹校」才一個多月就失去四個戰友，實在令人傷心。我們和這三個新戰士雖然不熟悉，但我們對痛失這三個新戰友都深表哀悼和惋惜。為了對這些戰士寄託我們的哀思，「五七幹校」馬上成立追悼委員會。由於我們的連隊最靠近校部，追悼會就在我們連隊的廣場舉行。出席追悼會的除了有各個連隊的代表，還有來自廣州空軍、縣革委會及群眾代表。而我們連的全體幹部和指戰員都全部參加。

在追悼會上，廣州空軍的代表、我們「五七幹校」的黨委書記、我們連的教導員、縣革委會代表、各個連隊代表以及來自三個遇難戰士的家鄉湖南的幹部代表都講了話。在講話中，我們「五七幹校」的黨委書記引用了毛主席在〈為人民服務〉的文章裡的語錄，「人固有一死，或重於泰山，或輕於鴻毛，為人民的利益而死就比泰山還重。」他說，這三名戰士雖然犧牲了，但他們是為人民的利益而死的，所以他們的死比泰山還

重。他們雖然不是在戰場上犧牲，但他們是在自己的革命崗位上為黨的革命事業光榮犧牲的。當我們的黨委書記在追悼會上宣讀廣州空軍黨委追認這三名戰士為共產黨員和革命烈士的決議書時，參加追悼會的幹部戰士都高呼「向烈士們學習，向烈士們致敬」「抓革命，促生產，把革命進行到底」。

在桂北（廣西北部），如鹿寨縣，二、三月份是甘蔗的春植期，所以種植甘蔗是我們來到「五七幹校」後第一個春耕的首要任務。種植甘蔗不需要很高的技術，原戰俘勞改場的幹部給我們指導一下就會了。我們只需要把有雙芽的甘蔗莖用砍刀斜斜地切成一段一段，然後平植或斜植插入已經犁好的土地即可。為了減輕我們的勞動力，廣州空軍工程兵用自製的農業機械幫我們犁耕和翻土，因此我們在種植甘蔗時比較輕鬆。我們的甘蔗田非常大，插入甘蔗種時需要彎腰，所以種完甘蔗後還是會腰酸背痛的。

種完甘蔗後我們就開始種木薯。種木薯和種甘蔗差不多，也是從木薯的莖選種。選種時要找莖粗和有雙節的莖，然後用砍刀把木薯莖斜切成約 33 釐米長的種苗。接著就把木薯苗平放在已經犁好了的畦溝裡，然後蓋上泥土就行了。甘蔗和木薯是廣西的主要農作物，所以我們的木薯地和甘蔗田都很大。我們的甘蔗田和木薯地離開我們的營房比較遠，中午我們要在田間吃午飯。為了使我們能夠搞好春耕，連裡的食堂給我們準備了美味和豐富的午餐和充足的開水，使我們在田間能夠吃到熱騰騰的食物。

春耕季節容不得半點偷懶，我們種完甘蔗和木薯後就馬不停蹄地開始播種花生。種花生比種甘蔗和木薯更簡單，我們只需把挑選好的花生種放入已經犁好的溝畦，然後由空軍工程兵的拖拉機手負責蓋上泥土即可。廣西地廣人稀，所以我們「五七幹校」的耕地都很大，花生地也不例外。春耕期間，天剛剛亮我們就上地裡勞動，到天黑才收工，所以時間過得很快。在「五七幹校」我們不用天天政治學習，勞動回來後可以自由支配我們的休閒時間。夏天時，我們喜歡三三兩兩到「五七幹校」的冰室喝啤酒和聊聊天。到了冬天，冰室暫時休息，我們只好在宿舍打打牌或談天說地。

種完花生，已經是早稻插秧季節了，插秧比種甘蔗、種木薯和種花生辛苦得多。我們的稻田地離我們的營房特別遠，是在山的另一邊較平坦的地方。到插秧季節，天剛亮我們就下地勞動以便避免中午烈熱的太陽。我們種甘蔗、木薯和花生時，空軍的工程兵可以幫我們犁地，但種水稻只有依靠水牛犁地，因為拖拉機無法下水。用水牛犁水稻田是一件非常艱苦的工作，在我們排這個工作平常是由和我一起從廣州來到「五七幹校」的甘華和吳永南等人做的。插秧時我們沒有插秧機，我們只好靠我們的手把秧苗一束一束栽插到水稻田裡。我們背頂烈日，面朝「水鏡」般的水稻田，一步一步地倒後走，猶如「倒退牛」（蟻牛）一樣倒後走，大粒小粒的汗水順著我們的臉上往下滴。

還在印尼時我種過甘蔗，種過木薯，還種過花生，但沒有插過秧。回國後在下農村勞動時曾經插秧。在廣州白雲機場時我們有水稻田，插秧是我們必不可少的勞動項目，所以我對插秧並不陌生。插秧需要長時間彎腰倒後走，除了烈熱的太陽外，我們還要面臨可怕的、嗜血成性的螞蟥和可惡的小黑蚊。廣西由於天氣很熱，螞蟥和小黑蚊特別多，尤其是在水稻田裡。那

些螞蟥頭尾都有吸盤，前端有口器，可刺入皮膚吸血，而且可以釋放出一種麻醉劑，使被吸者毫無察覺。螞蟥的吸血量很大，一次可以吸入 2-10 倍自身的體重。螞蟥雖然很恐怖，但吸血時沒有什麼感覺。最可怕的還是小黑蚊，這些小黑蚊體型很小，但咬起人來非常可怕。這些黑蚊咬人時，手腳就會紅腫、痕癢，很久很久都不會消失。可憐那些從北方來的幹部家屬，特別北方來的那些姑娘，她們的皮膚又白又嫩，他們又沒有下過水稻田，所以對她們來說是很大的考驗。她們被黑蚊咬了以後，皮膚很快就紅腫、痕癢，她們只好拼命地抓癢，第二天她們的手腳開始潰爛、化膿，實在可憐！可恨的是，那些小黑蚊最喜歡咬那些又白又嫩的北方姑娘的手臂和小腿。

53. 國慶慶典

種完水稻，我們開始農閒，但種菜和養豬、養牛以及養雞、養鴨組還是閒不著，所以我們有時也要抽調人力支持他們。農閒時我們還要政治學習，主要是學習黨的方針政策和廣空下發的一些文件以及談談來到「五七幹校」後的心得和收穫。這裡的政治學習不搞人人檢查和人人過關，所以相對輕鬆愉快。當然那些由專案組看管的空軍領導幹部就沒有我們那麼輕鬆，因為他們天天要檢討，天天要交代，每天是沒完沒了的檢討和交代。除了政治學習，在農閒時我早晨喜歡向陳茂春學武術或朗讀毛主席著作英文版。我到「五七幹校」時，除了毛主席著作就沒有帶其他外文書籍，因為我很怕有人說我「只專不紅」，即只注重專業知識而不注重政治學習。

說到「只專不紅」這個知識分子專有的帽子，我到「五七幹校」前存有的思想顧慮並非多餘的。有一次，我早上起來朗讀英文版毛主席著作時就碰到令我難忘的一件事。某一天早上，當我在營房後面的山坡上朗讀毛主席著作時，從我的後面突然閃出來一個人，他是我們連隊的王教導員。他來到「五七幹校」前是廣州民航管理局的一個處長，所以說他和我是同一條船的人。當他聽到我在朗讀英文時，就走過來問我：「你剛才讀的是什麼書？」我馬上回答說：「是英文書！」一聽到我的回答，他就不假思索地以教訓的口氣說：「我們來到『五七幹校』是要通過勞動來改造我們『只專不紅』的思想。你的英文書暫時放著吧！」我聽了以後就回敬他說：「教導員，您知道我讀的是什麼書嗎？」他馬上回我一句：「英文書就是英文書，我不知道你讀的是什麼書！」一聽到他這麼說，我就順水推舟地說：「您說得沒錯，我讀的的確是英文書，是英文版毛主席著作！」聽了我的回答，他啞口無言，馬上改口說：「很好，很好，你一定要好好讀，以後可以向世界人民宣傳毛澤東思想！」我馬上以感激的口吻回答說：「謝謝教導員的鼓勵，我一定把毛主席著作學好，做一個『又紅又專』的知識分子！」

幹農活，即使在農閒季節，也總是有活幹，在「五七幹校」也不例外。到了六月分我們又開始忙於收割花生，七月分開始收割早稻。接著我們又忙於收割其他農作物，收割完農作物又開始準備秋耕和秋種。到九月份相對農閒時，我們就開始準備慶祝國慶20週年。這時「幹校」的文藝隊就忙於排練文藝節目，而我們這些不會唱也不會跳的學員就忙於打掃公共浴室、公共廁所和我們連的周圍環境以及粉刷牆壁。廚房裡的同志們在這個時候就格外忙碌，他們除了要忙於準備我們平時的一日三餐，還要準備國慶日時必不可少的「國慶盛宴」。在當時，國慶日

的盛況並不亞於春節，甚至於還比春節更隆重、更熱鬧。說實在的，我喜歡國慶日多過喜歡春節。我還在讀書時，每當春節有家的同學都回家過年，而我則有家歸不得，因為我是印尼歸僑！國慶日是普天同慶的日子，大家可以在一起聚餐、在一起慶祝，比起過春節還開心。

1969 年 10 月 1 日是我國的第 20 週年國慶，也是我們來到廣西石柳河「廣空五七幹校」過的第一個國慶日。國慶日的前一週，在我們的「五七幹校」已經開始感覺到節日的氣氛。放工後，「五七幹校」的文藝宣傳隊隊員有的排練歌舞，有的排練相聲，有的背誦臺詞，有的朗誦詩詞，忙得不亦樂乎。國慶那天我們放假一天，很多人利用這個假日寫家書或和知心朋友聊聊天或打撲克牌。在信裡，大家除了報平安和談談在幹校的心得體會，還希望「文革」早日結束，國家日益繁榮昌盛，並且能早日團聚。我們的宿舍靠近我們連隊的食堂，看到食堂的炊事班忙於準備我們的「國慶盛宴」，很多人都主動到食堂幫忙。食堂那香噴噴的菜餚令人垂涎三尺，飢腸轆轆。到用餐時間，那些幫廚的學員得到優待，食堂的炊事員首先給他們分飯菜，不用排隊領飯。不出所料，國慶日的飯菜的確比春節好很多，早餐我們除了有豆漿和油條，還有饅頭、花卷和肉包等。午餐吃的更好，有紅燒豬肉、紅燒魚、紅燒豆腐以及饅頭和米飯等。晚餐除了中午吃的佳餚，還有餃子和麵條，而且還供應適量的米酒。真是大飽口福！

晚上七點鐘，國慶晚會開始。國慶日的慶典活動比春節隆重得多，除了因為那年是國慶二十週年，也是因為我們這一年來把「五七幹校」辦得很好，我們理應好好慶祝。一年來，我們除了把原來的國民黨戰俘營接管好，在落實政策方面也做得很好。我們來到「五七幹校」後雖然發生過工傷事故，但沒有發生過自殺事故或學員逃跑事故。對一個有幾千名學員的「五七幹校」來說，能夠做到這一點的確很不容易。那天晚上參加慶典活動的單位除了有我們的「五七幹校」，還有縣革委會的代表和群眾代表以及廣州空軍的代表。參加演出的單位有廣州空軍文工團、鹿寨縣文藝隊和我們「五七幹校」的文藝隊。那次國慶慶典晚會的節目特別多，晚會一直開到晚上十點多鐘才圓滿結束；還好我們的校黨委開恩，給我們額外的假日，允許我們第二天不用下地勞動。

54. 幹校畢業

過了國慶日就是深秋了，樹葉開始發黃了，有的樹開始落葉了，天氣也開始涼了。到十一月份，收割木薯和甘蔗的季節又到了。這是我們來到「五七幹校」後第二次收割木薯和甘蔗。比起剛剛來的時候，大家對收割木薯和甘蔗已經不陌生了。收割木薯比收割甘蔗簡單得多，我們把木薯桿砍掉後就由空軍工程兵的托拉機手幫我們把木薯從土裡翻出來，這樣就可以比較輕鬆地把木薯從泥土裡拿出來。話雖如此，我們還要把已經挖出來的木薯用竹筐挑到馬路邊讓卡車運走。這個工作就需要力氣了，到下午收工時，我們也會感到腰酸背痛。收割甘蔗時，空軍的工程兵就幫不了忙，因為收割甘蔗時先要把甘蔗葉清除掉，再把甘蔗的頂端砍掉，最後才把甘蔗的主桿砍倒。把甘蔗的主桿砍倒後，我們還要把已經砍好的甘蔗捆好並整齊橫放在原地。等一幅地的甘蔗砍完後，就一捆一捆地用肩膀扛到馬路邊用卡車運走。甘蔗葉很鋒利，在收割甘蔗時如果不穿長袖衣

就會把手臂劃破。廣西的天氣又熱又潮濕，即使在晚秋，在茂密的甘蔗田裡幹活也會感到很悶熱，穿了長袖衣就更加悶熱了。

收割完木薯和甘蔗，已經是年底了，天氣開始冷了，樹也已經落葉了。時間過得真快，忙忙碌碌的幹校生活使我們不知不覺到「五七幹校」已經十個多月了。現在的人一到年底就開始籌備新年要到什麼地方去旅行，或者計算新年有多少花紅。可是，在那個「火紅」的年代，我們根本就沒有想過去哪裡旅行。如果新年能和一家人團聚，那已經是天大的幸福了。因此多數人新年的願望莫過於那個動盪的年代早日結束並且能和家人早日團聚。話雖如此，新年對我們來說還是值得開心的日子，因為在那一天我們的炊事班又要為我們煮節日的佳餚。另外，我們又多了一天假日。

新年前，我們照例會對過去一年進行總結。二十世紀六十年代即將結束，七十年代即將來臨，我們理應好好地總結。我們是「廣空五七幹校」的第一批學員，我們這一年的經驗可以為我們的「五七幹校」奠定日後的辦校模式。在總結大會上，「五七幹校」的政委首先肯定了「五七道路」是我們所有幹部在新的革命階段中必經之路，他肯定了這一年來學員們通過勞動鍛鍊在思想上和體力上所取得的進步，對「五七指示」的理解也更深了。接著他宣讀了在這一年裡被評選為「五好學員」的幹部名單。他每次讀出某某人被評為「五好學員」時，全場都報以熱烈的掌聲。這時只見到學員們互相握手祝賀以及相互鼓勵。正當我們聽到歡呼聲和祝福聲此起彼落時，我們的政委叫我們保持安靜，並且耐心地聽他把所有的「五好學員」名單全部讀完。大家的心情都很興奮，人人都希望政委會讀出自己

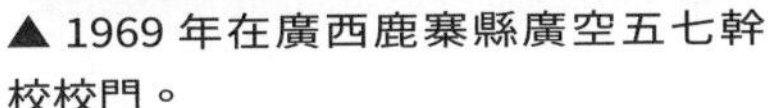

▲ 1969 年在廣西鹿寨縣廣空五七幹校校門。

▲ 1969 年 1 月勞動出發前留影。

的名字。我的心也和大家一樣，希望自己能榜上有名。皇天不負有心人，政委終於讀出我的名字了！當政委讀出：「胡……淑……全……，胡……淑……全……，胡……淑……全……，胡淑全有沒有來？」我馬上站起來：「報告政委，有！」政委接著說：「恭喜你！你被評為『五好學員』了！」我相信他肯定還認識我，因為在大年初一時我曾經找過他請假回廣州見從印尼回來求醫的岳母。

當我的戰友向我道賀時，我忽然聽到我們的政委用很高的嗓門說：「同志們，請安靜，我還有一個很重要的事要向你們公布！」他說：「由於革命的需要，經過一年的鍛鍊有的學員要回原單位工作。現在我要宣布第一批從「五七幹校」畢業的學員名單。」當大家聽到這個消息時，頃刻間臺上臺下都鴉雀無聲。看著大家的反應，我們的政委就意味深長地說：「你們要記著，雖然你們就要從「五七幹校」畢業了，但幹革命是永遠，永遠不會畢業的！回原單位以後，你們要牢記毛主席的「五七指示」，發揚在「五七幹校」學到的不怕苦、不怕累的

精神，把革命進行到底！」每當政委宣布即將回原單位工作的學員名單時，台下的學員都無比高興和興奮，比宣布「五好學員」名單時還要高興和興奮。出乎意料的是，我也是榜上有名！聽到我又一次被選中，坐在我的身邊的戰友都向我祝賀：「恭喜您，您雙豐收了！」

我當時的確很開心，也很興奮，興奮到我整夜難眠。我聽到可以回原單位非常高興，我終於可以和我日夜思念的新婚妻子團聚。但我也有點捨不得離開一年來和我一起戰鬥的戰友和我們一手創辦的「五七幹校」。這種思念之情相信在我回到原單位後的一段時間內還會繼續徘徊在我的心坎裡。我們的「五七幹校」的一草一木，特別是那些甘蔗田、木薯地和花生地發出的特有氣息會使我終身難忘。可是聽從指揮和服從命令是每個軍人的職責，所以我和其他軍人一樣會服從組織的安排，黨指向哪裡，我們就奔向哪裡。

55. 離開幹校

我記得我們「五七幹校」的政委給我們作年終報告的時候正好是 1969 年 12 月 27 日星期六，距 1970 年元旦不到一個禮拜。星期日校領導給我們一天的時間收拾我們的東西，星期一我們就出發了。我的行裝很簡單，只用了一個小時就收拾完畢。時間花得最多的其實是洗我的床單和棉被套，第二天上午我的休息時間幾乎是用來洗床單、洗棉被套和曬棉被，到下午我就和同宿舍的戰友聊聊天和拉拉家常。出發前夕，我們一直聊到深夜，我們幾乎有聊不完的話題；但是礙於「五七幹校」的作息時間，快到凌晨時我們不得不睡覺。相信如果可以的話我們繼續聊到天亮也聊不完。

1969 年 12 月 29 日，星期一早上天沒亮我們這些準備回原單位的人就整裝待發地集合在校部前面的廣場。等大家都來齊了，我們就馬上登上等待我們的軍用卡車。這次回原單位的人畢竟是少數，多數人還要留在「五七幹校」繼續鍛鍊，因此我們離開時沒有像來「五七幹校」時那種隆重的場面。為了不妨礙大家休息，我們沒有特別組織歡送隊伍，因此只有和我們在同一個班、排、連的人歡送我們。我們上完車以後，運送我們的車就一部接一部地、緩慢地駛出校園。這時站在路旁的校領導、場幹部和我們的戰友個個向我們致敬，並且依依不捨地目送我們的車隊駛出校園。此情此景使有些戰友按捺不住內心的激動，有的人的眼眶開始濕了，這種心情是完全可以理解的。車雖然已經開始走了，但車上的戰友仍然不停地向留校的戰友揮手，直到那些歡送我們的戰友慢慢地從我們的視線消失。

車隊沿著通往校園出口的路緩慢地行駛，路兩旁的樹木和田野裡的莊稼以及被風吹動的樹葉似乎也在依依不捨地向我們揮手告別。看到這種情景，我們哪能不感到有些惋惜。我們的確感到有些惋惜，因為我們要離開我們一手創立的「五七幹校」以及和我們同甘共苦的「五七」戰友。俗話說：「天下無不散之筵席」，我們為了共同的革命目標走到一起來了，現在又為了共同的革命目標各奔東西，實在無可厚非。

我們的車隊到鹿寨縣火車站時，天已經開始矇矇亮。通往火車站的馬路兩旁已經站滿了歡送我們的人群。歡送的人群是由鹿寨縣革委會組織的，他們當中除了有地方幹部，還有學生和工人、農民等的代表。他們手中拿著毛主席語錄以及紅旗

和標語，當我們的車隊緩慢地經過他們的面前時，他們就不約而同地高呼：「向中國人民解放軍學習，向中國人民解放軍致敬！」我們下車後就列隊向歡送的群眾致敬，接著就按編隊順序上車。鹿寨縣火車站很小，火車站的月臺根本容納不了我們這些大兵，所以我們一進入火車站就直接上車。上車前，我們的領隊就按照名單清點人數，確保無人掉隊。我們這次回去坐的是普通列車，不像上次來的時候乘坐所謂軍用專列的「悶罐車」，所以有座位坐。為了方便管理和保障軍人的安全，鐵路局特地撥出一個車廂給我們。

我們上了車後就各就各位，我正好被安排在靠窗的一邊，可以看到在車站外歡送我們的人群。我們雖然都上了車，但歡送我們的群眾仍然依依不捨地望著我們，並且不斷地向我們揮動手上的毛主席語錄和紅旗，實在令人感動。過不久，火車的汽笛聲響了，我們的車就要離站了。歡送我們的群眾一聽到汽笛聲就浮動起來了，有的人向我們高喊：「祝您們一路順風！」有的人則高喊：「把革命進行到底！」火車的汽笛拉得越來越長，越來越響，好像是在響應群眾的歡呼聲一樣。這時車廂裡的軍人有的也向窗外的人群高呼：「向革命群眾學習，向革命群眾致敬！」「把革命進行到底！」接著，我聽到站在火車月臺上的站長開始吹哨子了，火車也開始啟動了。

火車慢慢地駛出車站時，在站外歡送我們的群眾仍然站在原地向我們揮手，場面真是感人。火車駛出車站後就開始加大馬力，站在火車站外歡送我們的群眾也開始從我們的眼簾消失了，「再見鹿寨，再見我們的『五七幹校』！」這時太陽已經開始從東方升起。天越來越亮，我們感到前面的路越走越寬曠，這種感覺和一年前我們從廣州出發時完全兩樣。鹿寨是一個小鎮，火車沒有走多久，我們眼前就展現出小小的山丘和美麗的田園風光。火車越往北走，眼前的景色就越怡人。快到桂林時，從車廂裡往外看就可以看到鐵路沿線的奇山怪石和清澈的灕江。桂林的山非常獨特，一座座山拔地而起，互不相連，有的像駱駝，有的像睡美人，有的像一隻大象，形態萬千。最引人入勝的是那些山在水中的倒影，真如山水畫大師筆下畫出的山水一樣。

56. 回原單位

經過兩天兩夜的行程，我們終於到達廣州火車站東站。我們到達廣州時正好是下午，當時天氣晴朗，萬里晴空，一出車站就可以看到藍天白雲，使人感到心情舒暢。在站外等候我們的歡迎群眾一看到我們出站就不約而同地向我們高呼：「熱烈歡迎我們的『五七戰友』回來！」「向『五七幹校』的戰友們學習！」我們的車隊到達白雲機場會場時，在會場前面等候我們的群眾更是歡欣鼓舞。這種場面使我想起1966年參加「四清」工作隊回來時的情景。歡迎的場面雖然隆重，歡迎的群眾雖然很多，但是來迎接我們的家屬反而寥寥無幾。這是因為當時的通訊非常落後，我們在接到調令時無法打電話告訴家人，因此只有極少數家屬得知我們要回來。

我們下車後，到場歡迎我們的白雲機場幹部和戰士幫我們卸下我們的行李，然後按照編隊把卸下的行李擺在大禮堂前面的大堂。接著，我們的領隊就帶領我們列隊進入大禮堂。我們進場時，禮堂裡已經坐滿了人，他們一看到我們進來就高呼：「歡迎『五七幹校』的戰友回來『抓革命、促生產！』『毛主

席萬歲！』『毛主席的五七指示萬歲！』這種場面使我們頓時覺得我們作為「五七幹校」的墾荒牛是完全值得的。進場後我們被安排坐在前面的「貴賓」席，我們真是受寵若驚。主席臺上坐著我們廣州民航管理局的政委、局長、各處處長、各單位代表和從「五七幹校」回來的幹部代表。

在會上，我們的政委首先肯定了我們走「五七道路」的重要性和正確性，也肯定了我們一年來在「五七幹校」鍛鍊在政治上、思想上和體力上所取得的成績。我們的局長在講話中強調「抓革命、促生產」的重要性和迫切性，並要求我們儘快適應新的環境，全心全意地投入「抓革命、促生產」的革命熱潮。在會場裡，從「五七幹校」回來的幹部雖然都專心聆聽政委和局長的講話，可是兩天兩夜的火車行程很難掩蓋他們臉上露出的疲憊，還好那天的歡迎會到下午五點半鐘就結束了。會議結束後，各單位的食堂都為我們準備好美味的飯菜。雖然這些飯菜沒有我們「五七幹校」食堂的飯菜好，但由於我們已經兩天兩夜沒吃過熱飯和熱菜，所以我們還是覺得非常開胃和特別好吃。

吃完飯後，我們就回到大禮堂前面取回我們的行李。從大禮堂到我在白雲機場南門的家大約要走兩公里路。那天由於我的家屬沒有來接我，我只好背著背包走路回家。坐了兩天兩夜的火車，我本來已經很累了，可是一想到我馬上就可以見到我那闊別一年的漂亮太太，我身上的疲勞就全消了。我回到家裡已經是晚上七點半了，我的太太一看到我回來就感到很吃驚和很激動，她完全不知道我調回來了。我一進門，她就跑過來向我擁抱，使我從心裡頭感到很溫暖。這是我和我的太太結婚以來第二次和她這樣緊緊地擁抱。

▲ 1971 年在廣東省迎賓館接待伊朗航空公司代表團（右一是作者）。

我回來的第二天正好是一九七零年元旦，我太太不用上班，我就和她到廣州市的中山路「華北飯店」吃飯。我結婚時因為正值文化大革命的高潮，根本沒有機會和她上館子慶祝，這次算是補償結婚時的缺失。元旦的第二日是星期五，我回原單位報到，但出乎我的意料，原單位領導叫我暫時先休息，星期一再告訴我有關工作安排。到了星期一，我被告知暫時安排我挖防空洞，領導說這是戰備的需要。自從 1969 年發生「珍寶島事件」後，中蘇交惡，中蘇邊界經常發生軍事摩擦，為了提高人民的備戰意識，當時流行著這樣的口號：「深挖洞、廣積糧、備戰備荒為人民」。因此，我回來後被安排挖防空洞的確是戰備的需要。

我們挖防空洞的地點就在當時的白雲機場北門，即白雲機場衛生所後面的一個小山丘。這個小山丘雖然不高，但整座山丘都是石頭，只有表面才有一些泥土，非常堅硬，非常難挖。當時挖防空洞的工具只有一台風鑽、一台發動機、一台電風扇和一兩把鐵鍬。雖然當時還是冬天，但防空洞裡密不透風，非常悶熱。帶領我們挖防空洞的是白雲機場後勤部的一個處長，

他是東北人，很能吃苦。風鑽的震力很大，似乎不聽使喚，實在很難控制。當時只有兩個人在施工，我和那個處長輪流操作風鑽；他用風鑽時，我就拿鐵鍬。雖然我們有戴勞工手套，風鑽的強大震力還是會把手掌的虎口震破。我們進防空洞施工時，中途沒有出洞休息，只有到中午吃飯和下午收工時才走出防空洞。出了防空洞，一看到藍天白雲和呼吸到新鮮空氣，我們的感覺就猶如從地牢裡解放出來一樣。這種感覺只有長期在地下工作的礦工才能真正體會到。

我被分配挖防空洞時，剛剛從「五七幹校」回來，體力上還稱得上很好。挖防空洞是很累很累的活，如果體力不行，肯定會吃不消。我很佩服那個後勤部處長，論年紀他比我大，但論力氣我沒有他好。幹起活來，他真像一頭猛牛，好像不知「疲勞」為何物。他很少說話，從來不談政治，也不談家事，他只知道幹活。俗話說：「病從口入，禍從口出」，在那個非常年代真是少說為妙。我雖然比他年輕，而且剛從「五七幹校」勞動鍛鍊回來，挖完防空還是覺得腰酸背痛，兩腿發軟，四肢無力。我第一天挖防空洞，吃飯時連拿筷子都會手抖，走路時兩腿不聽使喚，實在疲憊不堪。我打心眼裡想，早知道我回來後被安排去挖防空洞，倒不如留在「五七幹校」好。我們在「五七幹校」勞動時，看到的是藍天白雲，呼吸的是清新的空氣，吃的是富強粉饅頭和引人流涎三尺的佳餚美食。

57. 部隊拉練

我們天天埋頭苦幹、馬不停蹄地挖防空洞，但由於設備很落後，進度非常慢。我們天天暗無天日地在防空洞裡幹活，不知外面發生的事，也不知在地洞裡已經幹了多久。1970 年 1 月底的某一天，和我一起挖防空洞的後勤部處長突然間對我說：「老胡，我們明天不用挖了，您回原單位等待命令」。我第二天按照指示回原單位報到時，單位領導叫我馬上到大禮堂聽動員大會。我到達大禮堂時，會場裡已經座無虛席。這次動員大會和我們要參加「四清」運動及到「五七幹校」時有一點不同，主席臺上除了我們廣州民航管理局的領導，還多了廣州空軍司令部的代表。

大會一開始，我們的政委就開門見山地說，這次動員大會是一次備戰動員大會。我們的政委接著說：「我們廣州民航管理局是廣州空軍司令部屬下的一個單位。由於局勢的需要，廣州空軍司令部要進行一次部隊拉練，即野外訓練。作為廣空的一部分，我們也要積極參加。現在我就請廣州空軍的代表向我們傳達有關這次拉練的意義和安排。」廣州空軍的代表在講話中說：「同志們，大家好！大家都知道黨中央號召我們『深挖洞、廣集糧、備戰備荒為人民！』我們要備戰除了要『深挖洞、廣集糧』，作為軍隊還要做好戰鬥準備，要做好戰鬥準備，部隊就要積極訓練。道理我不多講了，我們軍隊天天有練習瞄靶，練習刺殺，練習摸、爬、滾、打，但我們平時缺乏野戰訓練，所以我們要搞軍隊拉練。我們說到做到，今天下午我們就出發。聽完報告後大家要把行裝準備好，下午一點半在大禮堂前面的廣場集合，然後前往廣州空軍大院參加誓師大會。我講話完畢。」

那位廣州空軍代表不愧是軍人，講話簡單扼要，一點也不拖泥帶水。聽完報告，我馬上到食堂吃中午飯。吃完飯後我馬上回家收拾行軍用的衣物和棉被。自從 1968 年廣州民航轉為空

軍單位，我們經常搞軍事訓練，加上我剛從廣州空軍「五七幹校」回來，準備行裝對我來說並非一件難事。我的行裝非常簡單，下午一點半鐘我準時到達大禮堂前面的廣場集合。下午兩點鐘我們就按單位列隊上車，和我們要到「五七幹校」時不同，我們出發前沒有歡送我們的人群，更沒有敲鑼打鼓，只有各單位的領導在場。大約兩點多鐘，我們的車隊到達廣州空軍大院。

行軍前廣州空軍司令員在誓師大會上作了簡單的講話，講話一結束，空軍大院的高音喇叭就播出《中國人民解放軍進行曲》。當聽到進行曲裡的「向前！向前！向前！我們的隊伍向太陽，腳踏著祖國的大地，背負著民族的希望，我們是一支不可戰勝的力量……」時，我們的熱血就沸騰起來了。我們背著背包，扛著槍，雄赳赳、氣昂昂地走出空軍大院。我們一路走，一路唱〈三大紀律、八項注意〉歌。走出空軍大院後，我們就昂首闊步往天河和太和的方向前進。聽到我們唱〈三大紀律、八項注意〉歌和看到我們那浩浩蕩蕩的隊伍，村裡的大人和小孩都紛紛出來看熱鬧。當時還是冬天，但由於我們背著槍械和背包，剛走到天河就已經汗流浹背了。還好，當時的太陽已經沒有那麼猛烈，不然就更難受了。

快到天黑時我們就到達從化，縣政府對我們的到來非常熱情。為了安頓我們，縣政府特地騰出政府會議室，各大隊的大隊部和老百姓的住所供我們的部隊留宿。部隊的領導不願給地方政府和老百姓添麻煩，我們就找比較寬敞的空地紮營。可是那些熱情的老百姓哪裡願意讓我們在野外留宿，他們一邊勸一邊拉，一定要讓我們在他們的家過夜。為了不讓老百姓失望，我們決定讓一些人在老百姓家留宿，其他人就在部隊搭的臨時帳篷休息。當時我和另外一位戰友被安排在一個貧下中農的家住宿。那家貧下中農的房子並不大，他們聽說有人民子弟要留宿就馬上把其小小的「客廳」打掃乾淨並鋪上門板和稻草。我們不想打擾他們，我們只借用他們的門板並在房子後面的豬圈上面打地鋪。那個豬圈很骯髒，味道很臭，還好那時候還是冬天，所以味道沒有那麼刺鼻。

當我們的部隊紮營完畢，我們的隨軍炊事班已經為我們準備好熱氣騰騰的飯菜。我們的飯菜很簡單，沒有魚也沒有肉，但是由於行軍後大家都飢腸轆轆，所以吃起來特別香。在整個行軍的過程中，我們的炊事班最辛苦。我們的部隊每到達一個地方紮營，他們就開始忙於準備飯菜。當時的炊事班雖然不像解放戰爭年代背著行軍鍋，但是每當我們紮營，他們就要就地取材建臨時爐灶和找柴火煮飯煮菜。幸好我們當時紮營的地方就在山邊，離河也不遠，所以柴火和水源非常充足。我們當時的任務是搞拉練，所以我們吃飯後不用串門訪貧問苦。吃飽飯我們到河邊洗漱完畢後就回豬圈睡覺。我們在豬圈睡覺時顧不得掛蚊帳，也不能點蚊香，然而由於我們很累，一著枕頭就呼呼大睡。

58. 戰鬥練習

凌晨三點鐘，正當我們還在睡夢中，我們的班長突然把我們叫醒。我們快捷地收拾行裝，並且快速地把借用的門板和稻草還給我們的主人家。在班長的帶領下我們跑步到縣辦公室前面的大廣場集合。集合完畢後，我們的大部隊就出發了。我們不知道我們的目的地，也不能打聽我們準備前往哪裡。總之領

頭的部隊走到哪裡，我們就往哪裡走。我們在夜間行軍不能打手電筒，我們只好摸黑走路。凌晨三點鐘本來是人們熟睡的時間，所以有的人在行軍中會打瞌睡。為了打發大家的睡意，我們只好急行軍。在急行軍中，一打瞌睡就會撞到前面的戰友，當撞到前面的戰友自然就會醒來。

剛剛夜間行軍時，我們有點打瞌睡，但開始急行軍後睡意就消失了，快到天亮時我們終於到達博羅縣佛岡一帶的山區。這裡山巒起伏，地勢險要，人跡罕至，是野戰訓練的好地方。經過一整夜行軍，大家需要休息和補充體力，我們就決定在這裡紮營。我們的炊事班最辛苦，紮營時我們可以休息，但炊事班就更忙碌了，因為他們要給我們準備煮食。吃了簡單的早餐，我們就抓緊時間搞野戰訓練。首先，我們的偵察連到敵後進行偵察，後來由我們的先頭部隊突襲。我們的先頭部隊突襲不久，軍號就響了，這時我們開始出擊。經過劇烈的戰鬥，敵人終於被我們擊潰。在這場戰鬥中我們旗開得勝，繳獲了不少武器彈藥以及俘虜了不少「敵軍」。在整個戰鬥中，我們的偵察連和突擊隊表現最出色，最英勇。沒有偵察連的偵察和突擊隊的成功突襲，我們的軍隊就不可能速戰速決地擊潰敵人。

「戰鬥」結束了，我們就開始搭起帳篷準備宿營。吃過晚飯，我們的指揮員對這次「戰役」進行總結和分析。在總結時，我們的領導肯定了這次戰鬥所取得的勝利。同時強調，這次戰鬥之所以能取得勝利並非偶然的，是因為我們平時經常鍛鍊，經常警惕戰爭的存在。我們的領導接著說，俗話說，「養兵千日，用兵一時」。他還說，這次我們的「敵人」給我們徹底消滅了，但敵人是絕對不甘心失敗的，他們是會反撲的。總結會結束前，他提醒我們晚上睡覺時要放好自己的武器、彈藥，時刻準備戰鬥。

經過整夜行軍和「激烈戰鬥」，大家最需要的是休息。臨時搭建的帳篷雖然簡陋，大家一躺下來就呼呼大睡，只有幾個負責站崗和巡邏的戰士暫時不能休息。正當我們還在睡夢中，我們突然聽到軍號聲。從軍號的聲音我們知道那是緊急集合號，我們馬上做好戰鬥準備。領導說的一點沒錯，敵人果然反撲，他們的先頭部隊已經到了山腳下。聽到敵人來攻打我們，大家都摩拳擦掌，嚴陣以待，好像覺得昨天打得還不過癮。敵人可能沒有想到，一到山腳就和我們的突擊相遇。敵人這次是有備而來的，他們不但派出其精銳連，還配備了強大的火力。

戰鬥剛開始，敵人的強大火力就把我們的突擊隊打得有些無法招架。我們的後援部隊快速趕到，兵分兩路把敵人的先頭部隊包抄，很快就把敵人打得昏頭轉向，四處逃竄。「宜將剩勇追窮寇，不可沽名學霸王」，毛主席在 1949 年 4 月在〈人民解放軍佔領南京〉的詩詞裡提醒我們。我們牢記毛主席的教導，緊緊地咬住敵人不放，使他們進不能進，退不能退。最後那些敵軍就成了「甕中之鱉」，手到擒來。為了保命，很多敵人高舉白旗，繳械投降。正當我們苦思如何處置堆積如山的戰利品和人數眾多的戰俘時，我們的指揮官來到我們的隊伍視察。

看到我們的戰績，他微微笑地向我們全體指戰員表示祝賀，表揚我們打得很漂亮，很出色。這時，大家的心都在等待著他向我們下達新的戰鬥任務。出乎我們的預料，他對我們說：「同志們，您們好！您們辛苦了！您們在這次戰鬥中取得了很大的勝利！您們圓滿地完成了這次野戰訓練的艱鉅任務，我們

的野戰訓練圓滿結束了。」接著，他提醒我們回去後要繼續保持高度的戰備思想，千萬不能放鬆。從指揮員的講話中，我們知道野戰訓練已經告一段落。當時春節剛剛過去，這是我第二年沒有在家裡過年。

戰鬥結束了，我們的部隊就下山了。這時我們才知道我們身處廣東的韶關，離廣州市有 200 多公里。戰鬥結束了，我們回去時再也不怕敵機跟蹤了，可以大搖大擺走在馬路上了。當時，馬路上車輛不多，我們的軍車可以暢通無阻地行駛，那些身體不適的戰友可以搭乘軍車。我記得當時和我一起參加野戰訓練的只有一人走不動，他是從天津航校分配到廣州民航管理局的。他個子高，長得白白胖胖，講話有點驕傲，但是平時勞動有點怕苦怕累，所以我們在私底下叫他 "The sick man of the East"（東亞病夫）。

59. 流產政變

回到廣州白雲機場，我們只休息一天又開始投入緊張的政治學習。這次政治學習和以往不同，除了要學習毛主席著作，還要學習「林副部長」的戰略戰術。「林副部長」是林彪的公子林立果，是空軍作戰部的副部長。在他的著作裡，他闡述了他的新戰略思想，即打空中游擊戰的構思。在其空中游擊戰的構思中，他構思了新的戰鬥機，這種戰鬥機可以直上起落。它不需要跑道，可以到處起飛和降落，可以像打游擊一樣，打了就跑。我當時從巴基斯坦航空公司職員留下的外國雜誌上看過類似的飛機，這種飛機就是英國製造的「鷂式垂直起降戰機」（Harrier Jump Jet）。「鷂式垂直起降戰機」於 1967 年生產，同年 12 月 28 日第一次起飛，首次使用這種戰鬥機的是英國皇家海軍。在那個特殊的年代，即使知道「林副部長」講的就是那種英國的垂直起降飛機，我也不敢吭氣，不然就會掉腦袋或者「失蹤」！

林副部長為了實現他的遠大目標，還搞了「571」工程紀要。「571」實際上是阿拉伯數目字中文發音的近音，「5」是代表「武」，「7」是代表「起」，「1」則代表「義」，顯而易見「571」就是「武裝起義」的意思。林副部長的「571」工程紀要聽說是起源於毛主席在一次談話中提出中國不設國家主席而來的。林彪的妻子葉群對毛主席說的「不設國家主席」強烈不滿。在一次談話中，她說：「不設國家主席，林彪怎麼辦，往哪裡擺？」「571 工程紀要」據說就是葉群和林立果因為害怕毛主席廢棄林彪的副主席職務而搞出來的政變計劃。

要政變光有計劃是不行的，還要有具體的行動綱領、行動布局和政變基地。林立果看中了我們的白雲機場作為其政變基地，而我們白雲機場的領導也心領神會。為了使林副部長能夠平安和安心完成他的計劃，白雲機場特地把候機室旁邊的賓館三樓劃定為林副部長及其工作人員的住宿區，未經許可不許隨便出入。夏天廣州天氣炎熱和潮濕，為了讓林副部長住得舒適，我們的領導特地給林副部長從香港弄了一部冷氣機。為了「工作需要」，林副部長還從香港弄了當時還很罕見的攝錄機和望遠鏡。林副部長白天工作，晚上也「工作」，實在很「辛苦」，但他工作不忘娛樂，閒時他喜歡拿攝錄機和望遠鏡「狩獵」。當巴基斯坦航空公司的飛機到達時，他顯得很興奮，他會馬上從他的「官邸」下來「狩捕」那婀娜多姿的巴航空姐下飛機時

的誘人姿色。巴航空姐的制服的確很迷人，她們穿的制服是類似綢緞的「沙麗」（Saree）連身裙，苗條玲瓏的身材呼之欲出。在那種「不愛紅裝，愛武裝」的年代，她們的穿著打扮和誘人的美姿的確使人猶如在沙漠裡口渴難耐時看到冰淇淋一樣無法控制。為了近距離攝錄巴航空姐，我們的「林副部長」會叫他的心腹駕駛機場的電瓶車到停機坪抓拍巴航空姐的特寫鏡頭。然後帶回住宿的地方和志同道合的人一起分享。

搞革命需要搞輿論，需要搞宣傳，搞「政變」同樣也需要搞輿論和宣傳。林副部長和他的參謀們深明這個道理，他們到達白雲機場後就成立毛澤東思想宣傳隊。這支宣傳隊的隊員是從候機室的服務員挑選出來的，宣傳隊的隊長由我們政委的太太擔任；由她擔任宣傳隊隊長是順理成章的事。那些宣傳隊的隊員都是十七、十八歲的上海姑娘、哈爾濱姑娘、大連姑娘、長沙姑娘和湖北姑娘，還有一個是廣東茂名的姑娘。她們人人長得眉清目秀，身材玲瓏剔透，人見人愛。她們不但個個長得漂亮，而且聰明伶俐，忠心耿耿，這真是林副部長需要的人才。林副部長為這個特殊的宣傳隊命名為「小艦隊」。要成為「小艦隊」的成員並不容易，除了前面列出的那些優點，據說她們還必須經過空軍醫院特派的女護士檢查並證明還是「完璧之身」才可以加入。經過特殊訓練後，她們能歌善舞，能唱能跳，對林副部長的旨意絕對服從。這支毛澤東思想宣傳隊是林副部長在廣州白雲機場的驕傲，我們當時稱她們是林立果的「小艦隊」。

這支「小艦隊」除了擔負著宣傳毛澤東思想，還擔負著「保衛」林副部長的任務。要保衛林副部長不需要彪形大漢，不需要濃眉大眼，也不需要懂得十八般武藝，最主要的是忠心耿耿，林副部長指向哪裡，她們就奔向哪裡。林副部長隨時可以召喚她們，她們必須絕對服從，包括為林副部長提供「特殊服務」。她們把能為給林副部長「服務」當作是一件很光榮和很幸福的任務。這個「小艦隊」的成員大部分曾經是我在英語速成班教書時的學生。她們聰明能幹、勤奮好學、精力旺盛，個個都是好學生。她們對我很尊重，下了課見到我都叫「胡老師」。成了「小艦隊」成員後，她們的態度完全變了，見到我不敢打招呼，也不敢講話，聽說這是「小艦隊」的要求和規定。她們不允許和家人以及朋友聯繫、不允許寫信、不允許打電話，不允許隨便和人打招呼，也不允許談情說愛。她們如果需要給家裡人寫信必須要向「組長」先申報。

除了這個「小艦隊」，據說林立果在上海還有一個「聯合艦隊」，這個「聯合艦隊」的成員包括原空軍辦公室副主任周宇馳、原空軍黨委辦公室主任于新野、原空 4 軍七三四一部隊政治部秘書處副處長李偉信、原南京空軍政治部委員江騰蛟和原廣州空軍司令部參謀長顧同舟等。李偉信是林立果的「生活秘書」，和林立果形影不離。他給我的印象是一個八面玲瓏和平易近人的人。我還在白雲機場值機室值班時，經常見到的就是李偉信。這個「聯合艦隊」對外說是「調研小組」，即調查研究小組。其實他們的任務是負責收集毛主席和中央領導人的動態和研究世界各地發生的政變。我們當時雖然知道林立果在白雲機場賓館三樓有辦公室，但我們都以為這是戰備的需要。當時中—蘇交惡，中—蘇邊界經常發生武裝衝突，蘇聯揚言要用核武器教訓中國。作為空軍作戰部的副部長，林立果在廣州成立臨時作戰指揮中心完全是無可厚非的。

1971 年 8 月毛主席突然南巡。在南巡的談話中，毛主席帶著怒氣說：「有人急於想當國家主席，要分裂黨，急於奪權」。葉群認為毛主席的這一句話是「指桑罵槐」，是對著林彪講的。葉群、林立果和他們的同夥商量後都認為，是時候把「571 工程記要」落實於行動，林立果馬上召集他的親信商討對策。林立果認為機不可失，失不再來，現在是攤牌的時候，是你死或者我亡的時候。他一不做二不休，狠下一條心，準備在毛主席專列（專用列車）離開杭州到上海時用飛機轟炸其專列經過的鐵路橋。不料，他派去執行轟炸任務的空軍飛行員臨陣退怯。那個膽怯的飛行員叫他的護士太太往他的眼睛裡滴上放大瞳孔的眼藥水，使他暫時失明。

暗殺計劃失敗了，政變陰謀終於暴露無遺，1971 年 9 月 13 日凌晨林立果劫持林彪搭乘 256 號「三叉戟」，從山海關倉皇逃跑了。按照原定計劃林立果準備南逃廣州，另立中央，但中央得知後下令「全國飛機一律禁飛」，廣州軍區馬上下令封閉廣州白雲機場和佛山沙堤機場的跑道。1971 年 9 月 13 日那夜，白雲機場氣氛緊張，跑道上突然擺著壓路機、推土機、消防車、電瓶車和救護車等。自從我 1965 年分配到白雲機場，從來沒有見過這種古怪的場面。以前如果有專機來，消防車、救護車和電瓶車都有停在停機坪戒備。這次那些消防車、救護車和電瓶車卻停在跑道中間，顯然是為了阻擋飛機起落。當時有沒有坦克車、裝甲車和高射炮戒備就不清楚了，因為當時已經是深夜了，很多人都睡覺了。聽說當時佛山沙堤機場的跑道上也是擺滿各類車輛，不言而喻是不讓任何飛機起降。

得知飛廣州不行了，飛機飛到中途就轉向北方去。當飛到蒙古的溫都爾汗飛機就墜毀了，林彪、葉群、林立果、劉沛豐和機組人員等九人全部死亡。對飛機墜毀的原因，外界有各種各樣的猜測：有的說是中國用地對空導彈把飛機打下來了，有的說是飛機的燃油耗盡了。256 號「三叉戟」是 1970 巴基斯坦用於歸還中國借出的無息貸款，其性能良好，很少發生故障。機長潘景演飛行經驗豐富，飛行記錄良好，是巴基斯坦航空公司培養的飛行員中最出色的一個，即使燃油耗盡了，也可以迫降沙漠。然而，我們不知道當時的能見度怎麼樣，加上不熟悉地形，再出色的飛行員都有可能誤判而導致機毀人亡。

聽到林立果等人逃跑了，政變的計劃東窗事發了，林立果的同黨萬念俱灰，「三十六計，走為上計」；周宇馳、于新野和李偉信就脅迫一架直升機出逃。到了北京郊區，直升機駕駛員知道苗頭不對就拒絕合作，並且把直升機降落到一個高粱地裡。周宇馳馬上舉起手槍把年輕的直升機駕駛員陳修文擊斃，然後相約三人一起吞槍自盡。當周宇馳和于新野對著自己的腦袋開槍時，李偉信就朝天開槍，結果倖免於死。李偉信被解放軍俘獲後，被五花大綁關進北京衛戍區，1981 年空軍法院判他入獄 15 年。李偉信真是聰明，在關鍵時刻終於明白，棄械投降是唯一的生路，真不愧是八面玲瓏的人！

60. 劫機事件

1971 年，我在白雲機場見證了好幾起突發事件，除見證了劫機事件，還見證了林立果陰謀政變的過程。劫機事件發生在 1971 年 3 月 30 日，星期日。那天輪到我值夜班，吃完午餐我就到值機室上班。我剛交接班就聽到調度室和值機室的直線電

話不停地響。我剛拿起電話，調度室的值班員就命令式地對我講：「快！快！快到停機坪，有一架外國飛機被劫持到廣州！」我二話沒說，就跑到停機坪等待命令。這時只看到從機場的南面方向有一架外國飛機正在著陸。著陸後，那架客機沒有像平時一樣馬上被拉到候機室前面的停機坪。等飛機停定和打開艙門，邊防軍就叫我登上飛機，那是一架英製 BAC-111 客機。上到飛機後，我就見到一個持短槍的「老太婆」在把住飛機的艙門。我馬上用英文向他介紹，"I am an interpreter, you have arrived at Guangzhou Baiyun Airport! You are safe!"（註：「我是翻譯員。您們已經到達廣州白雲機場。您們安全了！」）我剛講完，那個長髮披肩的「老太婆」馬上伸手和我握手，並說：「塔尼爾・洛比塔拿」，這時我才恍然大悟，原來「她」是男的！接著我就說："According to the customs regulations of the People's Republic of China, you are not allowed to carry weapons into China! Please kindly surrender your weapons to our customs officer for custody!"（註：根據中華人民共和國的海關條例，您們不允許攜帶武器進入中國！請把您們的武器交給我們的海關官員保管！）。

劫機者非常合作，領頭的馬上用塔加祿語，即菲律賓方言 Tagalog 語，命令其他同伴交出武器。長髮披肩的頭頭把他手上的手槍交給我，其他劫機者接著把手上的折刀和剪刀也交給我。我把手槍和其他利器交給海關人員後，就帶領六名劫機者下飛機。下機後，我就和那六名劫機者乘車前往民航招待所，其他旅客就由候機室的服務員接到候機室休息。我把六名劫機者交給招待所的負責人安頓後，就再倒回候機室處理停留在候機室的其他旅客。被劫持的旅客中，有 15 名美國人和幾名其他國籍的人士，總共有 20 多人，從他們臉上的表情可以看出他們非常恐慌。根據領導的指示，我告訴他們不用緊張，並告訴他們先好好休息。這時我們的服務員馬上端上熱毛巾給他們抹手和抹臉，還端上熱水和熱茶給他們喝。得到我們的熱情招待，那些外國旅客臉上的恐慌表情馬上消失了。

看到那麼多外賓來了，剛成立的「毛澤東思想宣傳隊」也不甘示弱，她們馬上拿出她們的表演本領。她們穿著空軍軍裝，一面唱歌，一面浩浩蕩蕩地進入候機室。看到那些漂亮的姑娘，那些外國人的臉上都露出驚訝的樣子。他們馬上拿出各種各樣的照相機，「卡嚓！卡嚓！……」不停地拍攝「毛澤東思想宣傳隊」表演的每支節目。平常非常嚴肅的海關官員和邊防軍，看到那些外國人對我們的「毛澤東思想宣傳隊」表演的每支節目都報以熱烈的掌聲，今天也格外開恩，認可他們隨意攝錄。表演快結束時，「毛澤東思想宣傳隊」突然領大家唱〈大海航行靠舵手〉，那些外國人不約而同地站起來和大家一起哼著唱這首在文化大革命時家家戶戶都會唱的革命歌曲。

看完節目，我們允許那些外國旅客到候機室的郵電局發電報向家人報平安或者寄明信片。小小的郵電局頃刻間水泄不通，那些外國人，特別是美國人非常興奮，他們在電報裡說：「我們平安到達『紅色中國』，我們見到紅衛兵！」當時我是唯一的翻譯，那些外賓大事小事都問我，搞得我暈頭轉向，特別是在郵電局。相信那個郵電局的負責人老郭也從來沒有經歷過這樣的場面。發完電報和明信片後，已經到了吃晚飯時間，我們安排那些旅客到候機室餐廳用餐。用餐完畢，飛機已經加滿油，機務大隊（負責維修飛機的大隊）已經檢查完畢，海關和邊防

根據國務院的指示也同意放行。

在吃飯時，那些旅客都在議論今天發生的事件，有的說他們這次「因禍得福」，額外到中國旅行，但也有人表示擔心事件不會很快得到妥善解決。有的議論中國人很友善，紅衛兵並不可怕，而且吃得很好，最好多留幾天。他們我一聲，您一句，講得沒完沒了。這時我們的領導叫我把他們帶到候機室，並且告訴他們有很重要的事要宣布。聽說有重要的事要宣布，他們又開始喧嘩，我叫他們安靜，並且趕快跟我到候機室。到了候機室，大家都靜靜地坐下來等候我宣布重要的消息。我長話短說："The aircraft has been refueled and the customs and immigration formalities have been completed. All crews and passengers will be allowed to leave soon, yet the 'six students' prefer to stay in China and we welcome their decision"，即「飛機已經加油了，海關和邊防手續已經完畢，所有的機組人員和乘客很快會被允許離開，但是那『六名學生』選擇留在中國，我們歡迎他們的決定」。我用「被允許離開」，而不是用「被釋放」（英文 "released"），因為如果用「被釋放」就意味著我們「扣留」他們。聽到可以走了，那位豪放的菲律賓空姐情不自禁地跑來和我擁抱，這是我有生以來的第一次「豔福」。看到空姐那麼大膽，其他女乘客也不甘落後，紛紛跑來投懷送抱！這個突如其來的「豔福」把我搞得不知所措，還好我剛從「五七幹校」回來，身體非常壯實，遇到那麼突如其來的瘋狂擁抱還是「巍然不動」。

61. 和劫機者

處理完那些停留在廣州白雲機場的「天外來客」，我馬上趕回招待所看看那「六名學生」。我們在對外宣布時，不用「劫機者」，而用「六名學生」，避免了處理問題的複雜性。因為按照聯合國的規定，「必須嚴懲劫機者」，並且「引渡和起訴『罪犯』」。我們覺得那「六名學生」只不過是在尋求革命道理，但他們選擇了錯誤的方法。他們需要的是通過學習和勞動鍛鍊改造自己的思想，明白「劫機」不是「革命」行為，而是錯誤的行為。我回到招待所時，已經是晚上七點多了，我就帶他們到候機室餐廳用餐。我們一邊吃飯，一邊互相自我介紹。從他們的談話中，我得知他們都是菲律賓棉蘭老大學的左翼學生，由於不滿馬可斯政府的無能和腐敗，希望能到中國、朝鮮或古巴學習革命道理，然後再回到菲律賓搞革命。

在餐廳裡，他們越講越起勁，我不想打擾餐廳的工友們的休息，也不想外人知道劫機事件的來龍去脈，只好建議他們回招待所繼續講述他們的「歷險記」。首先介紹的是塔尼爾・洛比塔納，他是菲律賓棉蘭老大學機械工程系的大學生。在課餘時間，他和他的同學經常談論馬可斯獨裁政權的腐敗和無能，希望能夠找到解決這種社會不公的途徑。他們認為馬可斯的獨裁政權靠的是強大的軍隊，沒有強大的軍隊他就不可能生存。要推翻馬可斯的獨裁政權，必須要有自己的革命武裝力量。1969 年菲律賓共產黨的毛派領導人何塞・馬里亞・西松（Jose Maria Sison）對菲律賓共產黨進行了重組，加入了毛澤東思想，並且成立了菲律賓新人民軍（Philippines New People Army），後來改名為菲律賓民族解放軍。塔尼爾・洛比塔納及他的同伴

們自稱是菲律賓愛國主義青年團（Kabataang Makabayan）的成員，是何塞・馬里亞・西松的支持者。

塔尼爾・洛比塔納繼續說，他們認為毛主席的「星星之火，可以燎原」和「農村包圍城市」等武裝奪取政權的教導是千真萬確的真理。他們很渴望能夠到中國學習這些革命道理。當時菲律賓和中國沒有外交關係，也沒有直航班機；即使有班機，他們也沒有那麼多經費。為了實現他們的理想，1970 年的某個晚上幾個志同道合的同學進行了討論。在討論中，有一位叫弗多索・蔡（Fructuoso Chua）的青年建議劫持菲律賓航空公司的飛機到中國。大家一致同意後，就開始招募成員；他們招募了當時 20 歲的格林・絡薩里奧（Glen Rosauro）、18 歲的愛加多・迪古絡（Edgardo Tigulo）、19 歲的多明格・馬斯基納斯（Domingo Maskinas）和 19 歲的愛加多・毛西薩（Edgardo Mausisa）。他們很不容易籌到經費，但是經過盤算他們的錢只可以買到由馬尼拉市（Manila）到達澳市（Davao）的機票。機票買好了，他們就用剩下的錢購買「土製」手槍。1971 年 3 月 30 日上午，天氣晴朗，他們辦完登機手續後就偷偷帶上「土製」手槍、折刀以及剪刀登上由馬尼拉前往達澳市的飛機。在飛機上他們機智地分成三組，塔尼爾・洛比塔納和格林・絡薩里奧坐在前面的客艙，其他兩組人分別坐在中間的客艙和後面的客艙。飛機起飛後大約二十分鐘，塔尼爾・洛比塔納就手持短槍闖入駕駛室，用手槍指令機長說：「請把飛機開到中國！」。那個叫安多尼奧・米薩（Antonio Misa）的機長很合作，但要求允許他到香港先加油。此時，格林・絡薩里奧通過廣播告訴乘客，「我們要到中國，請鎮靜和合作，我們不會傷害您們！」（We are going to China, please be calm and cooperative! We will do you no harm!）

飛機順利到達香港啟德國際機場（Hong Kong Kai Tak International Airport）。飛機剛著陸，英國特種部隊的直升機已經在空中盤旋，停機坪上除了有加油車，還可以看到警車和救護車。那「六名學生」不是傻瓜，絡比塔納馬上叫機長告訴塔臺，警告那些英國特種部隊不要輕舉妄動！與此同時，他們釋放了二十多名老年的乘客以及婦女和小孩以示友善。飛機加油後就飛往廣州白雲機場，他們剛到達時曾經要求馬可斯釋放當時被囚禁的菲律賓共產黨（CPP）暨菲律賓新人民軍（NPA）的創始人何塞·馬里亞·西松（Jose Maria Sison）以及菲律賓愛國主義青年團（Kabataang Makabayan）的領導人作為釋放飛機、機組人員和人質的條件。我們上報中央和國務院後，明確地告訴那「六名學生」，我們很理解他們的革命熱情，但我們不能干涉菲律賓的內政。那「六名學生」非常明白事理，不再堅持他們的要求，但要求我們收留他們。

那「六名學生」在廣州期間被安排住在白雲機場招待所的一個大房間，由我負責他們的起居飲食和學習。學習內容由我自行安排，領導從來沒有過問。從談話中我瞭解到他們渴望學習毛澤東思想，所以我就拿了一本毛主席著作英文版作為學習的教材。我記得當時我叫他們學習《湖南農民運動考察報告》、《新民主主義論》以及《星星之火可以燎原》等名著的有關章節和片段。通過學習，我希望他們明白，要革命不能單憑個別幾個人的英雄行為，更不能單憑個別幾個人的冒險行為。要革命必須要發動廣大人民群眾，必須要注意不同時期的不同戰略目標和要求，絕對不能輕舉妄動！當我說，「絕對不能輕舉妄

動」時，他們都點點頭表示贊同。他們的心裡肯定很明白，我說的「輕舉妄動」就是類似「劫機」等冒險行為。

那「六名學生」剛剛到達時都是長髮披肩，我們看了有點不習慣。礙於禮節，我不便直截了當向他們指出。有一天，吃完晚餐後，我問他們要不要出去一下，他們幾個商量後，突然用塔卡祿語（Tagalog）說 "Dalan-dalan!" 我馬上說，"Do you want to take a walk?"，即你們要去散步嗎？印尼文說「散步」是 "Jalan-jalan"，所以當我聽到他們說 "Dalan-dalan" 就立刻明白了，我就帶他們沿著前往機場小賣部和服務區的行人道散步。當我們路過家屬區時，很多小孩出來看熱鬧，那「六名學生」看到有很多小孩圍著我們就問我：「那些小孩看到我們是不是覺得很好奇？」我說:「他們不是很好奇，而是要對您們表示友好！」塔尼爾就說：「我想他們看到我們的長頭髮感到好奇吧？！」接著他就問我：「這裡有沒有理髮店？」我說：「有的，您們是不是想理髮？」他們異口同聲地說：「我們都該理髮了！」。

那時在服務區有一個理髮店，那位理髮師傅原來是在東方賓館工作的，所以他的工資很高。他一個月的工資是 500 元人民幣，是我們大學畢業生每月工資的十倍。當時東方賓館外賓不多，東方賓館的造反派就不要他了。白雲機場當時是國務院和空軍直屬機關，有的是錢，那個東方賓館的理髮師就調到我們的候機室了。當時在候機室根本就沒有外賓理髮，結果他就被調到機場家屬區的服務社。我們到達馮師傅的理髮店時，他已經快下班了。看到我帶著六個長髮披肩的外國人，他有點為難。我明白他的苦處，但我絕對不能讓他說「不」！我搶先對他說:「馮師傅，對不起，打擾您下班！我有政治任務交給您！」

他肯定地回答我:「交給我吧，我一定完成任務！」在那個年代，只要說是「政治任務」，多數人都不敢說「不」，除非他／她不怕丟「烏紗帽」。

馮師傅是見過世面的人，看到長髮披肩的人一點也不會感到奇怪或好奇。他手起刀落，很快就把那「六名學生」的頭髮理完。理完頭髮，那些「學生」就問我理得怎麼樣。我說：「您們理得很好！看起來年輕得多！精神得多！」我接著說：「給您們理髮的那個師傅，是廣州市的一級理髮師傅！您們實在有福！」回到招待所，他們問我什麼時候才可以接受軍事訓練，什麼時候才可以回菲律賓幹革命。我只能安慰他們說，您們剛剛來，先把自己的思想武裝起來，以後肯定有機會「參加」軍事訓練。我只說「參加」軍事訓練，而不是「接受」軍事訓練。我用「參加軍事訓練」，不用「接受軍事訓練」，因為「參加」和「接受」是兩碼事！當時在中國人人都要參加民兵訓練，這也是軍事訓練。如果我說「接受軍事訓練」，他們肯定會以為是送他們到軍事院校接受軍事訓練。我向他強調，中國不可以輸出革命，希望他們通過學習可以逐步理解革命的道理。

我每天教導那「六名學生」學習毛主席著作，然後叫他們討論和談談學習心得。學了幾天，他們開始有些厭倦了，有些失望了。他們肯定以為，到了中國馬上就可以接受軍事訓練，然後就可以回菲律賓揭竿而起！他們實在想得太簡單，太天真了！我理解他們的心情，因為我回國時也是像他們一樣滿腔熱情。正當那「六名學生」感到有些失望時，有一天早上省外辦（廣東省對外辦公室）突然派人來接他們。省外辦做事都是神神秘秘的，我根本不知他們來的目的。那「六名學生」沒有什

麼行李，除了身上穿的和手上拿的，什麼都沒有，隨時都可以走。省外辦的人接他們時沒有向我透露那「六名學生」要送到哪裡去？我根本不能打聽，也不敢打聽，更不能多問，這是翻譯人員和外交人員的大忌！

那「六名學生」離開廣州白雲機場招待所後就不知所蹤。過了大約一個多月，我們的國際業務處（外事處）突然收到那「六名學生」的來信。那封信是通過湖南省外辦發出的。從他們的來信中，我才知道他們離開白雲機場招待所後就直接被送到廣州火車站搭乘開往湖南的列車。在湖南，那「六名學生」被安排在一個農場。這個農場是專門為那些從外國來中國尋求革命道理的人所設的。他們在那個農場除了學習中文，還要學會適應生活和參加勞動。湖南省外辦專門派一個「阿姨」來照顧他們的起居飲食，真是非常周到。我剛回國讀書時，在集美華僑補校都沒有這麼好的待遇。

在農場學習和勞動一年後，他們就被送到北京繼續學習。在北京，在專門的老師的指導下，他們上午學習馬列主義毛澤東思想，下午就學習中文。經過一段時間學習，他們的語言能力和思想覺悟有所提高。他們又要求到軍事學院接受軍事訓練，但他們的要求一樣沒有被接納。他們的老師婉言相勸，勸他們先把學習搞好，並且根據實際情況安排他們繼續完成他們的學業。塔尼爾選擇到北京醫學院學醫，多明格到清華大學學機械設計，毛西薩到復旦大學學機電工程，愛德加．迪古絡到北京中醫學院學中醫、弗多索．蔡則到北京一個電機廠學機電。他們實在很幸運，不用參加高考就可以保送到中國的重點大學。畢業後，他們各奔前程，1970 年中毛西薩及迪古絡到黎巴嫩加入巴勒斯坦的解放運動。1975 年中菲建交，接著馬可斯對劫持菲律賓航空公司的「六名學生」發布了特赦令。塔尼爾在 1979 年跟隨馬可斯的兒子 Bongbong Marcos 搭乘專機回國，其他成員也陸陸續續離開中國，他們的「歷險記」也劃上句號了。

62. 乒乓外交

1971 年「偉大的無產階級文化大革命」開始靜下來了，外交活動也開始了。1971 年 3-4 月間第 31 屆世界乒乓球錦標賽在日本名古屋舉行。期間美國的運動員葛蘭·科恩（Glen Cowan）在回下榻的酒店時搭乘中國隊的順風車。在車上，中國乒乓球名將莊則東主動和他握手並贈送給他禮物。後來科恩回贈給他穿在身上寫有 "Let it be!" 的 "T" 恤。記者知道這件事，就問科恩想不想到中國看看。科恩沒有正面回答，只說，沒有去過的國家我都想去。記者於是追問，是不是包括中國，科恩肯定地回答，當然包括中國。科恩沒有正面回答，他的內心肯定如同他送給莊則東的 "T" 恤上寫的字句一樣，「隨它吧」，即英文說的 "Let it be!"。

中國乒乓球隊代表團出發之前，周總理曾經對他們說：「要多接觸各國代表，也可以邀請他們來比賽」。我們的乒乓球代表團就把和美國代表團接觸的事彙報給中央，毛主席聽了馬上指示立即邀請美國乒乓球代表團訪華。1971 年 4 月 17 日，美國乒乓球代表團途經香港和廣州白雲機場到達北京，科恩等人終於成為 1949 年中華人民共和國成立以來第一次受邀訪問中國的美國運動員。美國乒乓球代表團這次訪華打破了中美之間人員交往中斷的局面，為美國國務卿基辛格在 1971 年 7 月 9 日至

11 日秘密訪華打開通道，外國媒體稱這個劃時代的外交接觸為「乓乓外交」。我雖然沒有參與美國乒乓球代表團的接待工作，但我在白雲機場工作時很榮幸能夠親眼目睹這一重大時刻的發生。

「乓乓外交」像滾雪球一樣推動了中國的外交活動。在美國國務卿基辛格訪問中國之前，1971 年 6 月 1 日至 9 日羅馬尼亞總統尼古拉・齊奧塞斯庫（Nicolae Ceaucescu）訪問越南時，在回國途中特地訪問中國。在廣州停留時，其專機機組人員由我陪同。離開廣州前，該專機機組的領航員奧必佳（Oprica）和報務員勃多利安奴（Podolianu）跟我開玩笑說：「我不想回國」。我問他們：「為什麼不想回國？」他們說：「因為政府要求我們多生小孩。」接著他們說：「為了讓我們多生小孩，政府取消了計劃生育。我們不想生那麼多小孩，可否帶我去買避孕套？」我就帶他們到北京路最出名的藥店去買。當店員問我要買什麼時，我就說：「他們要買衛生帶」。當店員給他們衛生帶時，他們就搖搖頭說："NO, NO, NOT THIS ONE! It is for men!"。我就跟店員說，他們說「不是這個，是男人用的。」結果那些女店員都捧腹大笑！年紀較大的女店員就把我叫來，她告訴我：「衛生帶是女人月事來潮時用的，是不是給他們的太太買的。」我說：「不是，不是，是他們自己用的，他們說是用來避孕的！」那個店員明白了，他們要買的肯定是避孕套。結果他們兩人都買了 500 隻裝的避孕套帶回羅馬尼亞！買到了避孕套，他很開心地對我說：「足夠我們用兩年了！」

齊奧塞斯庫是訪華最多的東歐集團國家的領導人，自從 1971 年 6 月 1 日訪華，直到 1988 年，他總共五次訪問中國。

由於他與西方國家的特殊關係，他經常為尋求世界和平，特別是中東和越南的和平而奔波。他在位時，羅馬尼亞積極參與國際事務和調解國際衝突，對中蘇關係、中美關係和中東和平扮演了不可磨滅的角色，從而大大地提高了羅馬尼亞的國際地位和聲譽。1989 年 12 月，羅馬尼亞爆發革命，經過草草了事的審判，羅馬尼亞的臨時政府於 1989 年聖誕節把齊奧塞斯庫和他的太太處決，頓時使世界輿論譁然。1989 年年底，當我看到電視節目裡有關處決齊奧斯古和他的夫人埃列娜（Elena Ceausescu）的片段時，我一時不敢相信自己的眼睛，因為幾天前他還在群眾大會上號召羅馬尼亞人民效忠於他。真是「天有不測風雲，人有旦夕禍福！」

除了齊奧塞斯庫，1971 年訪華的外國政要還有南斯拉夫的外長以及衣索比亞（Ethiopia）皇帝海爾塞拉西（Emperor Haile Selassie）。1971 年 6 月 8 日到 15 日，南斯拉夫的外長訪問越南時，在回國途中也途經廣州，這是中國和南斯拉夫建交後第一位訪問中國的南斯拉夫政要。在廣州停留時，我們安排其專機機組人員住在廣州東方賓館。當時我們把南斯拉夫當成頭號的修正主義國家，因此在接待規格上和齊奧塞斯庫總統的專機人員有很大的區別。我們對齊奧塞斯庫總統的專機人員給予熱情友好的接待，但對南斯拉夫外長的專機機組人員卻「不冷不熱」，所以除了特別需要，我不輕易和他們講話。接著，1971 年 9 月海爾塞拉西皇帝到中國進行國事訪問時，其專機也是經停廣州，但停留時間很短，所以其機組人員不用我們來接待。1974 年 6 月海爾塞拉西被陸軍軍官門格斯圖・海爾・馬里安（Mengistu Haile Mariam）推翻，結束了長達數世紀的封建統治。

隨著「乒乓外交」的效應，單在 1971 年中國就成功和 15 個國家建立外交關係。這時，飛到廣州白雲機場的國際航班也增加了，除了巴基斯坦航空公司，還有老撾皇家航空公司（Royal Air Lao）以及柬埔寨皇家航空公司（Royal Air Cambodge），在廣州交易會期間法國航空公司也會加班到廣州，可惜由於印尼政變，中國和印尼的外交關係中斷了，印尼嘉魯達航空公司的航班就取消了。1971 年，看到中國的形勢好轉，有許多外國航空公司想和中國通航，紛紛派代表團到中國探路，其中有伊朗航空公司（Iranian Airways）。伊朗航空公司代表團到廣州時，我們給他們的接待規格很高。我們安排他們在解放北路的廣東省迎賓館住宿，同時由中國民航總局國際司的副司長、國際司翻譯錢澤民以及另外一名女翻譯出面接待，錢澤民是我在廈門大學外文系的學長。宴請伊朗航空公司代表團的佳餚除了傳統的粵菜，還有廣東人喜歡吃的野味紅燒果子狸和烤肉鴿。伊朗航空公司的代表團看來對肉鴿不是很感興趣，可能是因為鴿子是代表和平吧！（備註：錢澤民後來成為中國民航總局國際司副司長，暨中國民航駐加拿大蒙特利爾國際民用航空組織 ,International Civil Aviation Organization 的代表）。

63. 外交旋風

「乒乓外交」在當時被譽為「小球轉動大球」，在「乒乓外交」的推動下，1971 年 7 月時任尼克森安全事務顧問的基辛格博士經過巴基斯坦秘密訪華，為尼克森次年訪華鋪平道路。1972 年美國在越南節節敗退，為了挽回敗局，美國向越南發動了代號為「自由快車行動」（Operation Freedom Train）和「後衛行動」（Operation Linebacker），但都無濟於事。與此同時，美國國內的反戰浪潮一浪高過一浪，美國在越南發動的戰爭越來越不得人心，反戰遊行此起彼落。為了表達美國人民反對越南戰爭的決心，1972 年 7 月著名的美國女星珍芳達（Jane Fonda）偷偷訪問越南。在當時，到越南的唯一途徑是搭乘中國民航每週一班由廣州經南寧到河內的班機。珍芳達從河內回來時，沒法當日轉接巴基斯坦航空公司的班機而滯留在廣州白雲機場。在白雲機場停留時，她被安排住在白雲機場候機室旁邊的賓館。她的到來，除了在候機室值班的邊防人員、海關人員和正好值班的候機室工作人員知道，其他人都不知道。那天我正好值夜班，所以可以見到她，我從巴基斯坦航空公司人員留下的外國雜誌上知道她是何許人也，但我有自知之明，所以對她的出現如無其事。

1971 年後，中國的外交喜訊捷報頻傳，1971 年 10 月 25 日，第 26 屆聯合國大會以大比數通過中國重返聯合國的決議案，從而大大地提高了中國在處理國際事務中的地位。美國人看得很清楚，中國是越南的有力靠山，要解決越南問題，必須要和中國搞好關係。越南戰爭使美國內外交困，尼克森急於找尋體面撤出越南的辦法，1972 年 2 月 21 日到 28 日尼克森對中國進行了國事訪問，為期一週。在訪問中國時，他除了到北京，還去了杭州和上海，並在 1972 年 2 月 28 日發表了《上海公報》。《上海公報》的發表結束了中美兩國間二十多年的敵對關係，開始了中美兩國關係正常化的進程。尼克森訪問中國時途經廣州，到達廣州時周總理親自到廣州白雲機場接他。在廣州白雲機場時，尼克森在周總理的陪同下被安排在廣州白雲機場貴賓室休息，當時我被安排陪同「總統一號」（Presidentt One）的專機機組。「總統一號」加油後就由我們安排的領航員領航，

繼續飛到北京。我當時的任務雖然只有陪同尼克森的專機機組，但我能夠親眼目睹我們敬愛的周總理和親身感受到中美關係正常化的進程而感到無比自豪。世界各大報刊稱尼克森這次訪華是 "The Week That Changed The World"，即「改變世界的一週」，其重大意義可見一斑。

自從 1971 年展開「乒乓外交」後，中國在外交上取得了豐碩的成果，外交活動接踵而來。1972 年 11 月 24 日，原來親西方和反共的薩伊共和國（Republic of Zaire）和中國建立了外交關係，次年薩伊共和國總統蒙博托（Mobutu Sese Seko）訪問中國。1974 年，蒙博托總統在訪問朝鮮民主主義人民共和國後再次訪問中國，在回國途中也是經過廣州。在廣州時，我們安排他參觀位於廣州市郊增城的軍事訓練基地，他對軍事訓練很感興趣，他一邊看，一邊不停地和陪同他的軍事官員交頭接耳。當時他的所有機組人員也獲准一同參觀，所以我也沾光了。在廣東省迎賓館宴請蒙博托總統吃晚飯時，其機組人員也獲邀請參加，我也獲邀陪同機組人員。吃飯時，蒙博托總統的飯桌和機組人員的飯桌靠得很近。蒙博托雖然是獨裁者，但在機組人員眼裡，他是一位平易近人的人。那些機組人員稱蒙博托總統是 "Citoyen"，即英文的 "Citizen"，中文「公民」之意，這可能是他為了表示親民而用的暱稱。蒙博托的專機在白雲機場停留時，我們這些陪同人員和值勤人員可以上去參觀他的專機，但尼克森的「總統一號」我們卻不准靠近，因為美國人對保安工作特別嚴格。

1975 年 10 月 4 日，中華人民共和國和孟加拉人民共和國建立外交關係。孟加拉人民共和國原來是巴基斯坦的一部分，獨立前是東巴基斯坦，1971 年 3 月 26 日宣布脫離巴基斯坦而獨立。1977 年 1 月孟加拉總統齊亞・拉赫曼（Ziaur Rahman）對中國進行國事訪問，隨團訪問的有孟加拉航空公司（Bangladesh Biman Airlines）。孟加拉航空公司的高層職員基本上都是原巴基斯坦航空公司的職員，因此我們一見如故。他們還在巴基斯坦航空公司時，每當有巴基斯坦航空公司的航班到達廣州，他們都會到白雲機場接機，所以我們經常在一起工作。他們的其中一個職員叫 Janjua，我們習慣叫他「大胖子」。文革期間，由於受極左思潮的影響，巴基斯坦航空公司的職員經常說回去後也要學中國的造反派把他們的領導打倒，並且給他們戴上高帽遊街示眾。有一次那位巴航「大胖子」給廣州東方賓館打電話，他說：「我要六四七」。接聽電話的賓館電話接線員回答說：「打倒『劉少奇』！」那個「大胖子」就跟著說：「打倒『劉少奇』！」接電話的服務員就說：「毛主席萬歲！」於是「大胖子」也跟著說：「毛主席萬歲！」「大胖子」每次打電話說：「我要六四七！」對方總是說「打倒『劉少奇』！」因為東方賓館的服務員誤以為「六四七」是「劉少奇」！其實他是想打到 647 號房間。

相對其他國家的專機機組人員，美國的機組人員表現的無拘無束，他們在吃飯時無所不談，唯獨不談政治。有一次我陪同基辛格的專機機組人員吃飯，吃飯時他們會和我談美國的老牌明星，還會談一些俏皮話，有些俏皮話不堪入耳。例如，在談到孔夫子時，他們其中的一名黑人機員對我說，「聽說孔夫子重男輕女，有一次他告誡一個女子不准駕駛飛機，但那個女子不聽，結果一起飛就失事了。飛機跌落地面時，那個女駕駛員兩腿之間『摔裂』了！」真是豈有此理！我反駁他們說：

「據我所知，世界上的第一架飛機是美國人賴特兄弟（Wright Brothers）於 1904 年發明的，所以你們剛才說的全是假話！」我這麼一說，他們只好啞口無言！他們真是低估了中國民航的翻譯！他們有很多很無聊的笑話，我在這裡不便一一列出。

64. 抓革命促生產

文革造成的危害實在太大了，文革不但影響到各個行業的生產，也影響到普通老百姓的生活！文革期間政府機關癱瘓，教育部門癱瘓，計劃生育機構癱瘓，家庭機制也癱瘓！國家幹部管不了群眾，學校管不了學生，家長管不了自己的小孩！由於工廠停工、學校停學，年輕的工人和學生都去造反，那些熱血青年白天造反，晚上也「造反」。到了夜深人靜的時候，他們就在空置的學校課室翻雲覆雨，在課桌上「打真戰」，學亞當和夏娃偷吃「禁果」，結果讓計劃生育部門亂了套；該生的家庭由於沒有安定的生活環境而不敢生育，不該生的小妹和小弟由於「擦槍走火」而「意外」生子！這些「擦槍走火」事件除了給計劃生育辦公室添亂，也給當地的醫院添亂！有一次我帶我的太太到白雲機場附近的中醫學院看病，在婦產科門診部我看到一個女青年正在打胎。護士在給她做子宮刮除手術時根本不打麻醉針，使那個女青年痛得呱呱叫。那個護士不但不安慰她，還不停地罵她：「現在你才知道痛，『玩』的時候很開心，什麼後果都不想，真是咎由自取！活該！」像那個意外懷孕的女青年，在那個非常時期到處可見，結果文革期間多了不少私生子女！

在文革最高潮時，只要有「最高指示」，哪怕是在半夜三更，大家都要敲鑼打鼓地到省革委會和市革委會搞慶祝和表忠心。我的太太當時是在廣州市教育路小學教書，離我們白雲機場有七八公里遠，可是每當有「最高指示」下達，不管颱風下雨或天寒地凍，她都必須馬上前往廣州市教育局集合，然後到廣東省革命委員會和廣州市革命委員會表忠心。當時從機場到市區沒有公車，自行車是唯一的交通工具，明知半夜三更騎自行車很不安全也不得不去。表忠心結束時，通常已經快天亮了，她就乾脆直接上班，實在很辛苦。隨著外交活動的恢復，各級領導機關和行政單位開始逐步恢復工作，抓革命促生產就成了首要任務。「文革」那種轟轟烈烈的「你死我活的鬥爭」開始收斂了，那種狂熱的「造神」運動也相對少了，老百姓再也不用為了「最高指示」而在半夜三更起床表「忠心」了，大家的生活相對安定了，人們也開始可以真正過正常的夫婦生活了。

我太太劉碧倩和我是在 1968 年 10 月 1 日結婚的，結婚才三個月我就被派到廣西柳州石榴河空軍「五七幹校」鍛鍊。1970 年我剛從「五七幹校」回來就參加部隊拉練，一去就是一個半月。拉練回來後，我又被派去挖防空洞，天天起早摸黑，回到家整個人都累得像礦工一樣。文革時整個國家的局勢動盪不安，人心惶惶，今日不知明日事，我們根本沒有心思生小孩。到 1974 年，局勢有些好轉，生活開始安定，當時我們結婚已經踏入第六年了，我的太太已經二十八歲了，我們也該生孩子了。1974 年 6 月我太太終於懷孕了，為了確保胎兒的健康，我就通過民航飛行隊或空軍的機組人員從山東的濟南、煙臺和河南的鄭州帶來蘋果給我懷孕的太太吃。

經過九個半月的細心照料和調養，我太太肚內的胎兒終於

健康成長。1975 年 2 月 17 日，星期五早上六點鐘我太太的肚子開始一陣一陣的陣痛；胎兒開始動了，我很開心，也很緊張，但我的太太卻很沉著。她告訴我這是第一次胎動，所以不用慌張，她還叫我給她準備好溫水洗頭和沖涼。到了上午九點鐘第二次胎動開始了，我就到我們家對面的機場衛生所要了一輛救護車。我拿了我太太換洗用的衣服、牙刷、牙膏和嬰兒尿布就陪她到廣州市第一人民醫院去了。白雲機場的救護車掛的是空軍的「午」字空軍車牌，一路上暢行無阻，很快就到達廣州市第一人民醫院。車一到，護士就幫我們掛號，然後就帶我的太太到婦產科病房檢查身體和休息。我在病房外面的走廊等得很著急，我在走廊一面不停地來回走動，一面不停地看手錶，覺得時間過得特別慢。到了上午十一點鐘，我終於看到有護士把我的太太推出來送到產房。這時已經臨近午飯時間了，那些當值的醫生和護士手裡拿著碗筷，三三兩兩地到附近的食堂準備吃飯。看到那些醫生和護士準備吃飯，我的肚子也開始嘰哩咕嚕地響。我太太的二姐劉玲英看到我很疲累就叫我先去吃飯，可我牽掛的是我太太是否能順產，母女是否平安，根本沒心思去吃飯。

在那個年代，食堂只有在規定時間才開飯，過了開飯時間就沒有飯吃；到吃飯時間，很多醫院只留下實習醫生和護士值班。當時在廣州市第一人民醫院正好有很多軍醫學院的醫生實習，在婦產科看到的都是那些實習的軍醫。我太太生的是第一胎，說實在的我心裡有點擔心，擔心那些實習醫生遇到特殊情況沒法處理，我只希望那些去食堂吃飯的醫生早點回來。到一點半鐘那些醫生終於陸陸續續地回來了，我才稍為安心。到了下午兩點鐘，護士終於告訴我：「恭喜您，在 1:45 您的太太已經順利產下一名女兒，母女平安。」這時我才安心出去吃飯。下午四點鐘，我和我太太的二姐才被允許進入婦產科病房探訪。我的女兒長得白白胖胖，出生時有 3.6 公斤，50 釐米長。我們給取名胡春琳，希望她像春天森林裡的樹木健康成長。

我太太在廣州市第一人民醫院住了三天後，我就接她出院。在國內，婦女生完小孩必須要「坐月子」，而在印尼我們就沒有這個習慣。在印尼，很多窮人生完小孩的第二天就要幹活。聽我媽媽說，由於家裡窮，她生完小孩的第二天就得在家門口賣「珍多冰」（Es Cendol）掙錢，國內的人聽了可能很難相信，但我一點都不誇張。按照廣東人的習慣，「坐月子」必須要吃薑醋豬腳，甚至於連洗澡、洗頭都要用薑水，一點都不能馬虎。薑醋豬腳要用甜醋、薑、豬腳和帶殼的熟雞蛋泡製，我從來沒煮過，真是一竅不通。還好，我的太太的人際關係很好，在她分娩以前，和我們很要好的莫慕貞老師已經幫她準備好了，要不然我真不知道該怎麼辦。當時我們家的廚房沒有爐臺，黃愛嬋老師的老公「阿區」就很熱情地幫我們搞爐灶，真是一方有難大家幫。我們的父母都在國外，我們遇到困難時國內的同事和朋友就幫我們，俗話說得好，「在家靠父母，在外靠朋友」。

65. 患難見真情

坐月子除了要吃薑醋煮豬腳，還要注意補身，如喝雞湯等營養好的東西。當時在廣州要買雞蛋都很困難，要買雞就更不容易了。我在白雲機場時曾經教過英文速成班，學生來自各個航站的空中服務員和地面服務員，她們來自廣州、湖南、湖北、

江西、廣西和河南。這些學生學成以後雖然各自回到自己的不同崗位，但回去後仍然和我保持來往。這些學生得知我太太剛剛分娩都主動出手相助，她們從湖北沙市和湖南常德市幫我們買雞和雞蛋，然後交給搞農業飛行的機組人員帶給我。這些學生辦事很認真，有一次我叫她們幫我買「雞姑娘」，但我不懂的怎麼表達，只好講要買「不生雞蛋的母雞」。她們委託她們的媽媽到農村去找「不會生蛋的母雞」，結果怎麼都找不到，她們實在太可愛了！

我小時候雖然住在農村，很多家務活都會做，但從來沒有殺雞和劏魚，我只好用「斬首」的辦法殺雞。從農村的「雞姑娘」生命力強，斬斷了頭還可以到處跑，結果我們廚房的地板和牆壁到處都是雞血。我太太的球友李炳光得知我的狼狽相就特地到我們家講授殺雞和劏魚的竅門。他叫我把雞頭夾在雞翅膀下，拔掉脖子上的羽毛，用利刀切開雞脖子一邊的血管，放血即可。接著把雞用熱水燙好，再用手掌抹掉雞毛，大約二十分鐘就大功告成。他的方法實在很簡單，很乾淨俐落。至於劏魚，就更容易了，只需用刀背把魚頭猛力一敲，把魚打暈，刮掉魚鱗，再從魚背劏開並取出內臟即可。

困難時期物資短缺，糧食不夠吃，要生小孩不容易，要養小孩更不容易。我們是空軍直屬機關單位，物資供應比地方好，但糧油等必需品還是要定量。蘋果和雞蛋可以從外地買，但嬰兒奶粉根本沒有，新鮮牛奶也沒有。我太太本來喜歡用母乳餵哺，但她在市區工作，只能在上班前餵奶。當時我的同事鐘政芳正好剛生完小孩，她經常在我太太上班時到我們家給我的女兒餵奶。要是有冰箱，我太太就可以先把奶擠出來，然後存放在冰箱內備用。但在那個年代，連我們的局長都沒有冰箱，更何況是老百姓。多虧得到小鐘的熱情幫助，我們的困難才能解決，真是患難見真情！

對雙職工來說，除了以上困難，上班時沒人照顧小孩也是一個大難題。我在廈門大學讀書時的同學劉初昆這時就伸出援手，叫他的媽媽從桂林華僑農場來廣州幫我們。她來了以後，我太太就不用那麼辛苦了，小孩在夜間尿床時她就可以幫助我太太給小孩換尿布，使她在晚上能好好休息。當小孩在夜間哭鬧時她可以抱起小孩，用「叮噹，叮噹」的手搖鈴哄她睡覺。印尼華僑抱小孩喜歡用 "selendang"，即一種專門用來抱小孩的蠟染布吊帶。時間長了，小孩就習慣成自然了，晚上一旦起來就要抱她才能睡覺，而且要用手搖鈴「叮噹，叮噹」敲才入睡。那個老太太年紀大了，身體又不好，我不忍心看她太勞累，只好和她輪流「值夜班」。我每天晚上「值夜班」，第二天又要上班，結果在一個月之內我就瘦了五公斤。

那個老太太帶小孩帶得不錯，在她的細心照顧下，我的女兒長得白白胖胖，體重也長的很快。她不但晚上要起床抱小孩，白天也喜歡抱小孩，結果她太累了，她叫我另外請人。經朋友介紹，我們請了一個農村來的婦女。她年紀不大，才四十來歲，高高的個子，黑黑的皮膚，是一個很典型的農村婦女。她來報到的那一天，從農村有一大幫親屬和她一起來到我們家。我們的家不大，突然來了一大幫人使我很為難。他們來了，我們接待一下沒問題，但要管他們吃住就不容易了。他們難得到廣州，來了以後就捨不得走，一住就是好幾天。困難時期什麼都要定量，他們的飯量很大，住幾天幾乎把我們一個月的口糧吃光。

俗話說：「啞巴吃黃蓮，有苦說不出」，這就是我們當時的苦況。

那個農村婦女和那個桂林華僑農場的老太太完全不同，我們上班時她把我的女兒帶到屋外，像放羊一樣任她在地上亂爬。最糟糕的是她不講衛生，我的女兒在地上亂爬後，還沒洗手就餵她吃東西，結果我的女兒得了蟯蟲病。為了我女兒的健康，我只好叫那個農村婦女回到她老家。那個農村婦女走了以後，我們就從廣東汕尾陸豐華僑農場請了一個十三歲的女孩幫我們帶小孩。那個小女孩名叫珊珊，是一個印尼歸僑的女兒。她雖然才十三歲，但樣樣事情都會做，最主要的是她會帶小孩。珊珊性格很開朗，她愛說話，愛唱歌和愛微笑，還經常逗小孩玩。我的小孩給她帶了以後，性格也變得開朗和活潑，並且開始牙牙學語。珊珊很喜歡帶我的女兒到機場的候機室去看飛機，候機室的服務員看到我的女兒都很喜歡，她們喜歡輪流抱她和逗她，使我的女兒受寵若驚。

俗話說，「天下無不散之筵席」，珊珊和我們在一起雖然過得很開心，而我們也希望她能久留，但由於她的戶口在農場，她只做了一個多月就得回陸豐華僑農場勞動。珊珊回去後，我們只好把我們的女兒送到機場的托兒所。這個托兒所就在我們家附近，接送非常方便。可惜那間托兒所的阿姨沒有受過專門訓練，她們都是從中國北方來的幹部和職工家屬，結果托兒所的小孩也是像放羊一樣任他們在地上亂爬。這個托兒所是全托制，我們週一送去，到週六下午才接回來。我的女兒剛送到托兒所時白白胖胖，人見人愛，到了週六下午我接回來時，我簡直不敢相信在我眼前的是我自己的女兒。當時正好夏天，天氣很熱和潮濕，托兒所連電風扇都沒有，結果我那白白胖胖的女兒接回來時全身都給蚊子咬得遍體鱗傷，慘不忍睹。我的女兒在那所托兒所只有托放一週，我就把她接回來。

正當我們為了女兒的託管感到很彷徨時，我的太太的三姐劉瓚英向我們伸出援手，她通過關係安排我們的女兒到她家附近的廣州尖麻廠托兒所託管。廣州尖麻廠的工人大部分是女工，廠領導非常重視托兒服務。那間托兒所的阿姨大部分接受過專門訓練，還配有保健醫生。我的女兒在那裡託管後，不但生活上可以得到很好的照顧，還可以接受幼兒教育。那間托兒所的老師除了教她最簡單的生活常識，如刷牙、洗臉、穿衣和穿鞋等，還教她唱歌跳舞，更重要的是教她一些待人的禮節。加上我三姐的女兒劉園也在同一間托兒所託管，使她覺得並不孤獨。我的女兒在那間托兒所過得很開心，天天有說有笑，並且有自己的朋友圈。那些小朋友很好玩，她們之間各有匿名，記得她的好朋友有一個叫「螞蟻」，有一個叫 "DO-RE-MI"。

66. 天災人禍

1973 年社會逐步穩定，局勢也開始平靜，像暴風雨到來之前那麼平靜。在平靜背後其實暗藏著新的、更加激烈的鬥爭，天災人禍接踵而來。1973 年 7 月，毛主席在接見王洪文和張春橋時說林彪是尊孔反法的，是主張倒退的，實際上毛主席是在暗示要防止走資派復辟。江青因勢利導，1974 年 1 月 25 日在國務院直屬機關召開了「批林批孔」動員大會，提出了「批林批孔，批周公」，矛頭明顯指向周總理。「批林批孔」運動雖然只有歷時半年左右，但卻使工作繁重，病魔纏身的周總理不勝其勞，心力交瘁，我們的總理終於病倒了。1974 年 6 月 1 日

他入住北京305醫院接受治療，在治療期間他仍然堅持處理國家大事和外交工作。「批林批孔」運動剛過，第二年又來了天災，1975年8月初強颱風蓮娜在河南的駐馬店專區登陸，引來了特大暴雨，使板橋水庫和石漫灘水庫不勝負荷，造成嚴重的垮壩事件，八億立方米的水以雷霆萬鈞之勢洶湧而出，淹沒了沿途各縣的農田和村莊。從當時的官方統計看，死亡人數有2萬6千人，因水災受傷和得傳染病以及餓死的人估計有15萬人。由於鐵路和各類交通運輸中斷，救援物資主要靠空軍和民航來空投。河南省屬廣州民航管理局管轄，因此很多救援物資由我們負責空投。這些救援物資除了有各類帳棚、藥品、食品和衣物，還有用來處理屍體的屍袋。根據參加救援工作的空軍人員講，從飛機上往下看，駐馬店專區方圓55公里長15公里寬的村莊都變成了澤國。水災的猛烈衝擊，使原來的鐵路路軌被扭曲的像麻花辮一樣。由於水災是在凌晨時分發生，很多村民還來不及穿衣服就被洪水沖走，結果洪水沿線的樹幹上掛滿了大大小小、男男女女的屍體。飢餓的烏鴉一大群，一大群地跑來爭食在樹幹上掛著的屍體，從飛機上看來像黑壓壓的樹葉，真是慘不忍睹！

河南大水災發生時，周總理正好病情惡化，但他不顧病魔的折磨仍然帶病指揮搶險和救災工作。1976年1月8日9時57分，我們親愛的總理因膀胱癌晚期醫治無效終於與世長辭，享年77歲。一代偉人走了，全國上下衷心哀悼，全世界人民向他致哀，甚至於聯合國也降半旗致哀。奇怪的是，當全國人民自發悼念我們的總理時，我們卻接到命令不准開追悼會，說是「周總理生前遺囑」！命令阻擋不了群眾對總理的愛戴，當總理的靈車經過長安街時，百萬民眾哀傷地在道路兩旁目送自己的總理，這就是人們說的《十里長街送總理》。1976 是禍不單行的一年，我們在 1 月 8 日剛剛痛失我們親愛的總理，1 月 21 日星期三從廣州飛到長沙的一架安 -24（Antonov-24）飛機在長沙機場降落時失事墜毀，機上 42 人全部遇難，包括機組人員 8 人，旅客 34 人。這架飛機是廣州民航管理局的飛機，機組人員和我們很熟，其中一個空姐是我的學生，所以我們都感到非常傷心。那幾天由於天氣不好，很多飛機延誤，失事的這架飛機也是已經有兩三天延誤了，客人都很著急。其中有一個客人是年輕的美國商人，他來自美國的波士頓，是做皮鞋生意的。飛機延誤時，他被安排住在候機室隔壁的賓館，到用餐時間就下來到候機室餐廳用餐。用餐後他就到我們的旅客登記處打聽飛機何時起飛，天天如此。還有一個經常找我們打聽飛機起飛消息的是南海艦隊航空兵飛行員。

飛機失事那天，天還在下雨，原來的機長因為飛機延誤折騰了兩三天而有些不適，臨時換了一個有 5,000 小時飛行經驗的機長。原來的空姐也因為身體不適而換人，代替她的空姐叫做趙青青，是我在廣州民航管理局運輸服務大隊舉辦英語訓練班時的學生。飛機失事那天我正好值班，我記得那架飛機是在上午九點鐘起飛，按照安 -24 每小時 450 公里的巡航速度，那架飛機在十點多鐘就應該到達長沙。飛機到達目的地時，我們的調度室（也叫塔臺）通常會發電報通知我們。那天有點反常，到了十一點鐘還沒有收到消息，大家開始感到緊張，但我們不敢瞎猜。隨著時間的流逝，我們的心情就越來越緊張。到了下午大約一點半鐘，不幸的消息終於傳來了。根據後來得到的消息，由於當時長沙機場天氣惡劣，那架安 -24 飛機在做「四拐彎」時，即飛機在降落前拐彎對準跑道降落時，因失去平衡而失事

墮毀，機上人員無一生還。

這個猶如晴天霹靂的消息驚動了所有白雲機場的員工，特別是那些遇難機組人員所在的飛行大隊，負責維修飛機的機務大隊，負責旅客登記和飛機載重的值機室以及負責指揮飛機起降的調度室。我和白雲機場的所有員工一樣感到非常悲痛，當我想到幾個小時前還在值機室簽署飛機載重和平衡圖（Load and Balance Sheet）的機長和那個新入伍的空姐趙青青以及那個年輕的美國商人時，我幾乎不敢相信事情來得會那麼突然！那個南海艦隊飛行員那天由於睡懶覺而「不知醒」，結果逃過大難，真是人算不如天算！他對自己慶幸逃過大難感到不以為然，他對我說：「我一加入南海艦隊航空兵就把生死置之度外，這次我很慶幸逃過大難是因為「上天」知道我的革命任務還沒完成」！真是一個革命軍人的豪言壯語！

為了表示哀悼，我們在白雲機場的大禮堂舉行了追悼大會。追悼會那天，我們身穿軍裝列隊進入大禮堂。大禮堂的舞臺上，擺放著那些遇難的機組人員遺照和骨灰以及各單位送來的花圈和花環。舞臺前坐著機組人員家屬、廣州空軍代表和廣州民航管理局的領導。大會在哀歌聲中和莊嚴肅穆及哀傷的氣氛中開始了；首先由廣空領導、民航領導和各單位代表致悼詞。在講話中，廣州民航管理局的領導簡單地介紹和讚揚了那些遇難機組人員的生平和事蹟。根據廣州空軍黨委和民航黨委的決定，那些遇難機組人員被授予中國人民解放軍烈士的稱號。接著出席大會的全體人員向烈士們和他們一起遇難的旅客們脫帽致哀。致哀完畢後，遇難家屬代表逐一上臺領取遇難人員的骨灰。當趙青青的爸爸上去領取她的骨灰時，我突然控制不住自己的哀傷而失聲哭泣。我之所以控制不住自己的哀傷，因為趙青青是我的學生，她死得實在太年輕了！趙青青的爸爸是革命幹部，在抗日戰爭時他失去了一隻手。當他用一隻手捧著趙青青的骨灰和其他家屬代表一起從參加大會的人員走出大禮堂時，大家都感到非常悲傷，整個會堂頓時籠罩著愁雲慘霧的氣氛。

俗話說「福無雙至，禍不單行」，用這句成語用來形容 1976 年中國的境遇一點也不過分。1976 年 1 月 8 日我們剛剛痛失敬愛的周恩來總理，1976 年 7 月 6 日我們又失去了敬愛的朱德委員長。他是中國的十大元帥之一，也是人民解放軍和中華人民共和國的締造者之一，他的逝世是我黨和國家的一大損失。當我們剛剛收拾悲痛的心情，1976 年 7 月 28 日凌晨河北唐山又發生了 7.8 級的地震，頃刻間唐山市被夷為平地，全市交通癱瘓，通訊和水電全部中斷，造成 24 萬 8 千 2 百多人死亡，同時造成 16 萬 4 千多人重傷。從廈門大學外文系分配到煤炭工業部工作的郭添和同學也在這次地震中喪生。我太太的二姐夫的弟弟劉幼星當時也在唐山工作，發生地震當晚，他的兒子劉峯因為尿急而吵醒他，當他起來找尿盆時，房子突然激烈搖晃，他趕快叫醒正在睡夢中的太太和抱著他兒子沖到樓下。他們剛離開樓房不久，整棟樓轟隆一聲倒塌，他們很幸運地逃過大難。

67. 改革開放

外國的堪輿家認為接二連三的天災人禍是一個不祥之兆，他們預測中國的政局會有重大的變化。他們的預測果然發生，1976 年 9 月 9 日，我們的偉大領袖毛澤東主席離開我們了。在

毛主席和朱德、周恩來、葉劍英、劉少奇、鄧小平等領導人的領導下，經過漫長和艱苦的鬥爭，中國共產黨在 1949 年終於取得了勝利，並且成立了中華人民共和國，從此中國人民站起來了，西方列強任意侵略中國的時代過去了。中華人民共和國成立後，西方列強用禁運、封鎖等種種惡劣的手段企圖扼殺剛剛誕生的中華人民共和國。在毛主席和其他老一輩革命者的領導下，中國人民不畏強暴，用自力更生、奮發圖強和不屈不撓的精神不斷戰勝和克服各種困難。禁運和經濟封鎖不但扼殺不了初生的中華人民共和國，反而使中國人民更加強大和更加團結。可惜的是，毛主席在新中國成立後不停地發動了階級鬥爭和政治鬥爭，其中傷害最大的是 1957 年的反右鬥爭和 1966 年到 1976 年的無產文化大革命。1957 年的反右鬥爭傷害了不少知識分子，1966 年的文化大革命傷害了不少革命幹部。反右鬥爭阻礙了中國的現代化改革，十年浩劫使我們的國家處於分裂和經濟崩潰的邊緣。

毛主席死前做出了非常正確的決定，委任了原湖南省委書記華國鋒為他的接班人。華國鋒是一個非常老實和非常正直的人，從來不結黨營私和另立「山頭」。為了防止「四人幫」篡黨奪權，1976 年 10 月，華國鋒主席在葉劍英元帥和中央警衛團團長王東興的支持下把「四人幫」抓起來了，結束了文革的十年浩劫。得知這個大快人心的消息，全國人民自發地上街慶祝，他們載歌載舞，舞龍舞獅地送瘟神。「四人幫」的垮臺為鄧小平的復出創造了條件，同年 10 月他被任命為國務院副總理。到 1978 年鄧小平取代了華國鋒，成為中國共產黨和中華人民共和國的一把手。鄧小平的復出為中國的改革開放鋪平了道路。

改革開放需要大量資金，為了吸引外資，鄧小平首先在靠近香港的深圳搞了一個經濟特區作為經濟改革的試點，香港的商人和企業家因勢利導，紛紛前來投資設廠。廣州市是廣東省的省會，近水樓臺，也成了香港和海外華人投資的目的地。隨著深圳經濟特區的發展，作為廣東省省會的廣州也必須跟上時代的步伐，改善交通和基礎設施就成為當務之急。由外商投資的酒店，如白天鵝賓館、白雲賓館等五星級酒店拔地而起，東方賓館和華僑大廈等也進行裝修和擴建。交通方面，當時從香港到深圳必須徒步經過羅湖橋，很不方便，要到廣州就更加麻煩，因為沒有直通車，也沒有空中交通。當時香港居民如果要到廣州的話，一早八早就要到九龍的火車站排隊，到了羅湖還要步行過一段距離的鐵路橋。過橋前要經過香港的出入境檢查站，過了羅湖還要過中國的邊防檢查站和海關。在改革開放前，國內的海關和邊防檢查非常嚴格；進口的東西，哪怕是日常用品都要一一檢查和登記，實在費時和費事。當時從香港坐火車到廣州雖然只有 200 多公里，因為出入境手續複雜，往往需要整整一天的時間才能到達。

要改變交通落後的狀況，開闢空中航線是既快捷又方便的方法。1975 年，中國民航廣州管理局已經有了飛往香港的「螃蟹包機」，但是還沒有客運包機。代理「螃蟹包機」的怡和洋行航空部（Jardines Matheson & Co. Ltd., Airways Division）預測到改革開放會給客運包機帶來很大的發展潛力，於是時任怡和洋行總裁的紐畢堅（David Newbigging）在 1978 年初就率領了談判代表團到廣州白雲機場商討有關客運包機的可行性。代表團由十人組成，包括時任怡和洋行航空部經理的林寶林、香港國際機場航空護衛公司經理偉寶（Larry Abel）以及怡和洋行中

國部的負責人和其他高層行政人員。紐畢堅是天津出生的愛爾蘭人，而林寶林是地地道道的天津人，由他們到廣州和中國民航管理局談判是最佳的拍檔。談判非常順利，1978 年 10 月 10 日，中國民航廣州管理局，即現在的中國南方航空公司終於開闢廣州到香港的客運包機。

在此之前廣州到香港雖然沒有正式的客運包機，在 1975 年卻曾經有一架中國民航的「三叉戟」飛機的特殊客運包機。這架特殊的客運包機是專門運送在中國解放戰爭時期被中國人民解放軍俘虜的國民黨將領。這些將領都是年過半百的人，中國政府出於人道主義，於 1975 年特赦他們，並允許他們到台灣和親人團聚。由於政治上的顧慮，台灣當局拒絕給予這些曾經為「黨國」效勞的老人入境。台灣對他們的冷遇，使那些原國民黨將領心灰意冷，他們有的選擇返回中國，有的選擇留在香港。留在香港的其中一位將領就是 99 歲高齡的知名人士蔡省三先生。蔡省三是黃埔軍校第十五期學員，1939 年到江西跟隨蔣經國，官至國民黨少將，1949 年被中國人民解放軍俘虜，1975 年獲特赦，後為香港《新報》《蔡省三專欄》的特約寫稿人。他和他的現任妻子吳諒合著出版了《蔣經國與蘇聯》和《蔣經國系史話》。

68. 出國之前

1978 年 8 月，我的媽媽得了乳腺癌，在印尼泗水入住醫院開刀，當時她已經快八十歲了。自從在 1960 年 8 月 1 日我回國讀書後，我從來沒有見過我媽媽。住院期間她急切和我見面，我的哥哥和姐妹叫我從速回印尼探親。同年年底我正式向中國民航廣州管理局幹部處申請出國。我是廣州白雲機場第一個申請出國的人，相信會有很多阻力，說不定一兩年才能批准。到 1978 年，我回國已經快二十年了，在白雲機場工作也有 13 年了。我剛參加工作就碰到文化大革命，整整十年中國的正常生活秩序給打亂了。十三年來，我除了星期日、五一勞動節、國慶日和春節有安排休息，放年假對我來說根本不存在。當時只有家在外省的幹部和職工才有假放，我是歸僑，家在國外，又沒成親，所以沒有什麼年假。文革的時候，我們連星期日都要抓革命促生產，假期對我來說只是一種奢望。

出國前，我很想到祖國的大江南北去走一走和看一看。我們的幹部處和大隊領導很理解我的心情，他們格外開恩地給我放兩星期假。我的太太在七、八月份正好放暑假，我就帶著我太太和我的女兒到北京、上海、蘇州、無錫和杭州去玩。當時我雖然貴為中國民航廣州管理局的翻譯官，但中國民航當時有一個死教條的規定，只有回家探親的外省幹部和職工才有資格申請免費機票。在那個年代，只有一定級別的地方幹部有權力乘飛機出差，而且還要有單位的證明才可以買票，我們只好坐火車了。1961 年從廈門大學分配到廣州白雲機場時，我曾經搭過火車，但當時一切的一切都是由廈門大學分配委員會統一安排，我不用操心車上有沒有座位或轉車時在哪裡住宿。

這次跟我的一家人旅行，一切的一切都要自己安排，從買票、旅途中的住宿等都要自己解決。1978 年文革剛剛結束，鐵路運輸雖然已經恢復，但經過十年浩劫，人們的公德心等各方面還沒有恢復。文革前，通過學習雷鋒大家的思想覺悟有很大的提高，助人為樂成為社會風氣。文革後，中國人的優良傳統

都給破壞了，互相禮讓的精神沒有了，取而代之的是互相爭奪，各不相讓。我們在廣州火車站上車時，旅客都要排隊上車，上車後也要對號入座。但在中途站或小站上車時，大家都爭先恐後，互不相讓。有一次我抱著我的女兒上車時，因為火車的臺階很高，沒法順利上車，這時在我後面的男乘客不但不伸出援手，還蠻不講理地把我拉下來強行先上車。為了早點上車霸位，有很多乘客乾脆從窗口爬進去，那種場面和戰亂時期逃難時沒什麼兩樣。當時的火車是蒸汽機車，火車頭是燒煤炭的，速度很慢，火車行走時發出嘎嘎的響聲。8 月份正好是夏日炎炎的天氣，車廂內溫度很高，又沒有空調，加上沒有禁止抽煙，搞得烏煙瘴氣。為了透氣，大家就把車窗打開，火車噴出的濃煙從窗口進來，和車廂裡的汗水味混在一起，真是臭氣沖天。

我的女兒很乖，一路上沒有大吵大鬧，為了使她不要覺得很悶，我們買了一本小人書，一路給她講故事。書裡講的是一個獵人的故事，那個獵人天天出門打獵，臨出門時，那個獵人就吩咐他的女兒，如果爸爸還沒有回來不要隨便開門。有一天，那個小女孩聽到有敲門聲，當時她的爸爸還沒有回來。伴著那個敲門聲，她聽到很動聽的歌聲：「小孩子乖乖，把門兒開開，我要進來！……」我唱這一段歌時，我的女兒就會跟著唱：「不開，不開，不能開，爸爸沒回來，誰來也不開！……」這時候，我就扮成一隻老虎在強行進門，她就緊緊地抱著我不放，樣子非常可愛。

經過三天兩夜的煎熬，我們搭乘的「綠皮車廂」火車終於到達祖國的首都北京。我還在印尼時經常收聽北京廣播電臺的印尼文廣播節目，從北京廣播電臺定期寄給我的《人民畫報》

我瞭解到北京的一些情況。當我從列車員的廣播裡聽到：「旅客們，我們的終點站北京車站到了。準備下車的旅客，請準備好你們的行李物品……！」北京，多麼熟悉的名字，北京……我們祖國的中心，北京……我們的偉大領袖毛主席和中央領導人的所在地。北京……熱愛祖國的華僑和華人最嚮往的地方，成千上萬亞、非、拉革命群眾最渴望去的聖地。這時我的心情激動萬分，因為我回國前最嚮往去的地方就是北京，我最希望讀的大學是北京廣播學院印尼文廣播系。當時的我實在很天真，以為我的印尼文很好就一定可以如願到我嚮往的北京廣播學院印尼文廣播系就讀。

我在北京有很多朋友，有些還是有頭有面的人，雖然我是第一次到北京，但我不會感到緊張，因為我去北京以前已經事先做好安排。不出所料，我一踏出火車站就有人來接我，但使我感到很突然的是北京市委秘書唐玉同志也親自前來迎接！唐秘書是我的好朋友，他每次到廣州都來找我，即使他不來廣州，只要他委託我辦的事我都會去辦。他見到我很開心，他緊緊地握著我的手，久久不肯放，一邊不停地說，「歡迎你們一家人來北京訪問！歡迎……歡迎……！」接著我就把我的太太和小女兒介紹給他，我的小女兒就說：「唐叔叔好！唐叔叔好！」接著唐秘書的司機也向前自我介紹。用來接我的車是北京市委秘書處的車，是一部由波蘭製造的、米黃色「伏爾加」牌轎車。

同款轎車我在廣州白雲機場國際業務處接待外賓時曾經坐過，可是這次接我的車卻特別新，使我頓時受寵若驚，這個接待規格猶如 VIP （貴賓），真不知怎麼描述我當時的心情。在前往北京市委招待所的路上，唐秘書一路介紹北京的重要景點，

我們都聽得很入神。當我們坐的車路過北京天安門廣場時，我們都目不暇給，恨不得馬上下車拍照留念。到了市委招待所，我們被安排在二樓的一間大房，非常寬敞，非常舒適。那天晚上唐秘書請我們到北京市全聚德烤鴨店去吃北京烤鴨，我的太太和我的女兒初嘗北京烤鴨，吃得津津有味，邊吃邊讚不絕口！第二天早上，唐秘書和他的司機一早就來接我們去毛主席紀念堂瞻仰毛主席的遺容。我們到達毛主席紀念堂時，外面已經有很多人在排隊，唐秘書和紀念堂的警衛員講了幾句話後，有一個警衛員就帶領我們從側門進入紀念堂。保持恒溫的紀念堂內氣氛莊嚴肅穆，警衛員帶領我們向毛主席的遺體致敬後，我們就繞著毛主席的遺體走一圈，我們終於圓了到北京的其中一個心願。躺在水晶棺材裡的毛主席，其遺容與生前沒有太大的變化，仍然給人那種威嚴的感覺。

我們參觀毛主席紀念堂後，唐秘書的司機就送我們到天安門廣場和故宮去參觀。天安門廣場位於故宮皇城南門的「天安門」，故此而得名，占地面積有 44 公頃，是世界上最大的城市廣場之一。我們到天安門廣場時，北京天氣晴朗，晴空萬里，真是拍照的好時候。我馬上拿出我的蔡司依康（Zeiss Ikon Nettar Camera）掠拍這個揚名中外的、極其宏偉的廣場，恨不得把天安門廣場的每一個角落攝入我的鏡頭。可惜我當時只有帶兩筒彩色膠捲，這些彩色膠捲是蕭白明老師給我的，在國內是沒法買到的，所以我不敢多拍。蕭白明和我的太太都是廣州市越秀區的老師，是一位攝影愛好者，家裡有很多攝影器材，還有從香港帶來的彩色膠捲。在天安門廣場拍完照後，我們就去故宮參觀。

北京故宮也叫紫禁城，位於北京市中心的東城區，是明清時代二十四位皇帝的皇宮。它是現今世界最大的宮廷建築，這個建成於 1420 年的宮廷占地面積有 72 萬平方米，是古代漢族宮廷建築之精華，被譽為世界五大宮廷，即中國北京故宮、凡爾賽宮、白金漢宮、克里姆林宮和白宮之首。永樂皇帝在 1406 年修建這個巨大宮廷時，聽說動用了 10 萬名最優秀的工匠和 100 萬名普通勞工，整整用了 14 年才落成。我們在故宮只有參觀主要的宮殿，如太和殿、中和殿和保和殿，那些內殿我們就只能走馬看花了。參觀完故宮，我們就去故宮西北面的北海公園遊玩。北海公園是皇家園林公園，與中海、南海合稱三海，占地面積有 71 公頃。北海公園四面環湖，乘舫艇是最方便、最快捷的方法，而且還可以盡情地觀看沿途的景點。瓊華島是整個公園的核心，而島上挺拔的白塔，即永安寺是北海公園的標誌。我們的舫艇駛近瓊華島時，大家都興高采烈地拿出各式各樣的相機，「哢嚓⋯⋯哢嚓⋯⋯」地把那個宏偉的白色永安塔攝入鏡頭。接著，我們的舫艇就駛去與瓊華島相接的永安橋。看到曲尺形的白色永安橋，大家都爭先恐後地拍下這個具有特式的、古色古香的橋樑。

除了北海公園，北京的皇家林園還有頤和園，頤和園始建於 1750 年，到 1764 年才建成。這個保存完整的皇家林園離北京市區有 15 公里，占地面積 290 公頃。頤和園實在很大，走馬看花都要一整天才能看完。我們遊完北海公園已經特別遲，而且也已經很累，只好先回市委招待所休息。第二天早上，我們吃完早餐，唐秘書的司機已經在招待所等候我們。唐秘書的司機把我們送到頤和園東門，頤和園有三山五園，即萬壽山、香山和玉泉山；山上有清漪園、靜宜園、靜明園和附近的暢春園

和圓明園，統稱五園。我們沿著手工精緻的長廊一路走到石舫，然後就乘船暢遊昆明湖。湖邊的柳樹在微風的吹拂下輕輕地飄揚，彷彿在向來自遠方的遊客們招手。當我們到達連接昆明湖東岸和南湖的十七孔橋時，太陽已開始進入地平線，我們只好抓緊時間拍照，算是「到此一遊」了。

1935 年 10 月毛主席在他寫的詩詞《清平樂．六盤山》裡寫道：「天高雲淡，望斷南飛雁，不到長城非好漢……」。建於西元前 206 年的萬里長城是世界的奇蹟之一，這個浩大的軍事工程東西綿延上萬華里。我們在中國住了快二十年，出國前如果不去看看萬里長城肯定會終生遺憾。離開北京前我們就決定去萬里長城的八達嶺看一看，希望我們也成為好漢！八達嶺的長城是長城中保存最完好的一段，被稱為「玉關天塹」，是最具代表性的一段。當時的八達嶺遊客不多，要爬長城不用人擠人，我們很快就爬上去了。上了長城我們可以清楚地看到那雄偉壯觀、蜿蜒起伏、像巨龍盤旋在高山峻嶺的萬里長城。兩千年前，在沒有什麼起重機和其它先進設備的情況下，我們的祖先能夠徒手建成這麼偉大的工程真是難以想像。八達嶺的烽火臺是最吸引遊客的地方，很多遊客都選擇這個景點拍照留念，我們也迫不及待地拿起相機，「咔嚓……咔嚓……」地拍照，為的是留下「到此一遊」的回憶和成為好漢！遊完萬里長城，我們的北京之旅就劃上句號。

69. 前往上海

離開北京後，我們就到我們的第二站，上海。上海是中國最大的城市，在第二次大戰前是亞洲最大的城市，據說當時的

▲作者的表叔蔡鴻林。

上海比日本的東京還繁華。雖然我當時還沒有去過上海，但是這個曾經有東方巴黎之稱的大都會，在我還在中學讀書時就從周璇唱的時代名曲〈夜上海〉得知。在 1930 年代很多印尼華僑子弟回國求學的目的地就是上海。原印尼瑪琅中華中學的校長兼世界地理老師林忠安老師就是從上海暨南大學畢業的。我的表叔蔡鴻林和我的表哥郭添禮一樣，都是在 1930 年代回國的印尼華僑。他們是土生土長的數代華人，在「九一八事件」發生後他們紛紛回國，回國後有的繼續升學，準備學成後回饋祖國，有的就投筆從戎。我的表叔選擇第一條路，而我的表哥則選擇了第二條路。結果我表叔成了「人類靈魂的工程師」和翻譯員，而我的表哥則成了北海艦隊潛艇部隊的訓練部長兼副參謀長。

我的表叔蔡鴻林是在 1937 年 4 月回國的，回國不到三個月就發生了「七・七」盧溝橋事件，抗日戰爭爆發。1937 年 8 月 13 日淞滬戰役爆發了，他舉目無親，流離失所，到處逃難，當他逃到安徽蕪湖時幸好遇到了一位楊姓的虔誠天主教徒。看到他舉目無親，居無定所，這個楊姓天主教徒就收留他，使他暫時有一個安定的住所。在戰亂時他從印尼帶來的東西全部丟失了，在印尼的親屬也和他失去聯絡，使他頓時失去經濟支柱而沒法正常求學。在極其艱苦的環境下，他排除萬難，半工半讀，勤工儉學；皇天不負有心人，他終於讀完高中。祖國解放後，他的生活才比較安定，而且考上了華東師範大學俄語系。1955 年大學畢業後，他被分配到上海控江中學教書。在出任教

育部僑生班教師時，他兢兢業業，任勞任怨，成績突出，後來由於國家需要被調到一機部上海熱工儀錶研究所任俄文及英文翻譯。

他精通俄文、英文、印尼文，為了掌握更多的語言知識，他堅持不懈地自學荷蘭文、德文、法文、西班牙文、希臘文和日文。為了完成艱鉅的翻譯任務，他經常帶病工作，有時還把做不完的工作帶回家裡做。他在漕河涇的住所，雖然條件很差，但不會影響他勤奮工作的毅力。在夜深人靜的時候，當人們已經睡覺時，他經常用舊式的 Remington（雷鳴敦）打字機滴答、滴答不停地打他的翻譯稿。他的辛勤勞動在當時得到單位領導的肯定和讚揚。時移世易，在文化大革命時他那忘我工作的精神卻成了他的罪狀，使他背上黑鍋，因為那個半夜三更滴答、滴答的打字聲被誤以是為發報機聲！ 1978 年初，他因積勞成疾醫治無效而離開人間，在追悼會上，當他的單位的領導給他平反昭雪時才肯定他是一位敬業樂業的愛國華僑！我剛剛回國時，由於身無分文無法到上海去看望他，畢業後，我參加工作的第二年正好是文化大革命，由於當時「情況不明朗」，領導勸說我以後才探望。我當時是身穿軍裝的人，一切服從領導，結果到了 1978 年開追悼會時我才看到我的表叔！但我看到的只是他的遺容！

我們離開上海後，就前往杭州、南京、無錫和蘇州。在杭州時，我們參觀了西湖的花港觀魚公園、蘇堤春曉、平湖秋月、白堤以及三潭印月。我們還去參觀靈隱寺、六和塔、河坊街和錢塘江。錢塘江是杭州的母親河，杭州灣呈喇叭形，口大肚小，漲潮時形成湧潮，非常壯觀，號稱「天下第一潮」，可惜我們

▲作者的表哥郭添禮又名田里 (1919 年 -2003 年)。

▲作者的表哥郭添禮又名田里 (1919 年 -2003 年)。

▲郭添禮和夫人胡嘉堂女士。

到那邊時不是漲潮時間，沒有看到舉世聞名的錢塘江潮。雖然感到很可惜，但總算到此一遊！我們在杭州住了兩天後就前往南京，解放前南京是民國的首都，那裡有中國革命的先行者孫中山先生的陵園和許多名勝古蹟。我們到北京時去參拜偉大的無產階級革命家毛澤東主席的紀念堂，到了南京理所當然也要到中山陵去參拜中國的革命先驅孫中山先生的陵園。中山陵坐落在南京東郊鐘山風景區，環境優美的紫金山東峰茅山麓，氣勢磅礴，雄偉壯觀。孫國父的靈柩在 1926 年 6 月 1 日安放於此。在陵園的祭堂正中央有孫國父的大理石坐像，墓地正中則安放著用漢白玉雕刻的孫國父臥像。我記得在進入墓地時有三道拱門，其中一道拱門寫著孫國父的名言「天下為公」四個大字。在南京我們還去了南京城牆和南京長江大橋。

離開南京後我們就去無錫，無錫交通非常方便，即使在三十多年前，我們搭乘公車就可以到達市內的主要景點。陪同我們遊江南的是我的嬸嬸鐘月婷，她是浙江人，是老上海，對江浙一帶很熟悉。我們到達無錫後就入住當時無錫市的「大酒

店」。當時入住酒店手續繁雜，除了要單位介紹信，如果夫婦同住還必須要出示結婚證書。我的介紹信雖然寫明我是和我的太太及女兒同行，但服務員還是堅持要我的結婚證書！即使我的女兒在服務員面前叫我爸爸，她仍然堅持說這是上級規定，結果我被分配和我不認識的男性住客同住。在當時的中國，這種安排是「理所當然」，見怪不怪，但在外國則是「天下奇聞」。人家說，到無錫一定要參觀蠡園和太湖，蠡園位於風景優美的蠡湖邊，是太湖區的主要景點之一。蠡園建於 1927 年，占地面積 8.2 公頃，水面有 3.5 公頃，園內的風景非常秀麗，有景就有水，有水就有景，景水相連。景區內有中部的假山、西部的湖濱長堤和四季亭以及東部的臨水千步長廊。主體景區種有各種花木，春亭旁種梅花，夏亭旁種夾竹桃，秋亭種桂花，冬亭種臘梅花。這裡的風景實在太迷人了！

俗話說，「上有天堂，下有蘇杭」，我們南下江南的第一站是杭州，為了使我們南下江南完美結束，我們離開無錫後就去蘇州玩。蘇州是中國出名的園林城市，風景優美，玩的地方特別多，其中以四大園林，即獅子林、滄浪亭、留園和拙政園最出名。我們的時間有限，不能一一參觀，只能有選擇地「到此一遊」。獅子林有蘇州古典園林亭閣和奇峰怪石，假山林立，有「假山王國」之稱。占地 1.1 公頃，東南多山，西北多水，曲廊環抱，怪石林立，還有令人驚歎的湖山奇石和曲折盤旋的人造洞穴，使人好像進入迷宮一樣。我們走馬看花式地參觀獅子林後，就繼續前往拙政園。拙政園是江南園林的代表，是中國最大的古典園林之一。這個古典園林是大觀園式的園林，非常豪華和典雅，被譽為「天下園林之典範」，和北京的頤和園、河北的承德避暑山莊以及蘇州的留園齊名，是中國的四大名園之一。

我記得我們在蘇州只有住兩三日，去獅子林和拙政園就用了兩日，最後一日我們就去虎丘。虎丘是蘇州的山丘，山丘附近有很多景點和古蹟，其中最古老的古蹟距今已經有兩千多年的歷史。由於時間關係，我們只去了最著名的景點，即雲岩寺塔、虎丘塔和劍池。遊完蘇杭，我們遊江南的計劃就完成了。

70. 香港客運包機

1978 年是文革結束後的第二年，全國各地各行各業都在忙於抓革命促生產。我回到廣州後就忙於接待來自境外的航空公司代表團，其中一個代表團是來自香港怡和航空部的代表團。這個代表團的團長是當時怡和洋行總裁紐必勤先生（Mr. David New Biggings）和航空部的總經理林寶林先生。他們兩個都是天津出生的，所以紐必勤每次到中國都帶林寶林。另外還有原啟德機場航空護衛公司（Securair）的總經理偉保先生（Mr. Larry Abel）和其他來自怡和洋行中國部的成員。這個代表團來廣州的目的是簽署中國民航飛香港的客運包機。由於前期工作已經由我們駐港代表王秉權先生和林寶林先生做好，這次代表團來廣州只是來簽署文件而已，因此我們的接待工作就簡單多了。簽字儀式就在白雲機場候機室的貴賓室進行，參加簽字儀式的還有中國民航廣州管理局的局長和國際業務處處長。簽字完畢後我們就宴請所有代表團成員和我們在候機室餐廳共進午餐，下午就去參觀白雲山風景區。

在客運包機正式啟動前，廣州和香港之間已經有了大閘蟹

包機。大閘蟹是有季節性的，因此這個包機一般是在秋季大閘蟹收成時才運行的。當時我們用來做包機的是從巴基斯坦航空公司買回來的「三叉戟」（Trident）飛機。飛香港的客運包機原定是在 1978 年 10 月 1 日那天開航，但是由於一些原因開航時間改在 10 月 10 日。從廣州飛香港的第一架客運包機的乘客除了一般旅客外，還有廣州民航管理局的代表團和一些新聞記者。回程包機的乘客主要是香港工商界的知名人士、新聞記者和我們的代表團。記得香港代表團的成員有當時的廠商會會長唐翔千先生、霍英東先生和當時香港南洋商業銀行行長莊世平先生等人。我們開航的時間正好是廣州秋季交易會，所以開航以後基本上客滿。

中國出口商品交易會（廣交會）每年召開兩次，一次是春季交易會，在四月中開，一次是在秋季交易會，在十月中開。交易會期間，飛到廣州的國際航班除了有原來的巴基坦航空公司（巴航）的飛機，還有法國航空公司（法航）的加班機。在 1975 年柬埔寨的西哈奴克親王（Prince Norodom Sihanouk）被波爾波特（Polpot）推翻前和老撾發生革命前，柬埔寨航空公司和老撾航空公司的飛機也有飛到廣州，另外還有我們飛到越南河內的班機。到了 1978 年我們的國際航班只剩巴航和法航，廣州 – 香港班機不叫國際航班，因為香港是我們的領土。

1979-1989

批准出國

我從北京、上海、杭州、蘇州和無錫回來後就忙忙碌碌地工作，沒時間打聽我的出國申請。1978 年底，有一天當我還在值班時，突然接到幹部處的電話，叫我馬上到幹部處去。到了幹部處我被告知我的出國申請被批准了，我隨時可以出國。當時我太太的出國申請還沒有消息，我把情況告訴幹部處後，他們就叫我等我太太的申請獲批准後才一起出去。令我感到意外的是，幹部處沒有叫我馬上停職，我可以照常上班。1978 年很快就過去了，1979 年一月初我得知香港政府自 1 月 15 日起對持有單程證來港的大陸同胞準備實行配額制，即由每天 150 人減到 60 人。我只好趕在配額制實施前出國，1979 年 1 月 10 日我告知幹部處我決定於 1 月 13 日離開廣州前往香港。1979 年 1 月 11 日，中國民航廣州管理局國際業務處在候機室餐廳宴請我們一家人吃晚餐。用餐期間我們的領導肯定了我在民航工作十四年來兢兢業業和任勞任怨，並鼓勵我出國後繼續為祖國做出貢獻。1979 年 1 月 12 日，廣州空軍也在當時廣州出名的餐廳北園酒家設宴為我們送行。

1979 年 1 月 13 日我出發那天廣州民航管理局派車送我和我的女兒前往廣州火車站。我出國的事只是少數人知道，當送我的車到達我們家門口時，我們的鄰居才知道我要到香港去，這時在候機室當服務員的胡海燕特地趕來向我道別。胡海燕是我們大隊辦英語速成班時的學員，學習勤奮，工作熱情，所以和我比較熟。那天我的太太還要上班，不能送我到火車站。我

向我的太太、左鄰右舍和胡海燕依依不捨地道別後，我們的車就離開我們的住所前往火車站。當我們的車從機場北門前往南門時，我不斷地從車窗往後面看那慢慢從我的眼簾消失的候機大樓，心裡默默地在說：「白雲機場再見，再見我的同事們和朋友們！」出了白雲機場南門後，我們的車很快就到達廣州火車總站。

當時中國還沒有對外開放，廣州還沒有外地民工，火車站的人不很多。當時從廣州到香港沒有直通車，前往香港的旅客必須先乘火車到深圳，再從深圳過關前往香港。在那個年代，到深圳的火車票不能隨便買，只有持邊防通行證、港澳通行證或有效護照的人才可以買，因此在前往深圳的候車室等候上車的人不多。到深圳的車不買月臺票，送行的人只能送到火車站大堂。我到達火車站不久就開始驗票，在服務員的帶領下我一手提著簡單的行李、一手牽著四歲的女兒前往開往深圳的火車。上車時，火車站的服務員熱情地幫我拿手提包，等找到我們的座位和把手提包放到行李架上才離開我們，她的服務真是周到。

71. 前往香港

我上車後不久，就聽到車站的調度員吹出長長的哨子聲，「嗶……嗶……嗶……」接著火車就發出「嗚……嗚……嗚……」的汽笛聲，火車開始開動了。這時我的女兒就問我：「爸爸，我們是不是要到北京？」我的女兒在幼稚園經常唱的歌是「我愛北京天安門，天安門上太陽升……」，所以她最熟悉的中國城市就是北京。不久前我們剛剛乘火車從北京回來，我的女兒就以為我們又要到北京。我告訴她說：「不是，我們這次要到香港！」「香港！？」我的女兒奇怪地問，因為她從來沒聽說有這個地方。接著她就問，「媽媽呢？媽媽為什麼不跟我們一起到香港？」我只好瞞著她說，「媽媽要上班，過幾天才能跟我們去」。

我們當時對香港只是一知半解，所知不多，即使知道，大多數也是負面的消息。我們從報紙知道的香港是：「香港有很多黑社會，他們經常「開片」，即互相廝殺，路邊和天橋底有很多露宿者，窮人住的是劏房或「籠屋」，街上的暗角處經常有「神女」出入！」總而言之，香港給內地同胞的感覺有點恐怖！我實在沒法向我的女兒介紹香港的情況，我只好像去北京等地旅行時給她講獵人和狼的故事，使他不要再想她的媽媽！到了上午十點多鐘，我們搭乘的火車終於到達深圳。我們趕忙到邊防站（口岸檢查站）辦理出境手續。當值的邊防軍馬上在我的通行證蓋上准許出境的日期。我一看頓時嚇呆了，我准許出境的日期竟是 1979 年的 2 月中，即一個月後。我問檢查證件的邊防軍為什麼不能馬上批准我出境，他只是輕描淡寫地說：「這是規定！」我二話不說就離開邊防站前往深圳華僑旅行社（僑社）找該社的經理幫忙。

到達僑社，我要找的經理正好外出，這時她的太太就問我有何要緊的事需要幫忙？我把我的介紹信出示給她看後，她就放下家裡的事，帶我去找邊防站的負責人。邊防站的負責人看了我的介紹信後馬上就在我的通行證上蓋上准許當日出境。這時，排隊出境的人已經是人山人海了。僑社經理的太太人際關係很好，她一看到人龍很長，就帶我走特別通道，並且還幫我提手提包過深圳橋，到要過港英當局管制的地段時才讓我自己

走。過橋前我和那位好心的經理太太握手道謝，並且回頭望望掛在羅湖橋頭的五星紅旗，心裡默默地想「再見，我的祖國！再見……，再見……！」到了羅湖已經中午十二點了，等待過關的人必須先經過港英當局的移民局官員審核才可以放行。我足足等了近一個鐘，到下午一點多鐘才輪到我。

港英當局的移民官見到我帶著我的女兒時，就示意叫我把我的女兒留在外面等候。當我試圖說服他讓我帶我的女兒進去時，他不願聽我解釋，堅持要我把女兒留在外面等候。這時我就急了，但我沒法再用我那半生不熟的廣東話向他解釋。情急之下，我就用英文跟他講："Do you know she is only three years old?! She is only a minor. A minor should not be left alone unattended!（注：「你可知道我的女兒才三歲？她只是一個小孩。小孩不應該單獨留下沒人照顧！）那個移民官感到很突然，他沒想到我會用英文跟他講話。他有點惱羞成怒，沒耐性地對我說："This is Hong Kong, not China, don't argue with me!"（注：這是香港，不是中國，甭和我爭論！）這時我已經忍不住了，我脫口而出地說："Remember, if my child is lost, I'll sue you!"（注：記住，如果我的小孩丟了，我會告你！）他聽了我會告他就開始軟化了，就允許我帶女兒，但叫我告訴我的女兒一定不能哭鬧。

當問話開始，我才知道好戲還在後頭！他首先問我，你是在哪裡學英文的？我告訴他說，我是英語老師。接著他就問我，你是廣州來的，怎麼不會講廣東話？我告訴那個移民局官員，我在家平時講普通話，所以廣東話不太會講。接著他看看我們的入境卡，他見到入境卡不是羅湖關口的入境卡就問：

「你這個入境卡是在哪裡拿的？」我老實告訴他，是在廣州白雲機場拿的。他又繼續問我：「你怎麼會有白雲機場發的入境卡？」我就說我們本來想搭飛機，但聽說我們的港澳通行證只能經羅湖出境，只好改搭火車了。接下去他就問：「你今天是不是剛剛從深圳出境？」我急忙回答說：「不是！我是上個月排期的！」他看到我的通行證有重疊的印章就問我：「你的通行證怎麼有兩個印章？」我回答說：「我不知道」。"Are you overseas Chinese from Indonesia?"（你是印尼華僑嗎？）他突如其來地問。我回答說："Yes Sir, I am Chinese, I am from Canton"（注：阿 Sir, 我是中國人，我從廣州來的）。我故意答非所問，這時外面有越來越多的人在排隊，而且吃飯時間已經過了，那個移民官就不再追問了！我出去時，已經兩點多了，我看到那個移民官正在換班！真是上帝保佑！

出了移民局辦公室，我深深地吸一口氣：「哎，我們終於過關了！」；在移民局問話時，我感到好像被「拘留」。我們離開家裡時吃過早餐，直到下午兩點多滴水沒喝，粒飯沒吃，又餓又累。但當我們「獲釋」時一切都忘了，我們忘記了飢餓和勞累，忘記了旅途的艱辛，馬上前往月臺趕搭到九龍的火車。我的女兒很乖，一路上沒有吵吵鬧鬧，上車後她就睡著了，她實在太累了。深圳和羅湖只有一橋之隔，但要跨過那個橋並不容易。過了橋就是不同的世界，深圳河的北面是掛五星紅旗的，深圳河的南面是掛「米字旗」的，一個「姓社」，一個「姓資」，真是天壤之別。從這一天起，一切從零開始，我感到前路茫茫，我要再次拼搏，再次奮鬥。我開始回憶回國十九年來所走過的路，回憶我們的祖國如何給我機會上大學，大學畢業後如何給我機會到中國的重要單位，中國民航工作，使我有機會穿上軍

裝，光榮地成為中國人民解放軍空軍部隊的一員。申請出國時，中國民航尊重我的意願，沒有歧視我，也沒有限制我接觸涉外工作。最令我感動的是，出國時我的單位沒有要求我交回軍裝、軍帽和帽徽領章，讓我有光榮退役的感覺。

72. 到達香港

下午三點多鐘，我們乘坐的火車終於到達香港的九龍紅磡火車站。一出火車站，就見到我的大姨子和剛剛從印尼來的小舅劉祖慈在火車站會客處等待我們。一見到我們，我的大姨子就馬上跑過來抱我的女兒。我的女兒在廣州時經常接觸幼稚園的阿姨，白雲機場候機室的服務員也經常帶她到候機室去玩，因此她一點也不怕生，她馬上遵照我的吩咐講：「二姨媽好，小舅舅好！」我的女兒小時候長得很可愛，令人喜歡，在前往隧道巴士站時，我的大姨子和我的小舅子輪流搶著抱她。在巴士站，不用等很久巴士就來了。那是一部雙層巴士，雖然第一次見到，但我似曾相識。原來我在廣州白雲機場時曾經從旅客留下的旅遊雜誌見到過。

上了巴士，我只見到車長（巴士司機），但見不到售票員。這時，我看到我的大姨子拿出硬幣放進巴士的投幣口。後來她向我解釋，在香港搭巴士或電車沒有售票員，也沒有檢票員，乘客上車時會自動自覺按照所需車資投幣。經過紅磡海底隧道時我的大姨子就告訴我，以前沒有隧道時要到九龍半島就要坐渡輪，很不方便。出了海底隧道，她又告訴我，那個是維多利亞港。過一會，她又告訴我，那是維多利亞公園。當我們的巴士開始進入英皇道，我的大姨子就說：「我們快到家了。過三、四個站就要下車了」。一聽到「快到家」，我的女兒就興奮地說，「我們快到家了，我很快就可以見到媽媽了！」

我的大姨子的家就在巴士站對面的一棟大廈，樓高二十多層，比起我們在廣州白雲機場的住房高很多。當我們搭乘電梯上樓時，我的女兒緊緊地抓著我的手，因為那是她第一次搭電梯。我在廣州時經常陪同外賓出入東方賓館、新亞酒店等有電梯設施的地方，電梯對我來說並不陌生。當時我的大姨子和我的大舅子一家人一起住，加上我和我的女兒以及我的小舅子，共有八個人，非常擁擠。香港地少人多，寸金尺土，我們必須適應新的環境。我的大姨子知道我們沒吃午餐，就跑到樓下的西餅店買糕點給我們吃。她一邊遞給我們糕點，一邊拿紙包飲料給我們喝。她對我說，「你要不要竹蔗茅根精？」當我聽到「茅根精」時，我以為她用印尼文問我是不是 "Mau kencing"？！印尼文 "Mau" 意思是「要」，"kencing" 意思是「小便」，所以當我聽到「茅根精」時就以為問我「要不要去小便」！我馬上說：「是的，我要去小便！」這時，全部人馬上哈哈大笑！我莫名其妙地問：「你們笑什麼？」「快去小便吧！」，我的大舅子馬上跟我說。

第二天上午，我的大姨子就送我到啟德機場怡和洋行航空部求職。怡和航空部是中國民航在香港的地面代理，在廣州時我經常就業務問題和他們聯絡。到達機場時，我在候機大堂碰到香港啟德機場護衛公司總經理偉保先生。他得知我要找怡和航空部辦公室，就自告奮勇送我去見客運部經理安東尼・渣達（Anthony Charter）。我自我介紹並說明來意後，安東尼・渣達就打電話給時任中國民航駐香港代表的王秉權先生核實我的

身份。當他知道我是合法申請來香港定居後，他就表示歡迎並問我喜歡在什麼部門工作。我沒有向渣達提出什麼特別的要求，只告訴他我願意做任何適合我的工作。根據我以往的工作經驗，他認為我應該先在客運部的旅客登記處（Passenger Check-in Counter）工作。我對他的安排表示同意後，他就叫我去找當時的人事部經理艾力古・麥肯錫（Eric McKenzie）。艾力克・麥肯錫是美國人，說話直截了當，他簡單地告訴我今後的工作要求、注意事項和月薪後就叫我填寫入職申請表。

在填表時，我發現要求填寫我的身份證號碼，我就照實告訴艾力克我還沒有申請身份證。艾力克吩咐我趕快到入境事務處（移民局）報到，拿到身份證後就補上。他實在是一個大好人！當時在香港有很多剛從大陸來的新移民，找工作很不容易，像我還沒領到身份證就可以找到工作的人可能不很多！真是上帝保佑！填妥入職申請表後，偉保請我和我的大姨子一起到候機室到達旅客大堂的餐廳吃午飯。偉保不但送我去見怡和航空部的經理，辦完事後還請我們吃飯，他真是我的貴人。吃完飯已經快兩點鐘了，我和我的大姨子趕緊乘車前往銅鑼灣（現在的天后地鐵站上蓋的栢景臺）入境事務處申請臨時身份證，俗稱「行街紙」。

那天下午銅鑼灣入境事務處的人不太多，我交完申請臨時身份證表格後，就在入境處大堂等候。這時從入境處辦公室裡突然走出一個禿頂的入境處本地官員。他一出來就用廣東話官腔大聲呼叫我的名字：「胡淑全！」聽到有人叫我的名字，我立刻走過去說：「我是胡淑全」。那個禿頂的中年移民局官員就用廣東話吼叫：「你是不是印尼華僑？！」我就用英文回答他，"No, I am not Indonesian, I am Chinese!"（「不，我不是印尼人，我是中國人」）。聽到我用英文答非所問，他就發火了，「請你用廣東話回答我！」"May I speak English?"（「我可以用英文嗎？」），我很斯文地反問他。聽到我用英文和入境處的人在對話，坐在隔壁房的英籍入境處官員就出來了。他一見到我就和我握手，並且問我："Why do you come to Hong Kong ?"（「你為什麼來到香港？」）。"I move to Hong Kong for family reunion!"（「我移居香港和家人團聚」）。"Welcome you to live in Hong Kong!"（「歡迎你來香港定居」）。聽到他的英籍上司對我很友善，同時還說「歡迎我來香港定居」，那個本地入境處官員就無話可說了。

工作問題解決了，等待我處理的是我女兒的入學問題。我的大姨子建議我把她送到北角英皇道 129 號的路德會錫安堂幼稚園以便方便接送。我雖然不瞭解那個由路德會辦的幼稚園的情況，但我在印尼時知道由教會辦的學校一般都信得過。我和我的大姨子送她到幼稚園時，接待我們的是那所幼稚園的校長。那位校長很熱情，雖然我不會講廣東話，但她仍然熱情接待我們。我的女兒很可愛，看到校長來了，就用廣東話說「早晨」。當校長問她的名字時，她就滔滔不絕地自我介紹，而且告訴校長她會唱歌跳舞。校長很好奇地說：「那你就給我們唱一首歌吧！」我的女兒就大大方方地唱：「我愛北京天安門，天安門上太陽升……」，逗得她捧腹大笑。校長對我的女兒的表現非常滿意，她二話沒說，就接受我的女兒了。

73. 正式上班

我的女兒的讀書問題解決了，我就可以安心工作了。我上班的第一天，客運部主任安德路・洪（Andrew Hung）先生帶我到滙豐銀行開設私人儲蓄賬號以便公司發薪時用。開完銀行賬號他就帶我到各個部門熟悉公司的運作情況；他帶我到值機室（Passenger Service Counter）、調度室（Service Control）、旅客服務部（Passenger Reception）、旅客詢問處（Passenger Information Counter）、總務部（General Office）和貨運部（Cargo Services Department）。值機室是我以後工作的地方，上班的第二天我被安排學習操作和運用英國航空公司電腦系統 BABS（British Airways Booking Systems）。電腦對我來說是一門新課題，因為我在廣州民航管理局工作時從來沒有接觸過電腦，當時那裡的值機工作完全是人工作業。我要在怡和航空部工作，第一件事就是要先學會操作和運用 BABS 系統。

用英語編寫的 BABS，其操作程式、學習內容以及學習要求就在電腦裡。學習開始時，Andrew Hung 先幫我開啟電腦，接著我就按照電腦的指引一步一步學下去。電腦裡共有 600 條練習題，每做好一道題，電腦就會自動打分，根據要求，錯失率不能超過百分之五，即 600 道題中錯失率不能超過 30 題。要求之高可見一斑！對我這個從未接觸電腦的人就更不容易了！俗話說，「世上無難事，只怕有心人」。我抱著在部隊時那種「一不怕苦、二不怕死」的精神面對挑戰，刻苦學習，集合精神，認真操練。皇天不負有心人，我一次性通過了 BABS 的考核並拿到操作 BABS 的密碼。有了這個密碼我才可以參加值機室的入門課程（Induction Course）。這個入門課程由當時的怡和航空部的教官艾迪・楊（Eddie Yeung）負責。入門課程是按照英國航空公司的客運手冊和怡和航空部的工作要求進行的，全部用英語教學。學完這個課程，並且考試合格的，英國航空公司就發給值機員證書。艾迪教學認真，要求嚴格，俗話說「嚴師出高徒」，我們那期學習班全部圓滿完成學習課程並且拿到英國航空公司認可的證書。拿到證書後才可以在訓練員的指引下正式上班，我們俗稱「跟師傅」。

香港人說的「跟師傅」其實就是英文說的 "under training"，在大陸叫「受訓」。由於我是「國語人」，即只會講國語，不會講廣東話的人，所以公司特地安排懂講國語的「師傅」來帶我，真可謂想得很周到。在航空公司工作一般都要輪值，因此我的「師傅」經常變化。當時曾經擔任過我的「師傅」的 有：Y.K.Leung，Kenny Tin, Albert Yu, Ambrose Ng, Simon Tang, Jimmy Lee ，Tony Tsang 及 Algenor Yau. 這些當「師傅」的人都是我們的領班。他們多數都會講國語，如果不會講國語，我就用英文和他們溝通。怡和航空部是香港國際機場最大的地面代理，由怡和航空部代理的航空公司有：英國航空公司、法國航空公司、德國漢莎航空公司、中國民航、印尼嘉魯達航空公司、紐西蘭航空公司、印度航空公司、南非航空公司、斯里蘭卡航空公司、海灣航空公司、阿拉伯酋長國航空公司和巴布亞新幾內亞航空公司。我懂的國語、英語、印尼語和簡單的法語，所以做這些航空公司的值機工作都沒有問題。

比起很多新移民，我來香港後找工作算很順利，來香港的第二天就加入香港最大的英資企業怡和洋行屬下的怡和航空部。這和當時的政治和經濟氣候是分不開的，1979 年的中國百

業待興；為了振興經濟，中國開始引進外資，港、澳及外國商人紛紛前往中國探路。在前往香港定居前，我是中國民航的翻譯官，曾在廣州民航管理局從事翻譯工作和值機工作。當時穗—港包機剛剛通航，怡和航空部是中國民航的地面代理，正好需要我這種人，因此我加入怡和航空部是順理成章的事。

74. 終於團聚

1979 年 1 月 28、29、30 日是香港農曆新年假，這年春節，香港市民回鄉度假的交通工具多了一個選擇，即搭乘中國民航包機。為了方便香港同胞回鄉過年，從 1 月 27 日除夕一直到年初五中國民航的穗—港包機特地加班。香港民航處，特地加設登記櫃檯方便旅客。這些加設的登記櫃檯沒有電腦，全部靠人手操作，非常簡單。我們只需檢查旅客的有效機票、有效回鄉證、身份證和收取機場稅，就可以給他們登機證，這就是我第一次正式上班時安排的工作。過了春節，才逐步安排到英國航空公司、法國航空公司、印度航空公司、印尼嘉魯達航空公司、南非航空公司、紐西蘭航空公司等值機工作。我懂得英語、印尼語、國語和簡單的法語，在做這些航空公司的值機工作時沒有語言障礙，跟航空公司的代表關係很好，深得有關航空公司的好評。

1979 年 2 月 23 日，我的太太終於獲批來香港和我們團聚。我們非常開心，特別是我的女兒，她終於可以和媽媽在一起，我也可以放心工作。我太太來了以後，我們遇到的最大問題是居住問題。為了方便我到機場工作以及方便我的太太找工作，我們決定搬到九龍浙江街土瓜灣道 237-239A 的益豐大廈居住。

土瓜灣到啟德機場不很遠，工廠林立，到處有工廠招工，我太太要找工作不難。當時我的女兒在香港北角路德會錫安堂幼稚園已經適應，她能唱能跳，校長和老師都很喜歡她，我們卻要搬到土瓜灣，又要為她物色新的幼稚園，實在有點捨不得和可惜。

益豐大廈是舊式的大廈，四通八達，每層樓有十多個單位，住著幾十戶人，情況比較複雜。我們剛剛來到香港，要求不能太高，只要有固定的居所就心安理得了。我們住的單位有三間房，住三戶人和一個單身漢，總共有十二個人，共用一個廚房和一間洗手間，猶如粵劇的七十二家房客。我們一家三口租了一間房，房內的家具只有一張大床和一張椅子。到了夜晚我們一家大小睡在一張床，我靠窗睡覺，我的女兒睡在我太太和我之間。我們房間的窗戶靠近天井，夜間經常有老鼠和蟑螂出入。剛剛入住的第一天，深夜就有一隻大老鼠由窗口越過我的頭跳到房間裡，搞得我們整夜沒睡好覺。所幸的是，在我們搬到土瓜灣的第二天，我的太太就在附近的一家電子廠找到工作，我的女兒也被附近的聖提多幼稚園錄取了。

我在機場的工作還算順利，我的太太很快就適應香港的生活，我的女兒在聖提多幼稚園也很快適應。我們兩人的工資足夠我們每月的生活開支，可惜益豐大廈的生活環境很不理想。這時我們從朋友得知附近的美景街、美景樓有房出租，業主是一位獨居的高齡老太太，我們就決定搬走。我們在新的單位雖然只租一間房，但我們可以和老太太共用客廳，晚上我還可以在客廳睡覺。我們上班時，如果我的女兒正好不用上課也可以有老人看顧，真是一舉兩得。那位老太太很喜歡我的女兒，我

的女兒也很喜歡她。我的女兒很懂事，知道老人家遲早都會離開，所以很擔心萬一那位老太太走了就沒有人和她相伴。因為怕老太太死了，她就問，「婆婆，你幾時會死？你千萬不要死！」搞得那位阿婆哭笑不得！

我和我太太是雙職工，兩人都要去上班，我們很不放心把女兒獨留在家。那個阿婆平時很少上街，但偶而也會去街市買菜或找朋友打麻將。我的女兒獨留在家時，就隔著鐵閘和對面的兩個小朋友聊天。那兩個小朋友是一對姐弟，姐姐叫麥智儀（Mak Chi-yee），比我的女兒大，弟弟叫麥智奇（Mak Chi-gi），和我的女兒同歲。我的女兒雖然不怕獨留在家，但我們始終覺得很不放心。有一次我的女兒獨留在家時，我們的住所附近發生火警，火勢很猛。我當時正在上班，當從電視臺得知我住的美景樓發生大火時，我就向領班請假回去看我的女兒。我回到家時，家裡空無一人，我萬分驚慌，後來我從鄰居得知，我的女兒已經跟那位老太太跑到安全的地方暫避。

當我太太的二姐得知我的女兒經常獨留在家時，她就建議我們搬回北角和她一起住，她還建議我的太太協助她搞學校的餐飲工作。我們接納了她的建議後，我的太太就辭去工廠工，我的女兒也轉到北角的江蘇浙江幼稚園讀書了。我的大姨子的建議實在很好，我的太太既可以幫她做事，又可以隨時照顧我的女兒。搞餐飲工作要起早貪黑，晚上要把菜、肉和佐料準備好，早上四、五點鐘就要起床煮飯、煮菜。煮完飯菜就要趕緊把飯菜放進飯盒，上午十點半必須要準備好，然後搬上車送到筲箕灣官立中學和張振興中學。我在機場多數是當夜班，下午一點才上班，上午我就幫忙分飯和運送飯盒。我的女兒雖然還小，每天晚上做完作業後就一邊看電視，一邊幫忙折疊飯盒，到了月底我的大姨子就會給我的女兒零用錢。我的女兒很懂事，掙來的錢會儲在「豬仔錢盎」裡，說什麼以後用來買房子。

75. 倫敦之旅

我在機場的工作進展很順利，到 1980 年 1 月我終於加薪了，我的工資從港幣 1,400 元增加到 1,750 元。在怡和航空部工作，薪水雖然不算很高，但福利好，假期多，還有醫保。我來香港正好足足一年了，我也忙忙碌碌一年了，我就向公司拿大假。1980 年 5 月 2 日我和我的同事史美佘（Alfonso Say）搭乘英國航空公司 BA020 號班機經印度新德里（New Delhi）機場前往英國的倫敦。我們坐的是夜班機，晚上九點出發，第二天早晨五點多鐘順利到達倫敦希斯羅機場（London Heathrow Airport）。我們到達時移民局已經有很多人排隊，但移民局的入境櫃檯直到八點鐘才開始辦理入境手續。等了一個多鐘頭，才輪到我到入境櫃檯檢查我的旅遊證件。移民局的官員一看到我持有的旅遊證件是「簽證身份書」（Document of Identity for Visa Purposes），即我們俗稱的 D.I. 時，就拉長著臉上上下下地打量我，好像是在打量天外來客一樣！那個移民局官員一句話沒問，只有目不轉睛地瞪著我，猶如發現我有什麼不妥。在移民局櫃檯後面，在居高臨下的看守臺上站立著戴墨鏡，戴白色頭盔，白色手套，像是憲兵的守衛，他如臨大敵，目光兇惡地盯著我。

我一頭霧水，目瞪口呆，一片茫然，不知將要發生什麼事！這時守衛台的紅燈突然亮起，警鐘啟鳴！從入境櫃檯後面出來

兩個移民局官員，示意叫我跟他們到櫃檯後面的轉角處。到了轉角處，那兩個移民局官員一邊問長問短，一邊搜身。他們問我是什麼人，在哪裡工作，在香港住了多長時間，到倫敦找什麼人，住在哪裡，帶多少錢，等等……？我把我的來龍去脈一五一十地道出來給他們聽，我告訴他們我和我的朋友要找一個住在邱園（Kew Garden）附近的朋友。那兩個移民局官員一邊聽我解釋，一邊把我身上的東西一個一個掏出來，他們一邊翻閱我的地址本，一邊詳細地問那些人是我什麼人，是幹啥的。這時怡和航空部派駐倫敦「歐亞航空公司」（Eupo Air）的代表正好路過，我趕緊叫他給我解圍，但他真不是人！他不但不出手相助，反而調頭跑掉！

我給折騰的有點煩了，我就問他們為什麼對我不很友好？！我實在有點急了，但我不敢發脾氣，我就用英文跟他們說："Why don't you make it simple? Just call Jardine Matheson Company Airways Division and you will know who I am!"（你們幹嘛不簡單一點？打電話給怡和洋行航空部，你們就知道我是誰！）他們慢條斯理說："This is just a routine checks. Sorry for the inconvenience caused."（「這只不過是例行檢查，對所造成的不便表示歉意」）。事情終於告一段落，我們趕緊拿我們托運的行李離開機場前往邱園找我們的朋友羅家強。當我把在希斯羅機場的落難記告訴Steve（羅之英文名）時，他就哈哈大笑！他一邊大笑，一邊模仿移民局官員從上到下打量我，然後才斯斯然地說：「你的打扮真像恐怖分子！」接著他指指我剛剛電的頭髮說：「Alfonso，你瞧，他的頭髮像不像來自……的恐怖分子！」然後他又走過來看看我的打獵裝，並且指指在我大腿兩邊的大口袋：「Alfonso，他的袋可以裝子彈和手榴彈囉！」

我到達倫敦那天，希斯羅機場正好處於一級戒備狀態（First Degree Alert），因為在 1980 年 4 月 30 日～ 5 月 5 日在倫敦肯辛敦（Kensington）的伊朗駐英國大使館被槍手佔領，使館人員被當作人質。由於談判破裂，槍手開始槍殺人質，有一個守衛使館的英國女警被槍手擊斃。加上我當時剛剛電髮和穿打獵裝，我的穿著的確像來自……的恐怖分子，怪不得我在希斯羅機場受到特別的「禮儀」。我的朋友羅家強得知我在希斯羅受到「特別禮儀」就對我特別厚待。羅家強附近的邱園是舉世聞名的皇家植物園，占地 3.5 公頃，收藏植物的種類堪稱世界之最，其溫室更是名聞天下。羅家強就住在邱園附近，俗語說「近水樓臺先得月」，我們當然要先到邱園參觀。當我們進入邱園的熱帶森林區時，那些參天的大樹和各種各樣的熱帶植物以及那悶熱和潮濕的熱帶雨林天氣，使我們猶如進到非洲森林。

第二天下午小羅就帶我們到海德公園、肯辛敦公園、白金漢宮和唐寧街 10 號首相府。海德公園是倫敦市區最大的公園，是英國皇室舉行重大慶典時鳴放 41 響禮炮的地方，這裡還有出名的演說者角落（Speaker Corner）。參觀海德公園後，我們就到白金漢宮看儀仗隊的換班儀式。接著我們就去肯辛敦公園和唐寧街 10 號首相府。當時的唐寧街 10 號沒有鐵馬圍著，守衛也非常友善，我們和他們拍照也不會受到阻擋。第三天我們就去看倫敦的「大笨鐘」（The Big Ben），參觀完「大笨鐘」後我們就去特拉法加廣場（Trafalgar Square）。該廣場是紀念 1805 年特拉法戰役而建的，廣場中央的納爾遜柱（Nelson's Column）是紀念打敗法國和西班牙艦隊的英國將領霍雷肖·納爾遜（Horatio Nelson）。我當時雖然第一次到倫敦，但是納爾遜的名字我還在小學讀書時就從我們的英文教科書—"Royal

Crown Readers" 裡久仰大名了。參觀完特拉法加廣場，我們就去參觀特拉法加附近的聖馬丁教堂（St.Martin-in-the-Fields）和國家藝術館（National Gallery）。

第三天小羅就帶我們搭乘泰晤士河觀光船到格林威治皇家天文臺（Royal Greenwhich Observatary），該天文臺坐落於格林威治公園的一座小山上，俯瞰泰晤士河。我們在這裡參觀格林威治子午線（Prime meridian），即分隔東西半球的分界線。當我兩腳跨著子午線時，我的左半身和右半身猶如在兩個世界。我們還參觀了俗稱世界標準時間「牧羊人門 24 小時時鐘」，即 24 Hour Clock At Royal Observatary, Greenwhich）。格林威治公園真是漂亮無比，我們像小孩一樣無拘無束地在那兒玩，直到累了才搭乘泰晤士河的觀光船回去。在船上我們還不停回頭遠望漸漸從我們的視線消失的格林威治公園。當我們的觀光船順著泰晤士河開回倫敦時，我們不停地望著泰晤士河沿線的建築物和景色，這時我的心頓時想起狄更斯（Charles Dickens）的長篇小說《霧都孤兒》（Oliver Twist）所描繪的倫敦濃霧和現在的倫敦全然是天地之別。十八世紀六十年代英國工業革命時，英倫煙霧瀰漫，現在的倫敦則是藍天白雲，晴空萬里。

76. 因禍得福

1980 年我的工作有所調動，我被調去行李部。在行李部我們除了要確保行李的正常運作，還要處理旅客行李丟失、損壞和賠款，人們戲稱該部門是「旅客投訴部」（Passenger Complaint Department）。顧名思義到這個部門工作是要挨罵、挨批以及「受罪」，但是也具挑戰性。我剛剛調到行李部時，被安排到抵港旅客行李報失、短少或損壞的詢問處。二、三十年前，行李從旅客登記櫃檯運送到俗稱「地牢」的地庫分流時，經常會出差錯。行李丟失或損壞自然會給旅客造成不便，影響旅客心情，我們的工作就是幫這些旅客填寫「事故記錄」（Passenger Irregularity Report – 簡稱「PIR」）。經過我們的耐心解釋和賠禮道歉，多數旅客都會諒解。最難搞的旅客是那些珠寶設計師、服裝設計師、模特兒、電視藝員、電影明星和沒錢坐頭等艙的「CEO」（行政總裁）！但不是全部電視藝員都如此。記得有一次香港歌星阿 Lam 從英國回來時，行李沒裝上當日的飛機，當我給他填寫「事故記錄」時，他表現合作和友善。在海關的行李領取處（Baggage Reclaim Area）工作，經常可以見到歌星和明星，他們當中最友善的是成龍和謝賢。他們見到我們時會很友善地主動打招呼並且問你「食飯未」，即吃飯沒有之意。

我們在海關的行李領取處工作時，如發現有什麼事故就要在「工作日誌」（Log Book）上寫上事故原因和處理結果。有一天，當我做領班時，有一批到塞席爾群島（Seychelles Islands）的轉運行李（Transfer baggage）「漏裝」（Short-shipped）。當時到塞席爾群島的航班每週只有一班，而且是用小型的子爵號飛機（Viscount，國際音標念〔vaikaunt〕）。子爵號飛機是世界上第一架渦輪螺旋槳飛機，是 1945 年 4 月由英國的維克斯公司研製，並於 1949 年 7 月開始投入民航運輸機群。這種機型載貨量不大，那一次「漏裝」的行李大約有三十件，要把這些行李運到塞席爾群島是一大難題。香港人說像這樣的事故真是「爆大鑊」，即出大事之意。我為此事的前因後果在「工作日誌」上用英文足足寫了一頁長的報告。第二天我被我

們的經理詹姆士·嘉利（J.Carry）叫到他的辦公室「問話」，見到他時我的心裡「七上八下」，深怕我會被「炒魷魚」，即被開除！

我和經理見面時，經理一邊和我握手，一邊讚我報告寫的很好！接下去他問我的英文是在哪裡學的。當他得知我是廈門大學外文系英國語言文學專業的畢業生時，他好像恍然大悟。他發出「哦……」一聲後就接著說，「那你要好好幹，你很有前途！」然後他才慢慢解釋我的錯誤的嚴重性和以後如何注意和如何避免再犯同類的錯誤。談話快結束時，他問我有沒有參加過英國航空公司的行李培訓班，並問我如果派我到英國學習願意不願意。我對他的關心表示感謝，並且表示我渴望到英國學習。使我萬萬沒有想到的是，次年（1981 年）我被選派到英國航空公司參加客運服務及行李查詢和處理的課程。我真是「因禍得福」了！

英國航空公司的訓練中心是在倫敦的豪恩斯洛（Hounslow）區，我們去參加訓練時通常是被安排住在訓練中心的招待所或者本達酒店（Penta Hotel）。參加訓練對我們來說是一個樂事，訓練時除了吃住全包，公司還給我們零用錢，三、四天的訓練課程一般都有五十多英鎊的零用金，訓練結束時還可以拿假期帶家屬一起玩。對香港的學員來說，去英國訓練只不過是為了拿一張證書而已，因為那些訓練課程我們已經學過，而且在日常工作中都已經應用過。我們的膳食不錯，但都是西餐，早餐是全英式早餐（Full English Breakfast），中餐和晚餐有牛排和義大利麵等，果汁和咖啡隨便喝。當時和我一起到英國學習的有貨運部的鄭海泉（H.C.Cheng），他是「國語人」（香港人對講普通話的人的稱呼），和我很談得來。每天晚上吃飽飯後我就和他在訓練中心的河邊散步，然後就到附近的清吧（休閒吧）喝啤酒。我們一邊喝酒，一邊聽輕音樂，來鬆弛鬆弛一天的緊張生活。

到英國參加訓練班，除了可以提高業務知識，還可以結交在英國航空公司相關部門工作的人。他們有的在英國航空公司總部工作，有的來自馬達加斯加（Madagascar）、汶萊（Brunei）、泰國（Thailand）、杜拜（Dubai）和英國的伯明罕（Birmingham）。回到香港後，我和這些人經常保持聯繫，以便在工作上需要和他們協調時便於溝通。從香港參加學習的學員，由於有了基礎，上課時又專心聽課，學習成績多數都名列前茅。學習回來後，根據我們的學習成績，在第二年我們的職級會適當提升。我參加學習時本來是二級客務主任（Passenger Services Officer II），第二年我就被升為三級客務主任（Passenger Services Officer III）。

77. 見到媽媽

我於 1979 年出國時，目的本來是想回印尼探望我年老體弱的媽媽。到了香港後，我才知道，當時要到印尼談何容易。1965 年印尼發生「九・三零事件」，和中國友好的蘇加諾總統被蘇哈托推翻，中印交惡。1967 年 10 月 27 日中印斷交，10 月 31 日中國駐印尼大使館關閉。我們這些印尼歸僑要回印尼探親困難重重，要循正當途徑根本不可能。我的媽媽當時剛剛出院，身體不好，很想早日和我見面。1981 年，她的身體開始康復，我的大哥就叫他的大兒子胡春來和他的女婿陪同我媽媽來香港

看我。他們乘搭印尼嘉魯達航空公司由雅加達到達香港時，我準備好輪椅，親自前往到達旅客閘口迎接。當我見到我媽媽時，我暗示我的侄兒和我的侄女婿不要讓我媽媽知道我來接她，因為我深怕她過於激動。我媽媽當時已經 81 歲了，眼睛已經盲了，所以她看不到我來了。我一見到她就和她緊緊地握手，並且用印尼語說：**"Selamat datang di Hong Kong!"**（「歡迎您來到香港！」）。

我一邊推輪椅，一邊問她飛機上的服務怎麼樣？旅途中有沒有感到不舒服？她說：「飛機上的服務很好，坐得很舒適，比坐火車還舒服」。接著她就問：**"Siok Tjwan di mana? Kok ndak datang datang?!"**（淑全在哪裡，為什麼還不來呢？）我的侄兒解釋說，淑全叔叔很忙，等一會他來了就告訴她。當我們搭的士時（坐計程車），我的媽媽說，香港機場的服務員很好，一到達就一路陪她。這時我的侄兒就跟她說，一路陪她的就是她日夜盼望的兒子。她一聽就馬上把我摟在懷裡，並且深深地吻我的臉。當經過海底隧道時，我就告訴她我們坐的車正在海底行走，這時她的臉露出很驚奇的樣子。經過維多利亞公園時，我告訴她，我們快到家了。到了我們住的樓下，我告訴她我們住在二十樓，要乘電梯才能上去。這時她的表情比經過海底隧道時更加驚奇，更加不安，看來她擔心我們住得那麼高很不安全。這也難怪，在印尼的小城市，老百姓多數都住在平房，甚至於連政府的辦公室也是平房。

到了我家，最開心的是我的女兒，因為她從小就沒有見過自己的爺爺和奶奶，也沒有見過自己的婆婆。她當時才六歲，在家平時講廣東話和普通話，不懂印尼文，但她很想和她的奶奶聊天，她只好用剛剛學會的幾句英語溝通。她見到我的媽媽時，一邊握著她的手，一邊將頭依偎在她肩上，一邊用英語對她說：「奶奶，how are you?」（「奶奶，您好嗎？）我的媽媽不懂英語，她把 "how" 聽成「我」，而 "are you" 聽成印尼文的 "ayu"，即漂亮之意。結果她把我的女兒的話理解成「我 ayu」，即「我漂亮」了。我的媽就回應說，"Ya, kamu ayu!"（「是的，你漂亮！」），

全家人頓時哄堂大笑！

回國後，我和我媽媽已經整整二十一年沒有見面，我們真是有說不完的話題。除了我，我媽媽很想見到的是在 1932 年回國參加革命的表哥郭添禮（注：1937 年在延安抗日軍政大學時改名「田里」）。當我告訴她我和添禮表哥沒法聯繫時，她就鼓勵我寫信給中國的有關部門打聽他的下落。我只好向她解釋我已想方設法找他，但仍然沒法找到。她告訴我，做什麼事都要堅持，不然就做不成。我只好再試一試寫信給中央僑務委員會主席廖承志先生。為了得到中僑委的重視，我這次決定改用英語寫信，信封上寫著「Private & Confidential」（私人信件），並且寫上「急件」和用掛號信寄去。皇天不負有心人，在我媽媽要回印尼的前一天中僑委終於回應。當我告訴她添禮表兄在天津時，她臉上終於面帶笑容地跟我說，「我的心終於可以安樂了！」

得知我表哥還健在，我媽媽非常開心，回到印尼後她就把貯存在床褥底下的錢換成港幣寄給我，叫我買一部電視機帶給我的表哥。她一共寄了港幣三千元，相信是她畢生的積蓄！我用我媽媽寄來的錢在中旅社買了一部「樂聲」牌彩色電視機，

香港交錢國內取貨，然後就從廣州搭乘火車前往北京，再從北京轉車到天津。我的表哥回國時，我還沒有出生，他回國後有五十多年沒有見過印尼的親人。我去找他時，他已經從部隊離休，一家人住在海軍屬下的研究所幹部宿舍。他見到我特別開心，一邊握手一邊噓寒問暖，當我提起我媽媽特別想念他時，他的眼睛就開始濕了。他還在印尼時，只見過一次我媽媽。那時我表哥的爸爸郭振聲（Kwee Tjeng Seng）因病在我家離世，他到我家是向他的爸爸的遺體告別。自那以後我表哥再也沒有見過我媽媽，當他見到我時就引起他對我媽媽的思念。

改革開放前，中國公安部規定如果有港、澳、台和海外親友在家過夜就必須在到達當日向派出所登記，否則就屬違法。我表哥得知我要在他家裡過夜，馬上就打電話給派出所所長，問他需不需要馬上去登記。那個派出所所長以前是我表哥的下屬，他一接到電話，馬上就騎單車到我表哥家給我登記。我的表哥雖然是一位高幹，但他不搞特殊化，非常樸實，除了他的女兒買的 14 吋黑白電視機，家裡的家電只有電風扇。家裡的家具只有舊桌椅、舊沙發和舊床鋪，他的兒女沒有一個做「官二代」，也沒有一個出國留學，更沒有「下海」經商的。我送給他的「樂聲」牌彩電是他家裡唯一的「舶來品」。我從香港除了帶彩電，還帶了一些日用品，其中是「力士」（Lux）香皂。我的表哥看到「力士」香皂時「如獲至寶」，把它捧在手裡，一邊深深地吻，一邊說：「啊！ "Sabun Lux"」（注："Sabun" 在印尼語是「肥皂」）。相信這是他參加革命後第一次見到「力士」香皂！

改革開放前，多數中國家庭沒有獨立的浴室，我表哥雖然是離休高幹，他家裡也沒有浴室，要洗澡就得去公共澡堂。我到天津時正好是冬天，到澡堂洗澡的人很多，十多個人在一起洗澡，真是很彆扭。我出門有一個準則，即「入鄉隨俗！」，所以很快就適應了。為了款待我，我表哥叫了一部海軍軍車帶我到天津市主要街區遊車河，中午就在海軍軍官招待所用餐。招待所的周圍環境非常優雅，餐廳的陳設雖然簡單，但很舒適和雅致，菜色也不錯。我見到他時，本來很想聽聽他回國後的經歷，特別是想聽聽他在革命隊伍裡的戰鬥經歷，可惜我們的談話內容只限於拉家常，而我也不便打聽和多問。2003 年二月份我的表哥過世前曾經寫信給我，內容是說他很想念我，而且反覆強調「想念，想念，想念！」。可惜我當時正好有事到印尼，到了六月份我打掃家裡時才在電視機上面撿到已經有點發黃的信。我馬上打電話給他，接聽電話的是我的侄兒，原來我的表哥在寫信後大約一個月就過世了。我的表哥在世時不願意寫他的回憶錄，使我沒法全面瞭解他所走過的革命旅程，這是我最大的遺憾。

78. 前往美國

我在中國時，雖然是在中國民航工作，但我沒法享受「航空公司職員票」，因為當時中國民航規定只有夫婦分開兩地或外省的單身幹部和職工才享有這個待遇。在國際上，航空公司職員及其家屬和十八歲（注：有的是 21 歲）以下的單身子女享有「航空公司職員票」是一個大家公認的慣例。六、七十年代，中國民航沒有跟隨這個慣例，因此我太太和女兒很想搭乘飛機到國外去玩。1981 年 7 月我向時任紐西蘭航空公司經理的李炳南（Laval Lee）先生要了三張到美國洛杉磯的免費機票，

趁我女兒放暑假時前往美國看望我太太的大姐。當年 8 月 4 日我們一家搭乘紐西蘭航空公司的班機由香港飛往紐西蘭的奧克蘭（Auckland）。在奧克蘭住兩個晚上就前往美國的夏威夷，在檀香山（Honolulu）住了三個晚上就繼續我們的航程前往洛杉磯。

我們在紐西蘭的奧克蘭只是過境性質，所以我們沒有詳盡的旅遊計劃。我們只有到離市中心不遠的中央公園（Auckland Domain Park）以及奧克蘭市中心轉一轉和看一看，目的只是「到此一遊」。奧克蘭的中央公園離市區大約五公里，公園占地面積有 75 公頃。我本來很想去看看坐落在園內的戰爭博物館，但由於時間關係沒法去看，實在很可惜！還好公園內迷人的花草樹木彌補了這個缺失。人家說，「到奧克蘭必須要去迷神灣」（Mission Bay），我們卻沒時間去，非常遺憾。三十多年前，我們在奧克蘭市逛街時，街上秩序良好，書店林立，那裡的書店之多猶如香港的餐廳，走幾步就有一間。在街邊到處可以看到自助售賣報紙的箱子，買報紙的人選取自己愛看的報紙後，就按照價格擺放報紙錢，非常自覺。那是三十多年前的事，時移世易，現在的年輕人多數喜歡看手機、平板電腦和電子書，不知那些書店命運如何！

在檀香山我們住在威基基海灘區（Waikiki Beach）的美麗華酒店（Miramar Hotel）。該酒店靠近旅遊區的著名海灘，是怡和洋行屬下的酒店，我憑工作證可以得到優惠。到達夏威夷的第一天，我們需要輕輕鬆鬆地休息，我們就到離酒店不遠的海灘漫步和游泳。從海灘回來後，我們就到酒店附近散散步和看看當地的市集。第二天我們就去珍珠港參觀「亞利桑那號軍艦」紀念館。這個紀念館使我想起 1942 年 12 月日本偷襲珍珠港事件以及由此引起的太平洋戰爭。從紀念館展出的照片和實物，可以看出當時戰況的慘烈場面。偷襲珍珠港是日本軍國主義的戰略錯誤，是美國對日本宣戰的導火線，它敲起了日本軍國主義的喪鐘。第三天，我們搭乘巴士前往參觀位於歐胡島東北面的波利西尼亞文化中心（Polynesian Cultural Center）。該中心是波利西尼亞文化保護區，裡面有六個不同種族的村落，展示各個部族的風俗習慣和文化。在該中心的節目中，給我留下最深刻印象的是夏威夷的草裙舞，即我們說的「呼拉舞」（Hula Dance）。在舞蹈員優美舞姿和節奏性很強的音樂的感召下，很多觀眾一邊看，一邊跟著音樂的節拍手舞足蹈。俗話說：「快樂的時間過得特別快」，參觀完波利西尼亞文化中心，我們在夏威夷停留的時間到此就結束了。

第四天，我們就搭乘紐西蘭航空公司的班機前往美國的洛杉磯（Los Angeles）。這是我畢生第一次踏上美洲大陸，和哥倫布在 1492 年發現新大陸相差整整五個世紀！當時美國移民局的入境手續不像現在這麼繁雜，只要有合法入境簽證就不會東問西問。我們到達洛杉磯時已經是下午一點多鐘，拿完托運行李已經快三點了。出了海關管制區，我馬上前往旅店櫃檯找住宿的地方。訂好酒店後，我們就搭乘酒店的穿梭巴士前往酒店。我住的酒店離市區不太遠，到公車站只有幾分鐘罷了。晚上我參閱從機場拿的旅遊指南研究在洛杉磯停留期間的旅遊安排。和檀香山一樣，洛杉磯只是我們到美國的中轉站，我們只計劃停留四天三夜，我們到達洛杉磯的第二天就決定去參觀迪士尼樂園。

我們在洛杉磯人生地不熟，時間有限，只好在酒店參加迪士尼樂園一日遊。我們到洛杉磯的迪士尼樂園直到今天已經有35年了，我對當時所參觀過的景點和節目已經有些模糊，但我記得我的女兒最喜歡的是迪士尼樂園的愛麗絲夢遊仙境(Alice in Wonderland)、米奇卡通城、森林之旅（Jungle Cruise）、加勒比海盜（The Pirate of Caribbean）、花車巡遊和煙花表演。而我最難忘的是第一次坐過山車時，當過山車從高處衝下來然後再360度翻轉時，因地心吸力的關係，我的頭顱好像要和我的軀體分離時的恐怖感覺，自那以後我再也不敢再乘過山車了。到洛杉磯，除了要參觀迪士尼樂園，還有一個地方必須參觀，那就是好萊塢的環球電影城（Hollywood Universal Studio），這是必不可少的。這個電影城很大，但各個參觀點有片廠的電瓶車來回穿梭，非常方便。我們搭乘這個穿梭電瓶車可以輕輕鬆鬆地觀看片廠，沿途可以參觀拍攝電影《大白鯊》的場地，並且還可以乘坐片廠特備的船來體驗「大白鯊」從水裡猛追我們的電影劇情。當那隻「大白鯊」從水裡出來，用銳利的鋼牙咧嘴猛咬我們的船體時，那種恐怖情景使我至今難忘！我們還可以體驗山洪暴發和發生地震時地動山搖的恐怖情景。在製片廠中心，我們還可以體驗拍攝《超人》（Superman）的情景，真是大開眼界！

79. 光陰似箭

俗話說：「光陰似箭！」我們在洛杉磯雖然停留四天三夜，但我們感到時間過得真快，因為我們玩得很開心。第四天，我們就前往我們的最後目的地德克薩斯州的聖安東尼奧市（San Antonio, Texas）。我們從洛杉磯搭乘美國航空公司（American

Airlines）到德州的達拉斯（Dallas, Texas）。到了達拉斯，我太太的大姐和大姐夫就開車帶我們到聖安東尼奧。在達拉斯我們先去看看 1963 年 11 月 22 日第 35 任美國總統約翰・肯尼迪（John F. Kennedy）遇刺身亡的地方，然後就驅車前往離達拉斯 400 多公里的聖安東尼奧市。1691 年西班牙探險者到達這裡時正好是葡萄牙人的聖安東尼奧聖日，因此該地就叫聖安東尼奧。它位於德克薩斯州的中南部，是德州的第二大城市。當時我太太的大姐住在該市的阿拉莫高地（Alamo Heights），這裡是 1836 年墨西戰爭出名的阿拉莫戰役（The Battle of Alamo）的所在地。我們在聖安東尼奧時，我太太的姐姐帶我們去參觀阿拉莫戰役的遺址、河濱行人大道（The River Walk）、墨西哥市集廣場（Market Square）和到海洋世界暨六旗主題公園（Sea World and Six Flags Fiesta Texas）。

聖安東尼奧在美國的大城市中雖然排名第七，但這裡有美國唯一的醫療和護理中心，即南德克薩斯州醫療中心，據說這裡是全美國最大的燒傷中心。這裡還有美國強大的駐軍，這使我想起我申請美國入境簽證時所遇到的麻煩。我申請簽證時用的是香港的身份證明書，這種身份證明書到任何國家都需要簽證。我第一次申請簽證時正好遇到好人，那天美國簽證處負責問話的人曾經在印尼日諾（Yogyakarta）學習印尼文。他在問話時聽到我有印尼口音就問我："Pernah tinggal di Indonesia?"（「曾經在印尼居住過？」）拉開話題後，他對我顯得特別友好，他沒多問就在我的護照上蓋上「接收申請」字樣。當他仔細再看我的旅遊證件的有效期時，他才發現我的身份證明書的有效期不足六個月。他就叫我先到香港的入境事務處辦理延期手續後再找他。

我的身份證明書延期後，我再去美國領事館辦理簽證手續時，負責問話的是一位老太太。我聽人家說，這位老太太是美國領事館簽證處出名最刻薄的人。我一見到她就做好心理準備會遭到拒絕。她一見到我第一句話就問我："How long have you been in Hong Kong?"（「你在香港多久了？」）我回答她："Two years"（「兩年」）。她一聽到我來香港才兩年就說："I think you have no strong roots in Hong Kong!"（「我認為你在香港沒有牢固的根！」）我聽到她這麼說就反駁她說："What do you mean ？ Do you think I will overstay in United States and become an illegal immigrant ?"（「你是什麼意思？你是否以為我要在美國逾期居留並成為非法移民？」）"It's not what I meant. It's your own interpretation!"（「我沒這個意思。那是你自己的理解！」），她說。我不想跟她多說，因為我怕控制不了自己的情緒。

我回到家裡後就寫一封英文信給美國駐香港總領事館敘述我申請美國入境簽證時所遇到的麻煩。在信內我還提到 1975 年我在廣州白雲機場工作時，時任美國駐中華人民共和國首席代表喬治布殊（George H.W.Bush）因為天氣不好滯留廣州白雲機場時我曾經臨時給他做翻譯。我還強調如果有必要我會寫信給時任美國副總統的喬治布殊訴說我的遭遇。

過了幾天，美國領事館果然叫我再去面談。在美國領事館，接待我的還是那位出了名的老太太。她一見到我就說："You are really smart! You want to write a letter to our Vice Presidentt!（「你真醒目！你要寫信給我們的副總統！」）接著她問我，"Why do you want to go to San Antonio?"（「你幹嘛要到聖安東尼奧？」）

"Just to visit my sister-in-law and brother-in-law, nothing special."（「只是要探訪我的大姨子和姐夫，沒有特別的事」）。"Be sure to see me when you return!"（「你回來一定要見我」）。"Don't worry, I'll be back before my visa expires.Please keep my fixed deposit certificate."（「別擔心，簽證到期前我會回來！請保存我的定期存款單據！」）。聽到我叫她保存我的定期存款單據，那個「老太太」故意戲弄我，她大聲對領事館的人說："Here's 60,000 Hong Kong Dollars fixed deposit, who want to keep it?"（「這裡有六萬塊港幣定期存款單，誰要保管？」）。她然後笑笑地對我說，"Please come back to collect your visa next week!"（「下週請回來拿你的簽證！」）。

80. 看看世界

我回國時國內還沒有開放，西方世界蔑稱中國是「竹幕」（Bamboo Curtain），蔑稱當時的蘇俄是「鐵幕」（英文叫 Iron Curtain）。在那個年代，出國旅遊對普通國民來說猶如登天，只有官方代表團才有機會出國。我們來到香港第一年就可以到英國旅遊，第二年就可以到美國旅行，我們感到猶如剛剛從蘢子裡飛出來的小鳥一樣想在廣闊的天空到處飛翔。1982 年 5 月我們一家人就同我們的朋友 Alfonso Say 以及他的哥哥 Francisco 和 Slugo 前往巴黎探訪我們的朋友陳永成先生。陳先生是越南移民，是一個非常熱情的人。5 月 11 日我們一家三口和三個菲律賓歸僑兄弟搭乘英航班機由倫敦轉機前往法國巴黎，次日到達巴黎戴高樂國際機場（Paris Charles De Gaule International Airport）。雖然我們一家人和陳先生沒見過面，但我們一見如故，這可能是華僑的固有性格吧。華僑長期在外過著顛沛流浪

的生活，在舊社會，當我們的祖國沒法保護我們時，我們必須加強凝聚力才不會被人家欺凌。

陳先生的餐廳離巴黎的拉斐特廣場（Lafayette Square）不很遠，交通方便，他就在他的餐廳附近給我們訂了酒店以便方便探訪。到達巴黎的第一天晚上，他請我們到他的餐廳吃法國美食，說是給我們「洗塵」。第二天陳先生就帶我們到巴黎的艾菲爾鐵塔俯瞰巴黎市容。接著就帶我們搭乘塞納～馬恩省河的觀光船暢遊塞納～馬恩省河，看看塞納～馬恩省河兩岸巴黎之漂亮建築物和景色。然後我們就乘坐巴黎的觀光巴士到巴黎歌劇院、香榭麗大道、協和廣場和凱旋門，晚上陳先生就帶我們三個男的到麗都夜總會（Lido Cabaret）觀看豔舞表演。第三天，我們一行六人就前往巴黎聖母院（Notre Dame de Paris）參觀。這個聖母院對我來說並不陌生，因為我在讀書時就讀過維克多·雨果（Victor Hugo）的著名小說《鐘樓駝俠》（"The Hunchback of Notre Dame"），故事發生的地點就是在巴黎聖母院。

講到巴黎，我想起美國著名作家海明威（Ernest Hemingway）的一句話："If you are lucky enough to have lived in Paris as a young man, then wherever you go for the rest of your life, it stays with you……"（譯文：「如果你年輕的時候很幸運曾經在巴黎住過，你以後無論到哪裡去，巴黎會畢生難忘……！」）巴黎的確是很漂亮的城市，短短的四天三夜它給我留下很深刻的印象。可惜當我們參觀完巴黎聖母院出去散步時，離開聖母院沒有多遠有一幫男男女女的吉普賽小朋友跟蹤我們，他／她們一窩蜂把我們團團圍住，從四面八方「進攻」我的上下口袋，企圖掠奪我身上的財物。看到我們招架不住，附近店鋪的白人老闆娘見義勇為，把那些吉普賽頑童趕走，使我們倖免丟失財物。海明威說的話「很靈驗」，自那以後我無論到哪裡去，巴黎留給我的這個陰影真是畢生難忘！直到我寫這個回憶錄，我再也沒有去過巴黎！

我加入怡和洋行航空部雖然才三年，但是由於我的工作表現很好，我年年被授予「客戶優秀服務獎」（Good Customer Services Award）。為了提升我的業務水準和客戶服務水準，在1982年7月和11月，我連續兩次被選派到倫敦英國航空公司訓練中心參加培訓。當年11月6日，培訓結束後我拿了一個星期的假期前往美國的洛杉磯探望我的印尼同鄉徐永茂先生（Mr. Djie Ing Bo）。徐先生在印尼時曾經參加印尼華人政黨「印尼民族協商會」（Badan Permusyawaratan Rakyat Indonesia, 簡稱BAPERKI），1965年印尼發生政變時，他途經義大利跑到荷蘭避難，為了發展再從荷蘭跑到美國。到了美國後，他在好萊塢明星雲集的比佛利山莊（Beverly Hills）開了一家叫「皇朝印尼餐廳」（Indonesian Dynasty Restaurant）和麵包店，生意做得有聲有色，頗有一點名氣。從餐廳掛出來的食客照片，我們可以看到當時美國家喻戶曉的明星娜塔莉・伍德（Natalie Wood）和她的丈夫羅拔・韓納（Robert Wagner）都是他的常客，還有曾經當印尼副總統的亞當・馬立克（Adam Malik）每次到洛杉磯也會到他的餐廳用餐。在餐廳的當眼處他寫上引人注目的字句 "If you like our food, please tell your friends. If you don't like it, please tell us!"（注：「如果你喜歡我們的食物，請告訴你的朋友。如果你不喜歡，請告訴我們」）。

找到達洛杉磯的第二天，他就用當時的美國名車凱廸拉克（Cardilac）送我去探訪時任中國民航駐洛杉磯辦事處的總經理曾六豐先生和他的太太陸雲。曾先生是早期回國的馬來西亞歸僑，在中國曾經當過校長，也曾經擔任巴基斯坦航空公司駐廣州辦事處的翻譯。我在廣州白雲機場工作時曾經和他一起擔任英語速成班的老師，所以和他相當熟悉。他和我的朋友徐先生雖然第一次見面，但他們一見面就談得很投契。當曾先生得知徐先生和我一樣也是印尼歸僑時，他就談起時任中國駐紐約領事館一等秘書的許國器也是印尼歸僑。法文有一句話 "Le monde est petit!"（注：世界真小！），曾先生沒想到許國器在印尼東爪哇美里達（Kota Blitar）時是徐先生的鄰居！許國器先生的一家是愛國人士，中國剛剛解放就全家回國，從此徐先生就和他失去聯繫，沒想到事隔整整三十多年終於在和中國民航駐洛杉磯辦事處總經理的談話中找到他了！俗話說「踏破鐵鞋無覓處，得來全不費功夫」！

（注：許國器先生在 1990 年代被委任為中國駐印尼棉蘭總領事）。

徐先生是很會交際的人，他懂得讓來訪的客人享受在洛杉磯的每一天，為了讓我在洛杉磯過得很愉快，第三天他就帶我到美國的賭城拉斯維加斯去見見世面。由於生意上的需要，他經常帶客人到拉斯維加斯，所以他知道如何用最經濟的辦法去拉斯維加斯。他用區區九十九美元就可以買到去拉斯維加斯的套票，這種套票包括來回機票和酒店。到了拉斯維加斯，賭場還給我們九十九美元的籌碼，這些籌碼只能用來下賭，不能兌換成現金。他用這些籌碼玩 21 點（Blackjack），我不懂得賭，我就把我的籌碼也交給他。他玩得很專業和很投入，玩 三、四下不但把我們的路費拿回來，而且還贏了錢！他用贏來的錢帶我到高級餐廳享用晚餐，吃完飯我們就到美高梅（MGM）去看大型歌舞表演。我們到達美高梅時，節目已經開始了，我們買到的是後座票，徐先生把一張美鈔塞到帶位員的手，帶位員二話不說就把我們安排在比較前的座位。「有錢能使鬼推磨」，這句話有點道理！

81. 尋找骨灰

在航空公司的行李查詢和索償部工作，除了要靠專業知識，還得學會用英國偵探小說福爾摩斯（"Sherlock Holmes"）的查案方法抽絲剝繭和順藤摸瓜去尋找旅客丟失的行李。其中有一件個案給我留下非常深刻的印象，那是一位印度旅客丟失的行李。她的行李並不名貴，但對她來說卻很重要，因為她丟失的東西是用金錢也沒法買到的。這一件個案本來是在印度的新德里（New Delhi）發生的，可以說和我們無關，但我覺得我們在道義上應該幫忙，因為那位印度旅客丟失的是先人的骨灰！那位印度人是從英國倫敦搭乘英航班機 BA019 回到新德里的，那件丟失的行李本來是自己提上飛機的，但由於體積超過限制而被強制放入行李艙。不料不幸的事發生了，到達新德里時她的行李丟失了，她氣得呼天搶地，誓言如果找不到骨灰就不願意離開機場！

這件事驚動了英國航空公司，遂發動英航沿線各經停站和終點站協助查找。香港是這班飛機的終點站，丟失的那件行李有可能漏卸或裝錯集裝箱而錯運過站（航空公司俗語叫

"overcarried"）。根據這個推理，我叫我的屬下在香港國際機場航空護衛公司（Securair）的無牌行李（tagless baggage）存放處查找，得出的結論是，當日香港國際機場航空護衛公司的確找到類似的無牌行李，但裡面的物品不含骨灰，只含一盒餅乾。我在查尋丟失行李時從來不放棄任何「蛛絲馬跡」，那「一盒餅乾」成為我查案的線索。「急旅客之所急」，我就馬上到無牌行李處去尋找。在無牌行李存放處我找到了類似的行李，但根據記錄行李內沒有骨灰，只有「一盒餅乾」。我打開行李後發現那一盒餅乾沒有了。當我問那個部門的主管 Dicky Ma 那「一盒餅乾」哪裡去了時，他笑笑地對我說：「Robert，那不是餅乾，是人的骨灰！我放在櫃子上面。」當他把那個餅乾盒打開給我看時，裡面果然是米黃色類似淮山的骨灰！皇天不負有心人，那位印度旅客丟失的行李終於找到了！

還有一件個案是一位外國石油公司的總裁從香港搭乘英國航空公司的飛機途經倫敦到蘇丹的克圖姆（Khartoum, Sudan），他到達克圖姆時行李丟失了。我從電腦上的查尋系統看到這件行李錯運到印尼峇里島的登巴薩（Denpasar, Bali, Indonesia）。我馬上發電報要求登巴薩的印尼嘉魯達航空公司把行李用速運行李牌（Rush Tag）快速運回香港。使我失望的是，過了幾天那件行李還沒有收到。經我發電報追問，登巴薩的嘉魯達航空公司說行李已經在幾天前運到香港。這件行李後來又在航空護衛公司的無牌行李存放處找到。行李找到時，那位石油公司總裁已經回到香港，他說由於行李裡面有重要的合約，使他到了克圖姆沒法簽署合約，損失慘重，要求賠償像天文數字一樣的經濟損失。我拒絕他的索償，理由是貴重物品、有價證件和重要文件不應該放在交運行李（checked baggage）

內。為了安撫該旅客，我同意按照丟失行李（lost baggag）的最高賠償額 400 美元予以賠償，即按照旅客的二十公斤免費行李額（free baggage allowance）乘以每公斤二十美元的賠償額。該旅客不服，但很無奈，因為這是國際航空運輸協會（IATA-International Air Transport Association）的規定，結果他在香港的英文報紙南華早報（South China Morning Post）把航空公司和我臭罵一頓！

1984 年，公司沒有安排培訓計劃，印尼東爪哇本田汽車代理 Surya Agung Indah Motor 的老闆陳振聲先生（Mr.Surjawan Tandyo）約我前往義大利、法國、荷蘭和德國去採購汽車零配件和參加在義大利都靈（Turin）的汽車展覽。對持有香港身份證明書這類旅遊證件的人，要申請義大利、法國和荷蘭的簽證是件很不容易的事。在出發前兩個月，我就必須要開始申請簽證，因為審批需時。我雖然有義大利一家汽車配件公司 "LAMPA" Accessories 的老闆保羅・馬魯提（Paolo Marutti）先生的邀請信，但當我向義大利駐香港領事館申請簽證時，負責簽證的華人職員顧先生一看到我的證件就一口拒絕受理！當我叫他解釋原因時，他只輕描淡寫地說：「你這種證件不能到義大利！」當我告訴他我是義大利汽車配件廠邀請去參加在都靈的汽車配件展覽（Turin Esposizioni Automorra）時，他還是斷然拒絕，而且還很粗魯地說：「不可以就是不可以！你不要再來了！」看到他的態度很堅決，我就不跟他爭了。我從義大利航空公司工作的朋友打聽到義大利總領事的姓名後，就馬上寫一封信給義大利的總領事亞利山德羅・普沙卡（Mr.Alessandro Busacca）。寫完信後，我就馬上打電話約見 Mr.Busacca。俗話說「冤家路窄」，當我再回到義大利總領事館準備見

Mr.Busacca 時，我又碰到顧先生。他一見到我就問，「你幹嘛再來？」！我說，「我要見你們的總領事 Mr.Busacca ！」。「他沒空見你」，他不假思索地回答。我反駁說，「我約了他，是他叫我來的，請把這封信交給他！」過一會，他叫我跟隨他到 Mr.Busacca 的辦公室。那個義大利總領事一見到顧先生就用英文問他："Mr.Koo, why did you refuse Mr.Wu's application for visa ?"（「顧先生，你為什麼拒絕胡先生申請簽證？」）那位顧先生就用義大利語回答那位總領事。聽到顧先生用義大利語回答，Mr.Busacca 就問我，"Mr.Wu, do you speak Italian ?"（「胡先生，你講義大利話嗎？」）"I am sorry Sir, I cannot speak Italian"（「對不起，我不會講義大利話」），我回答說。Mr.Busacca 得知我不會講義大利話，就叫顧先生用英文解釋。

聽了 Mr.Busacca 叫他用英文解釋，他就慌了，看來他黔驢技窮了，就撒謊說我的旅遊證件的有效期不到六個月，所以拒絕我的申請！我聽了顧先生的解釋，馬上就用英文告訴那位義大利總領事，"No sir, it's not true, the expiry date of my travel document is Nov.30, 1986!"（「不，那不對，我的旅遊證件的有效期是 1986 年 11 月 30 日！」）聽了我的解釋，Mr.Busacca 就馬上叫顧先生給我申請表格，並且馬上發電報至義大利外交部，300 元港幣電報費自理。1984 年 3 月 17 日電報發出，3 月 20 日義大利外交部就給我入境簽證。Mr.Busacca 是一個好人，他當時剛剛到香港到任，但他敢於承擔，敢於作主，使我終於能陪同那位印尼老闆前往都靈參加汽車展覽。Mr.Busacca 當時才 30 歲左右，年輕有為，他離開香港後就被義大利政府委派為義大利駐聯合國常駐代表，在 2006 年他被委任為義大利駐馬來西亞大使。

拿到簽證後，我就於 1984 年 4 月 1 日搭乘英國航空公司的航班途經倫敦前往義大利的米蘭市（Milan），那位印尼老闆就搭乘新加坡航空公司的班機在米蘭和我會合。到了米蘭，我們就搭乘 LAMPA 汽車配件廠老闆的轎車前往位於米蘭東南部 120 公里處的維亞達納（Viadana）參觀他的工廠。在前往維亞達納途中，我們在一間義大利餐廳吃飯。這間義大利餐廳並不豪華，可是由於我們當時飢腸轆轆，雖然沒有什麼特別的佳餚，吃得還是津津有味。正當我們享用那些義大利餐時，服務員告訴我們不再提供服務，並且叫我們馬上結賬。當我們詢問因由時，她們說：「我們現在罷工了！」真是豈有此理！看到我們有些不悅，Mr.Marutti 就安慰我們說，「沒關係，我們的別墅有很多好吃的東西！」他的別墅就在廠部附近，離那個義大利老闆的辦公室不遠，非常方便，在別墅的冰箱裡，吃的和喝的都有。他還為我們準備好兩間套房給我們住，想得實在很周全，但那個印尼老闆婉拒他的好意。

我們那天不談生意，因為我們還有時差，參觀完工廠和 Mr.Marutti 的辦公室，我們就去找旅店。到了旅店，那位印尼老闆向我解釋為何不願意住在 Mr.Marutti 的別墅，他說：「我們如果住在他的別墅，就沒法和其他廠商聯繫，只好乖乖地買他的東西。」這時我才恍然大悟！那個印尼老闆是一個工作狂，一到旅店就馬上叫我拿一本電話簿查看當地廠商的電話，然後就逐個打電話查問汽車零配件的行情。俗話說，「人算不如天算」，原來那邊的廠商的電話接線生根本不會講英語，我們的如意算盤結果落空了！第二天那位義大利汽車配件廠的老闆就接我們到他的工廠去參觀他的生產車間和倉庫。他的生產車間雖然不是全自動化，但在那時已經算得上很先進，產品質量和

產品價格也可以接受，我們最終還是向他訂了不少貨。第三天，我們就搭乘義大利老闆的車前往都靈參加一年一度的都靈汽車展（Turin Esposizioni Automorra）。看了那位義大利汽車配件廠老闆在展覽館租用的攤位，我們終於看到 LAMPA Accessories 的勢力，我們也就心安理得了！

82. 在都靈市

在都靈，我們住在離展覽館不很遠的 Starhotels Majestic。這是一家古色古香的旅店，位於市中心，非常方便。我們一進門，服務台的男服務員就用義大利文問我，"Quanti camera ?"。我一聽到 "camera" 就以為問我帶了幾個照相機！我就用剛剛學到的一兩句義大利語說 "Due camera"。那個服務員就帶我到二樓去看我們的房間。當他給我們兩個房間時，我就想，那個服務員問的 "camera" 可能是指「房間」，不是「照相機」，我馬上跟他說，"Unu camera!"。原來在義大利文 "camera" 是「房間」的意思！我當時由於帶了兩部相機就誤以為那個服務員問我「帶多少相機」，真是笑話！另外，義大利文說一樓、二樓也會使人誤會，因為「樓層」在義大利文是 "piano"，而英文 "piano" 是「鋼琴！」"piano" 在義大利語有多種解釋，例如，「我們彼此慢慢認識」在義大利語是 "Ci siamo conosiuti piano piano"。真是很有趣！

都靈（Torino）是義大利北部重鎮，位於阿爾卑斯山（Alps Mountain）腳下，在波河（Po River）和朵拉河（Dora River）的匯合處，人口一百多萬，號稱義大利第二大工業城市。我們到都靈並非去旅遊，而是要參觀都靈汽車展，所以我們在都靈期間從早到晚都是在展覽館團團轉。到了晚上，那位義大利老闆就請我們到都靈一間高級義大利餐廳吃晚飯。我記得那間餐廳建在半山，居高臨下，可以俯瞰都靈全景，在夜間還可以觀賞都靈漂亮的夜景。除了位置很好，這間餐廳的菜色也很豐富，供應的酒類也特別多。那位印尼老闆是一位忘我工作的人，為了應酬，他頭一天答應了那位義大利老闆的好意，和我們一起享用義大利的佳餚和名酒。第二天晚上，那位義大利老闆照例又請我們到那間著名的義大利餐廳享用晚餐。那位印尼老闆私底下告訴我說，「我不能每晚都和那位義大利老闆吃飯。從展覽館回來我一定要馬上和我們的採購部聯繫，看看那些展覽館展出的東西有哪些適合印尼的市場。我看你一個人去應酬他們好了！」我想他講的也有道理，另外他可能也不想讓我知道印尼的市場行情，所以我對他的安排沒有意見。

義大利人做生意和中國人有些相似，除了做生意，他們還很著重友情。我們到義大利時帶的是美金現鈔，每單交易都用現金支付。那位印尼老闆和 LAMPA Accessories 的交易也是如此，那位義大利老闆收了錢其實就已經完事了。可是他除了送我們到都靈汽車展覽館，每晚還邀請我們一起用餐。和義大利人吃飯很痛快，他們不拘小節，無拘無束。我們雖然剛剛認識，但我們在一起吃飯時可以像陳浩德在〈暢飲在今宵〉的歌詞裡說的那樣真正盡心暢飲！那位義大利老闆的太太是土耳其人，但她非常豪爽，說話直來直去，暢所欲言，使我們吃晚餐的氣氛不會冷場！我們吃飯時不談生意，只談佳餚、美食和美酒。我們在都靈住了三個晚上，臨走前我們才去看看都靈的市容、**Porta Palazzo** 跳蚤市場、都靈拱廊（柱廊）（**Portico di Torino**）和藏有耶穌裹屍布（**The Shroud of Turin**）的聖約翰大教堂，這

是每一個到都靈去的人必須要去的三個地方。

Porta Palazzo 其全名是 Mercato di Porta Palazzo，這個坐落在都靈市中心的集市據說是全義大利，乃至全歐洲最大的露天集市。集市裡有各式各樣的土特產、新鮮蔬果、芝士和魚類等，真是應有盡有。離開大集市後，我們就前往舉世聞名的都靈拱廊，這個全歐洲最長的室內長廊有 12 條相互連接。從這個 18 公里長的拱廊我們除了可以見證義大利的宏偉建築和燦爛輝煌的文化，還可以瀏覽義大利的名店，真是大開眼界。都靈市的聖約翰大教堂舉世聞名，因為教堂裡有一塊令全世界科學家入迷的耶穌受難時的裹屍布。自從 1357 年該教堂保存這個裹屍布後，全世界不同領域的科學家和學者紛紛來到該教堂對該裹屍布進行科學鑒定和研究。從這塊裹屍布上的血跡，人們可以看到耶穌被殘酷鞭打和釘在十字架上造成的傷害和痛苦。

83. 前往法國

1984 年 4 月 9 日，我們告別了號稱義大利「汽車之都」都靈，搭乘西行的火車前往法國的里昂（Lyon）。我們搭乘的火車是國際列車，座位寬敞舒適，從列車的窗戶可以觀賞阿爾卑斯山山脈的美麗景色，真是賞心悅目，使我們忘了在都靈參觀汽車展時所帶來的疲勞。當火車快要進入意法邊界的摩塔納車站（Modana Station）時，有兩名法國邊防軍登上我們乘坐的火車。他們例行檢查我們的旅遊證件時用法文問："Ou est votre destination? De combien d'argent vous avey?"（你們的目的地是哪裡？你們有多少錢？）。那兩名法國邊防軍見到我所持有的旅遊證件時就細心地打量我，問我到法國有什麼目的，帶多少錢？我告訴他們我們是來旅遊的，並且把一部分錢給他們看，他們就在我們的旅遊證件上蓋上印章。印章寫上 "Surete Nationale"，Modane, France, 意思是國家安全部，摩塔納，法國。

那兩個邊防軍得知我會講法文就沒有怎麼刁難我們，其實當他們問我帶多少錢時，我真的有點擔心，因為當時法國政府對外匯有很嚴格的規定，進出的外幣都有嚴格的限額。離開摩塔納後，我們的火車快速地在阿爾卑斯山區開往法國的桑伯利（Chambery）。桑伯利是義大利到法國的交通樞紐，離我們的目的地里昂有 100 公里。上午大約 11：00 點，我們搭乘的火車終於到達里昂，我們在里昂下車後就繼續前往離里昂市大約 75 公里的聖艾蒂安區（Saint-Eitiene）一個叫於尼厄（Unieux）的小鎮。這個坐落在阿爾卑斯山區的小鎮人口只有 8,000 人，在這裡你可以真正呼吸到山區小鎮那種清新的空氣。我們到這裡的目的是去參觀出名的汽車方向盤（Steering Wheel）製造廠 Formuling France。這個車盤製造廠規模不太大，但其產品在印尼很受歡迎。那個印尼老闆來之前已經準備好採購清單，一看到合適的產品就馬上下訂單，所以很快就完成我們的採購任務。

我們完成採購任務時已經是下午一點多鐘了，車盤製造廠老闆馬克斯（Marx）就帶我們到鎮上的餐廳吃便飯。這個位於法國中南部的小鎮雖然在其周圍有一些參觀點，但不是到法國的旅行團常去的地方。吃完中午飯已經是下午四點鐘了，我們就趕回里昂找住宿的地方。到了里昂，我們就在巴迪火車站（Gare Part-Dieux）附近的雅典納酒店（Athena Hotel）入住。我們之所以選擇這家酒店是因為它位於市區，離火車站和機場不遠，方便出入。里昂只是我們的中途站，我們在

那裡只是過夜，第二天，即 1984 年 4 月 11 日我們就搭乘薩貝納航空公司（Sabena Airlines）前往法國北部的工業城市里爾（Lille）。到了里爾後，我們就乘車前往法—比邊界一個叫科米訥（Comines）的小鎮。我們到這個小鎮是要到當地出名的汽車座椅套（Seat Cover）廠 Customagic 參觀和採購。

我在前面已經提過，我們採購汽車零配件是用現金交易，而且是用美金支付。1984 年我們到法國時，正好是弗朗索瓦．密特朗（François Mitterrand，1916 年 10 月 26 日 –1996 年 1 月 8 日）任法國總統，執政期間他奉行嚴格的外匯管制，不准商人直接用外幣進行交易。Customagic 的汽車座椅套是印尼有車階級的首選，我們按照預先準備好的採購清單向 Customagic 入貨後就用美金支付。Customagic 的老闆見到我們用美金支付就叫我們到當地的銀行把美金兌換成法國法朗。當地的銀行很小，連三萬美元換成法國法朗都沒辦法換。我們只好過境到比利時的小鎮科米訥．瓦納敦（Comines-Warneton）去換錢，但那兒的銀行一樣沒有那麼多法國法朗來兌換我們帶來的美元。我們沒有別的選擇，只好用當日的匯率把美金留給汽車座椅套廠的老闆自行處理。

84. 荷蘭、德國

1984 年 4 月 12 日，我們離開科米訥前往比利時和法國邊界的科特賴克（荷蘭文：Kortrijk，法文：Cortrai，英文：Cortray）。科特賴克位於法國里爾北部大約 25 公里，是比利時弗蘭德斯（Flanders）西部的最大城市，也是比利時工業和文化中心。我們從法國到科特賴克時，沒有看到明顯的邊界線，也沒有看到明顯的關卡，我們過境時只有看到一個穿類似海關制服的老頭子，估計是邊防人員。他看到我們坐的是法國車牌的車就招手叫我們停車，並且用法文問我們："Avez vous quelque chose a declarer?"（你有什麼要報關嗎？）我回答說："Non, Je nai rien a declarer"（沒有，我沒有什麼要報關）。那個老頭連我們的旅遊證件都沒有看就示意叫我們繼續走。

從科特賴克到比利時的首都布魯塞爾（Brussels）大約有 100 公里，我們準備從那裡搭乘薩貝納航空公司的班機前往荷蘭的阿姆斯特丹（Amsterdam, Holland）。從科特賴克到布魯塞爾沒有航班，我們只好搭乘火車。科特賴克的火車站並不大，旅客也不多，但乘車的地方離火車站的入口處有一段距離。從義大利到法國，我們一路採購，帶了很多汽車配件的樣品，行李特別重。火車站沒有搬運工，我和那個印尼老闆拖著大件和小件行李沿著火車路軌像走難一樣艱辛地走到我們的車廂。那個車廂停泊在沒有月臺的地方，我們很不容易才能把行李搬上車。剛上車不久，火車就開走了，那時我們很累，沒心情看鐵路兩旁的景色，只好閉目養神。大約下午四點鐘，我們搭乘的火車終於到達布魯塞爾機場。

當我到機場移民局辦理手續時，移民局的官員看到我的旅遊證件沒有蓋上入境印章就目瞪口呆，他很奇怪地問我，「你是何時到達比利時的？」我說:「我是從法國里爾入境的」。「你的旅遊證件怎麼沒有入境章？」那個移民局官員問。我告訴他說，「我是從法國坐車到科特賴克，然後再換乘火車到布魯塞爾的。」這時，那個移民局官員似乎開始明白了，但他還是很不放心地看看我的旅遊證件，並且細心地打量我。當看到我持

有簡稱 Benelux 的比利時、荷蘭和盧森堡三國簽證後，他才讓我過境，我終於可以鬆一口氣了。我們不敢怠慢，快速跑到薩貝納航空公司的櫃檯辦理登機手續。一拿到登機證我們就快速趕到登機閘口搭乘下午 5 點 30 分前往阿姆斯特丹的班機。

荷蘭是比利時的鄰國，從布魯塞爾坐飛機到阿姆斯特丹不用一個小時就到了。晚上大約 6：25 我們就到達阿姆斯特丹，為了方便乘車，我們選擇入住中央火車站附近的宜必思酒店（Ibis Hotel）。正如在前面說過的，我那次到歐洲拿的是香港身份證明書，但我在義大利和法國入住酒店時一切順利，酒店從來沒有多問。在荷蘭入住酒店時，我卻受到了「特殊照顧」！酒店的服務員看到我的證件與眾不同就叫了專門管外來戶口的員警，是地地道道的員警，不是移民局官員！做法猶如二十世紀五十年代印尼剛剛實施外國人登記制度時一樣，凡到外地超過二十四小時需要在外地過夜時就必須到當地的警察局登記一樣！和中國開放前如果要在酒店過夜就必須由酒店幫我們到當地的派出所登記沒有什麼兩樣！

我們在荷蘭主要是採購汽車玻璃膜，汽車玻璃膜的廠商第二天上午就親自到我們住的酒店送來各種各樣的樣品。那個印尼老闆做事很乾脆，只要帶來的樣品合乎他的心意，就馬上下訂單和全數付款，非常痛快！談完生意，那位荷蘭老闆就帶我們到當地的印尼餐廳吃午飯。荷蘭有很多印尼移民，所以荷蘭的印尼餐廳提供的印尼食品非常地道。吃過中午飯，那位荷蘭老闆就用車帶我們到荷蘭的第三大城市海牙（Den Haag）。荷蘭的首都雖然在阿姆斯特丹，但荷蘭女王及其政府機構和外國的領事館都設在海牙。在海牙有很多印尼移民，這些印尼移民有的已經有三、四代住在荷蘭，他們當中有俗稱印多（Indo）的印尼人後裔，他們是荷蘭人和印尼人的混血兒（荷文叫 Indisch Belaster）。印尼獨立後，又有一批俗稱 KNIL（Koninklijk Nederlands Indische Leger）的荷蘭軍事人員及其家屬跟隨荷蘭殖民主義者遣送回荷蘭，這些人多數是來自印尼的安汶（Ambom）。還有一批是來自荷蘭在南美蘇利南（Suriname）的殖民地的印尼人後代。這些人是 1890 年荷蘭殖民主義者招募的種植園合同工的後裔，他們的祖先來自中爪哇，所以爪哇語成為他們的官方語言。

說起在荷蘭的印尼移民，人數最多的當然是安汶人的後裔，因為印尼獨立前的荷蘭皇家印尼軍團（KNIL）的成員多數來自安汶。印尼獨立後，這些軍人及其家屬大部分跟隨荷蘭人遣送回國，但有一部分人仍然留在印尼。印尼獨立後留在印尼的原荷蘭皇家印尼軍團的成員不願意歸屬印尼中央政府，1950 年 4 月 25 日在安汶宣布獨立，取名南馬魯古共和國（Republik Maluku Selatan，縮成 RMS）。同年 11 月這個鬧獨立的南馬魯古共和國被印尼國軍鎮壓。宣告獨立失敗後，這些原南馬魯古共和國的成員有很多流落荷蘭，1966 年在荷蘭成立流亡政府，所以安汶人在荷蘭成了最大的印尼族群。至於印多人的後裔多數已經加入荷藉，他們雖然自稱是荷蘭人，但有些荷蘭人卻認為他們是印尼人，所以有人說他們是失落的一群人。這些人雖然已經成了荷蘭人，但他們仍然喜歡印尼的食品和印尼的歌曲。

4 月 12 日，我們離開阿姆斯特丹前往德國的法蘭克福。德國商人和義大利商人不一樣，義大利商人有點像中國人，很有人情味，但德國商人缺乏人情味。我們雖然已經把我們到達法

蘭克福的航班號告訴他，但他不曾到機場去接我們。還好，從機場到市中心只有 12 公里遠，而且搭的士也很方便。法蘭克福機場的的士別具一格，全部都是白色的賓士轎車（Mercedes Benz）。在法蘭克福，我們住在洲立酒店（Intercontinental Frankfurt Hotel）。這是一家位於法蘭克福市中心的五星級酒店，出入非常方便。我們到達酒店後大約半個鐘，那個 45 歲左右的德國商人來了，他帶了汽車膠墊（car mat）的樣品。當我們拿出從義大利帶來的同類產品時，他面帶輕蔑地看看，然後嗤之以鼻地說："Rubbish!"（垃圾）。接著他就滔滔不絕地誇讚他的產品的優點和品質，真是豈有此理！我們聽了特別反感！談了大約半個鐘頭我就把他送走。

85. 德國車展

那個德國人誇讚他的產品品質其實並非沒有道理，在我的心目中「德國製造」（Made in Germany）就是信譽的保障。這個榮譽不是偶然得來的，德國的工業化也是像中國的工業經過「山寨階段」。在十九世紀八十年代英國人把德國的產品也看著是劣等產品，為此英國的議會在特別通過的《商標法》修改案中明文規定從德國進口的產品必須寫上「德國製造」，以此提醒消費者這些是劣質產品。為了改進產品品質，德國進行了一系列科技和工業革命，從而使「德國製造」成為最過得硬的品牌。記得我剛到香港時買過一部德國製造的洗衣機，這部洗衣機用了近二十年都沒有發生過任何故障，直到搬家時由於在搬動時該洗衣機的底部脫落才丟掉！由於時間關係，4 月 15 日我們按照原定計劃各自搭乘飛機離開法蘭克福，我搭乘國泰班機回到香港，那位印尼老闆就搭乘新加坡航空公司經新加坡回印尼。

離開法蘭克福前，那位印尼老闆和我相約同年九月再次到法蘭克福參加兩年一度的法蘭克福國際汽車及零配件展覽（Frankfurt Automechanika）。我那年有很多積壓的假期需要清理，所以就答應他。這個展覽是由法蘭克福展覽有限公司（Messe Frankfurt GmbH）主辦的。它是世界三大著名的汽車零配件展覽的祖師爺，自 1971 成立以來吸引了成千上萬的汽車零配件參展商的青睞和重視。1984 年 9 月 9 日我按原定計劃準備搭乘英國航空公司 BA020 航班途經倫敦前往法蘭克福，但當晚前往倫敦的英航班機滿額，我只好改搭 BA006 的北極航線（Polar Route）經由日本東京和美國的阿拉斯加前往。

那個航班於當日上午 10：00 點鐘準時起飛，下午 2：00 點鐘到達東京成田國際機場（Narita International Airport）。在成田機場停留大約兩個小時後，我們的班機就繼續我們的航程。那天天氣真好，成田機場上空晴空萬里，飛機起飛後，很多客人都從機艙窗口瞭望東京郊區的美麗景色。當飛機飛越富士山上空時，機艙裡的人無不爭先俯瞰日本的這個名山。富士山長年積雪的山頂及其周圍的湖泊實在迷人，使人看了目不暇給。可惜我們的飛機不能在其上空盤旋，使我們能夠多些時間欣賞其美景。當我還在欣賞富士山的迷人景色時，我聽到在我後面坐著的年輕男女在小聲地哼著 "Sayonara Japanese Goodbye"，這時我們乘搭的飛機正在加速升空，不久富士山就從我們的眼簾消失了。富士山再見！

飛機在繼續爬升，太陽也開始從地平線上慢慢地消失，空中服務員開始忙於準備旅客的晚餐。在那個年代坐飛機的確享

受，人們俗稱「飛機餐」的品質不會輸給香港的西餐廳。飲料方面，除了有可口可樂、橙汁、茶水和咖啡，還有白蘭地、威士忌、紅酒、白酒、啤酒和香檳酒！旅客想喝什麼都有求必應，只要不喝醉酒就沒人干預！快到半夜還有宵夜！現在坐飛機像坐火車一樣，吃得越來越差，座位也越來越窄！我在宵夜時喝了紅酒，喝完紅酒就開始去見「周公」，到我醒來時，太陽已經從地平線上升起！從飛機的窗口可以俯瞰阿拉斯加白雪皚皚的雪山、冰川和峽灣，非常美麗和壯觀。飛機快要降落在安克雷奇機場（Anchorage International Airport）時，我可以看到在空中飛翔的各類水上飛機和觀光直升機。據說那些水上飛機是阿拉斯加的主要交通工具，人們通常叫這些水上飛機是「水上的士」。

當我從高空欣賞阿拉斯加的美麗景色時，我們的飛機也在逐步下降，不久我搭乘的飛機平安地在安克雷奇機場降落。安克雷奇機場離市中心只有不到十公里，機場的候機室不大，不像香港、東京、倫敦和巴黎那麼繁忙，但它是歐洲各國的航空公司前往亞洲的中轉站。該機場的候機室很特別，在候機室的入口處豎立著比人還高的北極熊標本，像守衛候機室的保安員一樣盡忠職守。當時的美國治安很好，由北極熊守衛候機室就可以了，不用像現在到處都要由全副武裝的特種部隊來把守。安克雷奇機場的候機室的指示牌用三種語言，即英語、德語和日語，這是因為安克雷奇機場是德航、日航和歐洲的航空公司的中轉站。看到沒有中文指示牌，我心裡感到很不舒服，覺得很不公平，心中在想，難道全世界有十多億人用的語言都不如前面列出的那三種語言嗎？！相信等我們的祖國強大了安克雷奇機場肯定也會用中文做指示牌！事隔三十多年，我沒有再去安克雷奇了，我的願望不知有無實現。

我在安克雷奇機場只是過境性質，沒有機會到市區看看安克雷奇市民的生活，實在可惜！離開安克雷奇前，我只好安慰自己，我曾經到此一遊！不久我搭乘的飛機就繼續前往我們的終點站倫敦。九月十日上午七點鐘我終於到達倫敦希斯路國際機場（Heathrow International Airport），然後馬不停蹄地換乘前往德國法蘭克福的班機。經過二十多小時的飛行，我從香港飛到東京，再從東京飛越阿拉斯加，途經倫敦到達我的目的地法蘭克福。在國際汽車零配件展覽期間，法蘭克福的酒店經常爆滿，在那個印尼老闆住的洲立酒店已經沒有空房，這時在展覽館附近唯一還沒有滿額的酒店只得赫斯霍夫酒店（Hessicher Hof Hotel）。該酒店位於法蘭克福市中心，正好在法蘭克福國際汽車配件展覽館對面，非常方便，但客房的租金也是非常昂貴，但是為了方便工作，那位印尼老闆就不在乎了。這個酒店的外表並不是富麗堂皇，但酒店裡的設施真是「一級棒」，酒店的裝修、家具和餐具等都是一流，服務也是一流。

法蘭克福國際汽車配件展覽一共有十個多層展覽館，館與館之間有穿梭電瓶車接送，非常方便。我們每天上午一吃完早餐就馬不停蹄地去展覽館參觀，由於展品實在太多，我們只能走馬看花地看，看到有興趣的新產品才詳細地查詢。我們頭一天參觀對那些琳琅滿目的產品都很好奇，結果用了整整一天的時間才看完一個展廳。我們從第一層上第二層，再從第二層上到第三層，上到頂層時已經是夕陽西下了，實在精疲力盡。第二天，我們只好用蜻蜓點水的形式參觀，即每層展館只能有選擇性地參觀。即使走馬看花，我們到第七天要離開法蘭克福時

也才勉強看完，真是大開眼界。1984 年 8 月 15 日，那個印尼老闆終於滿載而歸地回印尼，而我也圓滿地完成任務回到香港。

86. 回去探親

1985年3月，我在印尼的家人告知我年老的媽媽因病入院，叫我馬上回印尼探望她。到1985年，我離開印尼快二十五年了，我的確該回印尼看看和我闊別近四分之一世紀的媽媽和親朋好友。當時我到香港定居還不到七年，我唯一的旅遊證件是香港身份證明書，屬「無國籍」。一九六五年印尼政變後，中印斷絕外交關係，不但外交來往終止，民間來往也終止。我回國時印尼政府曾經向我們聲明不得再回印尼，當時要申請印尼簽證真是困難重重！當我正在彷徨如何是好時，印尼領事館的華人職員 Jimmy Koo 先生來電求我次日到機場禁區去接一位從雅加達回來的印尼副總領事。這是求之不得的美差，我不假思索就馬上答應了。

第二天下午，我按時到印尼嘉魯達航空公司到達旅客閘口去接印尼駐香港的副總領事。那位印尼駐港副總領事坐的是頭等艙，到達時是第一位從到達旅客閘口出來的人。我一見到他就伸出手來和他握手，並且用印尼語說："Selamat datang Pak!"（注：「歡迎你到達」）。剛開始他有點突然，因為平時是由印尼領事館的職員來接他的。當我繼續用地道的印尼語向他自我介紹並說明由我來接他的原因時，他就問我是否是印尼來的。我告訴他我是印尼出生的，二十五年前離開印尼。他聽到我是印尼出生的，就很關切地問我是否回過印尼。我告訴他，我來香港還不到七年，沒有完整的旅遊證件，所以不能申請印尼的入境簽證。他感到很驚訝，問我為何沒有完整的旅遊證件。我簡單向他解釋後，他就問我是否想回印尼看看。我告訴他說："Pak Konsul, saya ingin sekali kembali ke Indonesia, sebab ibuku masuk rumah sakit"（注：「領事先生，我很想回印尼，因為我媽媽現在在住醫院」）。他聽到我媽媽住院就更加關切，便從口袋裡拿出一張名片給我，並且囑咐我次日到他的辦公室找他。

次日，即 1985 年 3 月 1 日，上午我便到銅鑼灣印尼總領事館去找他，他很熱情地把我介紹給負責簽證的 Pak Bambang，即棒棒先生。他馬上帶我到他的辦公室，叫我把申請表填完後交給他。看完表格，他要我提供兩個在印尼的擔保人姓名和地址電話。我就把我大哥和我的好朋友 Hady Utomo 的名字填上。Hady Utomo 是我的小學同學，住在雅加達，熟悉政府部門的運作，人際關係比我大哥廣，是最合適的擔保人。我的選擇果然正確，我的簽證在 1985 年 3 月 18 日就批准了，前後不到一個月，有效期 3 個月。我如獲至寶，馬上向公司申請兩個星期假。

1985 年 3 月 22 日，我和我的太太及女兒就搭乘澳大利亞航空公司（Qantas Airways）從香港飛往墨爾本（Melbourne）去拜訪我的新朋友 Kevin Yu。Kevin 是香港移民，在墨爾本經營中餐廳。雖然我們只是一面之交，但我們一見如故，很像是老朋友一樣。Kevin 的太太是 ABC （澳大利亞出生的中國人）（Australian Born Chinese），不懂中文。她在中學時學過印尼文，得知我們也懂印尼文就非常開心，時不時就用有限的印尼文和我們溝通。我的女兒當時雖然才十歲，但已經可以簡單地用英語溝通。我的朋友和他的太太是新婚夫婦，膝下沒有子女，

所以很喜歡我的女兒。Kevin 的餐廳雇了一些香港和廣東廚師，他們不懂英文，得知我的女兒很會講廣東話就很高興。我的女兒雖然才十歲，但是見到這些廚房師傅工作辛苦就會給他們倒水和跟他們聊天和開玩笑，逗得他們很開心。我的朋友看到我的女兒那麼懂事和討人喜歡，就開玩笑地和我的女兒說，「小朋友，你不如留在這裡幫我，有空就和廚房師傅聊聊天和開開玩笑，使他們不要想家，我每個月給你三百澳元，包吃，包住！」我的女兒很爽快地回答：「好吧，那麼你也要留我的爸爸和媽媽來幫你，每月給他們每個人三千澳元！」講得全場的人都哈哈大笑。

在墨爾本，我們只是「過境」探朋友，參觀完墨爾本的主要景點後，於 3 月 26 日我們就搭乘印尼嘉魯達航空公司的班機前往雅加達。我的好朋友 Hady Utomo 想得很周到，他知道我有 25 年沒有回印尼，而且是第一次到雅加達，就特地安排他的好朋友 Ah Tay 到機場閘口接我們。Ah Tay 神通廣大，和機場的聯檢單位人員很熟，所以不用「禁區」證也可以自由出入。他接過我們的旅遊證件後就帶我們通過機場職員通道出境，出境手續由他代辦！我們的隨身行李也不用檢查！出了候機室，我的朋友和他的太太（Ibu Prahastoeti）已經等待我們。為了給我們洗塵，那天晚上我的朋友請我們到印尼的巴東餐廳（Restoran Padang）用餐。巴東餐廳有一種傳統，客人來了就把餐廳裡的所有佳餚端出來讓我們品嘗，吃完後就按各人吃的東西照算無誤！只要客人拿過或吃過的東西，不管吃了多少就一律當一碟計算！我們雖然不懂這些規矩，但我們畢竟是見過世面的人，所以我們沒有狼吞虎嚥地吃！不然我的朋友就要破財了！飯後我的朋友就帶我們到雅加達市區觀光。

我們雖然是印尼華僑，可是我們以前沒有去過雅加達。雅加達是印尼的首都，我們還在印尼時都很渴望去看看，但是由於當時還在讀書，因此沒法實現我們的願望。我們在雅加達也只是「過境」性質，我們的目的地是我們在印尼的故鄉美里達（Blitar），所以不能在雅加達久留。為了使我們能夠大飽眼福，我的朋友只好用他的私家車「走馬看花」地帶我們在雅加達市內「追夢」。我的朋友和他的太太實在很熱情，他們不讓我們破費住在酒店，就安排我們住在他們的家，他們說是為了方便接送。我們在雅加達本來只打算住一夜，但我的朋友不肯放我們走，建議我們多留一兩天看看雅加達的旅遊景點。第二天上午我的朋友和他的太太就帶我們去雅加達的安佐爾海灘（Pantai Ancol）、印尼縮影公園（Taman Mini）和金蝸牛 3D 電影院（Gedung Bioskop IMAX Keong Mas）。第三天我們就去雅加達東南部的萬隆市（Kota Bandung）。萬隆市是一個山城，海拔 768 米，氣候清新和涼爽，年平均溫度攝氏 23.6 度，離雅加達只有 185 公里，是避暑的好去處。

在萬隆期間，我們去了獨立街（Jalan Merdeka）和布拉卡街（Jalan Braga）。布拉卡街是萬隆市的古老街道，沿途可以看到優雅的古式建築和古老的榕樹。我們還參觀了位於芝巴甘迪街（Cipaganti）的古老清真寺以及亞非會議博物館（Museum Konperensi Asia-Afrika），我們還去了覆舟山火山（Gunung Tangkuban Perahu）。我們回到雅加達時已經天黑，我們就在雅加達多住一個晚上，8 月 29 日我們才前往泗水（Surabaya）。我們的家鄉美里達是一個縣城，離泗水有 146 公里，大約 3 個多小時車程。8 月 29 日，我們到達泗水時，我的大哥、他的司機和經常帶我到歐洲參加汽車展覽會的印尼老闆陳振聲先

生已經等著我們。離開機場後，那位印尼老闆就吩咐他的司機驅車前往泗水一家豪華的印尼餐廳。我哥哥不住在泗水，吃完飯後他就趕回離泗水一百多公里遠的多隆亞公市（Kota Tulungagung）。

那位印尼老闆對我非常客氣，他把我們當成貴賓來接待，住的是他剛入住的豪華房子。第二天我們回老家美里達時，他還用新出廠的「本田」（Honda）轎車親自送我們到我們的家鄉。他跟他的司機交代說，那輛車是專門給我用的，叫司機聽從我的吩咐。他給我用的車不但是新出廠的車，而且掛的車牌還很特別，這個車牌號碼是「L1–ST」。「L」代表「泗水」，「1」是代表省長的車，「ST」是那位老闆的印尼名字的縮寫。由於我們坐的車掛的是「L1」車牌，所以一路上暢通無阻，在途中檢察車輛的交通警見到我們都會向我們敬禮！實在很榮幸！我媽媽聽到我們要回來，天天坐在客廳等待我們的到來。當我們乘坐的車到達我家門口時，她馬上扶著牆壁前往門口等我們。我們一進門就迫不及待地重複叫我在印尼時用的名："Siok Tjwan di mana?.....」（「淑全在哪裡」……）。我也用印尼文不停地叫她：「娘，我回來了！娘，我回來了！……」我緊緊地擁抱她，眼淚如同下雨一樣地從我的雙眼裡涮涮而下。

我離開家整整 25 年了，我的家依然如故，回國前我坐過的飯桌和我學習用的書桌還在原位，我健身用的長凳還在客廳。家裡唯一的家電還是那部二手收音機。我還在家裡時經常用這部收音機收聽印尼國家電臺（RRI – Radio Republik Indonesia）、北京電臺的中文和印尼文廣播，還有澳大利亞廣播電臺的英文廣播。我的書櫃還是在以前我學習的地方，唯獨沒有的是貼在書櫃的，我自己畫的馬、恩、列、斯、毛的畫像。這些畫像相信是在 1965 年「9.30」事件時由於白色恐怖而被燒掉的。我家裡沒有自來水，廚房還是用木材和木炭做飯，吃的和用的水還是打井水。看到我的家，我思緒萬千；我的思想彷彿倒流到 25 年前的世界。眼前的一切對我並不陌生，但卻使我感到與時代脫節。看到這一切，我的心非常內疚；實在很對不起我媽媽。

87. 家庭團聚

我回來的消息很快就傳開了，我的左鄰右舍都不約而同地來探望我，以前還是小孩的鄰居現在已經成家立室了。唐詩的〈回鄉偶書〉寫道：「少小離家老大回，鄉音無改鬢毛衰，兒童相見不相識，笑問客從何處來！」他們見到我都好奇地打聽我的近況，有的拿著以前的照片叫我一起回憶過去的歡樂時光。這些鄰居非常熱情，他們來了以後都捨不得回家，搞得我沒時間和我媽媽好好地聊天。當我忙於接待我的朋友時，我媽媽和我的大姐及二姐就在廚房裡忙著準備晚餐。我媽媽雖然眼睛盲了，但她仍然記得我回國前愛吃的東西，所以她好像大廚一樣不停地吩咐我的姐姐要煮什麼好吃的東西給我。到了吃晚飯時間，我的朋友已經陸陸續續地回去了，我們終於可以吃團圓飯了。我們圍坐在我回國前的餐桌吃飯，顯得格外溫馨和幸福。吃飯時，我媽媽不停地介紹哪些東西好吃，哪些東西我最愛吃，哪些東西要多吃，怕我吃不飽似的。

我在印尼有很多親戚朋友，近的和遠的都有，由於時間關係沒法全部都去，只好選擇不太遠的，而且比較親的才去。即

使如此安排，我天天也幾乎忙得團團轉，要不忙於接待來訪的親朋好友，要不就出去找他們。其中我特地抽空拜訪的是住在我家對面的余肇慶老師。余老師是我在美里達中華中小學校初中班的歷史老師。他是一位好老師，為人正直，教書認真，一絲不苟，所以我印象很深刻。他是家裡的長子，剛剛出來工作不久爸爸就過世，所以一家大小都得靠他。為照顧家庭，他沒有結婚，我回印尼時他已經年過半百，但還是單身。我在 1985 年回到印尼時，華校已經關閉了，中華學校已經不存在了，以前的老師也是各奔東西了，我唯一能找到的就只有余肇慶老師。另外，我還去找 1945 年我剛讀書時第一個教我的郭玉珍老師，當時她也年過半百了。我剛剛讀書時，她曾經教我讀「牛、羊、草、花、樹、鳥、門、窗」和唱〈我的朋友在哪裡？〉以及〈小孩子乖乖〉……等兒歌。可惜時光沒法倒流，我只能慨歎「往事只能回味，往事不能追！」

印尼歸僑回印尼探親時除了去探訪親朋戚友，還必須到先人的墓地去掃墓，這是必不可少的任務。我是印尼第六代華人，在印尼東爪哇一帶有不少先人的墓地，不能全部都去，但我爸爸和其他二百多名遇難同胞的墳墓一定要去。那個墓地離我的家不太遠，在那裡埋葬著 1948 年荷蘭第二次警衛行動時遭到不明的武裝人員無辜屠殺的華人同胞的遺骸。這些遇難同胞都是老老實實地、辛勤工作和生活的華人，他們死得很冤枉，很無奈。1948 年中國的解放戰爭正好快要結束，國民黨正好節節敗退，自身難保，印尼的華僑猶如海外孤兒，沒人理，也沒人管！他們慘遭屠殺，國民政府沒人過問，聯合國也沒有人過問！ 1945 年 8 月 17 日印尼雖然已經宣布獨立，但是獨立後戰事不斷，1947 年 7 月 21 日荷蘭殖民主義者為了挽回失地，對剛剛獨立的印尼共和國發動第一次警衛行動（The First Police Action），但是印尼國軍英勇頑抗，展開游擊戰，荷軍無法順利收復失地。1948 年 12 月 19 日，荷蘭殖民主義者夥同盟軍又發動第二次警衛行動（The Second Police Action）。在混亂的情況下，印尼華人成了印尼各地不法武裝組織宰割的對象。他們真是死不瞑目！

我回到美里達時，還有一個想去的墓地就是已故印尼總統蘇加諾的墓地。他是印尼的民族英雄，是印尼共和國的締造者，是印尼人民的國父。他是美里達人，是我們的同鄉，是我們心目中的偉大人物。他以前每次回到美里達一定會到當地的廣場（印尼語叫 Alun-alun）和當地的老百姓聊天，或者獨個兒出去散散步。這種習慣到 1957 年 11 月 30 日支基尼事件（Peristiwa Cikini）（注：企圖謀殺蘇加諾總統的事件）後才改變。自此以後，如果沒有嚴格的保安措施蘇加諾總統就不能隨便和群眾接觸。蘇加諾總統的墓地就在美里達市的蘇加諾街 152 號（Jl. Ir.Soekarno No.152, Bendogerit, Blitar），離我家大約四公里左右。根據蘇加諾總統的遺囑，他逝世後要求埋葬在他的媽媽的墓地旁邊。他的墳墓並不豪華，但使人感到莊嚴肅穆，的確是偉人安息的好地方。到他的墓地去瞻仰的，有當地人，也有來自世界各地的遊客和僑居國外的印尼人和印尼華人。

88. 回去送殯

時間過得真快，不知不覺我們一家人來到印尼已經快兩個禮拜了。我們在印尼只准停留到 1985 年 8 月 14 日，當我媽媽得知我們快走了，她天天拉著我的手，不准我出去找人。她心

裡很明白，我們很不容易才能回到印尼探親，深怕以後很難再見到我們。我們走的那一天，我媽媽緊緊地拉著我的手，囑咐我今後要多來看望她。當我們終於說再見時，我媽媽就緊緊地擁抱我，然後就和我的太太和我的女兒擁抱。回到香港後，我的心天天記掛著我的媽媽，盼望能有機會再見到她。沒想到事隔七個月後的 1986 年 3 月 15 日我媽媽就與世長辭！ 3 月 19 日我就搭乘印尼嘉魯達航空公司的班機趕回印尼。由於時間緊迫，我沒時間事先通知我的擔保人 Mr. Hady Utomo，結果我入境時就遇到麻煩，經過我的努力解釋，到了深夜雅加達機場的移民局才讓我入境。一出移民局，我馬上去找我托運的行李，但行李傳送帶上已經沒有行李了。

當我到行李部查詢時，印尼航空公司一位叫 Pak Pomo（波莫先生）的職員就叫我到行李房去認領。我拿了行李後就叫那位職員幫我找一部計程車，並且問他附近有什麼地方住宿。他告訴我外面已經沒有計程車了，他自告奮勇說：「我現在正好下班，如果你不介意，今晚可以到我家過夜！」我說我就在機場休息好了！他擔心我在機場休息不安全，堅持邀請我到他的家休息。我不好謝絕，只好聽他來安排。他的家住在機場附近，他用肩膀扛著我的行李就走，我跟在他後面走。我們摸黑經過田間的小徑前往他的住所。到了他的家，我才知道他住的原來是一間很簡陋的木棚屋。家裡沒有電燈照明，也沒有多少家具，只有一個用竹子做的長凳和一間小房間。他叫醒他的妻子，叫我到他的妻兒的房間休息。我婉言謝絕他的好意，堅持說服他我在「客廳」睡就行了。那天晚上我思緒萬千，根本沒法入眠，第二天早上一早我和那位剛剛認識的印尼友人就趕到機場搭乘早上前往泗水的班機。

由於他所住的地方比較偏僻，所以我們要走一段路才可以到大馬路。可是馬路上根本找不到計程車，我們只好搭乘公車。當時在印尼搭乘公車很不容易，除了班車很少，車上也很擁擠，那位印尼友人費了九牛二虎之力才很勉強把我擠進巴士，他自己則半身掛在車外乘車。到了機場，他幫我辦登機手續後就向我告別，我順手往他的口袋裡塞一些「住宿」費，叫他買玩具給他的小孩，並且向他連聲道謝。到了泗水，我的大哥和他的朋友陳振聲先生就馬上把我送到我的家鄉美里達的殯儀館。一進到我媽媽的靈堂，我就在她的遺像前叩頭，我一邊叩頭一邊哭泣，並要求她原諒在她晚年時我不能好好照顧她。

我的媽媽是數代僑生，在印尼各地有不少親戚，當時印尼的通訊還很落後，交通也不發達，要交流主要靠書信來往。為了讓各地的親朋好友能夠參加我媽媽的葬禮，3 月 27 日我媽媽才出殯。出殯前一日，來自馬杜拉（Madura）、泗水（Surabaya）、瑪琅（Malang）、波龍（Porong）、莫佐克托（Mojokerto）、戒望（Jombang）、巴澤（Pacet）、諫義裡（Kediri）、多隆亞公（Tulungagung）、文力（Ngunut）、威里義（Wlingi）、洛多約（Lodoyo），甚至於雅加達（Jakarta）都有人來參加守靈。出殯那天，我大哥特地派出六、七輛旅遊巴士來接送參加葬禮的人。我大哥的公司員工和家屬，除了值班和有事的也前來送葬。由於我的媽媽跟當地的華人社群和當地的友族居民有良好的關係，而且熱情參與一些社會公益，所以出殯時有很多人都送她最後一程。他們當中有當地的僑領、印尼政府官員、華人群體和當地的印尼友人，據統計參加送殯的人估計有五、六百人。

89. 雙喜臨門

1986 年對我來說是比較特別的一年：1986 年一月我的太太有喜了，同年 3 月我被任命為怡和航空公司行李部副經理，9 月我被委派到倫敦出席英國航空公司主辦的行李運作及行李丟失和損壞理賠研討會。這個研討會由世界各地英國航空公司及其地面代理的行李部負責人參加，目的是認識英國航空公司行李部的負責人以及熟悉倫敦希斯羅機場（London Heathrow Airport）和格域機場（London Gathwick Airport）的行李運作和行李理賠，以便日後方便聯絡。研討會定於 1986 年 9 月 18 日和 19 日舉行，我於 9 月 16 日搭乘英航班機第 BA020 前往倫敦。到了倫敦我被安排在倫敦豪恩斯思洛（Hounslow）的貝爾特酒店（Penta Hotel）。在這次的研討會我除了認識英國航空公司行李部的負責人，還認識了來自中東地區英國航空公司行李部的負責人和來自馬達加斯加（Madagascar）、汶萊（Brunei）、泰國（Thailand）等國家行李部的負責人。這次研討會雖然只有兩天，但我們收穫不少，對我們日後開展工作有很大的幫助，因為我們從此和世界各地的行李部建立了很好的關係。

那次研討會是最輕鬆的研討會，我們不用準備講稿，也不用寫什麼總結，到下午研討會結束後就各自各精彩，有的到酒吧聊聊天，有的到市中心逛街。9 月 19 日研討會圓滿結束，第二天與會者要回到各自的崗位。晚上我就去倫敦蘇豪區（Soho）幫我的印尼朋友買成人雜誌。蘇豪區夜店林立，品流複雜，到處是酒吧和夜總會。買完成人雜誌後，我就去溜街，想見識見識倫敦的夜景。當我路過一間清吧（休閒酒吧），看到酒吧外面貼出 "Happy hours, buy one give one!"（「歡樂時光，買一送一」）的標價是：最低消費 10 英鎊。我進去以後就叫了一杯啤酒，這時突然來了一個黑妹，問我的旁邊那個座位是否沒人坐，同時問我：「我可以坐嗎？」我回答說：「請便！」她一坐下來，馬上就叫了一杯香檳酒。侍應生一邊送酒，一邊叫我付賬。我一看賬單就嚇了一跳，賬面上寫了 60 英鎊！我跟侍應生說，我只叫了一杯啤酒，怎麼叫我付 60 英鎊，他說："10 pounds for your beer, 10 pounds for the lady's champagne and 40 pounds for the hostess fee!"（注：10 磅是你的啤酒，10 磅是那位女士的香檳酒，40 磅是女陪的坐檯費）。我的天！你想坑我！沒那麼容易！

當我和侍應生據理力爭時，突然間從裡面出來一個類似加勒比海一帶的混血黑人酒吧保鑣，他叫我一定付款，不然就別走了！我說：「我叫的啤酒一定會付款，那位女士的香檳酒我也可以幫她付款，但那位女士的所謂『坐檯費』我不能付，也不會付，因為我沒有請她來陪我！」聽了我的解釋，那個保鑣就開始「秀」肌肉！他好像健美先生一樣「秀」他的三角肌，然後要抓我的衣領。我也不示弱，馬上用我的左手擋住，並且對他厲聲地說："If you are man enough, please go out, you'll see who I am!"（「如果你夠膽，請出去，你會明白我是誰！」）這時那個黑人女士也過來湊熱鬧，想用她的長指甲抓我的臉！我不客氣地警告她，"Don't touch me , or I'll break your arms!"（「別碰我，不然我會搞斷你的手！」）她聽了我厲聲喝道就往後退。這時，我就拿出 20 英鎊交給那個侍應生，並且說："Take it or leave it!"（「你要拿就拿，不拿就拉倒！」）那個保鑣看到我是不好惹的，只好放我走了。

1986 年 9 月 20 日我搭乘 BA019 由倫敦回到香港。我回到

家後就打開我在倫敦幫朋友買的成人雜誌，並且仔細看看其內容是否符合我朋友的要求。剛一打開我就大吃一驚，原來那本成人雜誌只有封面和我朋友要的相同，但其內容卻是亂七八糟的一堆舊報刊雜誌！這時我才醒悟過來，像我們這種循規蹈矩的人，沒有當地人的陪同怎麼敢去那種地方呢！從那以後，我再也沒有去蘇豪區了！我從倫敦回到香港時是 9 月 21 日，那天是星期日，第二天是星期一，是 AOC（Airlines Organization Committee），即香港航空公司委員會，召開週會的時間。在會上我們除了要總結一週以來各航空公司的運作情況，還要分析各個領域存在的問題和必須改進的地方。開完會我還要草擬 10 月份的工作計劃和員工的工作時間表，所以忙得團團轉。

我整整忙了一週，好不容易才鬆了一口氣，9 月 30 日我快下班時接到我太太的電話，她在電話裡說，「我的肚子有點痛，現在在雅麗氏何妙齡那打素醫院（Alice Ho Miu Ling Nethersole Hospital），下班後你馬上來看我。」我到達醫院時，她告訴我醫生叫她留院觀察，所以叫我先回家吃飯，然後幫她拿內衣褲、牙刷、牙膏和拖鞋等日用品。我回到家沒顧得上吃飯就把她要的東西送到醫院，當她得知我還沒有吃飯，就很關切地說，「你先去吃飯，然後回去休息，有急事我會打電話給你。」那打素醫院離我的家很遠，來來回回很不方便，我在醫院附近用膳後又回到醫院等消息。我的女兒當時才十一歲，留她一人在家很不放心，我就打電話叫她的姨媽來照顧她，然後我就到醫院大堂休息。

到了晚上 8 點鐘，到醫院探病的人已經陸陸續續地回去了，醫院大堂只剩我一個人；一面望天打卦，一面默默禱告，希望我太太母子平安。俗話說，「既來之，則安之！」我只好把一切交給上帝，相信牠會保佑我的太太和即將來臨的小孩。到了晚上 11 點鐘，夜深人靜，除了掛在牆上的鐘的滴答聲，幾乎聽不到別的聲音。這時我開始有點睏了，眼皮開始打架了，但我怎麼閉目養神也沒法睡覺。我開始有點著急了，牆上的鐘的時針已經指著凌晨一點多鐘了，是 10 月 1 日了，我從 9 月等到 10 月，那是多麼漫長的夜晚啊！到了凌晨 2：30，一個當值護士問我，「你是不是胡先生？」我回答說，「是！」她就對我說，「恭喜你，你的太太在凌晨 2：10 已經順利誕下一個健康的兒子，母子平安，你可以回家休息了！」於是我就問那個護士，「我可以進去見一見我的太太和剛剛誕生的小孩嗎？」她說「對不起，明天早上才來看吧！你的太太需要好好休息！」

我回到家已經三點多鐘了，刷刷牙和洗洗臉就躺在床上休息了。其實我根本就睡不著，我在想：「我的孩子怎麼會那麼聰明，他的預產期本來是 10 月 10 日，但他卻選擇在 10 月 1 日出生？！他是否預感到香港在 1997 年 7 月 1 日就要回歸祖國呢」？大家都知道 10 月 1 日是中華人民共和國的國慶，而「10 月 10 日」則是台灣的「雙十節」，他實在很有遠見！第二天，我到超級市場買了尿布等嬰兒用品後就到醫院探望我的太太和剛剛出世的小孩。他長得很像我，好像是同一個模子印出來的！他身體很結實，身高是 54 公分，體重 3.95 公斤。他當時雖然還不能睜開眼睛，但當我走到他身邊看他時，他的嘴角卻會微微地動，好像是在跟我微笑！真是可愛！事隔十一年，他的「遠見」終於實現了，那一年是他 11 週歲的生日，那天香港特別行政區政府在香港會議展覽中心慶祝香港回歸，還在維多利亞港舉辦煙花匯演，真是非常隆重！「十・一」國慶是中華人民共

和國以及全世界華人的大節日，是普天同慶的大節日。我的兒子選擇10月1日出生，真是很有遠見！

90. 聯運協議

1987年是我在啟德機場工作期間最難忘的一年，這一年海峽兩岸的關係發生了很大的變化。那年7月15日台灣行政首長蔣經國宣布取消實行了38年的戒嚴令，並且允許滯留台灣的老兵到大陸探親。開放大陸探親的決定最初只適用於那些和大陸配偶、子女和親人失散多年的老兵。事隔38年，當年跟隨國民黨軍隊撤離到台灣的老兵，雖然鄉音未改，都已經垂垂老矣，一時間他們一窩蜂似地爭先恐後回國探親。由於當時台灣還是實行「三不政策」，即「不接觸、不談判、不妥協」，所以台灣和大陸之間還沒有直航班機，也沒有來往船隻的客運服務，要前往大陸探親的台灣老兵只能從香港轉機到大陸。這就給香港機場，特別是香港中華航空公司和代理中國民航班機的怡和航空服務有限公司（Jardines Airport Services Ltd.）增加很大的壓力。

為了迎接來自台灣的客運潮，怡和航空服務有限公司在轉機處特別設立了「臺胞服務區」（臺胞處）。在該服務區特地安排會講普通話的服務員來幫忙在轉機時需要協助的台灣同胞。由於我會講普通話，又曾經在廣州中國民航工作過，公司就叫我協助招聘會講普通話的兼職服務員。我的朋友圈很大，特別是印尼歸僑，所以我很容易就招來了十幾個會講普通話，略懂英語和粵語的，樣貌端正的中年歸僑婦女當臺胞處的服務員。這些歸僑婦女有的在國內受過高等教育，又有工作經驗，懂得待人接物，經過短期培訓就可以馬上工作。印尼歸僑比較熱情，樂於助人，她們的工作表現很快得到台灣同胞的肯定和讚揚，公司對此非常滿意。

除了沒有直航班機，中華航空公司和中國民航也沒有聯運協議，從台灣轉機的旅客行李只能交運到香港，到了香港必須先清關（辦理海關手續），再重新掛上行李牌交運給中國民航班機，真是費時又費力！面對這些困難，我們唯有增加人手。當時香港勞動力缺乏，很多行業，特別是服務業，要請國內的合同工或臨時工來解決，就連巴士司機都要從中國大陸請人！為了解決人手短缺，我們行李部只好請臨時工和少數族裔。當時我們行李部請的員工有印度人、巴基斯坦人、斯里蘭卡人、哥倫比亞人、菲律賓人、毛利求斯人、印尼歸僑、馬來西亞歸僑和香港本地人，所以我們公司裡的人戲稱行李部是「聯合國！」有的人甚至於戲稱我是「印尼幫」的頭頭！當時我們的行李部雖然由多國籍的人組成，但我們職員之間關係非常和諧，因為我不允許有任何種族歧視存在！那些少數族裔對我特別尊重，他們每次和我講話都尊稱我「Sir ！」雖然這個稱呼在香港很普遍，但這樣叫我的也只有這些少數族裔！

增加人手雖然可以暫時舒緩我們的工作壓力，但不是解決問題的根本辦法。當前往大陸探親的台灣人不斷增加，有不少行李來不及轉上原定的航班。不但我們疲於奔命，中華航空公司行李部的人也疲於奔命！為了解決行李的不正常運輸，我們曾經向中華航空公司多次建議行李聯運的問題，但中華航空公司仍然堅持不聯運，可能中華航空公司把「聯運」也列入「三不政策」的框架內！在聯運的問題上，中國民航從一開始就持

開放態度，只要旅客的續程機位已經訂妥，中國民航就會把交運行李托運到旅客在台灣的目的地，但中華航空公司卻不領情！他們為了表明「三不」，在香港轉機時那些聯運行李牌統統會被拿掉，再換上中華航空公司自己的行李牌！

不正常的行李運輸除了給旅客和航空公司造成不便，也給旅客和航空公司帶來不必要的經濟損失。由於中華航空公司和中國民航之間沒有聯運協議，行李丟失的賠償事宜就成了我們的難題，因為聯運行李丟失時，有關航空公司要根據旅客的旅程來分攤賠償金。我們的公司高層對這個問題非常關切，於是建議我根據航空運輸條例起草一個雙方都可以接納的辦法。參照國際航空運輸條例我起草了中華航空公司和怡和航空服務有限公司的聯運協定，與此同時我們也和中國民航簽署了聯運協議。協議簽訂後怡和航空公司就成了中華航空公司和中國民航之間的中間人，從此以後行李短缺（丟失）的賠償金首先由怡和航空公司墊付，然後根據分攤向中華航空公司和中國民航索取。我們的難題終於告一段落，但我的工作量就倍增。「三不政策」真是禍患無窮！

91.「8・31 空難」

我忙忙碌碌地工作，不知不覺一年就過去了。過去一年雖然過得很不容易，但是受益良多，我的工作表現得到了肯定。1988 年 1 月我被提升為行李部經理，我成了行李部第一把手，這意味著我的責任更重大了。這一年中國民航從包機性質轉變成正常航班，從原來的每日 16 班增加到 25 班。在同一時間，怡中航空服務有限公司和中東的海灣航空公司（Gulf Air）及阿拉伯聯合酋長國航空公司（United Arab Emirates Airlines）簽定了地面代理協定。代理的航空公司增加了，航班增加了，我們的工作人員也隨著增加了，我們的工作人員從 16 人增加到 35 人，是原來的兩倍有多！

海峽兩岸的關係改善了，赴中國大陸探親的台灣同胞增多了，由原來只允許台灣老兵探親，增加到普通百姓和欲開拓大陸市場的台灣商人。大陸逐步開放了，歐美商人也不甘落後了，他們紛紛前往大陸找尋新的市場。當時直航大陸的國際航班不多，前往大陸的歐美商人多數要途經香港轉機，香港成了名副其實的中國南大門！ 1988 年 2 月 17 日是農曆新年，是中國人的傳統節日。按照中國人的傳統習俗，年三十晚要吃團圓飯，全國各地的人都趕著在除夕前回鄉探親。這一年，很多台灣人回去過年，港澳同胞也不例外。一時間，由香港前往中國的航線成了全世界最繁忙的航線。春節期間，香港放假三天，2 月 17 日、18 日和 19 日是公眾假期，加上 2 月 20 日是週末，2 月 21 日是星期日，很多上班族一連放五日假，有很多人扶老攜幼回大陸探親。為了方便港澳同胞、台灣同胞和海外僑胞回國過年，中國民航在農曆新年期間增加了二百多加班機和客運包機。

1988 年雖然我們代理的航空公司增加了，航班也增加了，上半年運作基本正常，一切基本順利。七、八月份香港學校放假，是航空公司的旺季，很多學生到中國去旅遊，我們就開始忙了，我忙得連年假都沒法安排。正當我要清理我那些積壓的假期時，8 月 31 日上午 9 點 15 分一架由廣州白雲機場起飛，載有 78 名乘客和 11 名機組人員的南方航空公司第 CZ301 班機由於惡劣天氣在降落時衝出跑道，掉進觀塘對出海面的避風塘，

機身折斷，機頭插入水中，造成 7 死 14 人傷。駕駛艙內的正副駕駛和在飛機前艙的機組人員和一位香港同胞遇難。這次空難造成了 100 多個航班取消。還好香港的消防處工作效率很高，經過近十小時的搶救，當日晚上 6 點 30 分失事飛機殘骸終於被打撈。從飛機上打撈出來的行李就暫時擺放在行李車上等生還者來認領，那些沒有人領取的行李就暫時由我們的行李部保管。

那些沒有人領取的行李曾經泡在避風塘的臭水溝裡，為了避免行李內的物品變壞和發霉，我們組織專責小組清理。我們首先把行李內容易變質的東西丟掉，然後把泡過髒水的衣服交給洗衣店清洗。清洗乾淨後就擺在我們專門租用的房間掛好以便失主隨時領取。那些殉職的飛行員的護照、衣物和少量金錢就由我們行李部專門保管。這次遇難飛機的乘客除了有港、澳、台同胞，還有不少外國人。死亡旅客和受傷旅客的賠償事宜由公司的專責小組處理，死亡機組人員的賠償事宜由南方航空公司處理，行李丟失和損壞則由我們行李部處理。這次空難唯一的死亡旅客是一位香港同胞，我們和遇難旅客的家屬容易溝通，所以在處理死亡賠償時沒有遇到特別大的困難。受傷旅客的賠償問題反而比較頭痛，因為他們當中有不少西方旅客。其中有一個旅客是美籍猶太人，飛機失事時雖然他沒有受傷，但為了慎重我們送他到觀塘的基督教聯合醫院檢查，檢查結果他只有一點皮外傷。但是過了一段時間我們收到他從美國寄來的律師信，聲稱這次空難給他造成很大的心理創傷，晚上經常失眠和做惡夢，對他的生活造成很大的影響，要求給予「天文數字」的賠償！行李賠償方面大致順利，那個無理取鬧的美藉旅客不用由我處理，因為由公司的專責小組處理。話雖如此，行李賠償事宜幾乎也花了整整一年的時間才完成。

1989-1999

92. 突發事件

正當很多港澳同胞、台灣同胞、海外華僑和歐美商人一窩蜂湧入中國找尋商機的時候，1989 年 6 月在北京發生了突發事件。在北京發生的學生運動由於西方國家和外國勢力的插手干涉發生了質變，國家的安全受到威脅，結果就發生了震驚中外的「6 · 4」事件。局勢一發不可收拾，外國的領事館開始撤僑，港、澳、台同胞也跟著逃跑。一時間，逃跑的人潮像洪水一樣湧入香港，這時中國民航成了最好和最快捷的外逃工具！我們是中國民航在香港的地面代理，所以在這次「大逃難」中首當其衝！由於這些旅客倉促逃跑，有很多人沒有訂好銜接航班，在轉機時他們的行李有很多無法同機運出，使無人認領行李堆積如山，航空公司的職員，特別是中華航空公司和怡中航空服務有限公司的職員疲憊不堪，疲於奔命！

除了行李延誤和誤失，有很多台灣旅客因為沒有預訂機位而滯留在香港國際機場禁區內的轉機旅客處（Transit Area）。這些滯留機場的旅客，由於沒有預訂續程機位，航空公司沒有義務安排住宿和提供膳食。他們沒吃沒喝，又沒有地方休息，真是精疲力竭！那些台灣老兵回鄉探親時把所帶的錢都留給家鄉的親人，到達香港時身上沒有多少錢。禁區內的餐廳貴得離譜，那些台灣老兵望而卻步，不敢到餐廳用膳。當時我的太太在機場轉機處負責台灣旅客的接待工作，看到一些年老體弱的台灣老兵就自掏腰包到職工飯堂給他們買飯盒。俗話說，「長貧難顧！」幫一時幫不了一世，最後只好知難而退！從中國逃

難的旅客有增無減，源源不絕，禁區的轉機處擁擠不堪，猶如難民營！

急躁情緒不斷升級，前線工作人員首當其衝，成為洩憤的對象！有的旅客開始吵吵鬧鬧，接著開始破口大罵，有的旅客甚至於開始拍檯。轉機處的工作人員受到圍攻，安全受到威脅，只好報警救助。員警到場維持秩序後，情況受到控制，但旅客的不滿情緒仍然高漲。員警只好傳召有關航空公司負責人和民航處高層商討解決問題的辦法。經商討，民航處同意有關航空公司增加加班機來疏導滯留在香港啟德國際機場的台灣旅客和其他旅客。加班機增多了，工作量增加了，我們加班加點，同心協力，日夜奮戰不懈，在不到一週的時間終於把全部滯港旅客安全迅速地送到他們各自的目的地。

93. 毛利求斯

1989 年對我們來說是一個非常時期，那一年在北京發生的突發事件牽動了全世界。世界的報章議論紛紛，西方國家的媒體幾乎一邊倒地譴責中國，香港的一些報紙也跟風。一時間，原來的「中國熱」變成了「反中國熱」，剛剛蓬勃發展的中國旅遊業受到很大的打擊。由於西方國家發起的制裁，到中國投資的人少了，前往中國旅遊的人也少了，中國民航的客運量也大大地減少了，中國的旅遊業真正進入谷底！

到中國公幹和旅遊的人少了，我們的工作量也相對少了。這時我們公司的領導層鼓勵我們平時沒有時間放大假的員工把沒有放完的假期都清理完。為了快點把假期用完，我在 1989 年就到處去玩。1989 年 5 月我去了泰國，1989 年 7 月 29 日又去了毛利求斯（Mauritius）。毛利求斯是一個島國，位於印度洋西南方，離馬達加斯加島 900 公里，距非洲大陸 2,200 公里，屬非洲，全稱叫毛利求斯共和國（The Republic of Mauritius）。1968 年 3 月 12 日毛利求斯獨立前曾經被荷蘭、英國和法國統治。毛利求斯的居民主要是克利奧爾（Creole）的歐非混血兒、印巴裔人和中國的客家人，信奉印度教、天主教、回教和佛教。這裡的中國人所用的姓是引用他的祖先剛剛來到毛利求斯時所用的名，而不是姓，這是由於當時的殖民者把中國人的名誤以為姓而造成的。例如，他們的祖先在到達毛利求斯上岸點名時當移民官問他：「你叫什麼名？」，那個剛剛到達的中國新移民就用客家話說：「阿坤」（Ahkoon），他們的下一代的姓就變成 Ahkoon 了！我的毛利求斯朋友本來是姓陳的，但當我問他的姓時，他就會告訴你姓 Ahkoon，其實他是姓陳的，而現在用的姓氏是由他們的祖先延續下來的。

毛利求斯的氣候溫和，屬亞熱帶天氣，只有雨季和旱季，年平均溫度攝氏 25 度，非常宜人。這裡盛產甘蔗，製糖業是毛利求斯的主要工業，糖是毛利求斯的主要經濟來源，另外還有旅遊業和紡織業等。當時在毛利求斯投資紡織業的巨頭是香港的紡織業大王趙光彪，他當時是毛利求斯駐香港的領事。毛利求斯人很熱情，我和我的朋友的家人以及他的親人雖然從未謀面，但我們一見如故。毛利求斯和印尼雖然相距很遠，但由於同屬熱帶，當地的植物和印尼的植物有很多類同，印尼有的植物毛利求斯也有。和印尼一樣，毛利求斯盛產甘蔗、椰子等熱帶經濟作物以及印尼的水果如波羅蜜、木瓜、芒果等，還有山沙梨（印尼叫 kedondong，學名 spondias dulcis）。奇怪的是，當地人吃山沙梨的方法和印尼相似。有一次我朋友的媽媽問我

有沒有吃過山沙梨。我說吃過，她就叫我示範給她吃。我從她手裡拿起山沙梨後就放到門夾，我把門一關，那個山沙梨就破成兩半，我放了一些鹽就吃了。接下來她就問：「還有別的吃法嗎？」

聽到我朋友的媽媽這麼一問，我馬上從她手裡再取一個山沙梨，猛力地在地板上一摔，山沙梨就粉碎了。我的朋友和他的媽媽馬上拍手叫好！想不到毛利求斯和印尼雖然相距將近七千公里，吃山沙梨的方法是多麼相似！接著，我朋友的媽媽又拿一個波羅蜜，即 Jackfruit 來考我，問我是什麼東西。我馬上用英文回答說："Jackfruit"，並且告訴她在印尼叫 'Nangka'。我告訴她，在印尼波羅蜜是用來煮印尼菜，叫著 Gudeg。當我告訴她是怎麼煮時，在場的人都哈哈大笑！原來在毛利求斯波羅蜜的煮法也和印尼相似。但他們多數會用來煮咖哩。他們也喜歡吃黃薑飯（印尼叫 Nasi Kuning），在毛利求斯則叫 'Biryani'，相信是從印度傳來的。看了那麼多相似的東西，我就用法文說："Le monde est petit"!（注：世界很小）聽到我會說法語，在場的人都拍手叫好！！

毛利求斯人非常熱情好客，有一次我朋友帶我參加他叔叔慶祝小孩滿月的聚會，雖然我不認識他叔叔的一家人，但他們都非常熱情，把我當作座上客。聚會期間他們又唱又跳，格外開心。我在毛利求斯時，我們的人事部經理 Laval Li 正好回毛利求斯探親。他見到我非常開心，並且約我和我的朋友到他的哥哥開的中國菜館吃午飯。那家菜館是全毛利求斯最大，也是最豪華的中菜館，煮的中國菜非常地道，非常好吃。吃完午飯，Laval 就帶我們到路易斯港和毛利求斯的主要景點遊玩。路易斯港是毛利求斯的首都，位於毛利求斯的西北海岸。該城市雖然不很大，但很熱鬧，市內有許多歷史建築，如威廉炮臺、自然博物館、市政廳、老劇場、教堂、購物中心和賭場等。次日我的朋友 Wilson 還帶我去鹿島（L'lle aux Cerfs）。這個小島風景優美，人們稱其為「天堂島」。這個島在毛利求斯東部，坐船大約要二十分鐘才能到達。在那裡可以乘玻璃船觀看海底世界，也可以在海邊漫步，非常愜意。我和我的朋友則在海邊坐下來聊聊天和欣賞當地的藝人在海邊賣唱，直到下午才搭最後一班船回去。

我在毛利求斯期間，我的朋友天天陪著我，使我感到很不好意思。除了到路易斯港和鹿島，我的朋友還帶我去藍灣（Blue Bay）。藍灣在毛利求斯南邊，是公眾海灘。海灘的沙質很細膩，很多遊客喜歡在沙灘一邊曬太陽，一邊欣賞海景。在那裡的西方遊客喜歡無上裝躺在沙灘曬太陽，使沙灘充滿春色！隔日我的朋友就帶我到大灣（Grand Baie）。這個位於路易斯港北部二十公里的小鎮是遊客必到之地。這裡有風平浪靜的港灣和美麗的沙灘。這個小鎮有很多購物商場，免稅店，餐廳和酒吧，還有一個很大的街市。這個小鎮的馬路很乾淨，綠樹成蔭，使人感到非常輕鬆和舒適。我們在這個小鎮玩到下午才回去。

除了以上旅遊景點，我的朋友還帶我去參觀位於毛利求斯西南山區沙馬來爾（Chamarel）鎮的招牌景點七色土（Seven Coloured Earth In Chamarel）。這個七色土據說是火山熔岩因光照起化學變化而形成的。我當年到毛利求斯是搭乘 1989 年 7 月 29 日南非航空公司第 SA287 航班，到達毛利求斯是 7 月 30 日（星期日），而回程航班是 8 月 4 日星期五，前後只有六日，

扣除航程實際上在毛利求斯只剩下四日。毛利求斯的景點很多，沒法全都參觀，我只好依依不捨地和這個美麗的小島及和我的朋友告別。

94. 海南之旅

1989 年 8 月有一間旅行社送給我兩張到海南島的來回機票，我就和我的太太一起前往海南島的三亞市。我那次到海南島坐的是三叉戟飛機，這個可以坐 185 人的客機當時只有我和太太兩人乘搭，真如我們的私人包機一樣。

下午一點多鐘我們的飛機在海口機場安全著陸，我就看望我在廣州白雲機場工作時的舊同事，海口站站長陳萬興。我和他談了大約半個鐘頭後，他就派車送我到前往三亞的巴士站。我們到達公車站已經是下午兩點多鐘。在公車站等了半個鐘左右，我們乘坐的巴士才開車。當時中國還沒完全改革開放，海南島還是很落後。我乘搭的巴士旅客很多，又沒冷氣，熱得要命。當時還沒有高速公路，很多路段連瀝青路都沒有，一路上灰塵滾滾。我們當時去的第一站是海南島萬寧市的興隆華僑農場。從海口到萬寧其實只有 138 公里，但是由於當時沒有高速公路，我們到達萬寧市的巴士站時已經開始天黑了。

在巴士站附近有一間餐廳，我們就決定先到餐廳吃飯。在餐廳外面有很多摩托車在等客，他們多數是二十多歲的年輕人。這些人一看到我們就馬上過來找我們。他們問我們要到哪裡去。看到這些不速之客，我就用爪哇語暗示我的太太 :"Ojo diladeni, ati-2 engko diapusi!"（別理他們，小心上當）沒想到這些等客的年輕人馬上用爪哇語回答我 :'Koh, ojo ngono , aku ora ngapusi!'

（哥，別這樣說，我不會騙人）他們還用普通話問我們要去哪裡。我很不好意思地跟他們說，「我們肚子餓了，吃飯後再說吧！」我叫他們一起吃飯，但他們謝絕了。

吃完飯已經天黑了，那些印尼歸僑青年還在餐廳外面等我們。看到我們從餐廳出來，有兩個年輕人就走過來問我們有沒有地方住宿，我回答還沒有。他們就建議我們到興隆華僑農場的華僑招待所住。我們表示同意，他們就用摩托車載我們去。那個招待所還不錯，我們就決定住下。他們送我們到我們的房間後就問我們明天打算到哪裡玩？我告訴他們要到三亞。他們說到三亞的車很少，他們願意送我們去。我問他們怎麼收費？他們說，來回收我們每人 150 元。我們沒怎麼考慮就接受他們的建議。

第二天上午，他們一早就在招待所大堂等候我們。吃完早餐我們就出發了。那兩個年輕人是東爪哇印尼歸僑，他們的父母都是在一九六〇年印尼排華時回國的。由於我們都是印尼歸僑，所以我們同聲同氣，一路上談笑甚歡。我們平生第一次搭摩托車旅遊，感到非常刺激。從萬寧到五指山市多數是山路，一路上綠樹成蔭，雖然是八月天我們並不感到很辛苦。我們一路上有說有笑，到了下午兩點多鐘我們就到達通什市，即現在的五指山市。從萬寧市到五指山市其實只有九十多公里，但是為了安全我叫那兩個歸僑青年不要跑得太快，而且中途還經常休息，所以到下午才到達五指山市。

五指山市位於海南島中南部，是海南少數民族的聚居地。五指山市在五指山山區，氣候宜人，冬暖夏涼，綠樹成林，所以人們稱五指山市是「翡翠山城」，我們就決定在這裡過夜。

在酒店洗完澡後，下午五點左右那兩個印尼歸僑青年就帶我們到酒店附近的黎族村寨參觀黎族的居室。那個黎族同胞的居室很簡陋，除了一張竹床和一個簡單的爐灶，什麼都沒有。接待我們的是年輕的黎族少女，她穿著黎族服裝，大方得體。這個黎族居室相信是黎族村寨的唯一參觀點。參觀完黎族村寨，我們就回酒店吃晚飯。吃了飯沒什麼節目，我們就和那兩個年輕的印尼歸僑聊聊天，並且商量次日的行程。他們說三亞離五指山市不很遠，不到六十公里，明天不用那麼早起床。

第二天上午九點多鐘我們離開五指山市，那兩個年輕歸僑用他的摩托車一前一後載我們沿著山路一路往南走。那天天氣很好，藍天白雲，天高氣爽，剛剛離開五指山時還有點涼，但越往南走就感到越來越熱。海南島是中國的熱帶島嶼，夏天非常炎熱。八月天，上午十點鐘海南島已經是烈日當空，搭乘摩托車真不是滋味！我們在半途休息時我的太太開始抱怨說我們是用錢買難受！我們剛剛從萬寧出發時一路上有說有笑，現在不吭氣了，只希望早點到達三亞。

經過兩天勞頓，上午十一點多我們終於到達三亞。當時三亞的旅遊區還沒有開發，我們看到的只是用圍板圈起來的地皮，圍板上寫著準備興建的各類工程項目。那兩位歸僑青年看到我們有點失望，就帶我們到當時三亞的唯一景點「天涯海角」，真如這個景點的名字，這裡的的確確是天涯海角！在這裡除了看到長長的沙灘和茫茫的大海，唯一的景點就只有寫著「天涯海角」四個大字的石柱。看到這個情景，我們的心就涼了，這時在我的心裡馬上感到這真是「天涯海角！」「天涯海角」在英文可以譯成 'End Of The World'（世界的盡頭），想到這裡，我就決定馬上回去。

決心已定，我就馬上叫那兩位年輕歸僑帶我們回三亞。天涯海角離三亞只有二十多公里，坐摩托車很快就到。到達三亞我就叫那兩位年輕歸僑帶我們到飯店吃午飯。在吃飯時我的太太告訴我她不想坐摩托車回去，並叫我給那兩個年輕歸僑每個人 150 塊人民幣，然後吩咐他們不用等我們了。吃完飯，我和我的太太在街上留意是否有小轎車路過。皇天不負有心人，不久果然看到有部灰色的「富爾加」（Volga）轎車路過。我看到那個司機在東張西望，就馬上走過去問他去不去海口。他說是要去萬寧市，我就問他能不能送我們到萬寧巴士站？他說沒問題，我直截了當地問他怎麼收費？他說給他五十塊人民幣就可以了。我們不還價就上車了。上車後那個司機跟我說，他本來不想載客，但看到我們是外地人才載我們。原來那部車是機關的車，他到三亞是送當地的一個領導，所以空車回去。下午三點多我們就到達萬寧的巴士站，正好四點鐘有車到海口。

我們買了兩張車票就在巴士站等車。當時坐巴士沒有對號入座，一到開車時間旅客就蜂擁而上。我們的座位還可以，離車門不遠。我們的前面坐著一個帶小孩的農村婦女。車內座無虛席，非常悶熱！下午四點鐘我們搭乘的巴士準時開車，窗外吹來的風使車內沒有那麼悶熱。跑到半路，坐在我們前面的農村婦女開始暈車，接著就不停嘔吐。她吐得滿地都是，嘔吐物的味道非常難聞。我們的巴士跑得越快，巴士顛簸得就越厲害，那個農村婦女吐得也更厲害。當時的巴士沒有嘔吐袋，我們也沒有帶膠袋，那個婦女的嘔吐物就任其滿地流。坐在她後面的我們就首當其衝！

我們到海口時，天已經黑了，我們就在巴士站附近隨便找個酒店過夜。進了酒店的房間我才發現我的行李袋底下都被那個農村婦女的嘔吐物弄髒了！我把旅行袋內的衣服拿出來後就把行李袋拿到洗手間沖洗乾淨。接著我們就到酒店的餐廳簡單地吃一碗麵條。那天我們實在太疲倦了，吃完麵就睡到天亮。起來後就趕到機場搭乘飛往香港的飛機，結束我們的海南島之旅。

95. 南非之旅

1990 年我有四個星期假期，四月七日（星期六）當我在香港啟德機場海關巡視由南非航空公司到達的行李時見到南非航空公司總經理 P. 拉菲爾（Phlippe de Ravel）。他用法語和我說："Bonjour, comment çava?"（早安，你好嗎？）我就用法語回答，"Bonjour, çava bien, merçi"（早安，我很好，謝謝）。接著他用英文問我復活節準備到哪裡玩？我用英文回答，如果你能給我到南非的免費機票，我就去南非玩。他很爽快地用法語回答我，"Pas problem!"（沒問題）。他隨著問我和誰去？我告訴他我要同我的太太去。他就叫我星期一到他的辦公室出票。星期一上午，我開完航空組織委員會會議（AOC Meeting）（AOC-Airlines Organization Committee）就到人事部拿請假單和申請免費機票的表格。拿到請假單和填好申請免費機票表格後我就馬上去找南非航空公司的經理。拉菲爾是法裔毛利求斯人，和我的人事部經理 Laval Li 是同鄉，而我是印尼華僑，我們同聲同氣，所以他馬上給我出機票。

拿到機票後我就到香港銅鑼灣希慎道 10 號新寧大廈南非

駐香港總領事館拿簽證。在接待室我告訴領事館接待員我要找他們的總領事 Mr.R.Mandig。接待員就知會總領事的秘書，不一會她就領我到總領事的辦公室。我填妥有關申請簽證的表格後，秘書就叫我在接待室等候。我等了大約一小時，簽證就辦妥了。1990 年 4 月 14 日（星期六）我和我太太就搭乘南非航空公司第 SA287 航班前往南非。我們的班機是夜班機，晚上 11：50 起飛，次日 7：30 到達南非約翰尼斯堡（Johannesburg）的楊史默國際機場（Jan Smut Internationally Airport），現在改名為奧利弗・坦博國際機場（O.R.Tambo International Airport）。（注：坦博是南非非洲人國民大會，即 ANC, African National Congress 的前主席）。

當時是我們第一次去南非，出關時我的朋友，Wilson 的堂弟讓・諾爾・拉坤（Jean Nole Luck Koon）和他的朋友，南非姑娘嘉羅爾・恩特（Carol Untiedt）來接我們。他們就把我們送到約翰尼斯堡山頓陽光國際大酒店（Johannesburg Sandton Sun International Hotel）。這間大酒店坐落在約翰尼斯堡最高尚的白人區，即 Corner of Alice Lane &, 5th St, Sandhurst, Sandton, 2031 南非，所以絕對安全，但不便宜。

我們去南非正好是南非非洲人國民大會前主席納爾遜 . 曼達拉（Nelson Mandala）剛剛出獄（注：曼達拉於 1990 年 3 月 14 日出獄），是南非白人政權和黑人政權交替的時刻，所以社會氣氛有些緊張。約翰尼斯堡是南非的經濟和文化中心，人口大約有二百五十萬（1990），當時治安開始轉差。讓・諾爾是華裔毛利求斯人，從機場到我們住的酒店大約有 25 公里，經過長途飛行，我們有些肚餓，我就向那個新朋友建議到約堡

（Joburg，約堡是約翰尼斯堡的暱稱）的唐人街吃中餐。他們一聽到要吃中餐，個個都心花怒放。到了唐人街，我們就去一家當時最豪華的中餐廳。餐廳的老闆是香港早期移民南非的華人。他一聽說我們來自香港就非常熱情。餐廳裡有一位男性黑人服務員，大約三十出頭。他一見到我們就用廣東話打招呼，使我們大吃一驚。我們本來以為他只懂一兩句廣東話，到了點菜時我才知道他的廣東話比我還好。最使我驚奇的是他原來沒有到過香港，他的廣東話完全是靠平時跟老闆學的。真是很不簡單！

約翰尼斯堡唐人街有很多外來的黑人，治安不太好，店鋪和餐廳都用「鐵籠」罩著，使人感到有些恐怖。老闆知道我們有些擔心，就指指斜對面的員警總部。這時我的朋友也察覺到我們有些不安就用英文告訴嘉羅爾，她就叫我到她的旁邊坐，只見她一邊拍拍大腿，一邊把她的裙子拉上。我看到她的大腿上綁著一個小左輪手槍！她的意思是，別怕，有我在！嘉羅爾身材高大，給人感覺孔武有力，做女保鑣還是很理想！

吃完飯他們就帶我到餐廳對面的華人商店。這個商店叫「瑞興行」，是香港早期移民到南非的華人開的。當時店鋪裡冷冷清清，只有我們四個人光顧。我問老闆生意怎樣，他就說平時還可以，但週末和週日就較差。他解釋說，週末和週日是家庭日，人們不愛上街。加上節假日當地的員警不出巡，人們就不出門，寧可待在家裡和家人團聚。在「瑞興行」待了不到半個鐘，我就建議我的朋友送我們去酒店，一是因為我們累了，另外一點是我們怕到天黑路上不安全。

96. 南非－約堡

約翰尼斯堡是南非最大的城市，人口有三百多萬，是南非的經濟中心。1990 年 4 月 16 日，即我們到達約翰尼斯堡的第二天正好是星期一，我的兩個南非朋友都去上學，沒空陪我們玩，我們就決定參加當地的旅行社 Springbok Atlas 組織 的一日遊。我們首先到市區的卡爾登中心（Carlton Center ）。1973 年建成的卡爾登中心是當年南非最高的摩天大樓，有 50 層樓高，最高點有 223 米。從上面我們可以俯瞰整個約翰尼斯堡，只可惜我們不敢在夜間出門領略一下約翰尼斯堡的夜景。

約翰尼斯堡之所以能成為南非的經濟中心並高速發展成南非的最大城市起源於 1886 年在這裡發現很大的金礦。參觀完卡爾登中心我們就到約堡郊外的主題公園—「淘金城」（Goldreef City）。在這個「淘金城」我們可以參加礦井導遊來體驗一下當年礦工在地下的金礦裡工作的苦況。據說這個金礦曾經挖到地下 3200 米深，但我們參觀時只可以下到 220 米深。這個淘金城也叫黃金博物館，共 14 層，開放給我們參觀的是第五層。我們在淘金城還可以看到黃金提煉的過程，據說每一噸黃金礦石一般只可以提煉出 4 到 5 克黃金！從這裡我們可以看出黃金為什麼那麼名貴！參觀完黃金博物館，我們就前往南非的行政首都比勒托利亞（Pretoria）。比勒托利亞建於 1855 年，是南非的決策中心。比勒托利亞城內種滿各種各樣的花草樹木，非常漂亮，所以人們叫該城為「花園城」。

到達比勒托利亞後，我們首先參觀聯邦大廈（Union Building），這是南非政府的所在地。聯邦大廈的周圍種了各種各樣的樹木和花草，令人感到格外舒暢。從聯邦廣場的中央，

站在高處可以看到比勒托利亞城全景。接著我們就去參觀「克魯格博物館」。建於 1884 年，該漂亮及輝煌的建築物原來是南非第一任總統保羅・克魯格（Paul Kruger） 的官邸。這裡保存著該總統在世時用過的家具及私人物品。據說這是南非第一個設有電燈和電話的住宅。看完「克魯格博物館」，我們就去克魯格街的德蘭士瓦國家博物館（Transvaal Museum of National History）。在這個 1892 年建的國家博物館我們可以看到史前時期的化石和瞭解南非古時候的歷史。最後我們去參觀位於比勒托利亞北部的鑽石礦，這是在 1905 年發現全世界最大的卡利南鑽石（Cullinian Diamond）的地方。南非政府後來把這個重 3,106 克拉（約 621.35 公克）的鑽石送給當時的英國國王愛德華七世（King Edward VII） 作為其 66 歲生日賀禮。

97. 南非－開普敦

4 月 18 日上午，我們搭乘南非航空公司從約堡前往開普敦。到了開普敦機場我們就叫一輛的士幫我們在濱海區找一間酒店。那位的士司機把我們送到離機場大約 30 公里的維多利亞・阿弗德雷德海濱酒店（Vitoria & Alfred Waterfront Hotel）。這個酒店坐落在濱海區，環境非常優美。我們辦完酒店入住手續後就去吃早餐。吃完早餐我們就去買開普敦巴士旅遊套票，接著我們就乘搭巴士到位於西開普敦的桌山（Table Mountain）。這個海拔 1086 米的桌山，由於其頂部平坦如桌子而得名。從桌山的頂部可以俯瞰開普敦灣的美景，它是開普敦最熱門的旅遊景點。

桌山其實是一群山的總稱，其山頂平面長 1500 米，寬 200

米。聽說如果從山腳下走路登到山頂需要 2.5-3.5 小時，所以絕大部分遊客選擇乘坐纜車。桌山的纜車很大，可以坐大約二十人，纜車上落山的角度很陡，纜車上去和下去時感到山下非常險要，非常刺激。桌山海拔很高，而且靠近海灣，所以山上長年雲霧繚繞，使人有非常奇特的感覺。山上和山下的溫差很大，我們在山下時只穿單薄的衣服，到了山上就如中國南方入冬後的天氣，必須穿上外套。在桌山的纜車站附近我們可以看到很多蹄兔（Cape Hyraxes）在尋找旅客丟下的食物。這些蹄兔很肥，看來不怕寒冷，樣子非常得意。

從桌山下來後，我們就到豪特灣（Hout Bay）。到了豪特灣已經是下午三點左右，根據旅遊指南我們就去碼頭搭船前往海豹島（Duiker Island）。海豹島是豪特灣的一個小島，全長 1.6 公里，寬 500 米，是南非海豹和海鷗棲息地。當我們的船駛往海豹島時，我們遠遠看到島上有一片黑壓壓的東西在蠕動。當船越駛越近時，我們就可以看到成千上萬的海豹在島上曬太陽享受陽光，形成一個獨特的景觀。參觀完海豹島，我們就到企鵝灘參觀南非的企鵝。這裡是南非企鵝的保護中心。牠們在這個保護中心自由繁殖，並且自由自在地在海灘漫步和享受陽光，非常壯觀。

98. 到好望角

遊完海豹島和企鵝灘，我們就到豪特灣逛街。街上人來人往，熙熙攘攘，非常熱鬧。這時有一位三十多歲的白種男性走過來跟我搭訕。那位陌生的白種人穿著 T 恤和短褲，看來很樸實，也很和善。他問我是哪裡來的，我告訴他是香港來的。接

著他就問我是不是第一次來南非。我回答是第一次來的。他就自我介紹說，「我叫 Bruce，歡迎你們來到南非！」接著他問我明天有什麼安排？我告訴他沒有。這時他就自告奮勇建議帶我們沿著開普敦的海岸線到開普角（Cape Point）。我問他怎麼收費？他說我有車，我免費帶你們去玩。我說免費就不好，一定要收費。他就說車是他自己的，不用收費，給汽油錢就可以了。當時太陽已經開始下山，我們就約定明天早上出發。我們邀請他明天早上在酒店一起吃早餐。

第二天早上大約七點鐘他真的來了，吃完早餐我們就出發。當時天氣晴朗，萬里晴空，藍天白雲，實在非常宜人。我們離開酒店後，Bruce（布魯斯）就開車帶我們往格林角（Green Point）和海角（Sea Point）的方向駛去。我們一路上可以看到漂亮的海灣和直立的峭壁。在峭壁上可以看到歐陸式的漂亮建築和別墅，真是蔚為壯觀。不久我們就到了由海角延伸到莫義角（Mouille）的海濱長廊，我們就下車漫步和拍照留念。在海濱長廊一邊看看海景，一邊呼吸新鮮空氣，真是格外享受。

到了中午，我們就到一間西餐廳吃午餐。那間餐廳不大，但可以看到海景，非常舒適。我們一邊吃飯一邊聊天，從聊天中我得知 Bruce 原來是英國軍人，1970 年代被派到羅德西亞（Rhodesia）（今津巴布韋 -Zimbabwe）平息羅德西亞的叢林戰爭，即津巴布韋的解放戰爭（1964 年 7 月 -1979 年 12 月）。但他的正義感使他厭惡那場戰爭，他就決定離開英軍到南非避難。由於他的特殊歷史背景，他不敢申請南非的居留權。為了生活，他就在豪特灣一帶靠抓鮑魚為生。當地魚販看到他很厚道，都很樂於收購他的漁獲。他現在有了自己的漁船和遊艇，還有幸福的家庭。

在談話中他提到明天是他的女兒的生日，他很想把她的生日會用錄像機錄下來做紀念，可惜他沒有錄像機。接著他問我可否借給他錄像機，明天還給我。我告訴他我們明天一早就要離開開普敦到約翰尼斯堡趕著搭下午四點多鐘的 SA286 航班回香港。他就說，那麼我今天晚上就給我的女兒慶祝她的生日，明天一早還給你。後來他建議把錄像機賣給他。我說不可以這樣做，因為我怕違法，而且這部錄像機已經用了三年了。他認同我的看法，就拿出剛剛賣鮑魚得來的 R6000（六千南非蘭特），說是他借錄像機的押金。我不願意接受，但他堅持要我收。我實在很無奈，只好接受他的好意。但我說今天從好望角回酒店後才給他，那個 R6000 也是到了酒店才給我。

吃完午餐，Bruce 就繼續開車沿著開普敦南半島大西洋邊的海岸線觀賞南非的海岸美景。不久我們就到了一個叫康米芝（Kommetjie）的地方，這是南非著名的滑浪熱點。從這裡我們繼續沿著漂亮的大西洋沿岸前往開普角自然公園（Cape Point Nature Park），途中我們就到一個叫斯加堡（Scarborough）的小鎮下車瞭望該鎮的景色。從高處往下看我們可以俯瞰到漂亮的海灘和點綴在雲霧瀰漫的山崖的花園洋房，使人感到彷彿進到世外桃源一樣。到了開普角，我們就參觀開普角自然保護區內的好望角（Cape of Good Hope），從這裡可以看到大西洋和印度洋交界的水域。1488 年葡萄牙航海家迪亞斯（Bartolomeu Dias） 曾經率領他的船隊經過這裡尋找歐亞之間的貿易航線。然後我們就前往參觀開普敦的風景點之一，即英國人在 1860 年建的舊燈塔。這個燈塔在南非的明信片經常出現，是開普敦

的風景點。開普角自然保護區很大，總面積有七千多公頃，有一千一百多種植物品種和二百五十多種鳥類等動物。在長達數公里，未被開發的海岸線可以看到上帝巧奪天工的大自然傑作。

我們在南非的時間有限，只能走馬看花地參觀，看完開普角的景點我們就匆匆忙忙趕回我們在豪特灣下榻的酒店。當布魯斯向我道別時，我就把我的錄影機交給他，他就把 R.6,000 交給我。他很開心地拿著錄影機離開酒店，一邊回頭說明天一早還給我。我一邊說 "Take it easy"（不用急），一邊說明天見。今天真是我們到南非最開心的一天，因為我們終於看到南非的美麗景色和嚮往已久的好望角！

第二天一早，當我要辦退房手續時，布魯斯已經在大堂等我。辦好退房手續後，我們就坐下來和他聊天。他給我看他昨晚給女兒錄的生日會，並且說很感謝我們能借給他錄影機，使他能夠為女兒的生日會錄影。當我看到他把錄影機帶回來了，就把他給我的 R.6,000 還給他。這時，他就把錢退還給我，邊說明天是週末，他要和他的太太以及女兒出去玩，我能否把錄影機留下給他用。我和我的太太商量後就答應他的要求。為了表示感謝，他用保鮮袋送給我們一包新鮮鮑魚，並且用車送我們到機場。我們到南非的旅程終於圓滿結束。

99. 東南亞之旅（1）

我從南非回來的第二天正好是星期天，我在家裡休息一天後，星期一就回公司上班。回到辦公室，我的辦公桌上擺滿了等我處理的檔案和信件，主要是旅客投訴和行李丟失的索賠信件。除了這些文件要處理，星期一上午九點鐘我還要出席香港航空公司委員會（AOC）的會議。該會議雖然說是例會，但我還是要看看我的值班主管寫的工作日誌（Logbook），看看一週內有什麼重要的事情發生，所以我那天很早就回辦公室上班。開完會已經是中午吃飯時間，剩下的半天時間我開始梳理桌上的檔案。把要處理的文件和信件用「文件盤」分成三類：特急、急和一般。我用了整整一週才處理完那些急需處理的文件和信件。第二週我開始著手制定下半年的工作計劃。 這時公司來了新的規定，要求所有員工在年底前清理積壓的假期。這兩年我的假期沒有放完，我只好抓緊時間把積壓的工作做完。還好，那年沒有什麼特別的事發生，我積壓的工作在夏季航班高峰期前終於處理好了。

1990 年 8 月，我的女兒放暑假，我答應過她暑假帶她去旅行。我向公司拿了一個星期假，8 月 17 日（星期五），我和我的太太、女兒和小兒子搭乘澳航（Qantas Airways）前往新加坡、馬來西亞和泰國旅行。我們的第一站是新加坡，我們到達新加坡樟宜機場後就搭乘計程車前往市區找酒店。送到酒店時，那位華人司機就問我明天到哪裡玩？我告訴他暫時沒有具體的計劃，他就建議明天吃過早餐到酒店接我們去玩。我婉言謝絕他，說明天如果有需要我會打電話給他。

新加坡面積不大，比香港小，交通方便，其主要語言是英文、中文、泰米爾文和馬來文，四種語言除泰米爾文我都會講。我雖然第一次到新加坡，但沒有語言障礙，第二天吃過早餐我們就自己出去闖。我們去的第一個景點是被新加坡旅遊局當作旅遊標誌的魚尾獅公園（Merlion Park）。這個在 1972 年 9 月 15 日由時任新加坡總理李光耀揭幕的新加坡標誌性公園自那以

後就成了前往新加坡旅行的遊客必到之景點之一。

接著我們就前往聖淘沙，這個島在第二次世界大戰時是英軍的軍事要塞，島上有不少軍事建築，其中最著名的是西羅梭炮臺（Siloso Fort）。1967 年英國政府把這個島嶼歸還給新加坡，1972 年新加坡政府把該島開發成旅遊觀光景點。該島原來叫 Pulau Belakang Mati，即「絕後島」之意。歸還給新加坡後就改名為聖淘沙島（Santosa），在馬來語即平安和寧靜之意。現在該島已經成為新加坡的重要旅遊區，每年吸引成千上萬內外遊客參觀。除了西羅梭炮臺，島上還有蝴蝶館、昆蟲館、博物館和海底世界。

我們在新加坡只待了兩天一夜，8 月 18 日就搭乘澳航前往馬來西亞的首都吉隆坡（Kuala Lumpur）。到了吉隆坡國際機場，我在廣州白雲機場工作時的舊同事，時任中國民航駐馬來西亞辦事處總經理溫新發先生前來機場接我們。我叫他把我們送到他居住的地方附近找酒店，以便方便和他敘舊。他就帶我們到吉隆坡的一個高尚住宅區。等我們下車，他才告訴我們這是他住的地方。原來這是中國民航給他安排的宿舍，是專門給外國公司駐吉隆坡的人員住的高級公寓。他告訴我他有三房一廳，只有他一人住，叫我們不用住酒店。

他的單位不亞於五星級酒店，房間設施齊全，而且還有游泳池和健身房。住所附近還有很大的商場，商場裡有超市和餐廳，實在非常方便。我們把行李拿到房間後，我的朋友就帶我們到游泳池旁的咖啡廳聊天。我女兒和我兒子看到游泳池就坐立不定，恨不得馬上跳進游泳池游泳。我和他們回房間換游泳衣後就迫不及待地跳進游泳池裡游泳。我的兒子非常開心，游了很久都不想上來。當天晚上我們就在商場裡的一家馬來西亞餐廳用餐。我們一邊吃飯一邊聊天。

第二天是星期天，我的朋友正好休息，他就用公司新買的日本轎車日產尼桑（Nissan Sentra）送我們去參觀吉隆坡的重點景區黑風洞（Batu Caves）。這個黑風洞位於吉隆坡北面約十三公里的雪蘭莪（Selangor）州的鵬嘜縣。它是由一系列在岩石山的天然洞穴修建的印度神廟，是聞名馬來亞及全世界的印度教聖地之一。每年的泰米爾曆，即「泰月」十月，西元一月或二月，馬來西亞虔誠的印度教徒就在這裡慶祝印度教的大寶森節（Thaipusam）。這個節日是印度教徒贖罪和感恩的節日。為了表示虔誠，在這一天印度教徒會舉行剃頭、做法事、用又大又長的針刺穿舌頭和雙頰以及背著沉重的鋼製弓形枷鎖（負卡瓦第）。大寶森節是馬來西亞的特定假期，那天的慶祝活動會持續 24 小時，虔誠的印度教徒會從一個印度廟遊行到另一個印度廟，非常熱鬧。我們參觀黑風洞時雖然不是節日，但正好是星期日，所以來這裡的印度教徒和遊客還是特別多。還好我們來的比較早，參觀的人潮還未達到高峰，不然的話我們就要排長隊爬上有 272 個階梯參觀神廟洞，那就相當辛苦了。

參觀完黑風洞我們就驅車前往離吉隆坡大約一小時車程的雲頂高原（Genting Highlands）遊樂場。這個遊樂場是綜合性的遊樂場所。除了有娛樂設施，還有賭場。我的朋友是中國的外派人員，人很正派，他和我都不愛賭博，我們到賭場只是開開眼界。吸引我們的倒是雲頂高原的氣候和風景。雲頂高原海拔 1875 米，氣候非常涼爽，猶如歐洲的秋天。從山上看看下面的風景和滾滾雲海使人感到心情舒暢和愜意。我們在賭場走馬看

花地看看就出去了，因為我的兒子和女兒不准入內。走出賭場我們就到商場看看。商場內有很多餐廳，有西餐廳，中餐廳和馬來餐廳。我們是印尼歸僑，我的朋友也是印尼歸僑，我們在香港天天吃中國餐，所以我們就不約而同地選擇在馬來餐廳用膳。吃完飯我們就驅車下山回吉隆坡。

100. 東南亞之旅（2）

八月二十日，星期一，我的朋友要上班，我們就去吉隆坡附近的馬來西亞國家動物園（Zoo Negara）。在 1963 年 11 月 14 日開幕的這個動物園占地面積有 100 公頃，是馬來西最大的動物園。動物園內有國家水族館（Akuarium Negara）、端古．阿杜拉曼水族館（Akuarium Tunku Adul Rahman）、爬行動物館、哺乳動物世界、百鳥舍、猩猩館、昆蟲館、大象館等等。這裡共有動物 5000 多隻，400 多種。我的女兒和兒子最喜歡看的是大象表演。我們離開國家動物園後就去八打靈再也市的唐人街。八打靈再也市（Petaling Jaya）也叫「靈市」，馬來人簡稱 PJ。八打靈再也市是在 1952 年開埠，它位於吉隆坡市東部。開埠後發展迅速，其面積現在已經達到 97.2 平方公里，人口有 630 多萬，是雪蘭莪州（Selangor）人口最多的城市。

除了以上那些旅遊點，八打靈再也市的夜市也是這個城市最吸引遊客的地方。這裡的夜市有各種各樣的美食，有高級的西餐廳、中國菜館和馬來西亞餐廳，但最吸引遊客的是各種各樣的路邊小食。這裡不愧是雪蘭莪區的美食天堂！只可惜那天晚上我們已經約了我的朋友吃飯，不便取消，而且我們計劃次日早上要到馬六甲（Melaka）去玩，所以沒時間去逛八打靈夜市。

次日，即 8 月 21 日，星期二，我的朋友一早就用他的私家車送我們到吉隆坡長途巴士總站。到了巴士總站我就馬上到巴士站附近的馬來西亞旅遊局詢問處去拿馬六甲的旅遊資料。詢問處的馬來西亞職員很熱情，我拿了旅遊資料後他就指點我到哪裡去買長途巴士票。買票後，我們就前往馬六甲的巴士停泊處等候上午 8 點 30 分開往馬六甲的車。到了 8 點 20 分我們就上車了，8 點 30 分準時開車。巴士開出後，我們一邊聊天，一邊看沿途的風景，非常開心。過了大約兩個鐘頭，我們就到達馬六甲。

馬六甲是一個古城，以前曾經被葡萄牙人、荷蘭人和英國人統治過，所以馬六甲融合著不同的建築風格和不同的文化。這裡是東西方文化的交匯處。馬六甲好玩的景點很多，但我們的時間有限，只能重點參觀。根據旅遊指南我們先去雞場街（Jonker Street）。雞場街是一條古街，街道兩邊的建築物都是古蹟，都是無價的文化遺產。這裡吸引遊客的不單是其古老的建築物，還有美食，這些美食真是使人垂涎欲滴！到了星期五、六、日這裡還有夜市，這時街邊的美食聽說會使人眼花繚亂！

中午我們在雞場街的娘惹餐廳吃地地道道的娘惹菜。吃完飯我們就到一家冰室品嘗當地出名的榴槤晶露。榴槤晶露其實和印尼的刨冰，在爪哇語叫 Es Pasrah 類似，裡面有榴槤、紅豆、珍多（Cendol）和椰汁，最後倒入用紅糖做的糖漿。馬六甲的天氣很熱，大熱天吃榴槤晶露真是極大的享受！吃完榴槤晶露使我深深地體會到「唇齒留香」的真正含義！

接著我們就坐具有當地特色的「花花三輪車」，即印尼的 Becak。我們分別乘坐兩輛三輪車，我太太和我女兒一輛，我和

我兒子一輛。花花三輪車以各種各樣的顯眼圖案和各色塑膠花做裝飾，以此吸引遊客。除了這些裝飾，三輪車上還安裝大大小小的喇叭，一邊走一邊播放時興歌曲，聲浪很大。我們沿著「雞場街」走，途經娘惹博物館和各色各樣的古老建築前往「荷蘭紅色廣場」、聖保羅教堂和聖地牙哥城堡。

荷蘭紅屋廣場（Stadhuys）是 1641-1660 年興建的荷蘭殖民時期的建築，是時任荷蘭總督的官邸，現在改建成馬六甲歷史文化博物館，是前往馬六甲旅遊必到之地。回程時我們一邊坐小遊艇，一邊欣賞河邊各色各樣的老房子，這些老房子真是別具一格，引人入勝。我們坐了大約四十多分鐘就在離我們所住的酒店不遠的小碼頭停泊，上岸後我們就走路回到酒店。8 月 22 日上午我們在酒店休息，下午就回到吉隆坡，我們在馬六甲的旅程終於圓滿結束了。

101. 東南亞之旅（3）

8 月 23 日我們搭乘澳航去我們這次東南亞之旅的最後一站泰國的曼谷。我們當時是第一次到曼谷，那個年代還沒有互聯網，我們的旅遊資料是從泰國駐香港領事館取得的，所以我們到了曼谷機場時覺得很陌生，我們只好找一部計程車幫我們找酒店。那個計程車司機看來不錯，又懂一些英文，溝通沒有問題，而他幫我們找到的酒店也使我們滿意。到了酒店，他幫我們卸下行李後，我就問他明天能否帶我們去旅遊景點玩。他得知我們明天要用他的車非常開心。當我問他怎麼收費時，他很客氣地說隨意。我當時心中無數，只好托詞說要和我太太商量並叫他等一會。當我辦理酒店入住手續時，我就順便問服務台的服務員有關當地租車的行情。然後我就跟司機商討下午要去的景點和租車費。我們很爽快地達成協議。

那個司機是虔誠的佛教徒，他建議我們首先要參觀巧塔吉臥佛寺（Chaukhtagyi Budha Temple）。這座在 1973 年 5 月 16 日建造完成的臥佛全長 66.95 米，高 17.36 米，聽說其人工製造的玻璃眼珠的尺寸是 1.77 米乘 0.58 米。佛像的眼睛非常溫柔和慈祥，栩栩如生。佛腳底部的千輻輪相刻有 108 個圖騰，象徵人生的輪迴世界。看完巧塔吉臥佛寺，太陽已經下山了，我就叫司機送我們回酒店。晚上我們就去酒店附近的食街「獵食」。泰國菜聞名於世，我們隨處可以找到合口味的餐廳。吃完飯已經是晚上八點多鐘，我們就回酒店休息。

次日上午，即 8 月 24 日，吃完早餐，那位泰國計程車司機已經在酒店的大堂等候我們。他首先帶我們到丹嫩沙朵水上市場（Damnoen Saduak Floating Market）。這是到曼谷的遊客必到之地。到了水上市場，只見那些水上小販熙熙攘攘地坐著小艇來回穿梭在小艇之間。我們在水上市場停留大約一個多小時就前往三攀大象和鱷魚動物園（Samphran Elephant Ground & Zoo）去玩。這個動物園最適合小孩參觀，特別是其大象表演和鱷魚表演。除了看大象表演，遊客還可以近距離餵食大象和到鱷魚養殖場餵食鱷魚。動物園裡還有其它爬蟲類動物和貓科動物，如蛇、老虎和兔子等。由於時間有限，我們只能走馬看花地看。到了下午三點，我就叫司機把我們送回酒店休息。

1990 年 8 月 25 日，星期六，是我們這次東南亞之旅的最後一日。我們一早就去曼谷中央碼頭體驗昭披耶河（The Chao Phraya River） 船上遊。其實從曼谷中央碼頭坐船幾乎可以到達

曼谷市區的著名旅遊景點，但那些景點我們都去過了。當時我們坐船的目的是前往參觀泰國大皇宮（Grand Palace），順便欣賞昭披耶河兩岸的景色。當我們乘坐的船快到達皇宮時，我們遠遠就看到皇宮兩旁閃閃發光、金碧輝煌、高聳入雲的尖塔。星期六到大皇宮參觀的人很多，我們就決定不進去參觀了。離開大皇宮後我就去四面佛參觀。我們雖然不是佛教徒，但我們入鄉隨俗，也學當地人買一些花表示尊重當地人的習俗。

四面佛位於曼谷市中心，就在君悅大酒店（Grand Hyatt Bangkok Hotel）旁邊。聽說是君悅大酒店為了確保酒店建設平安和順利而建的。後來由於許多香港和台灣明星到這裡參拜而成名，現在終於成為曼谷的旅遊景點。參觀完四面佛，我們就漫無目的地在市區逛街，到處品嘗泰國美食，到天黑才回酒店休息。8 月 26 日我們就乘澳航返回香港，我們的東南亞之旅終於圓滿劃上句號。

102. 歐洲之旅（荷蘭）

我們從東南亞回來後，積壓的假期還沒有用完。10 月 15 日我就和我的同事 Billy Lai 相約到西歐去玩。我們的第一個目的地是荷蘭的阿姆斯特丹（Amsterdam）， 我們同日出發，但我們搭乘不同的航空公司。Billy 坐英國航空公司經倫敦轉機，我坐荷蘭皇家航空公司（KLM）直飛。次日上午我到達阿姆斯特丹史基浦國際機場（Schipol International Airport）時，一出關就見到 Billy 已經在到達旅客廳迎接我。接著我們就到史基浦廣場（Schipol Plaza） 搭車前往阿姆斯特丹中央火車站。我們在中央車站附近的街口找到一家酒店。這個酒店雖然不大，但地點很好。我們被安排在二樓，從窗戶可以看到街景和在運河上航行的船隻。

放好行李後我們就沿著水壩街（Damrak Street）步行前往水壩廣場（Dam Square）。水壩街沿路有很多精品店、咖啡館和酒吧，非常熱鬧。我們步行十多分鐘就到水壩廣場。水壩廣場是遊客必到之處，這裡有阿姆斯特丹的證券交易所和成立於1870年的著名的百貨公司 de Bijenkorf，華人稱之為「蜂巢」，還有在證券交易所裡面的著名咖啡館 Café Beurs van Berlage。在廣場一帶的「人民紀念碑」（National Monument）是為了紀念在第二次世界大戰期間被納粹迫害的犧牲者，還有阿姆斯特丹王宮（Koninklijk Paleis），新教堂和杜莎夫人蠟像館（Madame Tussauds）。

我們在廣場一帶瀏覽和拍照後就前往唐人街吃午飯，飯後就去離唐人街不遠的德瓦倫（De Wallen）紅燈區參觀。 這是荷蘭最出名的紅燈區，在這裡聽說有300多間妓院，妓女來自世界各地，妓院設在大街小巷的出租屋。那些妓院通常是以紅燈來識別。我們來的時候正好是午休時間，那些應召女郎們正在休息。這裡除了有妓院，還有性商店、性劇院、性博物館和咖啡大麻館，真是應有盡有。我們回程時太陽開始下山了，路燈開始亮了，掛在妓院櫥窗的紅燈也亮了。當遊客路過這些掛著紅燈的櫥窗前，櫥窗裡的姑娘就會用誘人的身材和迷人的姿色來吸引「識途老馬」來光顧。當有人光臨時，那些應召女郎就會拉下櫥窗的窗簾，表示「交易在進行中」！對多數遊客來說，來德瓦倫看看只是增加見識而已，絕對不會令人尷尬，也沒有色情的含義。參觀完德瓦倫，我們感到有些疲勞，吃過晚飯我

們就回酒店休息。

荷蘭的水上交通很發達，市區周圍被運河包圍，所以阿姆斯特丹俗稱「北方威尼斯」。那裡的水上交通工具有水上巴士（Canal Bus） 或叫運河觀光船（Canal Boat）和可以坐四個人的水上單車。水上巴士是一條玻璃船，視野廣闊，到阿姆斯特丹旅遊的人絕對不容錯過。我們在阿姆斯特丹只計劃停留兩天一夜，十月十七日吃過早餐後我們就前往中央火車站對面的碼頭搭水上巴士遊運河。船開出後運河兩岸各式各樣的三角頂房子就進入我們的眼簾，格外漂亮。船長一邊開船，一邊講解沿途的景點。他口若懸河，在 45 分鐘的行程中滔滔不絕地講，不知不覺我們已經到達終點。到達終點後我們就上岸參觀珠寶加工廠，有的人就步行逛紅燈區。我們昨天去過紅燈區，只到珠寶加工廠看看，順便到小便所方便。有的人就前往參觀風車村（Zaanse Schans）。我們下午就要搭乘火車前往鹿特丹，所以只在附近的街上逛街，然後就搭下一班回程船回酒店拿行李。到了酒店看看時間，我們搭乘的火車還有三個小時才開，我們就先到酒店附近轉一轉。到下午兩點多我們才回酒店拿行李。

荷蘭的秋季氣候涼爽，我們拿了行李就步行前往中央火車站。沒等多久，我們的車就開出了，兩小時後我們就到達鹿特丹（Rotterdam）。我們在火車站附近找了一間酒店，放下行李後就到離酒店不遠的賭場。我和我的朋友都不是賭徒，看到虎視眈眈的賭場保安就望而卻步，轉身就到離賭場不遠的購物商場找地方吃晚飯。吃完飯回到酒店才八點多鐘，我們就到酒店的酒吧喝啤酒。酒吧裡多數是年輕的白種青年，有男有女，他們來自歐洲各地，也有來自澳大利亞的，只有我們是亞洲人。

我見到那些白種青年正在吞雲吐霧，顯得飄飄然。他們吸的煙味道非常辛辣刺鼻，使我感到喉嚨痛。當我問坐在我旁邊，來自英國曼徹斯特（Manchester）的青年他在抽什麼煙時，他毫不猶豫地告訴我，"I smoke grass!" 年輕人說的 "Grass" 其實就是大麻，也叫 marijuana 或 cannabis，也有人叫 hashish ！這些名聽說是有些區別，但是都是與大麻有關。我們聽到後有些驚訝！他就問我要不要試一下。我告訴他在香港吸大麻是非法的，他就告訴我在荷蘭吸大麻是合法的，所以他每逢假期都到荷蘭度假。看到這種情景，我們覺得此地不能久留，喝完啤酒就向他們告辭！

鹿特丹是歐洲的第二大港口，也是荷蘭的第二大城市。第二次世界大戰時，鹿特丹的市中心大部分被希特勒的轟炸機夷為平地。戰後不屈不撓的荷蘭政府和人民集中了全國最優秀的建築師、工程師和設計師把鹿特丹用來做新的、前衛的建築物的實驗場，把鹿特丹從廢墟上建成為充滿建築奇蹟的世界現代化都市。鹿特丹的前衛建築物真是美不勝收，也是多不勝數，事隔三十年我仍然印象很深，但已經叫不出名字了，我只記得在 Blaakse Wood 社區的方塊屋。在鹿特丹我們還參觀了荷蘭的著名景點小孩堤防（Kinderdijk）。小孩堤防是荷蘭最大的風車群，是來荷蘭旅遊的人必須參觀的地方。

103. 歐洲之旅（比利時、盧森堡）

1990 年 10 月 19 日星期四，我們離開鹿特丹前往比利時。那天下午吃完午飯我們就搭乘 1：30 分的火車從鹿特丹中央車站出發前往比利時（Belgium）的首都布魯塞爾（Brussels），

到下午 3：10 分我們就到達布魯塞爾南站。比利時位於歐洲的西北部，與荷蘭、德國、法國和盧森堡毗鄰，是西歐的十字路口，通用語言有法語、佛蘭芒語（Flemish）和德語。比利時雖然國土面積不大，但其經濟及政治地位不容忽視。經濟上比利時是世界十大產品的出口國，政治上她號稱歐盟的首都，因為在布魯塞爾設有歐盟委員會和歐盟部長理事會、北大西洋公約組織的總部和歐洲議會的分部。值得一提的是比利時也是歐元的創始國之一。

比利時的景點比較集中，而布魯塞爾的景點主要集中在布魯塞爾大廣場（Grand Place ）。到了大廣場我們就去最多人參觀的地方 - 尿尿小童（Manneken Pis）。在尿尿小童前拍照留念後，我們就到旁邊的威化餅店（Le Funambule） 品嘗當地出名的威化餅（鬆餅）。除了去參觀尿尿小童，我們還去了聖蜜雪兒大教堂（Cathedral des Sts. Michel et Gudule） 和比利時漫畫藝術中心。

我們在比利時只待了一天一夜，10 月 20 日我們就前往盧森堡大公國。盧森堡大公國是內陸國，位於歐洲西北部，與比利時、法國和德國毗鄰，是有一千多年歷史的聞名古國。盧森堡大公國地勢險要，有很多牢固的城堡，還有二十多公里長的地道和暗道，古時候是歐洲的防禦要塞，俗稱「北方的直布羅陀」。盧森堡大公國是一個小國，國土面積只有 2586 平方公里，當時其人口還不到 40 萬，但這裡聚集著 100 多個國家的僑民，這是世界上獨一無二的。盧森堡大公國經濟高度發達，是世界上最富有的國家之一，也是歐盟的創始成員國之一，有一些歐盟主要的常設機構就設在這裡。盧森堡大公國安全指數高，人民生活富裕，號稱世界上最安全的國家。

1990 年 10 月 20 日我們離開布魯塞爾，當日下午三點多我們就到達盧森堡市中央車站。到達後我們就乘坐巴士前往我們住宿的青年旅舍。這個青年旅舍位於盧森堡佩特魯斯河谷（Petrusse Valley）一帶的風景區，環境優美，離盧森堡市的主要景點也不遠。我們放好行李後就從旅舍附近的山間小路徒步前往盧森堡市的舊城區看看。我們從山間小路一邊走，一邊欣賞河谷的美麗景色。其中使我印象最深的是橫跨河谷的阿道夫橋（Adolphe Bridge）。這座造型獨特、宏偉壯觀的拱形橋是盧森堡最出名的景點，到盧森堡旅遊的人絕對不能錯過。到了舊城區，我們首先去憲法廣場（Place de la Constitution）。坐落在河谷邊的憲法廣場離阿道夫橋不遠，是拍攝這座拱形橋的最好地點。廣場兩邊還有紀念二戰時期陣亡的盧森堡士兵的紀念碑。我們在憲法廣場拍照留念後就到附近的景點繼續參觀。快到天黑時我們到舊城區的街頭遊逛。舊城區的街道很狹窄，行人不多，路燈也不很亮，街上鋪的是鵝卵石，使我們感到猶如時光倒流一百年。這時我們開始飢腸轆轆，便到一間不大不小的中國餐廳吃飯。餐廳的老闆是香港移民，見我們格外熱情。我們各自點了我們喜歡吃的套餐，價錢合理，味道不錯，吃的很滿意。

吃完晚飯，我們順著原路回去。到了晚上阿道夫橋底下的探射燈照得通亮，使阿道夫橋顯得更加壯觀美麗。晚上大約八點半，我們就回到我們住的青年旅舍。我們就到旅舍旁邊的一間清吧喝啤酒。這個清吧很小，老闆是年輕人，清吧就只有他一個人打理。看到我們來了，他很高興，我們就要了兩瓶盧森

堡出名的 Bofferding 啤酒。我們一邊喝啤酒，一邊聊天，得知我們來自遙遠的香港，那個年輕的老闆很開心。那個老闆喜歡收集外幣留念，我就把十塊錢港幣和一萬盾印尼幣打賞給他留念。

盧森堡風景如畫，到處都是景點，我們不可能每個景點都去參觀，只能參觀那些具有代表性和歷史性的景點。盧森堡號稱」千堡之國」，有很多著名的古堡，其中最著名的是博克要塞（Casemate du Bock）。博克要塞是一座地下軍事要塞，裡面有 23 公里的地道和暗道。這個建在河谷岸邊制高點的要塞每個堡壘都有炮臺，易守難攻，是古時候盧森堡人民抵抗外族侵略的重要軍事要塞。從堡壘的平臺我們可以俯瞰佩特魯斯河谷的美麗景色。我們到達盧森堡時正好是秋天，河谷兩岸的樹葉開始變成黃色和紅色，格外漂亮奪目，使人感到心怡神悅！

104. 歐洲之旅（德國）

1990 年 10 月 22 日晚上 8 點鐘我們離開盧森堡前往德國，次日凌晨我們到達法蘭克福（Frankfurt）中央火車站。我們到達時剛好是分割東西德的柏林圍牆被拆除的第二十天，很多東德人跑到西德。他們到達西德後沒有工作，無處落腳，很多人就滯留在火車站。我們人生地不熟，凌晨時分想找酒店並不容易。我們只好到一家中式速食店吃夜宵，順便借地方休息。吃完東西已經快凌晨兩點了，速食店要關門了，我們只好在火車站找個地方休息。好不容易我們找到地方，剛剛坐下就有一個白種女孩過來搭訕。她沒有什麼行李，看來很疲憊。她用簡單的英語問我們可不可以幫她一點忙。我們還來不及回答，她就問我們能不能給她五個德國馬克（德國貨幣單位）用來打電話給她在東德的家人。我看她很可憐，就從口袋裡拿錢給她。她很開心，說了一聲謝謝就走開。不久又來了一個白種青年，他說他一天沒有吃飯，叫我們幫幫忙。我們不敢再伸出援手，因為深怕會沒完沒了！俗話說，「三十六計，走為上計」，我們就搬到角落頭人少的地方。沒想到地上到處都是丟棄的針筒！

看到這種情景，我就跟我的朋友說，「此地不宜久留」。我們把行李放到儲物櫃存放後就另覓地方。唯一可以去的地方就是火車站對面的夜市，那裡燈火通明，猶如白晝，應該相對安全。要到對面的夜市就要經過地下行人隧道，隧道內行人不多，燈光又不太亮，使人有點提心吊膽。隧道兩旁有公用電話亭，是露宿者避風的好地方。這時我在電話亭裡發現有一個女孩跪在地上，狀似痛苦，看似有病。我和我的朋友就過去看她，但不敢冒冒然叫醒她，我就叫正好路過的白種青年過來看看。他看了一下就搖搖頭，聳聳肩膀就離開了。我們無力救人，也沒法報警求助，真是非常無奈！

走出隧道，真是另一番天地，五顏六色的霓虹燈展現在我們眼前，非常誘人，猶如香港的旺角區的不夜天。這個地方原來不是夜市，而是法蘭克福著名的紅燈區！聽說這裡是唯一可以和德國漢堡紅燈區媲美的紅燈區。德國是性開放的國家，妓院可以名正言順掛牌招客。那些掛有霓虹燈招牌的建築物寫有 Sex Inn`（性酒店）、Love Inn（愛情酒店），非常誘人，我們望而卻步！

除了妓院，這裡還有不少性用品商店（Sex Shop）、真人秀（Life Show）夜總會和酒吧。這時我們看到有間酒吧寫著「九

馬克任飲」，我們就進去看看。進了酒吧有一個男侍應生帶我們入座。我們就叫了一壺啤酒和一碟炸薯條。不久有一批日本遊客進來，酒吧就熱鬧起來了。隨著酒吧就開始播放類似「迪斯可」的激情音樂。在小小的舞臺上有一個類似摩洛哥姑娘的舞孃隨著音樂的激情節奏跳起勁舞。這時台下有一個日本遊客拿著美鈔向舞孃揮手，那個舞孃馬上搔首弄姿向那個慷慨的遊客示好。她慢慢走近那個遊客，用跳肚皮舞的姿色把誘人的身材展現在那個遊客的面前，躺下身體給拿美鈔的遊客撫摸！那個遊客就把美鈔塞入她那迷人的花邊胸圍。其他遊客不甘落後，不一會那個性感的舞孃的胸圍就塞滿美鈔了！她把胸圍脫掉，把美鈔放好，繼續跳起激情得令人爆血管的勁舞。台下的客人看得越來越興奮，看來好戲還在後頭。這時有一個半醒半醉的中年遊客拿出較大面額的美鈔，示意舞孃過到他那邊。舞孃興奮地展示她的天賦本錢，用上天創造的撩人身軀滿足台下色瞇瞇的幾十雙眼睛。接著她就躺在拿著大額美鈔的遊客面前，讓那個半醒半醉的遊客把美鈔塞進她的紅色花邊底褲！看到大額美鈔，那個舞孃毫不猶豫地把底褲脫掉，右手揮動美鈔，左手揮動底褲，以勝利的姿態退入後臺！

演出結束後，酒吧就關門休息，我們就回到火車站，等候上午 6 點 50 分開往慕尼克（Munich）的火車。我們搭乘的火車準時出發，10 點 05 分就到達位於德國東南邊的慕尼克。到了慕尼克，Billy 的好朋友 Jacky 已經在火車站的到達旅客廳等候我們，然後送我們到預訂的酒店。放下行李後 Jacky 就帶我們到離火車站不遠的舊城區。我們首先到卡爾門廣場（Karlstor）和步行街。我們到達卡爾門廣場時正好是吃午飯的時間。Jacky 就帶我們到一間速食店用膳。當時速食店已經坐滿了人，座無虛席。這時我看到有一張四人位的餐桌只有一個中年白種人在吃飯，我就走過去問他有沒有空位。他連看都不看，就很輕蔑地說："Nich ausländer!"，即「外國人不准」！ Jacky 聽到他的侮辱性回答馬上火冒三丈，衝過來想教訓那個德國佬。我趕忙拉住他的手，深怕把事情鬧大而影響他的工作。Jacky 是空手道黑帶三段，在香港時經常和人打鬥，天不怕地不怕，只怕他的「老大」，萬一出事就很麻煩，我只好勸他大事化小，小事化了！

吃完午飯，Jacky 就帶我們逛瑪麗恩廣場、新市政廳、老彼得教堂、聖母教堂、慕尼克王宮和皇家啤酒屋。我們在這些景點拍照留念後，太陽已經開始下山了，Jacky 就向我們告辭去中國餐廳上班。我和 Billy 就前往皇家啤酒屋（Hofbräuhaus ）遊逛。這個啤酒屋很大，聽說可以容納 3000 多食客。我們進來時餐廳已經人頭湧湧。我們找到位置後就叫服務員給我們送來我們嚮往已久的脆皮豬腳大餐和一壺德國啤酒。我們一邊享用地道美味的德國脆皮燒豬腳，一邊欣賞即場演奏的搖滾樂隊，真是人間的一大享受！我們到達慕尼克時已經是十月下旬，錯過了在 9 月底到 10 月初的慕尼克啤酒節（Oktoberfest）。我們只好到啤酒屋吃脆皮豬腳大餐和喝德國啤酒來彌補錯失啤酒節的遺憾！

我們在慕尼克只停留兩天一夜，1990 年 10 月 24 日下午 Jacky 就開車帶我們到烏姆市（Ulm City） 去探望他的哥哥。烏姆市是位於巴登符騰堡州多瑙河畔的一座小城市。這個只有十多萬人口的小城始建於西元 850 年。這裡有世界最高的教堂，是世界知名的物理學家愛因斯坦的誕生地。我們到達後就直接

前往 Jacky 的哥哥開的中餐廳。他的餐廳不很大，樓面只有他的哥哥和兩個男服務員，一個是香港人，另外一個是中國來的新移民。Jacky 的哥哥很熱情，一見如故，我們有說有笑，無拘無束，我們晚上就在他的餐廳享用美味的晚餐。

到達烏姆市的第二天，即 1990 年 10 月 25 日，我們就到烏姆市市政廳走一圈。這個有 500 年歷史的市政廳建築風格很獨特，其中有一面牆壁掛有既精緻又漂亮的天文鐘。這個具有標誌性的天文鐘上面刻有 12 星座的金色浮雕。另一面牆則繪有以聖經故事為主題的漂亮壁畫，市政廳是到烏姆市遊玩的人千萬不能錯過的地方。接著我們就去參觀烏姆市城牆和屠夫塔（Metzgerturm/Butcher's Tower）。這個建於 1482 年，沿著多瑙河（Danube）沿岸修築的城牆以前是用來防禦外敵入侵。離開城牆後，我們就前往烏姆市藝術博物館參觀德國著名的藝術家 Keith Haring 用鐵製作的藝術作品和其它景點。10 月 26 日是我們來到烏姆市的第三天，正好是九九重陽節，我們就到 烏姆市最高的基督教新教路德會教堂（Ulmer Munster）去「登高」。這個始建於 1377 年的古老教堂，其塔頂高 161.53 米，共有 768 級臺階。要爬這個教堂，要經過又窄又陡的臺階，非常辛苦。剛剛登樓時，一路上是封閉式的臺階，等上到 70 米時才見到廊台，這時候才可以感受到外面吹來的清涼天氣，最辛苦的是爬到位於 143 米的第三廊台，因為上去的臺階不但很陡很狹，而且是螺旋式的！當天天氣很好，秋高氣爽，天空晴朗，我們從 143 米高教堂廊台可以俯瞰烏姆市及其周圍的美麗景色和遠處的阿爾卑斯山。從烏姆基督教堂下來後，我們覺得很累，不想再逛街，我們就到教堂附近的烏姆啤酒屋（Barfüßer die Hausbrauerei Ulm） 喝啤酒。我們一邊喝啤酒，一邊聊天，晚上就在啤酒屋吃德國出名的脆皮燒豬腳。第二天上午 Jacky 就送我們回法蘭克福搭乘國泰航班回香港，我們的歐洲之旅終於圓滿結束。

105. 南韓之旅（1）

1990 年 10 月 28 日我們從歐洲回來時正好是星期日，次日我就上班，開始忙忙碌碌地工作。時間過得很快，轉眼就到年底，很多人開始計劃如何過聖誕節。當時香港還是英國的殖民地，聖誕節是西方國家的傳統節日，到了十二月中香港街頭開始張燈結彩，到處都是節日的歡樂氣氛。我就相約我的同事賴世田的一家人一起到南韓過「白色聖誕節」。1990 年 12 月 25 日，我們乘搭英國航空公司班機前往南韓的首都漢城，即現在的首爾。當天下午我們安全降落在金浦國際機場（Gimpo International Airport）。過了海關，到達旅客廳裡只見人頭湧湧，穿著聖誕老人裝扮的機場地勤人員熱情地歡迎我們，使我們感到非常感動和溫暖！出了到達旅客廳，寒風凜冽，全身直打哆嗦，真是難忍！

正當我們要找計程車時，有一個中年南韓計程車司機走過來兜客。我告訴他我們要去龍山區（Yongsangu）的咸美頓酒店（Hamilton Hotel）。他開價 3 萬韓元（Won），經討價還價，最後以 1 萬 5000 元成交，大約半個小時我們就到達酒店。下車時我給他 2 萬元並說不用找還給我。他說不夠，還差 3 萬元！我說我們講好了 1 萬 5000 元（Fifteen Thousand Won），我給你 2 萬元，怎麼還差 3 萬元呢？！他說在機場時他說是 5 萬韓元（Fifty Thousand Won）。我說剛才明明講好 1 萬 5000 元（Fifteen Thousand Won），怎麼現在變成 5 萬元呢？！他說是我聽錯了

並且堅持要 5 萬元。我知道他要坑人！我就跟他說，我先到酒店換錢。到了酒店前臺，我把情況一五一十告訴前臺經理，他就跟我一起找司機。當他正在和司機理論時正好有南韓交通警騎摩托車過來。那個司機看到情況不妙，就匆匆忙忙跟我拿 2 萬元！這一經歷使我對到達時機場工作人員的熱情友好態度打了折扣！

咸美頓酒店位於首爾市龍山區梨泰院街（Itaewon Street），是首爾有名的遊客區，梨泰院地鐵站就在隔壁。出了酒店，沒走多少路就到達熱鬧的街道，到處都是商場和飯店。我們到達後還沒有吃晚飯，就決定到一家韓國餐廳品嘗地地道道的韓國菜。當時外面天氣很冷，我們就叫了人參雞湯（Gyesamtang）和別的韓國佳餚來暖暖胃。吃完晚飯才八點多鐘，我們決定在梨泰院遊客區逛一逛。這時外面的風很大，當我剛剛要從餐廳的大門出去時，前面正好有人先出去，門還沒關好，強風一吹，那個玻璃門猛力地撞到我的臉，我的左眼角被玻璃門的邊撞個正著，傷勢嚴重，大家慌得不知所措。我馬上叫餐廳的負責人叫計程車趕快送我到最近的醫院。

到了醫院，我就馬上到急診室，當時正好聖誕節，急診室有很多人。值班的醫生得知我是外國遊客，而傷口也必須馬上處理，馬上就叫護士帶我到治療室進行傷口消毒，然後再送到手術室做傷口縫合手術。手術非常順利，我叫一路陪我的賴世田到繳費處繳費後就回到酒店，回到酒店已經是晚上十一點鐘了。這時酒店外面還是非常熱鬧，節日的氣氛開始進入高潮，可惜我們不能出去享受這個歡樂的聖誕氣氛，真是掃興！我只好早點上床休息，但當我想起我們剛剛到達南韓就發生這些不太令人愉快的事，就翻來覆去睡不著！

第二日，即 1990 年 12 月 26 日，我們根據在酒店拿到的旅遊指南前往參觀位於首爾北部光華門廣場附近的景福宮（Gyeongbokgung Palace）。建於 1395 年的這個宮殿是首爾五大宮殿之首，猶如北京的紫禁城，是當年朝鮮王朝的政治文化中心。這個宮殿雖然不大，但建築獨特，周圍有人工湖，可惜我們參觀時正好寒冬臘月，湖面的水都結冰了。我們參觀時正好有台灣的電影公司在拍片，我們有幸和該片的女主角拍照留念。這是我們的額外收穫！離開景福宮以後我們就到三清洞。三清洞給人的感覺很寧靜，由銀杏樹構成的林蔭大道兩旁的咖啡館發出了芬芳的咖啡味，在那寒冷的臘月天，其誘惑力使人難以抵擋。在這裡我們還可以看到地地道道的韓屋，這使我們真正感到置身於韓國。中午我們就在三清洞吃韓國爆辣炒年糕和韓國炒碼麵。

吃完午餐，我們感到全身暖呼呼的，遊勁也爆發了，我們就馬不停蹄地前往昌德宮（Cheongdeokung）。昌德宮位於首爾的鐘路區，是朝鮮五大宮殿之一。建於朝鮮王朝（1392-1897 年）的昌德宮據說是最受歷代朝鮮王子喜愛的宮殿。這是因為昌德宮與當地的自然風景融為一體，使人感到舒暢和怡悅，真如陶弘景說的，「嶺上多白雲。只可自怡悅！」除了景福宮和昌德宮，南韓還有昌慶宮、德壽宮和慶熙宮，可是我們只能參觀有代表性的宮殿，無法個個都去參觀。接著我們就到號稱南韓第一國寶的南大門（Namdaemun）去參觀這個被稱為首爾城門，遊客必到的旅遊景點。這裡聚集著各式各樣的商店和美食。這個地方不但受女士們歡迎，也是受男士們歡迎。來到這裡的遊

客，回去時手裡總是拿著大包小包的東西。南大門的商店到晚上八點就結束營業，晚上七點我們已經又累又餓，我們吃完晚餐就回酒店休息。

106. 南韓之旅（2）

當天晚上回到酒店後我們就不出去玩了，次日上午，即1990年12月27日，我們吃完早餐後就到首爾的樂天世界（Lotte World）。這個於1989年建成的主題公園位於首爾市2號地鐵線蠶室站附近，交通方便。這是一個分室內和室外，集遊樂、商場和體育的綜合文化休閒中心。這裡設有溜冰場、過山車、空中小火車、旋轉籮筐和熱氣球等驚險刺激的遊樂設施。除了這些驚險刺激的設施，到了下午2點還有舞臺表演，最令人興奮和難忘的莫過於晚上7點半由200人組成的樂天狂歡節及9點半的鐳射表演，這時廣場的歡樂氣氛就達到了高潮。我們在樂天世界玩了整整一天，到鐳射表演結束後才回到酒店。

從11月份到3月份是韓國最好的滑雪季節。我們到韓國時正好是寒冬臘月，韓國到處都是冰天雪地，我們絕對不能錯過這個難得的機會。1990年12月28日，我們來到韓國的第四天就決定到位於江原道韓國最大，設施最齊全的滑雪渡假村。這裡不但有滑雪場，還有酒店、公寓、商場、兒童遊樂場和高爾夫球場。當時我們的兒子才四歲，正是最淘氣，最愛玩的時候，他最喜歡的當然是在兒童遊樂場玩耍和玩雪。我們都是南方人，很少見到下雪天，我的兒子更是第一次見到大雪紛飛。他在雪地上到處打滾，一下子用皚白的雪做成雪人，做完以後就把它推倒。他還拿雪塊和我的朋友的兒子互相追打，好像打

「雪戰」一樣，玩得真是不亦樂乎！玩累了我們就到商場找東西吃。我們玩了一整天才拖著疲勞的步伐回酒店。

1990 年 12 月 29 日，即到達首爾的第五日，我們去參觀位於首爾永登浦區汝矣島洞 60 號的「63 大廈」，即大韓生命 63 大廈（63 City）。這座於 1985 年建造的大廈大約有 249 米高，「63」代表大廈的正式樓層數目。63 大廈除了有南韓最高的瞭望台，還有 IMAX 電影院、餐廳、商店、水族館等遊樂設施。我們去的時候天氣晴朗，晴空萬里，從第 63 層的瞭望台不但可以瞭望首爾的景色，還可以看到仁川的大海。水族館裡有 400 多種，2 萬多條海洋生物和江河湖海的各種魚類。我們在 63 大廈玩了一整天，當夜幕降臨時看看首爾的夜景以及漢江大橋上來來往往的車輛的燈光真是非常迷人。

1990 年 12 月 30 日，星期日，是我們在南韓旅遊的第六日，也是最後一日。這一日我們到南韓京畿道坡州市長湍面蘆上里的都羅山火車站（Dorasan Station）去參觀。在這個火車站停泊著蒸汽火車頭，聽說這是南北韓還沒有分隔前來往南北韓的火車頭。1953 年 7 月 27 日韓戰結束，簽署了「韓戰停戰協定」，在北緯 38 度線設立了緩衝帶，即軍事分界線（Demilitarized Zone），簡稱 DMZ，從此以後南北雙方未經同意不能越雷池一步，南北韓人民從此不能往來。軍事分界線雖然暫時可以分隔南北兩地的人民，但人民之間血濃於水的感情卻永遠無法分隔。為了解決南韓人民思念北韓同胞的心，南韓政府就建了一個叫做「望拜壇」（Mang Bae Dan）的紀念碑，使南韓人民在過年過節時能來這裡懷念還在北韓的鄉親！在這個背朝北韓的紀念碑，天天播放著因韓戰造成骨肉分離而思親的歌曲！希望籍此

望梅止渴，南韓政府真是用心良苦！我雖然不懂得歌詞的內容，但當我聽到那悲情的歌曲時，從心眼裡我默默祝願南北韓早日統一，南北韓人民早日可以團聚！

1990 年 12 月 31 日，星期一，是我們離開漢城（首爾）回香港的日期。那一天我們就在我們下榻的咸美頓酒店附近的梨泰院區逛街。在梨泰院有世界各國的美食，我們的班機晚上才出發，我們整個上午就在梨泰院區兜兜兜轉轉尋找美食。到下午回酒店拿行李後就去金浦國際機場準備搭乘英國航空公司的航班回香港。下午五點鐘，我們到達機場時，金浦機場的出發旅客廳已經人頭湧湧，除了出外旅遊的客人，還有來送別親友的人。我們所持的機票是航空公司的職員機票（Staff Tickets），也叫候補機票（Standby Tickets），如果飛機正好滿座，必須等候有空位才可以給我們上機。我們就在登機櫃檯對面的長凳上坐下來等候叫名。這個長凳很寬，前後可以坐兩排人。我們坐下來不久就有一群韓國中年婦女坐在我們後面。對她們的到來我們不以為然，也不以為意。過了一段時間，登記櫃檯的英航職員開始叫我們的名。聽到叫名聲，我就叫我的朋友把機票和旅遊證件交給我。這時我的朋友才恍然大悟，放在長凳下的旅行袋已經不翼而飛了！坐在我們後排的韓國婦女也無影無蹤了。真糟糕，我的朋友一家人的機票、旅遊證件和錢都放在丟失的行李袋內！我把情況告知登記櫃檯的英航職員，她叫我們馬上去機場員警報案室報案。我們很不容易找到報案室，但報案室沒人值班。我們等了很久都沒人來，因為那天是年除夕，英航的南韓職員叫我們次日到機場警署報案。我們那天沒辦法上飛機，只好回酒店休息。

回到酒店已經很晚了，那天晚上大家都睡不好覺。聽到酒店外面正在熱火朝天慶祝除夕之夜的歡樂氣氛，我躺在床上翻來覆去，更加睡不著！我們來到韓國後所發生的不愉快事件一幕幕地出現在我的腦海裡，把我們在韓國旅遊的愉快經歷抹掉了！1991 年元旦吃過中午飯我就叫飯店的經理幫我們叫車，並吩咐計程車司機把我們送到金浦國際機場警署。令我們很失望的是機場警署那天沒人上班，因為正好是元旦！我馬上吩咐司機把我們送到金浦國際機場候機室。到了候機室我馬上懇求英國航空公司的經理電告香港英國航空公司機場經理與香港機場入境事務處（香港機場移民局）主任反映我們的情況。在金浦國際機場移民局、香港國際機場移民局及英國航空公司的通融下，我們終於被允許乘搭英航班機回香港，結束了我們終身難忘的韓國之旅！

107. 追債（1）

1991 年，很多台灣人到大陸探親或投資。當時台灣沒有航班直飛中國大陸，這些台灣客必須在香港過境才能到中國，從中國回台灣時也必須過境香港，造成香港的酒店很緊張。為了解決酒店緊缺，很多香港人開始經營家庭式的招待所，即台灣人俗稱的民宿。這些招待所除了接待台灣客，還接待國內同胞及東南亞客，特別是印尼客。當時我們有印尼朋友經常到香港採購時裝。為了解決住宿問題，她和我的太太合資購買銅鑼灣百德新街 57 號海華大廈 15 樓一個 1500 平方呎四房一廳的單位做招待所，這樣她來到香港時就不愁沒地方住了。除此之外，我們還可以用來做招待所（賓館）。當時我太太在啟德機場怡中航空服務有限公司（Jardines Airport Services Ltd.） 台灣同胞

接待處做服務員，所以認識了許多台灣客和國內客。在她認識的客人中有一個是住在義大利博洛尼亞（波隆那）（Bologna）的中國人。他叫李七九，是浙江青田人，報稱是餐廳老闆。他每次過境香港都在我們開的招待所住宿。時間長了，我們就熟了，成了我們的常客。有一次他要為他在國內的老婆及子女購買香港到羅馬尼亞布加勒斯特（Bucharest）的機票，聲稱從義大利匯給他的錢還沒有匯到，就向我太太借了港幣 50,000 元。他住在我們的招待所有時也會賒帳，但每次都有借有還，因此我們就借給他。沒想到他回到義大利後就去如黃鶴，杳無音訊。我們不虞有詐，以為他很忙，到時候一定會還給我們。時間一天天過去了，一個星期，兩個星期，一個月，兩個月都沒有消息！我們急了，我們不得已把他留在我們招待所的物品打開，在裡面找到波蘭華人總會主席吳留元的名片。他是浙江青田人，和李七九是同鄉，我就寫信給他。他得知我們的情況後，叫我到波蘭華沙（Warsaw） 去見他，因為李七九有時會來找他。當時香港沒有波蘭領事館，要申請波蘭的入境簽證必須要到廣州波蘭領事館去申請。

波蘭駐廣州總領事館位於廣州市荔灣區沙面大街 63 號。總領館不大，當時連門衛都沒有，也沒有接待處，當我按門鈴時，總領事親自為我開門。我說明來意後，他就問我到波蘭要找誰？當我告訴他要找吳留元先生時，他馬上微笑說，吳先生是他的好朋友。他二話沒說，也沒多問，就遞給我申請表格叫我填寫。填寫完畢就叫我到領事館對面的照相館拍證件照。照片沖印好後，我馬上交到波蘭總領事館。我問總領事何時可以領到簽證？他說平時要 14 個工作日，但是因為我是吳先生的朋友，就當我是 VIP，所以就馬上給我辦，一個小時後就可以拿到。從香港到華沙沒有直飛航班，1991 年 9 月 13 日我就搭乘英國航空公司的 BA020 航班經倫敦前往華沙。次日早上我到達倫敦希思羅機場（London Heathrow Airport）後就去找我的台灣朋友羅加強，在倫敦住了兩夜，9 月 16 日我就搭乘英航飛機前往波蘭的首都華沙。當日下午 3 點我就到達華沙奧肯切國際機場（Warsaw Okecie International Airport）。華沙奧肯切機場很小，遊客也不多。我辦完入境手續後就到機場的外幣兌換店兌換當地的貨幣。當時美元與當地貨幣的兌換率是 1US$=ZT14,000 ！ ZT 是波蘭貨幣單位茲羅提（Zloty）的簡稱。換了錢以後我頃刻間成了波蘭的百萬富翁！

我一出候機室就看到正在兜客的計程車司機，這時有一個年約三十多歲，會講英語的司機走過來找我。我把原華沙華人總會主席吳留元（Ou Lu Yuan）先生的名片給那個司機看，吩咐他帶我到馬紮科斯卡街吳先生住的地方附近幫我找個酒店。那個司機很不錯，他給我找了一間叫 MDM 市中心酒店（MDM Hotel Warsaw）。位於華沙市中心 Pl. Konstytucji 第一號的這間酒店仍然保留著 1950 年代的建築特式。這裡是當年華沙最漂亮的廣場，從這裡可以輕易到達華沙著名的旅遊景點，而且離華沙中央火車站才 1.5 公里，到文化宮才 1 公里，到華沙舊城區才 3 公里，離華沙奧肯切國際機場也才 8.5 公里，非常方便。我當時被安排在六樓面向憲法廣場（Pl. Konstytucji）的房間。領我到房間的是一位快 40 歲的波蘭婦女，她給我兩塊小的像巧克力糖的香皂，並用身體語言提醒我這是給我兩天用的。為了答謝她，我把從香港帶來的電子打火機和小小的紀念品送給她。她開心的不知所措，但又無法用語言表達，只能緊緊地擁抱我來表達她的謝意！

我進房後，就馬上沖涼，洗掉我的睡意和身上的疲勞。沖涼完畢，太陽已開始下山，但還沒天黑，我就到酒店附近的賭場看看，順便找個地方吃晚餐。吃完飯我就從憲法廣場走到華沙火車站。這個於1972年開始建設並於1975年建成的華沙火車站設計新穎，是當時東歐國家最先進的火車站，也是東歐國家前往西歐各地的主要中轉站。該火車站的地下通道非常寬廣，這裡有很多剛剛從國內出來的大陸同胞聚集。他們有的擺攤子出售從國內帶來的衣物，有的在休息，使人感到有寄人籬下的感覺。1990年12月波蘭的團結工會剛剛奪權，經濟蕭條，很多店鋪關門大吉。我到波蘭時，華沙不像我想像中那麼繁華，路上的街燈不太亮，酒店附近有很多從東歐各國來找外快的姑娘。我快到酒店時，有一個拿著俄羅斯護照的婦女突然從黑暗處出來兜客，她用生硬的英文問我："Do you want 'Gerr……'?" 很顯然她是要問我："Do you want 'Girl' ?" 我假裝聽不到！到了酒店我打電話給吳留元先生，相約他次日見面。

第二天早上起床後，我漱洗完畢要洗澡時，發現昨晚服務員給我的兩塊香皂快用完了。我就去找昨晚的服務員再要香皂，她表情很為難，聳聳肩膀示意沒有了！當我走開時，她叫我等等，從她的值班室拿出用過的「力士」（Lux）香皂給我。她用簡單的英語說，這是她自己用的，是借給我用的。她把香皂遞給我前深深地吻那塊香皂，露出開心但很捨不得的樣子才給我！我不好意思謝絕她，深怕傷了她的自尊心。當我用手接著她那「珍貴」的香皂時，我心裡在想以後如果我有機會再來華沙肯定會帶給她一打「力士」香皂！到了洗澡房，當我想起她那麼珍惜那塊「力士」香皂時，我就不忍心用她的香皂洗澡了！洗完澡我就到酒店的餐廳享用早餐。早餐還勉強可以，但不能和其他西歐國家及香港比。當時的早餐有麵包、雞蛋和香腸，但分量很少。雞蛋顯得很稀，香腸很小，麵包也很少！我很清楚，那個雞蛋是加了水以後才炒的，一個雞蛋一分為二，一半給我，另一半給其他客人！我在國內讀書時正好是困難時期，所以我非常理解波蘭當時的苦況！

吃了早餐，我就去找吳留元先生。吳留元先生以前是波蘭華僑總會的會長，他住的地方離開我住的酒店不很遠。當時沒有智能手機，我在香港時通常是靠書信來往，因為當時打到波蘭的長途電話費特別貴。我依靠昨晚他在電話裡的指示很容易就找到他的住所。他住的房子好像是政府宿舍，門牌編號和住戶姓名都在大廈底層寫得清清楚楚，所以並不難找。他住在二樓，只有一個人住，但他的家非常整潔。我們雖然初次見面，但他非常熱情，非常健談。從談話中我得知跟我太太借錢的那個浙江青田人原來跟他借了一千美元也沒有還，並且說我太太借給他的錢看來是拿不回來了！他說，既然我已經來到華沙，那就當著旅遊好好玩吧！他說的有道理，我就遵照他的意見藉此機會在華沙遊玩。他是波蘭的老華僑，是地地道道的識途老馬，由他帶我瀏覽華沙再好不過！去玩以前，他先向我大略介紹華沙戰前戰後的情況。他說二戰前華沙是歐洲的第二大城市。二戰期間德國法西斯為了佔領波蘭，對華沙進行地毯式的轟炸，華沙舊城區幾乎被夷為平地。1949-1956 年新成立的波蘭社會主義政府對舊城區進行重建，恢復了二戰前舊城區的本來面貌，保留著中世紀鋪設的鵝卵石街道和中世紀的建築。舊城區最吸引人的地方是其市集（Rynek Starego Miasta）和這裡的高檔餐廳。在這裡還有當地的畫家和藝術家擺賣他們的畫作和藝術品。華沙分為舊城區（Stare Miastro）和新城區（Nowe Miastro），

以維斯瓦河（Vistula River）為界。在舊城區吳先生還帶我到城堡廣場（Plac Zamskowy）。城堡廣場是當地居民和遊客最喜歡聚集的地方。在這裡我們可以看到街頭表演和街頭演唱，非常熱鬧。

離開華沙舊城區，我們就前往瓦津基公園（Park Lazienkowsky）俗稱水上宮殿（Palac na Wyspie）。位於華沙市中心的烏亞茲多夫大道的瓦津基公園是華沙最大、最漂亮的公園，占地 76 公頃。由於園內有蕭邦的雕像，所以人們也稱這個公園是蕭邦公園。離開瓦津基公園後，我們就前往位於華沙維拉諾區，波蘭最重要的古蹟之一的維拉諾宮（Palac Wilanowie）。建於 1805 年的這個宮殿在瓜分波蘭和兩次世界大戰中倖免於難，是波蘭最重要的博物館之一。參觀完維拉諾宮我就陪吳先生回家，然後搭車前往華沙科學文化宮（Palac Kultury i Nauki），簡稱 PKiN，當地人戲稱「北京」，因為波蘭語北京是 Pekin。這座於 1952 年建造，1955 竣工的科學文化宮當年是波蘭最高的建築物，是華沙市的標誌。由於其形狀像一個巨大的注射器，所以該建築物也被戲稱為「史達林的注射器」！看完科學文化宮，天已經開始黑了，我就回酒店休息。

108. 追債（2）

我在華沙只住了三天兩夜，1991 年 9 月 18 日我就離開華沙回倫敦。在倫敦休息一夜，第二天上午我就搭乘英國航空公司的班機前往義大利北部的博洛尼亞市（波隆那）（Bologna）。1991 年 9 月 19 日上午 11：00 點我搭乘的班機到達博洛尼亞機場。下機後我一出候機室就叫一輛計程車前往李七九在其名片上寫的餐廳地址。下了車我就到餐廳找李七九，餐廳的職員告訴我他不是那家餐廳的老闆。當時已經是吃午飯的時間，我就索性在那家餐廳用膳，吃完飯我就按照餐廳職員給我的李七九住址去找他。博洛尼亞是義大利的工業城市，在城裡有很多家庭式的工廠。李七九的一家人就住在家庭式工廠旁邊的一間小屋。我到達他的家時，出來應門的是一個 40 來歲的中國婦女，是李七九的太太。當時李七九不在家，據他的太太講李七九還在中國，不知何時才回來。到了晚上，有人打電話給他的太太，聽說是李七九打來的。他們講的是浙江話，我聽不懂他們在講什麼，我就問李七九何時回來？！她老婆說她自己也不清楚！很明顯，李七九在躲開我！等到晚上，我不好再等了，只好回到酒店休息。

次日上午，我在酒店吃完早餐再去找李七九，不出所料他還是不在家！比起白白地等待，我不如叫李七九的兒女陪我到處逛逛。博洛尼亞除了工業發達，名勝古蹟也不少。在歐洲文藝復興時期博洛尼亞是一個極為重要的城市。創建於 1088 年的博洛尼亞大學是歐洲最古老的高等學府，是世界上第一個法學院。這個擁有一千多年歷史的博洛尼亞大學保留了各個不同時期的建築風格，曾經被福布斯雜誌評為全球最美的大學校院。我第一次聽到博洛尼亞大學這個名校，是我在印尼美里達印尼高中（SMA Negeri Sore，Blitar）時從我的德語老師聽到的。他經常用該校的訓言「因為有挫折，人生的美好才變得充實起來」。從那以後我每次遇到困難都以這個「訓言」來鼓勵自己！

博洛尼亞城市不是很大，旅遊景點集中，市內的景點距離不遠，從中央火車站走路就可以到達。李七九的女孩當時

才十多歲，男孩大約八九歲。他們雖然剛剛住在博洛尼亞，但他的大女兒很懂事，已經可以帶路，幾乎所有景點都去過，我就叫她帶我到處逛。她和她的弟弟就帶我到博洛尼亞中心廣場（Piazza Maggiore）的著名教堂聖白托略大殿（Basilica di Petronio）。這個教堂很大，聽說可以容納三萬人，是有名的哥德式教堂。接著我們就去博洛尼亞塔（Towers of Bologna）。這個在 12-13 世紀建造的塔就在市中心，是該市的地標。我們還去參觀廣場周圍的古羅馬遺蹟，博物館和海神噴泉（Fontana del Nettuno）等等。我們還去了阿奇吉納西歐宮（Binlioteca Comunale dell' Archiginnasio），這裡以前是博洛尼亞大學的一部分，現在已經改成公共圖書館。這時太陽已經開始下山了，我們就到處去逛街，順路回到李七九的住所。李七九還是不見蹤影，我不是專業「追數佬」（收數人），我感到無可奈何，只好向李七九的太太告別。臨走時，我就把口袋裡剩下來的義大利里拉（Lire）留給李七九的兒女。1991 年 9 月 21 日上午我就取道英國倫敦回香港。

109. 勇闖南非（1）

到 1992 年 1 月我在香港啟德機場的怡中航空服務有限公司工作正好滿十二年，包括在廣州中國民航，即現在的中國南方航空公司工作 14 年，我在航空公司工作總共有二十六個年頭！俗話說，「天下無不散之筵席」，我與航空公司的緣分已盡，是時候闖一闖世界！十二年來，我在怡中航空服務有限公司學到了很多東西，也見過不少世面，要離開的確有點捨不得。當時中國民航剛剛購入怡和航空公司的股份，怡中航空服務有限公司剛剛組成，怡中航空公司很需要我，因此我的上級領導

▲ 1992 年在南非約翰尼斯堡唐人街和賴世田留影。

都好言相勸來挽留我。但我的決心已定，我只好婉言謝絕。

1992 年非洲糧食短缺，南沙哈拉一帶的國家缺糧嚴重。由於乾旱嚴重，津巴布韋（Zimbabwe）全年沒有糧食收穫，博次瓦拿有一百多萬牲口餓死。當時有一個做糧油進出口生意的朋友邀請我成立公司做南非的生意。據他說他和中國糧油進出口公司關係很好，所以最好先從做糧食出口入手。南非是非洲大陸的南大門，航運和路陸交通發達。這時候非洲沙哈拉沙漠以南地區很缺糧食，要和這些地區的國家做糧食生意最好是通過南非。我和南非駐香港總領事館很熟，在他們的協助下我很容易得到南非糧食進出口的有關需求和規定。為了方便交易，南非駐香港總領事館的商務參贊叫我和南非約翰尼斯堡的一個糧食交易員里昂．畢納爾先生（Mr.Leon Pinaar）聯絡。經過多次電話和傳真交流，我得知南非北鄰的內陸國波札那共和國（Republic of Botswana）需要大量的高粱（Sorghum）。我們就決定先從高粱入手！在南非要做糧油買賣必須要通過南非的糧食局（Maize Board）招標，要求相當嚴格。

高粱含有單寧酸，如果單寧酸的含量太高就不能食用。根據南非糧食局的要求我們把高粱的樣品用快遞寄到南非的糧食局。經過幾次化驗，我們寄去的所有樣品都符合南非糧食局的要求。為了進一步落實這筆交易，公司派我前往南非。1992 年 5 月 16 日，星期六，我搭乘南非航空公司第 SA287 航班前往南非的約翰尼斯堡。次日，即 1992 年 5 月 17 日，星期日，我平安到達約翰尼斯堡。在約翰尼斯堡我入住博蘭豐登（Braamfontein）區的波爾提亞酒店（Protea Hotel）。為了方便辦公和接待客人，我租了一間豪華套房，內有會客廳、沙發、辦公桌和咖啡機，而且還有露臺。

俗話說：「機不可失，失不再來！」到了酒店，我漱洗完畢後就開始馬不停蹄地工作。我第一時間和里昂・畢納爾先生取得聯繫。他囑咐我要抓緊時間把有關高粱的資料和銷售協定準備好，以便隨時和南非糧食局簽約。我隨即把帶來的有關高粱資料從頭到尾重溫一遍，然後拿出我預先準備好的合約樣本。畢納爾先生約我第二天下午，即星期一下午在酒店大堂見面。我到達那天雖然時差（Jet lag）沒過，但我不敢怠慢。午飯後我休息片刻就著手修改合約裡不足的地方，使其更加完善。到了晚上，我雖然覺得很疲勞，但始終睡不好覺，一是因為時差問題，二是因為期待合約能夠順利簽署。

第二天，即 5 月 18 號下午兩點鐘，畢納爾先生準時到達。我們雖然初次見面，但是一見如故，因為我在香港時已經經常和他通話。畢納爾大約四十歲，很健談，他對我起草的合約很滿意，但對合約能否順利簽訂卻模棱兩可！說什麼要等到我和南非糧食局的負責人開會才知道。臨走時，畢納爾約我隔日，即 5 月 19 日上午和他一起到畢勒陀利亞（Pretoria）和糧食局的負責人開會。1992 年 5 月 19 日，星期二，上午九點鐘畢納爾來酒店接我。他用他的私家車帶我到離約翰尼斯堡 58 公里的畢勒陀利亞。上午大約十點鐘我們順利到達南非糧食局在畢勒陀利亞的總部。我們到達時糧食局的人正在開會，服務員叫我們在會客室等候。我們等了一個小時會議還沒有結束，畢納爾看到我有些著急就向服務員瞭解情況。畢納爾回來後告訴我糧食局今天上午有緊急會議要開，下午才有空和我們會談。他叫我不要急，中午糧食局會在畢勒陀利亞的著名餐廳設宴招待我們。我的心感到有些不踏實，覺得他們在用拖字訣，真是非常無奈！上午 11：30 糧食局的人終於開完會，他們的總裁和核心成員到會客室接見我們。他們講了一些抱歉和客套話以後就帶我們到畢勒陀利亞豪華的餐廳吃午飯。這個餐廳有歐洲各國各式各樣的美食，有正宗的法式芝士焗蝸牛，有南非芝士焗鱷魚尾等等山珍海味及各式各樣名貴的紅酒。面對這些紅酒佳餚，我的心反而有點納悶，因為我預感到有些不祥之兆。三杯紅酒下肚後，大家開始開懷暢談。南非糧食局的負責人首先感謝和歡迎我的到來，然後開始講南非的一些局勢。當談到非洲的糧食短缺時，他強調局勢非常嚴重，鄰近國家迫切需要糧食。

當南非糧食局的負責人提到「鄰近國家迫切需要糧食」時，我馬上覺得曙光就在眼前，成功正在等待。其實，我開心的太早了！那個負責人很快就轉換話題，說什麼現在最大的問題是南非德班港（Port of Durban）已經不勝負荷，如要進口高粱，必須要找其它港口。除了德班港，南非的大港口還有開普敦港（Port of Cape Town）。但從開普敦港到沙哈拉以南國家的距離較遠，從運輸成本來講沒有德班港那麼理想。接著我又收到消

息，說什麼開普敦港散裝穀物船的設備不足，叫我改用麻袋裝高粱。用麻袋裝不是做不到，但運輸成本太高了！如果照這個要求做，我們不但賺不到錢，反而要賠本！我們只好知難而退！

110. 勇闖南非（2）

俗話說得好：「人算不如天算！謀事在天，成事在人！勝敗乃是兵家常事！」我到南非的第一仗雖然失敗了，但是失敗乃是成功之母，要取得成功我必須再接再厲！我必須開闊思路，開闊眼界，尋找新的目標，新的機會。我在南非人生地不熟，前路茫茫，此時此刻我思緒萬千，無所適從！我需要放下一切，重新定位，找新出路！在重新開始之前，我需要好好休息，好好想想在南非除了做糧食出口生意，還有什麼生意好做？！1992 年 5 月 23 日，星期六，我決定出去走一走。我從酒店所在的德・科特街（De Korte Street）沿路走到畢卡街（Bicard Street），然後往南走到史密斯街（Smith Street）光顧專賣比薩的 Pepperony Restaurant。這裡的比薩很好吃，年輕漂亮的西班牙裔老闆娘 Emma 很熱情。我雖然第一次光顧，但一見如故，有說有笑。當她得知我是從遙遠的香港來的，馬上就拿出「傻瓜相機」叫她的同事給我們拍照留念！吃完比薩我就前往沃爾瑪蘭斯街（Wolmarans Street），然後繼續前往里錫克街（Rizik Street）和普萊恩街（Plein Street）。那天是星期六，街上人來人往，非常熱鬧，但基本上都是黑人，我是唯一黃皮膚的中國人。這裡好像是街市，非常熱鬧，街邊的小販在忙於售賣他們的物品。看到我的周圍都是黑人，我很自然就打起十二分精神，防範有人圖謀不軌！說時遲，那時快，當我準備往回頭走時，在我前面突然有一個身強力壯的黑人手持一尺長的牛肉刀攔住我的去路！在緊急關頭，我的自然反映是往後退！我後退的動作是空手道的自衛動作。我一邊往後退，一邊抬起右腿，做出空手道的直踢動作（Mae Geri Kick）。那個劫匪看到我的動作就馬上拔腿逃跑！那時天氣很熱，我就脫起外套用右手搭在肩上。不料我後面跑來另一個黑人青年，他飛快地搶我的外套，我抓住不放，他只好倉皇逃跑。此地危機四伏，不能久留！為了避開那兩個劫匪，我決定跑到對面馬路。到了馬路中央，我看到有一輛白人開的小轎車路過，我就攔車求救，但他沒有停車。後來看到一個黑人保安員開著保安公司的吉普車路過，我一揮手馬上就停車。我求他送我回到我住的酒店，他指著橋的方向說："It's not too far away, just across the bridge!"（「離這裡不遠，過了橋就是！」）我回答說："I'm in danger, I was nearly robbed!"（「有危險，我差一點被搶劫！」）

他馬上叫我上車，我上車後發現他開的方向不對！他看到我有些焦慮，就告訴我他要先告知在街邊擺攤子的太太等一等。當他把我平安送到酒店前面，我拿出二十個南非蘭特（R.20）來答謝他，但他把錢退回給我就開車而去。我終於安全回來了，但剛剛發生的事仍然歷歷在目，我仍然心有餘悸！晚上睡覺時，白天發生的恐怖經歷仍然會一幕一幕地出現在我的眼前。第二天是星期日，上午我就到約翰尼斯堡的唐人街走一走。1990 年 9 月我和我的太太曾經到過南非，當時約翰尼斯堡的唐人街在星期日很熱鬧，現在卻顯得冷冷清清。中午我在一個來自香港的中餐廳吃飯。這個餐廳是唐人街最著名的中餐廳，菜色不錯，味道很好。餐廳裡只有老闆和一個黑人男服務員招待客人，老

闆娘負責收錢。那個黑人負服務員會講地道的廣東話，他很幽默，很愛講笑話，服務態度也很好。

和 1990 年我第一次來南非時不一樣的是唐人街周圍多了不少黃皮膚的街頭小販。他們是來自中國大陸的非法移民，有的來自上海，有的來自北京，有的來自東北。他們多數都是被俗稱「蛇頭」的人販子誘騙到南非。那些人販子最初是用甜言蜜語誘騙他們到新加坡工作。當他們到了新加坡就籍口新加坡的工作簽證還沒有辦好，說什麼不如到南非打工，在南非工資更高。七騙八騙就把這些人騙到南部非洲，與南非交界的賴索托王國（The Kingdom of Lesotho）。到了賴索托就由陸路偷渡到南非。到了南非，那些無良的「蛇頭」就把他們安排在廉價的酒店或公寓，接著那些「蛇頭」就去如黃鶴，讓那些無知的國內同胞自生自滅！還好，大陸同胞有自強不息的精神！這些有共同命運的同胞很快就找到生存之道。他們從早來南非的同胞賒帳購入國內的服裝和電子錶之類的物品，然後擺地攤做生意。他們雖然不懂英語，但不畏艱險，為了保安和方便溝通，他們就僱用當地黑人幫忙看地攤。他們一邊做地攤生意，一邊學簡單的英語，很快就立足了，真是佩服！她們當中有一個曾經在廣州白雲機場做服務員的，叫黃美雅，是廣州市某副局長的女兒，長的有點像模特兒。由於約翰尼斯堡治安日差，她後來搬到號稱「友好城市」的伊利沙伯港（Port Elizabeth，簡稱 PE）。伊利沙伯港是位於南非東南部的沿海城市，人口只有一百萬左右，氣候溫和，屬地中海性的亞熱帶氣候，年平均溫度攝氏 20 度左右。她在那邊認識了該市的市長，後來取得了南非護照。接著她就拿著南非護照來香港定居，真是神通廣大！到香港後她特地來找我，俗話說：「無事不登三寶殿」，她求我安排在啟德機場工作！我易如反掌地通過人事關係為她在航空公司安排在機場客運服務部做服務員。俗話說：「人往高處走，水往低處流！」她在機場做了不久就不做了！我最初以為她另謀高職，後來我才知道她加入教會，我們的聯繫就慢慢淡薄了，後來全無音訊，從此失去聯絡。

111. 勇闖南非（3）

我到南非時，南非還是白人政權，經濟發達，但由於當時南非實行「種族隔離政策」（Apartheid Policies），種族矛盾非常嚴重。當時南非國民劃分為四個等級，分別是：白人、有色人種、印度人和黑人。1990 年 4 月南非黑人領袖納爾遜．曼德拉（Nelson Mandela）出獄，1991 年由德格拉克（F.W. de Klerk）領導的南非白人政府與由曼達拉領導的南非非洲人國民大會（ANC-African National Congress）及其它政黨展開解決南非問題的談判。1992 年我到南非時是南非的動盪時期，南非各黨派正在為政治過渡安排進行激烈的鬥爭。這些不安的因素嚴重地影響了南非的經濟和社會治安。為了自身安全，很多人購買槍支彈藥。這時有一家在比勒托利亞的槍店問我能否供應自衛用的短槍（手槍）。當時我認識國內的合法槍支供應商。經多次交流和會談，那個槍店老闆看中了 59 式的中國紅星手槍。為了測試槍支的性能，我特地帶那個槍店老闆到北京槍支供應商的打靶場試槍，他很滿意槍支的性能。價格談好了，最大的問題是運輸問題。我回香港後就馬上跟香港海關聯繫，一切都很順利。可惜當時從北京到南非沒有直航班機，唯一的辦法是用星期六的國航 CA101 班機從北京運到香港，然後轉運到晚上 11 點開出的南非 SA287 航班。CA101 航班是上午 11：00 到達

香港，SA287 航班的起飛時間是晚上 11 點，相差 12 小時！那些短槍到達香港後必須貯存在海關的保管倉並且必須由海關人員看管，保管倉和海關人員的費用必須由進口商負責！算來算去，我們根本賺不到錢，最後只好作罷！我們的第二單生意又失敗了！

當時非洲大陸愛滋病氾濫，非洲除了缺糧，還缺避孕套，我就和專門生產避孕套的廣州橡膠廠聯繫。避孕套的樣品到達後我就到比勒托利亞南非衛生部聯繫。當我把避孕套的樣品給南非衛生部的官員看時，他仔細看了以後就試一試撕開避孕套的獨立包裝，試了又試也撕不開。這時他就哈哈大笑，「胡先生，這個包裝很難撕開，到緊要關頭是不能等的！」我被他說的面紅耳赤！不知道該怎麼說好！他知道我很尷尬，就說，這個問題容易解決，在包裝上加上小小的切開口就可以了！我把南非衛生部官員的要求如實反映給廠家，廠家很快就用快遞把改進過的樣品寄給我。我收到新的樣品後就馬上交給南非衛生部。南非衛生部的官員檢查後表示滿意。接著他要求我提供避孕套的有關資料，例如矽油含量、爆破體積與壓力強度測試資料等。我一無所有，沒法提供，我只好要求那個南非衛生部官員把跟避孕套有關的規定和要求給我。我收到有關文件後就交給廣州廠家，廣州廠家就按照要求把有關資料給我。南非衛生部核對後認為可以接受，價格也沒有問題。接著我問他貨物到達後送到哪裡？他說到達後先放到我們租用的貨倉，然後根據各地區衛生局的要求送貨。按照這個要求我就得自己租用倉庫和租用貨車分批送貨，而貨款也得由各區的衛生局支付。這個要求我們根本做不到！第三單生意又泡湯了。

112. 勇闖南非（4）

三單生意連續失敗了，公司就叫我回香港討論下一步怎麼辦？九十年代由於「香港九七回歸效應」，有不少香港人想移民，有錢人就移民到英國、加拿大、澳大利亞和紐西蘭，沒錢的就到南非等較冷門的國家，我就建議搞移民顧問。我和南非駐香港總領事館很熟，所以我的建議很快就被接納。我們的公司很小，資金有限，不能大張旗鼓地幹，只好找些熟人。當時有一個廣東省派出來的中資機構總經理正好為他的太太懷第二胎而感到苦惱，深怕因違反計劃生育而受處罰。他叫我們幫忙他的太太移民到南非，我們馬上答應。為了拿到她的太太及她的三歲女兒的護照，他就叫她的太太和女兒申請到泰國旅行。她的太太和女兒在香港過境時我就拿她們的護照到南非總領事館申請移民簽證。與此同時，我叫那位廣東省派出來的中資機構總經理到南非總領事館指定的南非銀行存入移民南非所需要的金額。第二天我把存款收據交給南非總領事館，第三天簽證就出來了。

1992 年 8 月 29 日，星期六，我陪著那位幹部太太和她的三歲女兒搭乘南非航空公司第 SA287 號班機前往南非。到了南非我就安排她們住在約翰尼斯堡史密斯街（Smith Street）的一間公寓住宿。為了方便照顧她們母女倆，我只好和她們一起住。等她們漱洗完畢我和預先來到南非找我的舊同事賴世田帶她們到附近的餐廳用餐，然後到餐廳對面的超市購買日用品和嬰兒必需品。出了餐廳不久，我發現有一個黑人青年在跟蹤我們。當那個黑人青年走近我們時，我就很友善地向他打招呼。那個黑人青年見到我向他打招呼就邁近我，他突然在我的耳邊用英

文說了一句："I'm going to take you!"，意思是「我要幹掉你！」我假裝聽不懂，就反問他說："What did you say?"，即「你講什麼？」這時候他就一邊重複說 "I'm going to take you!"，一邊打開他的折疊刀。聽到折疊刀的咔嚓聲，我馬上抓住他握刀的手腕，一邊用我的右腳大力地絆倒他。他沒防備我這一著，一下子就給我絆倒了！這時他的兩個夥伴就趕來營救。看到情況不妙，我就叫我的朋友保護那個孕婦和她的女兒。我的朋友把她們送回我們剛才用餐的餐廳後就趕來救我。我的朋友一到，就高高地抬起他的長腿準備踢向那兩個黑人青年。他們見勢不妙就拔腿逃跑！真是有驚無險！

短短幾個月，我在南非兩次被人襲擊，雖然兩次都成功脫險，但我們在香港的公司負責人為我的安全感到非常擔心。這時南非的政治局勢越來越緊張，治安也是越來越差。經商議，公司決定把我撤回香港。那個孕婦的預產期已經臨近，我不能丟下她們不管。我抓緊時間幫那個孕婦找約翰尼斯堡頂級的婦產科醫院，帶她到醫院做產前檢查。同時幫她買足夠的日用品和嬰兒用品。並且找一個從上海來到南非的護士長當她的保姆。一切準備就緒後，有一天下午那個孕婦突然感到腹痛，我不敢怠慢，馬上帶同保姆帶她到婦產科醫院。晚上我接到保姆的電話，告訴我那個孕婦順利誕下男嬰，母子平安，我終於鬆一口氣了！

1992年10月5日我到南非的商務簽證就到期了。到9月中，我在香港的公司敦促我早日撤退。我在南非時認識南非的僑領何財先生和南非的一些主要官員，其中有南非外交部亞洲司司長畢爾・迪特立遜先生（Mr.Piere Dietrichsen），臨走前我特地到畢勒托利亞向他告別。南非外交部就在南非總統府旁邊。南非外交部不像其它國家的外交部般戒備森嚴，我到達接待室表明來意後，接待員就直接帶我去見畢爾・迪特立遜司長，不用經過任何安檢。畢爾・迪特立遜先生和藹可親，非常友善，見面時他向我分析南非的局勢和未來的發展，叫我安心在南非投資。俗話說：「事實勝於雄辯」，我在南非親眼看到的，聽到的和遇到的使我相信南非的局勢不容樂觀。1992 年 10 月 2 日，我到南非的簽證到期前三天，我依依不捨地離開南非回到香港，放棄了我的「南非之夢」。

113. 接受新的任務

1992 年 10 月 3 日我終於安全回到香港。回到香港後，我的心仍然留在南非。我在南非斷斷續續住了將近一年，南非給我留下非常難忘的印象，有好的印象，也有驚心動魄扣人心弦的印象！我在南非有很多朋友，臨走時沒有想到從此就不回去了，所以來不及和他們告別。除了南非華僑總會主席何財先生，南非糧食交易員里昂・畢納爾先生，還有大偉・凡利能先生（Mr. David van Reenen） 和比薩店的老闆娘艾瑪（Emma）以及其他朋友都沒有時間告別。我怎麼認識 David van Reenen 已經記不住，他和我認識後天天都來找我。他很熱情，能說會道，好像沒有固定的工作，應該是一個掮客。我到比勒托利亞找衛生部推銷避孕套時是他送我去的。他每次送我出去，我只有負責他的汽油費和膳食費。相信他對我一聲不吭突然離開南非肯定不太高興，所以我剛剛回到香港時經常和他保持聯絡。

回到香港後我雖然繼續和南非保持聯繫，但我們和南非的

生意始終沒有什麼進展。根據公司的財政狀況，我們的公司遲早都要結業。比起坐以待斃，我必須儘快另找出路。有一天我在南華早報（South China Morning Post）看到一支廣告說香港旅遊業議會（Travel Industry Council, 即 TIC）招聘香港國際機場旅客服務中心經理。於 1978 年成立的香港旅遊業議會是政府認可監管香港旅遊業的半官方機構，所有旅行社必須成為其會員並領取由議會發出的官方牌照才能營業，其重要性可見一斑！看到這支廣告，我馬上寫信應聘。不久我就收到回信，叫我到香港旅遊業議會的總部面試。

面試時，時任旅遊業議會的總幹事 Peter Siu 先生和他的秘書和我會面並叫我用英文自我介紹，接著他就把我今後的工作任務和工作要求簡單介紹給我。介紹完畢後就叫我到會議室考試。考試內容主要是叫我起草一封信給香港民航處（現在叫香港機場管理局）申請在香港國際機場到達旅客廳設立香港旅遊業議會機場服務中心（TIC Airport Services Center），闡明中心的目的和運作的方式。考試完畢，時任香港旅遊業議會主席 Mr.Harold Wu（吳坦先生）在接見我時就叫我談談我的簡歷。我們剛剛見面時是用英文交談，當他得知我是廈門大學外文系英國語言文學專業畢業時，我們的談話馬上就從「英文頻道」轉到「中文頻道！」吳坦先生是外省人，聽到我會講流利的國語和英語非常高興，忽然間脫口而出說，「我就是想找一個像你這樣的人！」我感到有些茫然，因為我剛剛考完試，考試結果還不知道，他這麼一說就好像給我吃了一粒定心丸！

1993 年 1 月 14 日，星期一上午 10：00 點鐘，我剛剛在我們的公司上班就接到香港旅遊業議會的電話，告訴我應聘香港旅遊業議會機場服務中心經理被錄取了，並叫我於次日，即1993年1月15日上班，我就按照要求準時去上班。上班第一天，香港旅遊業議會的總幹事叫我起草機場服務中心的運作模式（Modus Operandi）及招聘服務中心的職員計劃書。肖先生（Mr.Peter Siu）告訴我機場服務中心的任務是要搞「旅遊車應召計劃」（Vehicles Call Forward Scheme）。根據這個計劃接送入境／出境旅行團的旅行社必須成為會員後其旅遊巴士才能到機場到達旅客廳接載旅客，每輛旅遊巴每次接機要付港幣15元的入場費。為了方便停車，我們向香港民航處租用機場附近的空地做停車場。為了管好600多輛接送旅客的旅遊巴士，香港旅遊業議會叫我招聘20個職員和6個督導員（Supervisor）。我跟旅遊業議會的總幹事肖先生說，管車容易，管司機難，我預測我們的職員今後會和這些旅遊巴司機經常發生磨擦和衝突。我建議把管車輛的任務外判（外包）給香港機場護衛公司（Securair），我們只要聘用6個督導員監督運作就可以了，這樣我們就不會直接和旅遊巴司機發生衝突。經商議，我大膽的預測和建議受到旅遊業議會的接納和讚許。

根據計劃我們順利地在香港國際機場到達旅客廳正式開設了香港旅遊業議會旅客服務中心。同時向民航處租用一段棄置的一條馬路做停車場，每月租金港幣15萬元。「旅遊車應召計劃」剛剛開始時，運作非常順利，到機場接載旅遊團的旅遊巴士在到達旅客廳車輛迴旋處的堵車情況得到舒緩。1993年4月隨著大陸到港旅客的不斷增加，香港的旅遊業迅速發展，到機場接載旅行團的旅遊巴也越來越多。那些還沒有加入香港旅遊業議會旅客服務中心「旅遊車應召計劃」的旅行社開始違規派旅遊巴士到機場接機。這些違規的旅遊巴士既不願意按照規

定到我們指定的停車場聽候香港旅遊業議會機場服務中心的召喚，又不願意支付港幣 15 元的入場費。我們要求機場護衛公司把違規的旅遊巴士的車牌和違規的旅行社名字記錄在案並上報旅遊業議會，再由旅遊業議會發函警告有關旅行社。香港的旅行社良莠不齊，好的旅行社接到警告就馬上入會，但是有些不好的旅行社繼續違抗！其它旅行社有樣學樣，結果影響了我們的正常運作和收入。香港旅遊業議會機場服務中心每月的開支要 30 萬元港幣，15 萬元用於支付員工薪酬和航空護衛公司，15 萬元用於停車場租金。這些開支最終都是香港旅遊業議會的會員埋單。那些遵守紀律的會員對這種現象很有意見。為了解決問題，我們要求香港民航處給我們豁免每月 15 萬元港幣的車輛停泊費，但不獲採納！

我們和旅行社的矛盾越來越大，有不少旅行社開始造反，有一天終於把香港旅遊業議會機場服務中心的「旅遊車召喚服務」說成是「車匪路霸」搶過路費刊登在《東方日報》頭版！我雖然是香港旅遊業議會機場服務中心的經理，但我從來沒有和我們的會員發生正面衝突，因為我把管理車輛的任務承包給啟德機場航空護衛公司！因此報刊上的抗議文章從來沒有點名指責我和我們的員工。那篇文章使香港旅遊業議會和香港民航處感到非常震驚和尷尬，但民航處始終不肯讓步！我們只好「見步行步」，即看一步走一步！結果是：旅行社照罵我們，我們照樣做我們的工作！雖然吵罵聲不絕，我們的服務中心仍然繼續服務，矛盾繼續存在，衝突不斷發生，但地球還是繼續轉！最大的問題是我們的服務中心月月虧損，赤字越來越大，我們只好狠下一條心，把我們的服務中心拱手讓給香港民航處來管理，我們的員工被遣散，而我則遠走高飛跑到美國去！

114. 重新起步

1995 年我從美國回到香港後，心裡有些彷徨，真不知做什麼好！這時有一家做無紡布（Non-woven Interlining） 的貿易公司招募市場行銷經理。這間公司叫敏彰有限公司（Fairturn Limited），老闆是印尼荷印混血兒。公司不大，只有那個老闆和會計兩人。老闆叫歐利華（Mike Warner Oliviero），會計是原暨南大學數學系的劉耀華。歐利華長的很英俊，生性風流，雖然年過半百，還是很吸引人，有點像西班牙傳說中的唐璜（Don Juan）。我加入公司後主要是向香港的製衣廠和國內的廠家推銷無紡布。我們的無紡布主要是來自英國無紡布公司 BFF（Bonded Fiber Fabrics Ltd.）。我剛剛加入公司時，國內的無紡布製造業剛剛起步，生產出來的無紡布品質還不高。這時我們的銷售業績還不錯。隨著中國無紡布工業的發展和中國市場的改革開放政策，我們在國內的無紡布銷售額開始萎縮，香港的無紡布市場競爭越來越激烈。我們如果要生存，就要開拓新的產品，尋找新的出路。這時英國的無紡布公司正好有新的產品要打入香港市場，這個產品就是當時還不太流行的嬰兒濕巾（Baby Wipes）。當時用嬰兒濕巾的人還不多。香港有兩大超市，一是香港的屈臣氏超級市場（Watson Supermarket），一個是惠康超級市場（Wellcome Supermarket）。經過多次談判，屈臣氏超級市場同意銷售我們的產品，但要兩個月賒帳。另一個條件是我們不准賣給其它超市。這是我加入敏彰有限公司的最大成績。剛剛開始嬰兒濕巾的營業額並不大，隨著大家對嬰兒濕巾的認識的提高，營業額就逐步上升。嬰兒濕巾的營業額雖然逐步提高，但扣除倉庫費和運輸費，盈利就不高了。為了增加公司的收入，我們還跟南韓做羽毛生意，但是羽毛的銷售

額不很穩定，也不很高。我雖然努力工作，但公司的營業收入只夠維持我們公司的員工薪酬和公司的日常開支。我心中很明白我們的公司已經處於「彌留狀態」，我再努力也無濟於事。當我感到非常彷徨時，我的老闆告訴我香港洲立電影發行公司（Intercontinental Film Distributors）在招聘印尼文翻譯。

1996 年我決定加入香港洲立電影發行公司。該公司位於葵湧的工廠大廈，是香港最大的電影發行公司。我們的翻譯組負責人是台灣人，講國語，和我同聲同氣。翻譯組有台灣人，日本人，印度人，埃及人和印尼人。印尼翻譯組的組長是從印尼雅加達請來的 Toro Dirgantoro，副組長是嫁到香港的印尼華人 Mida。我們的工作是把西片，主要是美國片配上印尼文字幕。配印尼文字幕有一定的要求，每個畫面的字幕不能超過 40 個單詞。我們翻譯時一邊看視頻，一邊把影片裡的對話翻譯成印尼文。看似簡單，但很傷眼睛。一部九十分鐘的影片起碼要一天半到兩天才能配好印尼文字幕。翻譯的速度的快慢取決於影片的內容。如果是武打片或動作片，一天就可以翻譯完，因為對話不多。如果是對話多的影片，起碼需要多一半的時間才能完成。美國片有很多俚語（Slang），很多俚語印尼文根本沒有。如果片子裡有很多黑人的對話就更麻煩，因為黑人不但喜歡用俚語，還喜歡講粗口，真是口不擇言。印尼官方語言（Bahasa Indonesia）是很溫雅的語言，很少有粗口爛言，遇到片子裡有粗口爛言我們只能用類似普通話的「問候語」「她媽的」，即印尼語的 'bangsat' 來替代。

在洲立電影公司從事英文 - 印尼文翻譯工作，對我來說是駕輕就熟，困難不大。最大的問題是很傷眼睛，剛剛開始的時候我幾乎想打退堂鼓，因為下班回來我的眼睛累的不得了。為了減少電腦螢幕的光線對眼鏡的傷害，我把我的情況反映給翻譯組的負責人，要求她在電腦的螢幕上加上「螢幕保護貼」以便減少螢幕的光線對眼睛的刺激和傷害。我的要求馬上被接納，公司很快就在電腦螢幕上加上「螢幕保護貼」。我們的工作環境得到改善了，大家工作也感到開心了。我在洲立電影發行公司的待遇雖然沒有以前好，但是做的還是很開心，因為我的印尼文終於用得上。可惜好景不常，1998 年印尼政局動盪，經濟滑落，我們公司和印尼 Indosiar（印尼電視網路）的合約沒法持續，我們的印尼語翻譯組終於解散了。我與香港洲立電影發行公司從此告別了。我離開後，洲立電影公司有些西片還是叫我翻譯，每部九十分鐘的影片翻譯費是港幣 HK$1,500 元。由於沒有了月薪，我的收入就不很穩定。為了增加收入我就做香港靈格風有限公司（Hongkong Linguaphone Co. Ltd.）的兼職翻譯，主要是翻譯文件和商務合約。這時候我才明白我以前在香港啟德機場的工作是我來香港後最好和最穩定的工作。可惜我當時有些好高騖遠，生在福中不知福，結果使我在錯誤的時間做出錯誤的決定並且去了錯誤的地方南非。我對我的決定雖然沒有後悔，但這個錯誤的決定卻使我從此以後非常奔波。

115. 天無絕人之路

1997 年 7 月 1 日香港回歸，1998 年又發生了歷來最嚴重的經濟危機，香港經濟蕭條，很多公司在裁員。這時政府招考政務官，我就報名參加。考試主要是筆試，考題有中英文選擇題，英中翻譯和中英翻譯以及寫一篇指定題目的文章，還有考簡單的數學題，分兩天考完。中英文有一定的難度，但對我來說並不難，數學也沒問題。過了大約兩星期，我接到考試合格

的通知書。通知書裡要求把我的學位證書和學歷證明交上去以便安排面試。大家都知道 1965 年中國沒有學位制，我們大專畢業時只發給我們畢業文憑，我只好寫信給廈大外文系要求補發學位證書。可是我收到的回覆只是廈大外文系開的證明書，確認我是廈大外文系大專畢業生，並說明中國當時沒有學位制。我遂把有關證明連同我的畢業文憑提交給政府的招募辦公室。過了一段時間我接到回覆，說我的證件不齊，不予受理。就這樣，我想成為政府政務官的夢想就落空了。

這時，我的朋友告訴我有一家做時裝生意的公司招聘一個駐外人員，負責打理該公司在非洲馬里共和國（République du Mali）的首都巴馬科（Bamako）的辦事處。馬里位於西非，是內陸國，原來是法國殖民地，官方語言是法語。1992-1993 我在南非斷斷續續住了一年，對非洲情況有一定的瞭解，加上我曾經自學法語，會用法語簡單溝通，那家時裝公司的老闆一見到我就同意錄用。當時給我的薪酬並不算高，但廣東話有句諺語「馬死落地行」，即普通話的「逼上梁山」，我就接受了，但我向公司提出要求，必須給我買醫療和意外保險！公司急需人手，老闆馬上答應。我很開心，也滿有信心可以完成我的任務。

回到家裡，我好像有特大喜訊一樣地告訴我的家裡人。我太太沒有反對，但也不特別支持，我的女兒當時已經大學四年級，還有一年就畢業了，我雖然不用取得她的同意，但也想聽聽她的看法和意見。她一聽到我又要到非洲闖世界，就馬上反對！她的理由是非洲不安全，又容易得黃熱病和其它熱帶疾病，醫療條件又很差，加上我的兒子剛剛上初中，正好是反叛期，需要爸爸的愛護。另外，由於我的太太當時在機場工作，我的女兒也正在大學念書，家裡很需要我看管好小孩。我的女兒擺出一大堆理由和道理，而且答應畢業後給我們家用，我真是說不過她，我就只好屈服！

馬里去不成，我只好另謀出路。這時國衛保險公司（National Mutual）正好招聘保險業務主任（Marketing Executive），我就去應徵。到了我去面試，我才知道給我面試的經理原來是我在印尼瑪琅中華中學的同學李玉招！李玉招以她個人的經歷高談闊論地論述保險業的前景。她說的頭頭是道，我聽得也津津有味，幻想有朝一日可以像她一樣年入百萬！我終於被她說服了！這時我就問她月薪多少，她沉默片刻，然後就說：「月薪多少靠你自己，多勞多得！」接著她就說，每月津貼兩千塊港幣，如果你能找到客戶，每月提成有幾萬塊！她這麼一講我就明白了！那就是她說的「多勞多得」！

剛剛開始我以為客源沒有問題，因為我有的是朋友。為了「開門紅」，我就給我的太太、女兒和兒子買了人壽保險，這三單交易足夠我第一個月交差。接著我就叫我的大姨子買醫療保險，她有錢，保額大，足夠完成我第二個月的定額。當我周圍的親戚都買了保險，我開始叫我的前下屬和我以前介紹到機場工作的華僑朋友向我購買保險。俗話說：「幫人容易，求人難！」我在香港啟德機場任職時，有不少華僑朋友請求我安排工作，只要是我力所能及的我都予以安排，從來不會說「不」，甚至於連他們的老婆孩子我都會安排。如果他們的條件不符合我們的要求，我就介紹他們到香港啟德機場的相關單位，如航空護衛公司、貨運公司（HACTL）或飛機工程公司（HAECO）工作。從 1980 年起到 1991 年我離職時，經我介紹的華僑朋友

至少有三十人。我幫人不求回報，但當我做保險工作要求他們幫忙時，只有少數人給我面子，實在心寒！有的人聽到我做保險後，連電話都不敢接聽！這就是現實世界！時間過得很快，我在國衛保險不知不覺就一年了。一年來我做保險的收入雖然可以維持生活，但業績一般般。當時中國的保險業還沒有開放，中國雖然有很多富戶，但礙於規定不敢向他們出售保險。我的客戶越來越少，雖然我努力工作，要完成公司指定的目標很不容易。1999 年我的女兒從港大畢業，她很孝順，每個月給我們的家用完全可以養活我們一家人。我的女兒很愛惜我，叫我不要再做保險，好好待在家裡享福就可以了，我就決定離開保險公司，結束了我在保險公司的工作。

1999-2013

116. 時裝採購

2000 年我雖然已經退休，但我當時才 61 歲，身體還很強壯，不想賦閒在家。這時印尼有一個朋友想在雅加達的丹拿阿邦時裝城（Tanah Abang Market） 開時裝批發生意，他叫我幫他在香港採購服裝。這個工作沒有底薪，只有車馬費和佣金，多勞多得。我當時對時裝行業一竅不通，但認識不少時裝店和時裝廠，因為 1995-1996 我在敏彰有限公司工作時做過無紡布銷售經理，經常和時裝店及時裝廠打交道。我在雅加達的朋友給我的任務是按照他的訂單採購，衣服的款式和尺寸都是由他提供。我的主要任務是商討價格，保證貨物質量及保證按期交貨，按期發貨。剛剛開始訂單不大，但我不會吃虧，因為貨款到了我才訂貨，但賺的不多。當時雅加達丹拿阿邦時裝城的客戶除了本地人，還有非洲人，印度人和斯里蘭卡人。本地人的生意在印尼新年和中國新年最旺，因此我接到的訂單在這段時間最多。從香港採購的時裝是由專門的貨運公司負責運輸。貨運費是按每公斤計算，包括到雅加達的報關費，這種貨運服務我們叫 "Door to door services"，即「門到門貨運服務」！ 這種貨運服務給我們省掉很多麻煩，從打包，運送，報關全包。

為印尼做時裝採購最怕是碰到印尼海關「亮紅燈」，即行家說的 "Lampu Merah"! 遇到這種情況時，我們寄去的時裝會被海關扣押一段時間。這種情況在臨近印尼新年時經常發生，因為這個時候海關會進行突擊檢查。他們（海關）的目的除了防止走私和偷稅漏稅，其實是為了「抽油水」！那些貨運公司為了解決困局就像八仙過海，各顯神通，我們只好聽天由命！遇到「紅燈」，丹拿阿邦的市裝批發商就像熱鍋上的螞蟻，心裡煩躁，六神無主！他們日夜盼望「紅燈」快過，不然印尼新年過後那些時裝就賣不出去，血本無歸！

隨著我的朋友的時裝批發生意的發展，他給我的訂單就越來越大，香港供應商再也無法滿足我的朋友的需求。香港的供應商除了無法按時供貨，價錢也無法滿足我的朋友的要求，我必須另找貨源。中國是全世界最大的時裝出口國，是做時裝批發的最大貨源。香港深水埗的時裝店其實也是從中國拿貨。我剛剛採購時裝時因為訂單不太大，所以就在本地取貨。要競爭，就要勇於挑戰，我就把採購目標轉移到中國。我的第一個目標是廣州流花時裝批發市場，那個時裝批發市場毗鄰廣州火車站

和巴士站，交通方便。除了交通方便，廣州流花時裝批發市場配套設施也很好。市場附近有銀行和酒店，餐廳和飯店也近在咫尺，是採購時裝的最佳地方。

我的朋友叫我採購的時裝主要是回教婦女穿的，有的是現成的，有的是訂購的。在流花市裝批發市場我認識了姓吳的潮州人，他一共有三兄弟，老大是大老闆，老二是跑腿的，老三幫他的大哥看店，還有一個女店員負責招待客人。批發店的吳老闆給人的感覺中肯老實，和藹可親，一見如故。我是他的大客戶，每次落單都有一個 40 尺貨櫃，全部都是用現金支付。他從我這裡賺了不少錢，我也學到了不少有關服裝的知識。在半年之內他賺的錢可以在廣州沙河買一套四十多萬人民幣的房子。我賺的不多，每件衣服我的朋友才給我五毫錢人民幣佣金，但是由於我買的數量大，對我來說也是很可觀的收入。至於年輕人的時裝，我多數是在虎門的富民時裝批發市場入貨。那裡的時裝有很多是按照香港時裝店的樣板裁製的，款式比較新穎，跟時代潮流同步。我買的 T- 恤衫（T-Shirt） 主要是從東莞的大朗入貨。在大朗有很多做 T-Shirt 的工廠，整條街都是大大小小的家庭式 T-Shirt 加工廠。當時到大朗的交通很不方便，我第一次去是坐摩托車去。當時我帶的都是美金，數量不少，坐摩托車很不安全，後來就改租私家車前往。我到這些地方時，多數都是穿短褲和 T-Shirt，非常隨便，所以從來沒有遇到歹徒和強盜，實在幸運。叫我採購時裝的印尼老闆是三十多歲的年輕人，來自印尼加里曼丹（Kalimantan）的坤甸（Pontianak）。在雅加達丹拿阿邦商場做時裝生意的多數都是坤甸人。他做時裝批發賺了不少錢，在短短的半年也自己買了一套房。

這個年輕的老闆沒有讀多少書，文化水準低，但很有禮貌，對我很尊重。他很有魄力，敢於挑戰自己，但有點好高騖遠，胃口越來越大。為了賺更多的錢，他不想再從批發商入貨。他開始自己設計時裝，然後叫我到布料市場去買布，接著就叫染廠根據他的圖案和顏色染色。我看到他設計的圖案和時裝時就提出我的看法，我說：「我覺得你設計的圖案和顏色以及時裝的款式不符合印尼回教婦女的服飾」。他聽到後沒有叫我解釋我的看法，反而反問我，「我是老闆，還是你是老闆？」我說：「你是老闆！」他就說：「那就照我的意見去做！」 我聽了真不是滋味！我不說話了，但我覺得他有點驕傲了。俗話說：「驕傲是無知的產物」，我心裡這樣想但不便說出來！

我按照他的要求到汕頭市汕尾鎮找到一家製衣廠縫製他自己設計的服裝，縫製費每件 2.50 元人民幣。這些服裝按照原定計劃縫製完成和交貨，新年前運到雅加達，正好趕在印尼新年前推出市場。不出我的預料，顧客反映很冷淡，那些設計的不三不四的服裝不受當地的婦女歡迎，只好大減價，損失慘重，一蹶不振！ 2001 年他不做時裝生意了，改行做燕窩生意，在加里曼丹承包了有燕窩的岩洞。他不懂加工，又不向行家學習，採摘的燕窩加工後變成燕窩碎片，根本賣不出去，血本無歸！接著他跟中國魯能有限公司合作，計劃在加里曼丹開採煤礦，花了不少冤枉錢從政府部門拿到批文。魯能派了勘探隊實地探礦，他跟隨勘探隊實地監督，勘探出來的煤是低質煤，貯存量也不足，沒有開採價值，只好放棄！他投入的兩百萬港幣就這樣泡湯。更不幸的是他從加里曼丹勘探回來後得了怪病，差點送命！

117. 抗擊病魔（1）

2001 年我整年閒著沒事，這時有一個台灣人需要我幫忙處理他在印尼搞融資的來往信件和相關的翻譯工作。他用來搞融資的是瑞士聯合銀行（UBS）出的銀行擔保，即 Bank Guarantee，簡稱 BG。擁有這個 BG 的是中爪哇日惹（Jogjakarta）一個叫 E・達馬文的印尼人。這個 BG 價值連城，據稱他的爺爺在荷印時期是日惹王室的管家，那些資產都是他爺爺留下來的。他的資產的數量實在驚人，我在這裡不敢講出來，深怕被人笑話。我雖然半信半疑，但不敢多問，也不敢多說，因為我只是一個翻譯員！這時我經常來回香港印尼處理融資事宜，在印尼一住就是一個月。在印尼辦什麼事都要靠錢，那個持有 UBS BG 的印尼人每次要跟他拿 BG 或出證明都要拿錢，一拿都是 10 幾萬，他不斷地拿。我們拿到那些銀行擔保都無法向 UBS 認證，但 UBS 從來不說那些 BG 是真是假，也沒有看到執法機構插手。當時和我們合作的還有一個在美國紐約的信托機構，即環太平洋信托（Pacific Rim Trust）。這個機構的負責人叫瑪利亞・波芝（Maria Botje）。我們拿到的 BG 和有關文件都是用電郵傳給瑪利亞過目，但最後 UBS 都無法認證。為了融資，那個台灣人欠了很多人的錢，負債累累！我幫助這個台灣人沒有薪酬，只給差旅費及酒店住宿費等費用。我在雅加達多數住在五星級酒店，所以我就當著是免費度假。經過一年的努力，沒有什麼成果，我只好撤退。

2002 年除夕，我正好回香港，那天晚上我特別思念我的二哥胡淑溫。我平時很少打電話給他，因為我每次打電話他都不在家。他的經濟環境不好，生活只靠充蓄電池（電瓶）和出售充電酸（印尼叫 Air Aki 或 Zuur）。當時印尼農村還沒有電，他做的這個行業收入還不錯。後來農村有電了，生意就差了。他天天起早貪黑，為生活奔波。2001 年 12 月 31 日晚，我打電話給我二哥時，是我二嫂接的。當我問她二哥是否在家時，她說我二哥身體不舒服，在家休息。我二哥在電話裡對我說，他最近體檢發現前列腺有問題，可能是癌症。我叫他保重身體和早日就醫。

我當時已經六十二歲了，我的哥哥的病情喚起了我對健康的警覺。2002 年 1 月 15 日，春節過後我就到香港北角柏立基普通科門診找醫生檢查身體。當日當值的醫生是胡奇娜醫生，她是上海人，非常和藹可親，對病人非常關心。我告訴她有關我哥哥的病情，要求她給我檢查我的前列腺。她二話不說就叫我到護士站驗血，兩週後再複診。過了兩週我去複診，驗血結果我的前列腺抗原指數（PSA）是 13ng/ml，大大超出檢驗參考值的 4ng/ml。胡醫生就推薦我到香港的東區醫院進一步檢查。東區醫院安排我在 2002 年 4 月 18 日，星期四見醫生。在東區醫院給我看病的是泌尿科醫生 Dr. S・M・Hou，他看了報告後叫我再進一步做前列腺抗原指數檢查，看看我的 PSA 是不是仍然很高才作進一步處理。當時我的女兒陪我看病，他問 Dr. Hou 如果檢查結果 PSA 仍然超標怎麼辦。Dr. Hou 說到時候會安排我做活體組織檢查，看看是不是癌症。我的女兒問他，「那麼多久才可以知道檢測結果？」他說，「一般要一個月」。我的女兒進一步問：「如果檢查結果我爸爸的 PSA 還是很高怎麼辦？」Dr. Hou 說：「我會馬上安排做活體組織檢查」。我的女兒繼續窮追不捨，問 Dr. Hou：「要預約做活體組織檢查的話，還要再等多久？」Dr. Hou 說，「最快也要一個月」。我的女兒

就回應說，「這麼說來來回回都要兩個月了」。接著她斬釘截鐵地說，「Dr. Hou 我看不要再等檢查結果了，現在就給我爸爸安排做活體組織檢查吧！」

118. 抗擊病魔（2）

2002 年 5 月 16 日上午 7：45 我按時到達東區醫院。要做活體組織檢查必須要住院，入住病房後醫生給我講解檢查程序和有關注意事項。到了下午 4：30 護士用醫院的活動病床把我推到手術室做「活檢」。傳統的前列腺組織活檢稱為「經直腸前列腺穿刺活組織檢查」（Transrectal Ultrasound，縮稱 TRUS，簡稱「前列腺活檢」）。這是將超聲波探頭透過患者的肛門放入直腸，然後在前列腺內隨機抽取 12 個不同位置的活組織進行化驗，以確定是否存在癌變。做前列腺活檢只需要做局部麻醉，所以在檢查時我的腦子非常清醒。當醫生把超聲波探頭插入我的肛門放入直腸時我感覺到有一個又粗又長的東西進入我的身體，感覺有點不適，但並不很痛。做完「活檢」後我就被送回病房休息。在等候醫生查房期間，我偷偷地看我的醫療報告，從字裡行間我看到一個月前我的前列腺檢測結果，即抗原指數（PSA）是 18ng/ml，比第一次檢測時還高！到下午五點左右醫生查房，問我有沒有感到不舒服。吃完晚飯後我就辦理出院手續和預約手續。

2002 年 6 月 18 日，我做「活檢」後的一個月又兩天，星期二，我的女兒陪同我去見 Dr. Hou 看我的檢測結果。我的女兒是很虔誠的基督徒，在去見 Dr. Hou（侯醫生）之前她帶我到東區醫院的小教堂祈禱天父保佑我。我們見到侯醫生時，他告訴我「檢測」結果不理想，我的格里森指數（Gleason Score）是 9 分！在臨床上格里森指數 2-5 分的癌屬分化好的癌，9 分是分化差的癌。格里森指數最高是 10 分，我的是 9 分，說明我的前列腺癌細胞已經浸潤包囊。這就是說，我的前列腺已經不能做手術了，只能用內分泌治療和做電療！

聽了侯醫生的解釋，我非常鎮定，我的女兒也強作冷靜。接著，她就問侯醫生有關治療方案。侯醫生先給我安排做磁力共振（MRI）以便進一步瞭解我的前列腺癌的情況。他說，如果在東區醫院做磁力共振就要排期，最快也要半年左右才能輪到我。我們同意侯醫生的安排，拿了東區醫院的預約紙後，我的女兒就帶我到銅鑼灣的聖保祿醫院登記做磁力共振。聖保祿醫院是香港著名的私家醫院，收費比公立醫院貴很多。我們有東區醫院的預約紙和推薦信，院方同意給我們折扣，只收我們港幣 8,000 元左右，但次日就可以做檢查，不用排期。除了要做磁力共振檢查，侯醫生還建議我做同位素骨掃描（Isotope Bone Scanning）來診斷我的前列腺癌細胞有沒有骨轉移。當時聖保祿醫院不能做同位素骨掃描，我們只好到香港的養和醫院做檢查。養和醫院是全香港最高級的私家醫院，很多富豪和名人及明星在這裡看病，醫術和設備都一流，收費也是一流！當時在養和醫院做同位素骨掃描大約要兩萬塊港幣，由於我們持有東區醫院的介紹信，結果只收我一萬多塊港幣。我當時已經沒有工作了，完全沒有收入了，我的女兒又正好在港大讀牙醫矯齒科（Orthodontist）碩士學位，經濟壓力很大。我太太的二姐得知我的病情就主動伸出援手。

隔了一個星期，我的同位素骨掃描有了結果。上帝保佑，

檢查的結果令人鼓舞！我的前列腺癌雖然已經屬第三期，但前列腺癌細胞沒有骨轉移！養和醫院的醫生在報告裡寫著，「對這麼大年紀的人來說他的盆骨是非常好的！」，醫生用英文寫道 :"For a man at his age, the bone of his pelvis is accentuated good"! 感謝上帝保佑，也感謝上帝給我一個好女兒，在面對病魔時她不遺餘力地在經濟上和精神上支持我和鼓勵我，使我能夠得到及時的治療。

119. 抗擊病魔（3）

我還沒有做磁力共振和同位素骨掃描時，由於東區醫院泌尿科病人太多，排期長，我就被轉介到觀塘基督教聯合醫院。聯合醫院泌尿科的主診醫生 Dr. Frankie Ho （何醫生）和 Dr. Que（郭醫生）看了我的檢查報告後認為我的前列腺已經不適合做手術，只能做放射治療，即電療。這時我就用英文問郭醫生，"How long is my life expectancy?"（我還可以活多久？），他很坦率地跟我說，"Normally 5 years!"（一般五年）。為了確證他的判斷，我就特地到旺角去找我在機場工作時的公司醫生 Dr. Affandy Hariman（李奮平醫生）。他是印尼華人，在加拿大學醫，和我非常熟。我把我的病情向他述說後，他也很坦白地說，像我這種情況，最多只能活五年！五年真是屈指可數啊！

回到家裡，當我的家裡人得知我只有五年命，全部都哭成淚人，唯獨我一個不哭。這時我的女兒就問我，「爸爸我們大家都哭的很傷心，你怎麼一點都不哭？」我就說，「現在大家都很傷心，如果我也哭了不是更加傷心！」接著我就說，「既來之，則安之！我們把一切都交給上帝吧，相信上帝會保佑我的！」我的女兒聽了我說「我們把一切都交給上帝」，就補充說：「信上帝得永生！」由於觀塘聯合醫院沒有放射科，只好把我再轉回東區醫院。東區醫院放射科位於東樓L2，設備先進，裝修猶如酒店大堂，大堂休息室擺有真皮沙發，而且還不停播放使人感到舒適和輕鬆的音樂。這個輕鬆舒適的環境使病人的緊張心理立刻消失。我等了十幾分鐘後，放射治療師出來見我。他向我解釋放射治療的過程和注意事項後，就領我到放射治療室做準備工作。這個放射治療叫IMRT（Intensified Modulated Radiation Therapy），強度調控放射治療，即把用電腦操控的高能射線精確射入前列腺來殺死癌細胞，使其不能再複製以便達到治療效果。

為了避免破壞鄰近的好細胞，放射醫療團隊在放射治療前在我的下半身背後，自腰部到臀部，用基乙烯做了一個類似時裝店人體模特的屁股模型，並在尾龍骨處開一個小洞口用於射入高能射線。每次要做放射治療必須準確地放上這個保護裝備。為了精確擺放保護裝備，醫護人員在我背後用紅筆劃上記號。一切準備就緒，我於2002年9月2日就開始做放射治療。放射治療的程序並不複雜，但保護工作必須做好。在放射治療前醫護人員必須小心翼翼地把保護裝備精確地擺放在我的身體，使高能射線射入我的前列腺時不會破壞鄰近前列腺的好細胞。搞好防備工作後，醫護人員就離開X光室，從隔壁的保護室遙控操作。準備工作需要較長時間，但X光照射很快，前後只需十多分鐘，一點也不會感到不適。

根據要求放射治療必須持續地進行，中途不能停止，除了

星期六、日，天天必須不間斷地做，我一共做了三十八次放療，全程需要五週左右。在治療的過程中，我除了感到很疲勞和皮膚痕癢，其它嚴重的副作用，如尿失禁和尿道炎及直腸發炎、肛門不適和腹瀉都沒有發生。但是「天有不測風雲」，2002 年 10 月底，當我從深圳探朋友回來時，在經過羅湖城時我的左腳突然感到疼痛，而且越走越痛。我像跛腳鴨一樣一拐一拐地拖著腳回家。第二天我就去找鄭澤德醫生看病，他診斷是膝關節積水（Water on the knee），當時我左邊的膝蓋已經腫的很厲害。鄭醫生馬上用很大的針筒把我膝蓋裡的積水抽出來，一次過抽了 20 毫升（20ml）。我的膝蓋馬上不腫了，走路也恢復正常了。過了一個月，我的膝蓋又積水了。這次鄭醫生又從我的膝關節抽出 15 毫升的積水，抽完後我的膝蓋覺得不痛了，走路也正常了。過了幾天，我的膝關節卻僵硬了，而且是彎彎的直不起來。鄭醫生寫了轉介信叫我到香港東華東院做物理治療。做了幾次，沒有好轉，我只好聽天由命，把一切交給上帝！

2003 年初，有個國內朋友委派我到印尼雅加達處理一些融資事宜，沒有底薪，但全部費用由他支付。當時香港正好沙士（SARS）爆發，我急於離開香港，我就無條件接受。到了雅加達後我就入住柏芝農安區的紅頂酒店（Red Top Hotel, Pecenongan ，Jakarta）。這個酒店就在市區，交通方便，印尼餐、西餐及中餐都有。我的工作很輕鬆，只是看看中文、印尼文和英文文件及發發電郵，非常輕鬆。該酒店雖然只是四星級酒店，但有很好的游泳池。當時我有腳患，不便走路，每天早上我就到游泳池游早泳。我的腳很僵硬，最初只能在游泳池邊練習踩水及慢慢順著池邊游泳。過了大約一個月，我的腿沒有那麼僵硬了，我就繞著游泳池游泳。我持之以恆，每天早上游早泳，過了大半年，我的腿不藥而癒！真是神奇！我在印尼前前後住了一年，到 2003 年年底沙士疫情基本上已經受到控制，我在椰城的任務也結束了。我在椰城紅頂酒店好吃，好住，到我回香港時身體已經練的棒棒的！

2003 年我從印尼回到香港後，就開始回顧一年來和病魔鬥爭的經歷。一年來我之所以能夠從容地、頑強地面對病魔，除了我對病魔有「既來之，則安之」的心態以及親朋好友的大力支持和幫助，還有一個不可否認的精神支柱，那就是「信耶穌得永生！」主耶穌說：「凡喝這水的還要再渴；人若喝我所賜的水就永遠不渴。我所賜的水要在他裡頭成為泉源，直湧到永生」（約 4:13-14）。為了驗證這個真理，每逢星期日我和我的太太就到教會參加主日崇拜，同時還參加主日學來加深我對聖經的認識。經過努力學習和見證，2003 年聖誕節我和我太太終於在北角循道衛理堂得到洗禮，成為正式的基督徒。

120. 休養生息

我成為基督徒後心靈感到安寧。以前我總以為自己無用武之地，想在有生之年再大幹一場。我得了一場病以後感到身體健康比一切更重要。傳道者說：「虛空的虛空，凡事都是虛空。人一切的勞碌，就是他在日光之下的勞碌，有什麼益處呢？」（傳道書 1:2-4）。2002 年 10 月我雖然已經做完「放療」，健康也已經逐步恢復，但是我畢竟還在康復中，不能過度勞累。2003 年 9 月我的女兒的千金出生了。我女兒雖然請了一名印傭，但當我的女兒女婿上班時就需要有人在家看顧一下。我從印尼回來後，如果天天賦閒在家對康復沒有好處。為了打發時間，

我每天就寫寫我的回憶錄英文版和看看剛剛出生的孫女。她叫Valerie，意思是堅強，浪漫，美麗，高雅，實際，勇敢，務實。另外，我還經常到我家附近的小公園或維多利亞公園做晨操。

在神的保佑下和我的家裡人以及親友的關懷下，加上我本人堅強的求生欲望，我的康復情況令人滿意。為了增強我的體質，從 2004 年到 2006 年我到香港泰山公德會求診。泰山公德會是民間的抗癌機構，為癌症病患者提供中醫治療和精神康復工作。吃了中藥後，我感到身體越來越好。2004 年，香港非典肺炎，即沙士剛過，百業待興。疫情期間旅遊業、酒店業和航空業受到沉重的打擊，需要振興。為了使旅遊業早日復甦，國內和香港的旅行社紛紛減價招客。這時候到上海、蘇州、杭州五天四夜基本團費只有港幣 980 元。到四川重慶四天三夜住五星級希爾頓酒店（Hilton Hotel）基本團費只要港幣 1450 元。為了散散心，我就和我的大舅子劉耀華報團參加。這段時間我過著無憂無慮的生活。

時間過得真快，一晃眼就到 2006 年。這一年是我們印尼瑪琅中華中學（瑪中）建校 60 週年大慶。那年七月我回印尼瑪琅參加校慶。我的二姐和妹妹也是瑪中的校友，但她們高中畢業後很少參加校友會的活動。為了讓她們能夠體會校友會的溫暖以及和以前的老師和同學見見面，我就邀請她們參加校慶活動。這次瑪中校慶由來自世界各地的 4300 多人參加，非常熱鬧，非常隆重。校慶期間，我們還舉行了瑪中大學奠基儀式。

在「飲水思源」和「事在人為」的精神的鼓舞下，瑪中大學校董會、世界各地瑪中校友會和各界華人社團群策群力，不怕艱苦，在短短的一年內瑪中大學的主樓和可容納 4500 人的簡易大禮堂終於建成了。2007 年 7 月 7 日印尼華人第一所創辦的瑪中大學終於正式成立了。這所以三語（印尼語、英語和華語）進行教學的華人大學的誕生使印尼華人和全世界的瑪中校友非常振奮，非常開心！這標誌著「瑪中」的復甦，標誌著「瑪中精神」從此以後可以繼續開花結果！當天上午在瑪中大學的大禮堂隆重地舉行了瑪中大學落成和開學典禮，吸引了印尼官方，印尼各大院校的代表，社會賢達和全世界 2000 多名瑪中校友參加，使瑪琅這個美麗的山城充滿歡樂和節日的氣氛。

使我感到有些遺憾的是我這次沒法邀請我的二姐胡淑華參加盛典，因為她在同年 3 月 30 日被入屋行劫的流浪漢殺害。她在瑪中讀書時成績優異，品學兼優，1956 年畢業後回美里達中華中小學校教英文和印尼文，深得學生的愛戴。不幸的是她的婚姻生活不美滿！她遇到一個無情無義的負心漢，剛剛結婚一年他丈夫就跑掉了！從此她就過著獨身的生活，無兒無女！她去世的時候我沒辦法到印尼打理她的後事。她在美里達的學生很有情義，他／她們和我的妹妹為她舉行了非常隆重的葬禮，使她得於安息！我離開印尼前特地到她海葬的海邊散花以示哀悼。

121. 同學聚會

2002 年 6 月我得了癌症時，所有醫生都說我最多只有五年命！不知不覺五年過去了，多謝上帝，我的健康狀況越來越好。2006 年 8 月 8 日我們的第二個孫女 Christine 出生了，給我們增添了新的生活樂趣。這個名字寓意是「有活力的，喜歡自由和旅遊，一直在追尋目標」。但願她長大了可以達到她所追尋的

目標。2007 年我除了參加瑪中大學的開學典禮，當年 4 月我還參加了我們廈門大學外文系 61 級同學的聚會。那是自 1965 年我們從廈大外文系畢業後的第一次聚會，聚會地點就在廈門大學。相隔 42 年，廈門大學雖然依舊，但廈大校內卻多了一些新的大樓，由廈門思明南路進到廈大的路上已經不像以前那麼寧靜了。這條路的兩旁以前都是鳳凰樹，到了春天鳳凰樹火紅的花染紅了進入廈門大學的天空！這次的景色使我感到有些陌生了。這時進入廈大校門的道路兩旁已經不像以前了，眼前出現的是道路兩旁多了各色各樣的，大大小小的餐廳、雜貨店和精品店，真是有些不習慣！

42 年了，差 8 年就是半個世紀了！半個世紀對人生來說是一個很長的時間！畢業後，為了參加祖國的社會主義建設大家各奔前程。有的參加援外工作或外交工作而到外國去了，有的到祖國的邊疆去做人類靈魂的工程師，有的參加祖國的三線建設或到祖國最需要的地方去任勞任怨地從事研究工作或涉外工作。現在大家都退休了，大家能夠在一起聚會實在很不容易。見面時大家已經是六十多歲的人了，有的已經不認識了！見面的那一刻，場面實在令人感動。女同學一見面都互相擁抱，久久都不肯放手。男同學見面時，彼此相互握手，有的也相互擁抱。大家激動的都快流下熱淚。接著大家就噓寒問暖，互相交流彼此的經歷。可惜有的同學已經離開我們了，有的由於身體不好不能參加聚會了。

廈門大學是在 1921 年 4 月由著名的愛國華僑陳嘉庚創辦的，創辦初期叫私立廈門大學，1937 年 7 月改成國立廈門大學。聚會期間，我們不忘我們校主的恩典，特地到廈門市集美鎮拜謁陳嘉庚的陵園和參觀中國人民解放紀念碑，緬懷那些為中國人民的解放事業而英勇犧牲的烈士。在廈門的活動結束後，我們就前往長汀。1937 年抗日戰爭全面爆發，中國的大部分高等院校都到西南地區逃避戰火。廈門大學地處東南沿海，根據當時廈大校長薩本棟博士，和各方人士的意見遷移到長汀。經過緊張的籌劃和準備，1937 年 12 月 24 日，廈大師生渡過鷺江、九龍江及十幾條溪流，越過多座崇山峻嶺，長途跋涉八百里，於 1938 年 1 月抵達閩西的長汀，1 月 17 日廈大即開始復課。在長汀期間，我們還去拜謁曾經兩度擔任中國共產黨主席的瞿秋白先生在 1935 年 6 月 18 日英勇就義的地方。瞿秋白的一生是革命的一生，戰鬥的一生，清貧的一生。他不愧為無產階級奮鬥終生的革命者。

122. 戰勝病魔

2007 年底我到東區腫瘤科複診時，主治醫生說我的康復情況良好。臨走時醫生給我一封信，叫我交給觀塘聯合醫院泌尿科主治醫生，並且說以後不用再到東區腫瘤科複診了，今後我的前列腺問題就交由聯合醫院負責跟進。我按照預約時間到觀塘聯合醫院複診時把東區醫院腫瘤科寫的信交給泌尿科的主治醫生。醫生打開信件後就向我祝賀說，「恭喜你了，你終於畢業了。你的前列腺癌康復良好，以後要繼續定期複診。」接著他問我，最近身體狀況如何？我告訴他，大致上很好，只是嚴重便秘，長期排便困難。我問他能否給我安排做腸鏡檢查？那個醫生很好，他進一步瞭解我的情況後就給我安排做腸鏡檢查。

當做腸鏡檢查的預約時間到了，我就按照要求在上午 7 點

45 分到聯合醫院辦入院手續。進入病房後護士開始叫我喝清腸胃的藥水及喝大量的水，而且囑咐我到排出來的糞便像水一樣清澈後就向她報告。下午一點鐘，我的排泄物開始像水一樣稀，但還是非常混濁。到了下午兩點鐘，雖然有所改善，但我的排泄物還是發黃。時間很快地過，到了兩點半護士就用移動病床把我推入手術室。醫生先簡單講解腸鏡手術的過程和可能出現的風險，然後叫我簽署免責條款（Disclaimer）。簽完後就叫我向左側臥，屈膝至腹部，再給我做局部麻醉。接著醫生就把一米多長的膠管慢慢插入我的肛門。這個膠管的頂部有迷你窺視鏡，可以檢查腸壁有沒有異常。我當時沒有全麻，頭腦很清醒，從電視螢幕上我可以清楚看到內窺鏡在我的腸裡走動的情況。由於我沒清好腸胃，醫生看的不清楚。他一邊做，一邊罵：「點攪㗎？！你到底有冇屙屎啊？！咁「黃黚黚」嘅！」（普通話：「怎麼搞的？！你到底有沒有拉屎？！這麼混濁啊！」）。醫生顯得很不耐煩，他不想做了，就把內窺鏡膠管拔出來。在他把膠管拉出來時，我肚子裡剩餘的排泄物就像洪水一樣噴出來了！我只聽到那些護士作嘔的聲音。護士把墊在我下體的塑膠布拿走後就換上新的，並且清理我下體的髒物。接著醫生又重新把窺視鏡膠管插入我的肛門，沒想到這次終於成功了。檢查結果我的腸壁沒有息肉。

我平平安安地渡過 2007 年。這年我太太從怡中航空公司退休了。2008 年 1 月 27 日 -1 月 29 日我和我的太太參加「星級假期」南寧、德天瀑布、中越邊界三天兩夜逍遙遊。1 月 27 日我們到達南寧時正好是年三十晚，家家戶戶都在吃團圓飯，南寧市面冷冷清清。我們在酒店吃完晚飯後就自由活動。我們倆選擇留在酒店休息，準備次日一早到德天瀑布。德天瀑布離南寧有200公里，搭旅遊巴士大約要三個多小時。1月28日我們吃完早餐就出發，上午大約十點半就到達。德天瀑布是亞洲第一、世界第四的跨國瀑布。它橫跨中越邊界，與越南的板約瀑布（Ban Gioc & Duc Thien）相連。瀑布落差70米，瀑布的水飛洩而下時斷成三截，形成梯田式的瀑布，非常壯觀，非常美妙和獨特。我們乘竹排到瀑布落水後形成的湖中心拍照留念後就下船。下船後我們就順序到一級、二級及三級瀑布觀景台觀賞瀑布的奇特景色。欣賞完瀑布美景後，我們就前往建在山坡上的餐廳用膳和休息。下午我們就到中越邊界的國界碑拍照留念和購買當地的土特產。在邊界參觀完畢後我們回南寧。在南寧住了一夜後就回香港。我們的行程雖然很短暫，但我們感到非常開心。

123. 大難不死

2008年3月我陪一位毛利求斯鰥夫朋友到印尼相親。他已經快六十歲了，但還是很挑剔，結果相親不成，住了幾天就回香港了。回香港不久，我太太的大姐姐和大姐夫從美國來香港探親。2008年4月4日，農曆4月5日，星期五，是清明節，是公眾假期。我太太叫我帶他們到赤柱玩。赤柱是香港的熱門景點，除了風景優美，還有吸引中外遊客的赤柱市集和各式各樣的中西餐廳。上午大約九點鐘我從北角和他們搭乘63號巴士前往赤柱，十點多鐘順利到達。到達後我順著路邊的人行道準備帶他們過馬路前往赤柱集市。人行道不很寬，而且斜坡較陡，我走在前面領路，我太太的大姐姐跟隨在我後面，大姐夫在後面隨行。走了一段路，大姐夫突然大聲喊叫大姐的名字：「瓊……瓊……瓊……！」我聽到驚慌的喊叫聲就馬上回頭，

這時我看到我太太的大姐在踉踉蹌蹌地往前撲向我。我本能地用手擋住她，但她的衝力太大，我擋不住她。我被猛力地撞倒，背部正好撞到石壘的角邊。我頓時感到天旋地轉，我的內臟好像天翻地覆一樣。幸好路邊有兩個路人救我，一個打 999 叫救護車，一個跪在我身邊安慰我。我眼睛開始發黑，奄奄一息。這時我聽到跪在我旁邊的那位男士在我耳邊很緊張地說：「阿叔……阿叔 ……你千萬別睡著……你千萬別睡著……！」接著，那個打電話叫救護車的男士準備把我抬到較陰涼的地方休息。這時，我突然甦醒過來，我就說：「千萬別動我，我的骨頭好像已經散了……！」不久我就聽到救護車來了，救護員就用擔架床慢慢地抬我上救護車。

上了救護車後，救護員就給我戴上氧氣罩。到了東區醫院急珍室，在辦理手續時，救護員脫下我的氧氣罩。接著就問我：「阿叔，你平時有沒有練氣功？」我忍著疼痛用微弱的聲音回答說，「沒有……，我……，我是練空手道的，我……，我……平時有練俯臥撐！」聽到我的回答，那個救護員就說，「怪不得，你的背部肌肉很厚，很發達。你跌倒時撞擊力好大，還好你的背部肌肉把撞擊力卸了！不然就會更嚴重！」辦完入院手續後，醫護人員就馬上用活動病床送我到 X 光室拍片。拍肋骨骨折 X 光片和拍胸片不一樣，必須要躺在特製的金屬板床上拍攝。拍攝過程雖然簡單，但當 X 光室的醫護人員把我搬到金屬板床平躺，然後側臥時，我感到疼痛難忍。拍攝結果顯視，我背部的四條肋骨骨折，還有一條斷裂成兩截。慶幸的是，那一條斷裂的肋骨沒有移位。如果移位穿破橫膈膜就麻煩了。背部肋骨骨折不用打石膏，只需吃止痛藥和臥床休息。剛剛受傷的頭兩天，我不可下床走動，要小解就只能用尿壺，非常麻煩。

第三天我便急，就忍痛下床到廁所大解，結果被護士發現了。次日，即第四日就叫我出院在家療傷。

我出院時醫生給我一大包「必理痛」（Panadol），吩咐我覺得痛時就吃藥。背部骨折呼吸時會感到一陣一陣的痛，但我還能忍受。當時我最怕的是咳嗽或打噴嚏，特別是打噴嚏。打噴嚏時我會感到骨折的肋骨痛的好像撕裂一樣，胸部也覺得好像快爆炸。另外是大解時一用力也是痛的要死。剛剛受傷幾天我每天晚上痛的睡不著覺，只好吃「必理痛」止痛。「必理痛」雖然可以舒緩我的疼痛，但我不敢多吃，我吃了大約一星期就不吃了。由於肋骨骨折沒法打石膏，要早日癒合就只能乖乖地臥床休息。中國民間有一種傳統說法是「傷筋動骨 100 天」，意思就是說，患者傷筋斷骨後，癒合起來大概需要 100 天的時間。骨折後一星期，我雖然已經可以下床自己做飯，但吃完飯後我就臥床休息不敢到處走動。過了兩個月，我的骨折痊癒了，但我不能像以前做激烈的運動。結果我那健實的肌肉鬆馳了，力氣小了，體質也比以前差了。可是我已經非常感恩了，因為我大難不死！

124. 台灣之旅

2009 年 -2010 年，我的健康相對穩定，這兩年我和我的太太就抓緊時間到處遊玩。2009 年 4 月 20 日到 24 日我們參加信成假期五天四夜的台灣環島遊。在五天內我們去了高雄、阿里山、日月潭、花蓮、台中、太魯閣國家公園（Taroko National Park）及臺北。太魯閣國家公園是台灣的八大景點之一，位於台灣的花蓮縣秀林鄉富世村。太魯閣斷崖峭壁縱橫，氣勢磅礡

壯觀，又精緻清幽，非常優美。除了太魯閣國家公園，使我印象很深的旅遊景點是阿里山國家森林公園遊樂區。阿里山國家森林公園遊樂區位於台灣的嘉義縣，是台灣著名的旅遊景點。我記得我們當時是從台中搭旅遊巴去的。旅遊巴司機是台灣的復員軍人，駕駛技術一流。我們快到達阿里山山區時，山路崎嶇，我們所乘的旅遊巴沿著山崖慢慢爬行，下面是懸崖峭壁，非常驚險。我們從車上往下看，看到的是深深的山谷，感覺好像從飛機上往下看一樣，真是可怕。還好旅途順利，我們終於平安到達阿里山的遊樂區。阿里山遊樂區到處都是參天大樹，使人感到非常涼快和清新。阿里山的森林火車舉世聞名，是世界文化遺產，據說是世界上最高的鐵路。中午吃完午飯，烈日當空，我們就搭乘阿里山森林火車像蝸牛爬行一樣迴旋在阿里山森林區。到了下午太陽快下山時我們就搭乘旅遊巴到我們的最後目的地臺北市。在臺北我們參觀了台灣最高的摩天大廈，即位於臺北市信義區，高 508 公尺的 101 大樓、中正紀念堂、臺北故宮博物院等。2009 年 4 月 24 日下午我們就搭乘中華航空公司的班機回到香港，圓滿完成了五日四夜的台灣環島遊。

125. 東歐之旅（1）

2009 年我的行程安排非常緊密，4 月 24 日我們從台灣回來後，在家裡休息大約五個月，9 月 16 日 -26 日我們又參加「捷旅」（Jetour）組織的 11 天 10 夜東歐七國遊。從香港我們是搭乘德航（Lufthansa）的夜班機途經德國的慕尼克（Munich）前往匈牙利首都布達佩斯（Budapest）。布達佩斯是歐洲的第九大城市，是歐洲的中轉站，位於多瑙河旁，非常漂亮。我們到達布達佩斯時，天色已經天黑了，我們乘坐旅遊巴士一邊欣賞布達佩斯的夜景，一邊前往我們下榻的假日酒店（Holiday Inn）。那天晚上我們安排自由活動，但由於接下來的旅程安排很緊密，所以我們就沒有人上街。第二天我們就乘坐遊船沿多瑙河欣賞布達佩斯的美麗景色。上岸後我們就參觀塞切尼鏈橋、漁人堡、國會大廈、英雄廣場、聖伊斯特萬聖殿、馬加什教堂和中央廣場。

我們離開布達佩斯後就前往前南斯拉夫的克羅地亞（Croatia）。克羅地亞位於中歐、地中海和巴爾幹半島交匯處，首都及最大城市為札格雷布（Zagreb）。我們到達時已經天黑了，我們就直接到入住的酒店休息。第二天我們就前往克羅地亞著名的旅遊景點十六湖區參觀。這個被稱為美如仙境的世界文化遺產位於克羅地亞中部山區。它成立於 1949 年，是東南歐最悠久的國家公園。十六湖區國家公園的喀斯特地貌使這裡出現層層疊疊、高低落差的漂亮湖泊。其優美的景色使它取得「人間仙境」的美稱。參觀完十六湖區國家公園，我們就到當地著名的餐廳享用克羅地亞美食。這些美食包括土豆燉牛肉、海鮮墨魚飯、特製魚湯（克羅地亞魚湯）、克羅地亞火腿、海鮮和具有特色的肉類義大利麵等。甜品是當地人在節假日用來送禮的薑餅。飲料方面則有當地的紅酒、小麥啤酒和櫻桃酒（Maraschino）。吃了中午飯我們就前往參觀克羅地亞內戰時期（1991-1995）戰區的痕跡。在那裡我們可以看到彈痕累累的牆壁，變成廢鐵的大炮和坦克等戰爭廢墟。從那些頹垣敗瓦我們可以想像當時戰鬥的慘酷和激烈。1991-1999 年在英美等西方國家策劃下，南斯拉夫解體，導致斯洛文尼亞戰爭，克羅地亞戰爭，波士尼亞戰爭和科索沃戰爭。引致 140,000 人死亡的南斯拉夫內戰，據稱這是第二次世界大戰以來最慘烈的戰爭。

參觀完波士尼亞戰爭的廢墟後，我們的心情非常沉重，我們需要舒緩一下神經。接著我們就去參觀位於地中海畔，亞德利亞東岸的克羅地亞西南部第二大港口城市斯普利特（Split）。由於得天獨厚的地理位置，斯普利特的風景非常優美，加上市內有許多古老的建築物，它是到克羅地亞旅遊必到之地。在斯普利特我們參觀了當地著名的景點戴克里先宮、斯普利特主教座堂、梅什特羅維奇美術館和巴克維海灘。我們在斯普利特停留的時間很短，沒法到處去玩，錯過了很多美麗的景點。如果是自由行，我們就可以參加市內觀光巴士旅遊（Split Hop-on Hop-off Bus Tour），實在太可惜！

參觀完斯普利持，我們就回到原來住宿的酒店。次日吃完早餐後我們就搭乘旅遊巴士前往位於克羅地亞西北部大約 200 公里的斯洛文尼亞。一路上克羅地亞的農村風光映入我們的眼簾，使我們感到心曠神怡。快到斯洛文尼亞時，村莊的風景更加漂亮迷人。村莊裡稀稀拉拉的紅瓦白牆村屋給我們這些居住在石屎森林的人非常幽靜和舒服的感覺。農地裡看不到有人在耕作，也看不到來往的人和車輛。我們的旅遊巴士一路不停地，飛快地奔跑著，經過大約 2 個多小時的車程，上午 11 點多我們終於到達斯洛文尼亞的首都盧比安納（Ljubljana）。盧比安納很小，但是非常美麗精緻。盧比亞拿城中間有一條小小的河流，在河的兩邊餐廳和酒吧林立。這裡到處可以看到小橋流水，使人感到非常舒服。那天中午旅行社沒有安排午餐，我們各自到喜歡的餐廳用膳。我從旅遊指南得知斯洛文尼亞的德國香腸很出名，我叫了一盤香腸和一大杯啤酒。這裡的香腸是人工製造的脆皮香腸，肉質很好，吃起來很香，又不油膩。我的太太叫了一碗當地特製的酸菜湯和義大利麵。

吃了中午飯，我們就到廣場轉一轉，看看這個城市標誌性的飛龍雕像和參觀 1903 年開業的百貨公司。接著就參觀 13 世紀初建的聖芳濟會報喜教堂。這個主教堂雖然有將近 800 年的歷史，但保養的很好。我們去的時候正好是星期五，教堂裡沒有多少人崇拜，但遊客卻不少。我們還參觀了 1899 年落成的斯洛文尼亞總統宮、總理府和政府辦公大樓。這個「三合一」的政府大樓已經有 100 多年的歷史，一點都不起眼。盧比安納很小，一天就可以遊完，所以安排我們自由參觀。晚上我們就住在一間舒適幽靜的 5 星級 Grand Topice Hotel 。離開斯洛文尼亞後，我們就前往奧地利邊境的薩爾斯堡（Salzburg）。薩爾斯堡是奧地利的第四大城市，是世界聞名的音樂家莫札特的出生地。在這裡我們參觀了薩爾斯堡要塞、米拉貝爾宮和海爾布倫宮。奧地利號稱音樂之國，充滿音樂氣息。除了參觀以上景點，我們還參觀了舉世聞名的電影《仙樂飄飄處處聞》的拍攝場地。

126. 東歐之旅（2）

遊完薩爾斯堡我們就乘旅遊巴士前往捷克的古姆洛夫（Kumlov）。古姆洛夫是捷克的一個小鎮，它保持著歐洲中世紀的風貌，是聯合國的文化遺產。我們到達古姆洛夫時夜幕已經降臨，街燈已經開始亮著，給這個古鎮增添了不少色彩。那天晚上我們在古姆洛夫一間古色古香的五星級酒店過夜。次日我們就去參觀古堡。參觀完古堡我們就前往一個觀景台，從高處鳥瞰古姆洛夫全景。接著我們就前往捷克（Czech）的首都布拉格（Prague）。到了布拉格我們就在一家中國餐廳享用中式午餐，用餐後我們就馬不停蹄地去玩。布拉格有六大景區，即舊城區、新城區、猶太區、小城區、城堡區和高堡區。我們在

布拉格只停留兩天一夜，所以只能重點參觀。人家說：「沒來過查理橋別說你來過布拉格」。查理橋全長 516 米，但要走完整座橋也要一個小時左右，這是因為橋上遊客眾多。這些遊客都爭著找有利的位置拍照，經常出現人擠人的現象。參觀完查理橋我們就去看看橋墩下的精品店和小食店。然後我們就到舊城區，這是到布拉格旅遊的遊客必須參觀的景點。在這裡，我們參觀了舊城廣場、舊市政廳、天文鐘、聖尼古拉教堂和哈威爾市集等。離開舊城區時，天色已經黑了，我們就乘著旅遊巴士看看布拉格的市容和夜景。然後前往我們下榻的布拉格全景酒店（Panoroma Prague Hotel）。

遊完捷克，我們就乘旅遊巴士前往距離布拉格 150 公里的德國薩克森首府德雷斯頓（Dresden）。我們到達德雷斯頓時正好是午飯時間，旅行社就安排我們在一間德國餐廳享用德國豬手餐和德國啤酒。吃完午餐我們就繼續前往我們的目的地柏林。我們到達柏林時已經是吃晚餐的時間，我們就在一家中國餐廳用餐。吃完晚飯我們就前往我們下榻的 Penta Hotel Koepenich。次日我們才開始參觀柏林的景點。柏林的景點不少，但我們在柏林只有兩天一夜的時間，我們只能重點選擇。我們的領隊首先帶我們參觀著名的勃蘭登堡門（Brandenburg Tor）。於 1788-1791 年，由普魯斯國王威廉二世建造的這個拱形建築是德國的國家象徵標誌。我們在那邊拍照留念後就去參觀德國的國會大廈（Reichstag Building）。接著就去參觀柏林圍牆。柏林圍牆是第二次世界大戰結束後東西方冷戰的產物，1961 年 8 月 13 日建成，全長 167.8 公里。東德政府稱這個圍牆為「反法西斯圍牆」，是為了防止東德人逃亡到西德。隨著世界政局的改變，在以美國為首的西方國家的壓力下，1990 年 10 月 3 日東德政府同意拆除圍牆。我們到這裡主要是參觀「查理檢查站」（Charlie Checkpoint）。這個檢查站以前是盟軍、非德國人和外交人員在東西柏林之間出入的關口，現在已經成為到柏林旅遊的參觀點。接著我們就參觀柏林圍牆博物館。這個博物館記錄了 1960-1990 間東德人民為了逃到西方冒險越牆而發生的不幸事件。博物館裡還保留了當年柏林圍牆的遺跡。接著我們就去參觀歐洲被害猶太人紀念碑。這是一個占地 19,000 平方米，安放 2,711 塊，在斜坡上排列的混凝土板。在地下的資訊處還列出從以色列到歐洲各地被殺害的猶太人的名字。

參觀完畢後我們就安排自由活動，我們就和三五知己找一個餐廳吃午餐，喝喝咖啡和聊聊天，然後就去柏林的商業區逛商場。離開柏林後我們就乘旅遊巴士前往波蘭的第四大城市弗羅茨瓦夫（Wroclaw）。 晚上我們下榻於該市舊城區的五星級 Radisson Blu Hotel，並且在酒店享用豐盛的晚餐。次日我們就前往華沙，參觀新城區的文化宮、湖上公園蕭邦雕像、歌劇院等。接著我們就前往舊城區的華沙抗暴紀念館、在 Freta 街 16 號的居禮夫人故居和舊街市廣場。當天晚上我們在一間叫 Restauracija & Cafe 的高級餐廳享用極其豐富的晚餐和美酒。席間我們還觀看了非常精彩的波蘭歌舞表演。吃完晚飯後我們就入住華沙的 Sheraton Hotel。2009 年 9 月 26 日在旅店吃完自助早餐後，我們就前往機場搭乘德航班機途經德國慕尼克回香港，圓滿結束了 11 天 10 夜由香港捷旅假期（Jetour Holiday） 組織的東歐豪華遊。這是我的孝順女在我 70 歲生日送給我的生日禮物。我的兒子給我的生日禮物就是為我的英文版回憶錄設計封面、插圖和排版，並且幫我搞成和真正的書一樣的電子版，使我的回憶錄能夠在我 70 歲生日那一年順利出版。

127. 符拉迪沃斯托克探索之旅

2009 年 9 月 25 日我們從東歐回來，在家裡休息兩個星期後，同年 10 月 7 日 -10 月 14 日又參加 7 天 6 夜的符拉迪沃斯托克探索之旅。由於當時香港沒有到符拉迪沃斯托克的直達航班，我們就搭乘北方航空公司的飛機取道東北的哈爾濱陸路前往。在哈爾濱期間我們參觀了著名的聖索菲亞大教堂、冰雪大世界、太陽島風景區、東北虎林園、俄羅斯風情小鎮、史達林公園、克里戈里大街和哈爾濱極地館。在哈爾濱的最後一天我們就參觀位於黑河市，青山鎮的五大連池風景區。五大連池是中國著名的火山旅遊勝地，風景區內有十四座死火山。西元 1719 年至 1721 年間火山爆發時，噴出的火山岩堵塞了河道，形成了五個互相連通的熔岩堰塞湖，所以叫五大連池。五大連池風景區很美，但參觀時要從山腳爬很高很高的斜坡，非常辛苦。參觀完五大連池我們就前往中俄邊境城市綏芬河市。

我們在綏芬河住了一夜，次日一早就經過綏芬河口岸前往俄羅斯。綏芬河口岸不大，在離境大堂我們見到很多俄羅斯婦女。她們拖著手拉箱，挽著大包小包在排隊過安檢。這些婦女都是做邊貿生意的採購團。還好我們的旅行團有特別通道，不用和那些婦女排隊過關。過了關就有專用巴士送我們到俄羅斯關卡。俄羅斯的關卡不設旅行團專用通道，我們必須要和那些婦女採購團輪候排隊過海關，非常麻煩。過了海關，還要過移民局。俄羅斯的移民局人員不熱情，就像中國改革開放前的邊防檢查人員一樣冷淡，工作效率很低。俄羅斯的入境站很簡陋，沒有綏芬河的離境大堂漂亮。出了移民局，我們就被送到一個非常簡陋的休息站等候俄方派來的旅遊巴士。休息站像一個鄉村街市，有賣菜的、賣水果的和小賣部，還有收費公廁。

到了上午大約十點多鐘，我們的旅遊巴士終於來了。這個旅遊巴士像我們六、七十年代的公車，是韓國「現代」（Hyundai）的二手車。我們的司機大約四十歲左右，戴鴨舌帽，見人不會打招呼，從來不微笑，也不說話。他一上車就開啟播放俄羅斯歌曲的收音機。我們在綏芬河看到的是漂亮的建築物，到了俄羅斯邊境除了邊防檢查站和休息站附近的獨立房，就沒有什麼建築物。離開休息站後我們搭乘的巴士一路沿著廣闊的、一望無際的、長著蘆葦的荒野上跑。由於已經是秋天，荒野上的蘆葦已經變黃，一路上的景色非常單調，使人感到昏昏欲睡，大部分團友就趁機睡午覺。

當夜色降臨的時候我們才到達我們的目的地符拉迪沃斯托克。一到達符拉迪沃斯托克我們就被安排在一家東北人開的中餐館吃晚飯。東北人不會煮菜，煮的菜不像廣東人那樣有色香味，而且煮的太爛和太鹹。俗話說：「飢不擇食，寒不擇衣，慌不擇路，貧不擇妻。」我們當時又餓又累，雖然不好吃，起碼可以充飢，只好將就將就了！吃完飯後，我們就入住在一間古老的酒店。酒店沒有什麼華麗的裝潢，大堂的燈也不明亮。次日我們就去參觀符拉迪沃斯托克海軍司令部，離海軍司令部不遠有俄羅斯舊式 C-56 型潛水艇博物館。這個潛水艇不大，我們進到潛水艇時必須要彎腰，一不留神就會撞到頭。接著我們就去參觀東正教堂、凱旋門和符拉迪沃斯托克制高點，晚上我們就吃帝王蟹海鮮餐。

在符拉迪沃斯托克的第二天，我們就去參觀金角灣。金角灣水深 20-27 米，在那邊的港口停泊著俄羅斯各種各樣的艦艇

和商船。我們在金角灣還坐船出海欣賞金角灣的海港美景。吃完午飯，我們就去參觀列寧廣場、符拉迪沃斯托克火車站西伯利亞大鐵路紀念碑、中央廣場和風情一條街。晚上我們被安排觀看俄羅斯歌舞晚宴和脫衣舞表演。那些脫衣舞孃為了賺取外快會從舞臺上走下來，跑到那些色瞇瞇的觀眾旁邊搔首弄姿，賣弄風騷。有些好色的單身遊客就會慷慨解囊，從腰包裡掏出紅色的人民幣塞到那個舞孃透明迷人的底褲。得到打賞的舞孃就會投懷送抱，使昏頭的遊客得意忘形地從腰包裡大大方方地再取出紅色的人民幣給那個舞孃。那個舞孃就以勝利的姿態大搖大擺地回到舞臺上，當著全場的觀眾大大方方地解除最後防線，然後飛快地跑到後臺！看完表演，我們就回到酒店休息。次日吃過早餐就乘巴士經綏芬河往哈爾濱搭乘北方航空公司的班機回香港。我們的七天六夜符拉迪沃斯托克探索之旅終於圓滿結束。

128. 馬不停蹄

從符拉迪沃斯托克回來後我們還是馬不停蹄地繼續旅遊。為了節約版面，我不一一詳細記述，不然我的回憶錄就變成遊記了。2009 年 11 月底我們和瑪中（印尼瑪琅中華中學）第十九屆的校友前往廈門和金門。2010 年 1 月前往馬來西亞的沙巴和汶萊，3 月前往廣東清遠的盤龍峽，4 月 1 日到 5 日前往江西的南昌、九江和廬山。從廬山回來後，第二個星期，即 4 月 12-13 日我們就到廣東肇慶的 OYC 酒店泡溫泉。到 5 月 6 日我們又去了杭州和上海參加廈門大學外文系 1961 級同學會的聚會。從杭州和上海回來後，我們就在家裡休息大約一個月，7 月份又前往泗水和瑪琅的 Selecta 參加新中同學會的聚會。聚會結束後我們就前往蘇門塔拉（Sumatra）的棉蘭（Medan），Brastagi 和印尼的旅遊聖地多巴湖（Danau Toba）。10 月份我們又去湖南長沙和張家界。

到了 2010 年 12 月，當我們準備前往柬埔寨過聖誕節的前兩個星期，我突然尿血。我當時尿血和一般尿血不一樣，不是小便有血絲或小便滲血，而是血流如注。在 2002 年我患過前列腺癌，這次尿血沒有感到疼痛，使我非常擔心。我馬上前往聯合醫院看急診。醫生給我打止血針和吃止血劑後馬上就止血。可是幾天過後又開始尿血，我的女兒就帶我到銅鑼灣私家診所去看泌尿科醫生。那個私家診所的醫生叫郭文偉（Dr. Que Bon We），是我患前列腺癌時在觀塘聯合醫院的泌尿科主任。他給我做電子掃描後，沒有發現我的膀胱有異樣。接著又給我做膀胱內視鏡檢查，也沒有發現什麼問題。他得出的結論是我患前列腺癌做放射治療的後遺症，問題不大。我吃了止血劑後，尿血就停了。我們就按照原來的計劃前往柬埔寨的金邊和吳哥窟去旅行。回來後尿血又復發了，一吃止血藥又停了，根本沒有斷根。

2011 年我們還是不停地去旅遊，除了參加澳門和廣東的短線旅遊，4 月 5 日還到廈門參加廈門大學的九十週年紀念慶典和參加廈大外文系 61 級在廈門、漳州和泉州的聚會。4 月 19 日 -24 日我們就到越南的河內和下龍灣。7 月 5 日 -19 日到印尼瑪琅參加瑪中大學的活動。8 月 26 日 -9 月 3 日我們又參加旅行團到莫斯科、聖彼德堡等主要城市參觀。從莫斯科回來，我們不停地參加到中國的短線旅遊。2011 年 11 月份我在廈門大學外文系的同班同學陳添福和他的太太許明英來到香港探親。有

一天我陪陳添福到香港島半山區去探望他以前的朋友。當時正好是秋高氣爽，天氣晴朗，回來時我和陳添福順著山路慢慢下山到中環的電車站。接著我們就搭電車回家。搭電車後我覺得天氣很熱，就脫掉外套，和添福到電車上層坐在靠窗口的位置。當時風很大，有點涼意，一陣陣的涼風吹到我臉上，非常舒服。

回到家裡後，吃過晚飯我就坐在窗口旁邊一邊乘涼一邊看電視，真是非常愜意。到了晚上九點鐘，我感到嘴角有點僵硬，我就去刷牙準備早點睡覺。一看鏡子，我的嘴巴有點歪了，我一漱口，水就從嘴角邊出來。我感到有點不對頭，就趕緊到香港灣仔皇后大道東 266 號的律敦治醫院看急診。急診室的值班醫生叫我活動我的手腳，都很正常。結論是我面部癱瘓（面癱），學名貝爾氏麻痹症（Bell's Palsy）。這是由於第七條顱神經（面神經）功能障礙引起的，導致無力控制受影響一側的面部肌肉。醫生給我開藥後就叫我次日到鄧肇堅醫院做物理治療。

我按照醫生的治療安排，第二天到鄧肇堅醫院去見物理治療師。物理治療師叫我對著鏡子按她的示範動作做面部運動。做完以後，她給我一張做面部運動的圖解叫我回家後對著鏡子自己做。第二天，當我對著鏡子照自己的臉時，我真是嚇了一跳。鏡子裡的我根本不是原來的我，我右邊的臉已經完全變形了！我已經不認識鏡子裡的我了，我右邊的眼睛向下垂下來，嘴巴也已經歪了。為了儘快康復，我每天早晚做三次面部運動，並且到香港灣仔的工聯會醫務所做針灸。一個月後，當我回到律敦治醫院複診時，我右邊的臉基本上已經恢復原來的樣子。值班醫生感到有些奇怪，因為一般得面癱的人至少要半年左右才能康復。為了鞏固康復效果我天天繼續做面部運動和針灸，不到半年終於完全康復。

129. 奇蹟生還

2011 年 11 月，我得了面癱以後，不敢太過勞累。2012 年我們除了到國內參加短線旅遊，沒有到國外旅行。那年 4 月 1 日 -3 日我們到廣東清遠聚龍灣溫泉度假村去度假。這裡的溫泉是天然溫泉，溫泉池的水是來自地下溫泉。我們在度假村住的酒店是「七星級」酒店。與以往旅遊不同，我們在這裡完全是為了度假，非常輕鬆，非常愜意。酒店裡有中西自助餐和小吃，讓我們盡情地享用。這次旅遊雖然只有三天兩夜，但我們玩的非常開心。5 月 5 日 -6 日我陪同我的太太參加香港高校聯（中國高等院校香港校友會聯合會）組織的廣州番禺祈福醫院體檢團。當時我去的目的不是為了體檢，而是為了替代我太太幫她已經報了名而臨時失約的同學。到了體檢那一天，當我陪我的太太輪候檢查時，護士遞給我一張表格叫我填寫。我就這樣半推半就地參加體檢。抽血時護士在我左右肘上臂都無法抽到血樣，只好在我的手背靜脈抽血。5 月 7 日，即我回到香港的第二天，祈福醫院的護士打長途電話告知我的血液很濃，醫生說是紅血球增生症，叫我再回到祈福醫院進一步檢查和治療。我叫祈福醫院用傳真機把我的檢查報告發送給我。

我的女兒看了報告後就帶我到銅鑼灣恒隆中心 2609-2610 室找邱子洸醫生。邱醫生的私家診所當時正好是開業的第一天，診所還沒有收拾好，估計我是第一個光顧他的人。邱醫生見到我們很開心，我坐下來後他就向我瞭解我的病情和病歷。當聽到我在 2002 年曾經得了前列腺癌時，邱醫生就問我有沒有做放

射治療。我回答他有在東區醫院做過放射治療。邱醫生就問我：「你認識不認識我？」他問的很突然，我一時想不起來，只好說：「認識，認識……」接著他就說：「我當時是東區醫院放射科的負責人，你應該認識我的。」我就回答說，「是，是，我記得，我記得……」我們的話題就這樣開始了。他看了祈福醫院的驗血報告後，就開了一張介紹信叫我到他的診所對面的化驗所再驗一次血。第二天，我拿到驗血報告後再次找他。他看了報告後就說，「東區醫院的血液科主任是我的好朋友，我馬上打電話給他。」打完電話，他就問我：「明天上午十一點鐘你有沒有空？」我說：「有，謝謝你」。

次日我的女兒陪我到東區醫院血液科見醫生。醫生看了報告後懷疑我可能患血癌，馬上要給我做抽骨髓檢查。抽骨髓雖然說是小手術，但因為只做局部麻醉，所以很痛。抽骨髓是用骨髓穿刺法，骨髓穿刺的位置是在腰椎上面一點，即脊椎旁邊兩側的扁平骨，而醫師只會在皮膚表層打麻醉針，刺入皮膚時並不會感到疼痛，但當針穿刺入身體、進入骨髓腔時會很痛，特別是很粗的針在沒被麻醉的骨髓腔扭轉，會使人感到痛不欲生。自從 2002 年我得了前列腺癌以後，我經歷過各種各樣的考驗和各種各樣的痛苦，這次抽骨髓是我最痛苦的一次。

報告出來後，醫生告訴我，我的紅血球增生是由於我在 2002 年因前列腺癌做放射治療時導致我的骨髓變異（Bone Marrow Mutation）。他叫我放心，我不是得血癌，做放血治療（Venesection therapy）和吃藥就可以治好。往後我每兩週就放血一次，每次 400 毫升，到了 2012 年底我總共放血 12 次，短短的半年共放血 4,800 毫升！根據醫學資料，成年人的血是

4,000–5,000 毫升！我總共放了 4,800 毫升的血，這等於把我全身的血都放掉了！放了這麼多血，我會有什麼感覺呢？剛剛開始放血時，我感覺很好，高血壓原來降不下來，放血後就降下來了。最神奇的是我的尿血也治好了。但到最後我感到身體很虛弱，經常無緣無故頭昏。2013 年 2 月 10 日大年初一早上我上廁所時突然暈倒，我的左手肘撞到浴缸邊緣，後腦勺也撞破了。我失去知覺，倒在冰冷的浴缸裡，完全不省人事。當時我太太還在睡覺，還好我的兒子聽到我跌倒時踢到洗衣機的聲音。他馬上大叫:「媽媽……，媽媽……，我聽到爸爸在廁所跌倒！」我太太馬上撥打 999 電話告訴急救站，救護車在七分鐘內就來了。

救護車飛快地把我送到東區醫院的急診室。辦完手續後，護士就把我送到 X 光室，檢查結果顯示我的左手肘骨折，後腦勺外皮也撞破了，還好我的腦沒有發現瘀血。送回病房後，骨科醫生先把我的左手肘用板固定好，接著就把跌破的後腦勺傷口用針線封上，一共封了六針。到了下午兩點半，護士就把我送到骨科手術室做手術。打了全身麻醉和開刀後，醫生就把折斷的左手肘的骨骼恢復到原位，然後再用鈦金屬鎖定板固定。手術總共用了三個小時，過程非常順利。做完手術後就把我送到病房休息。當時外科病房正好沒有床位了。醫護人員就把我安置在只有兩個床位的特護病房。我入房時，病房裡沒有其他病人。過了一會才來了一個年輕人，但他只做體檢，下午就出院，病房只剩下我一個人。那個病房是套房，有獨立的沖涼房和洗手間，還有電視機，猶如二等病房。

我開刀時因為是全麻，所以沒感到疼痛。到晚上，麻醉藥

過後就開始痛了，護士就給我滴止痛劑。我在東區醫院住了兩個星後就出院回家療傷。過了一個月才回醫院拆線，拆線後我才看到我開刀的傷口有 15 公分長。接著我還要接受漫長的物理治療來恢復我的手臂功能。自從 2002 年我得了前列腺癌以後，我經受過各種各樣的考驗。但是由於神的保佑和我的爸爸媽媽在天之靈的保護和親朋戚友在精神上的支持，特別是香港有關政府醫院的醫護人員的細心治療和護理，使我終於大難不死。在這裡，我要向東區醫院、觀塘基督教聯合醫院，律敦治醫院及香港的柏立基診所的醫生和醫護人員表示感謝和敬意。也要感謝香港政府對病人，特別是對老年長期病患者的愛護和照顧。

130. 後記

人生短暫，世事難料。自從 1939 年我出生後，我經歷了不少磨難。我出生在戰亂時期，經歷過第二次世界大戰、太平洋戰爭、日本佔領時期、印尼獨立戰爭、茉莉芬事件和荷蘭第一、第二次警衛行動。第二次警衛行動期間，我們被投入到專為當地華人而設的集中營。這時我的爸爸和當地其他華人遭到印尼的武裝組織殺害了，留下我的媽媽和六個兄弟姐妹。1949 年底我們從集中營出來時已經無家可歸，身無分文，只好住在難民營。1950 年底，從難民營出來後，1951 年 8 月 31 日離我們家只有 35 公里的格魯德火山（G. Kelud）爆發。關押在離我們家不遠的犯人從監獄逃跑了，那些犯人逃跑時一路搶掠。我們的家正好在這些犯人逃跑的路線，我們的小店被搶掠一空。總之，印尼獨立後很不太平，叛亂此起彼伏，社會治安每況愈下。

1960 年 8 月 1 日我決定回國讀書，參加祖國的社會主義建設。那一年中國正好遇到自然災害，糧食和副食品供應短缺。我當時正好面臨高考，平時除了要努力學習，還要開荒種菜，真是艱苦。經過一年努力學習和磨煉，1961 年終於考上廈門大學。1965 年大學畢業後被分配到中國的重點單位，國務院直屬機關中國民航廣州管理局外事處當英文和印尼文翻譯。到了廣州民航的第二天我就被派到農村參加「四清運動」，和當地農民「三同」，即同吃同住同勞動。1966 年我從農村回來，正好趕上文化大革命，中國民航對外來往終止，只好下到基層鍛鍊。1969 年又響應毛主席的號召到廣西柳州石榴河廣空「五・七幹校」勞動鍛鍊。1970 年從廣西回來，正好趕上備戰，天天要拿著風鑽和鐵鎬挖防空洞。到 1971 年「9・13」事件後民航的國際往來才恢復正常，接待工作開始繁忙。這時我經常接待外賓，經常坐「華沙牌」和「紅旗牌」轎車出入賓館。這是我一生中最光輝的一頁。

俗話說：「天下無不散之筵席」，1979 年我媽媽病了，我申請回印尼探親，結果滯留在香港，開始了我人生的另一頁。到了香港，一切從零開始，還好我到達香港的第二天就在英資怡和洋行航空部找到穩定的工作。當我在 1991 年離職時，我已經是管有 45 個員工的行李部經理。這是我一生中的另一個光輝的一頁。離開怡和洋行後我重新闖天下，但外面的世界不像我想像中那麼美好。人生如夢，人生無常，人生不會一帆風順！2002 年 6 月我確診得了前列腺癌第三期，醫生估計我最多可以多活五年。這個噩耗真如晴天霹靂，使我的一家處於惶恐不安的狀態。我的一生經歷過各種各樣的磨難，我不能向病魔低頭！面對這個突如其來的考驗，我坦然面對，我採取了既來之，則安之的態度，積極面對。在治病期間我開始寫我的英文版回憶

錄，到 2009 年，當我的前列腺癌痊癒時，我的英文版回憶錄終於順利出版。

我的前列腺癌痊癒後，我的磨難並沒有結束。自 2008 年到 2013 年，在短短五年內我不斷出入醫院病房。2008 年 4 月我被人撞到後背部的四個肋骨裂了，還有一個肋骨斷成兩截，躺在床上兩個月才康復。2010 年尿血，2011 年面癱，2012 年紅血球增生，放血 4,800 毫升！ 2013 年大年初一在廁所暈倒，跌斷左手肘，跌破後腦勺，在醫院躺了十四天。真是感恩，我在和病魔鬥爭時，由於神的保佑，由於香港醫護人員的細心治療和護理，以及親朋好友的鼓勵和支持，我終於一次又一次戰勝病魔。值得一提的是，我回國後每當遇到病痛和困難，神就會保佑我，我的爸爸媽媽在天之靈也會托夢保護我。葡萄牙流行這樣的說法：「一個完人一生要做三件事，即生一個孩子、寫一本書、種一棵樹。」我現在已經進入耄耋之年，所以必須把我的經歷寫成回憶錄，把我寫的書留給親友及後人共勉之。

國家圖書館出版品預行編目資料

印尼歸僑的難忘歲月 / 胡淑全著. -- 初版. -- 臺北市：博客思出版事業網, 2024.11
面； 公分
ISBN 978-986-0762-95-2(平裝)
1.CST: 胡淑全 2.CST: 回憶錄
782.887 113009997

傳記回憶錄系列1

印尼歸僑的難忘歲月

作　　者：胡淑全
書法題字：潘建民
主　　編：楊容容
編　　輯：陳勁宏、楊容容
美　　編：陳勁宏
校　　對：楊容容、古佳雯、施羽松
封面設計：陳勁宏
出　　版：博客思出版事業網
地　　址：臺北市中正區重慶南路1段121號8樓之14
電　　話：（02）2331-1675 或（02）2331-1691
傳　　真：（02）2382-6225
E - MAIL：books5w@gmail.com或books5w@yahoo.com.tw
網路書店：http://bookstv.com.tw
https://www.pcstore.com.tw/yesbooks/
https://shopee.tw/books5w
博客來網路書店、博客思網路書店
三民書局、金石堂書店
經　　銷：聯合發行股份有限公司
電　　話：（02）2917-8022　傳真：（02）2915-7212
劃撥戶名：蘭臺出版社　　　帳號：18995335
香港代理：香港聯合零售有限公司
電　　話：（852）2150-2100　傳真：（852）2356-0735
出版日期：2024年11月初版
定　　價：新臺幣380元整（平裝）
I S B N ： 978-986-0762-95-2